近世大名家臣団と領主制

高野信治著

吉川弘文館

目次

序章……一
(1)「自立性」と「自律性」……一
(2)二つの視点……六
(3)本書の構成……一〇
第一部　主従制と編成……一九
第一章「御家」観念の成立……二一
第一節　領主交代に関する諸説……二一
第二節「御家裁判」の委任……二六
第三節　公儀と「御家」……三三
(1)鍋島氏と豊臣政権……三三

(2) 豊臣政権と「御家」……三四
(3) 徳川政権と「御家」……四一
第四節　「御家」と「親類」……四六
第二章　『葉隠』思想の形成と構造……六三
第一節　思想形成の契機……六四
(1) 過去の合理化……六五
(2) 現実への失望……六八
(3) 自己をめぐる挫折……七一
第二節　思想の構造……八〇
(1) 「譜代」意識……八〇
(2) 「一人被官」の「死」と「生」……八三
第三章　家臣団編成の諸段階……九五
第一節　家臣団の成立と構造……九六
第二節　軍役体制の推移……九八

第三節　家臣団の構成的展開と存在形態……一一四
(1)　構成的展開……一一四
(2)　「与私」の機能……一二三
(3)　家臣在郷制……一二五
第四節　分限帳の帳簿組織とその推移……一三〇

第二部　近世的秩序と給人領主……一四五

第四章　近世中期の地方知行……一四七
第一節　享保飢饉と地方知行の荒廃化……一四八
第二節　出来制度と知行制度……一五三
第三節　知行地の切地と上支配……一五四
(1)　切地・上支配の由来と展開……一五五
(2)　知行地支配の実態……一五八
(a)　切地・上支配の決定……一五八
(b)　支配・訴訟機構……一六〇

(c)　検見と落米……一六四
(d)　相続米の支給……一六八
第四節　知行地支配の特質……一六九
第五章　知行地における行政的意思の決定……一八五
第一節　吟味の形態……一八六
(1)　月次寄合吟味……一八六
(2)　不時吟味……一八七
(3)　組内吟味……一八八
(4)　裁許吟味……一八九
第二節　吟味の内容……一九〇
第三節　吟味の性格……一九六
(1)　行政的意思決定のパターン……一九六
(2)　領主家規制……二〇〇
第六章　給人刑罰権……二一一

第一節　刑罰権の行使手続……二一三
(1)　覚知と補縛……二一五
(2)　糺……二一六
(3)　下吟味……二一八
(4)　裁　許……二一九
(5)　執　行……二二〇
(6)　赦　免……二二二
第二節　給人刑罰権の性格……二二三
(1)　村との関係……二二三
(2)　上位権力の刑罰権との関係……二二五
第七章　巡見使・大名・給人領主……二三七
第一節　巡見使迎接の形式……二三八
(1)　大名からの通達……二三九
(2)　巡見方役者の選定……二四一

(3) 大名派遣役人による知行地見分……二四一
(4) 費用負担……二四二
(5) 情報収集……二四三
(6) 給人領主の知行地「御下」……二四三
第二節　巡見使・大名・給人領主……二四五
(1) 巡見使の認識……二四五
(2) 大名の認識……二四六
(3) 給人領主の認識……二四六
第三部　給人領主の儀礼支配……二五九
第八章　給人領主家の「死」をめぐる儀礼……二六一
第一節　儀礼の形式……二六二
(1) 回復祈願……二六二
(2) 服　忌……二六三
(3) 隠　便……二六四

(4) 葬　礼……二七三
第二節　儀礼の特質……二七六
(1) 「上」・「公」優先の論理……二七六
(2) 「家」の儀礼……二七八
(3) 儀礼と知行地……二八〇
第九章　給人領主と農耕祈願……二九七
第一節　領主祈願のパターン……二九八
(1) 村方型……二九八
(2) 注進型……二九九
(3) 依頼型……三〇一
(4) 領主型……三〇二
(5) 合同型……三〇三
(6) 寺社家自分型……三〇四
第二節　給人領主と寺社家……三〇五

第三節　領主祈願の意義……三〇九
(1)　心意統治……三〇九
(2)　領主と祭礼……三一四
第一〇章　知行地の年中行事……三一五
第一節　年中行事の展開……三一六
(1)　年頭祝儀と事始め……三一七
(2)　初午と農耕祈願……三二三
(3)　先祖施餓鬼……三二七
(4)　祭礼と蔵納め……三三八
(5)　褒賞と新年迎え……三四二
第二節　年中行事の構造……三四三
第一一章　給人領主の知行地「御下」……三五七
第一節　「御勤」・「御暇」・「御下」……三五八
第二節　「御下」の形式……三六一

(1) 藩主の許可……三六一
(2) 館　入……三六三
(3) 寺社家参詣……三六五
(4) 狩……三六六
(5) 宅　入……三六八
(6) 送　り……三七〇
(7) 「御一家」としての「御下」……三七〇
第三節　「御下」の意義……三七二
(1) 休息・遊興……三七二
(2) 対面と互酬……三七四
終　章……三九一
(1) 給人領主制と「家」観念……三九一
(2) 武士と知行……三九九
(3) 近世国家と地域論……四〇一

(4)　近代への展望……四〇六
あとがき……四二一

序章

(1)「自立性」と「自律性」

近世の武士は、中世の武士の自律性の根拠であった所領とその住民に対する支配の自立性を、極限にまで失っていた(1)。

これは近世国家史研究の立場から様々な理論的・実証的な提言をしてきた高木昭作氏の発言である。本書は、中世から近世への時代的転換の特質解明および国家論的視野から提示され通説的見解ともいえるこのような認識に学びながらも、むしろ近世武士（具体的分析対象は大名家臣団）の「自立性」が「極限」にまで喪失されつつも、近世でも知行地拝領という、武士が領主して存在する可能性を有したシステムがなぜとられたのか、そこには「自立性」ではなく「自律性」の展開を認めることはできないのか、できるとすれば、それを踏まえた近世国家像はどのように描き出すことができるのか、ということを課題としている。私は近世武士の領主的性格を考えるにあたって、「自立性」と「自律性」という概念を次のように区別して考えておきたい(2)。辞書的にいえば、「自立」とは「他の力をかりることなく、また他に従属することなしに存続すること(3)」、「自律」とは「自分で自分の行いを規制すること。外部からの力にしばられないで、自分の立てた規範に従って行動すること(4)」となる。つまり前者は他者従属がない独立性が基本であり、後者はむしろ自世界（規範）の展開を基本とするとみることができよう。とすれば、武士の領主的性格の「自立性」とは、他者（上位権力等）への従属的契機が少ない、いわば排他的な支配、同じく「自律性」とは自らの論理・自世界（規範）をもった領主支配であり、その論理には「外部」（上位権力等）も容易に介入できない、というように考えておきたい。

近世武士（大名家臣）の「自立性」の著しい制限については、近世日本における上位権力（将軍・大名）と家臣団との関係についてのべた社会学者マックス・ウェーバーがこのように語っている。

レーエン階層制においては、とりわけ、完全な統治権力を与えられたラント諸侯として、将軍と同様に天皇自身の封臣と目されていた大名と、他方、これらのラント諸侯（将軍を含む）の封臣やミニステリアーレン(5)—さまざまの位階の侍—との間に、一つの大きな断絶があった。侍の中では、騎乗勤務をおこなう騎士が、位階の点で上位にあった。徒歩で勤務する家臣（下士〔徒〈かち〉〕）は単なるミニステリアーレンであり、彼らはしばしば役所勤務に従事した。(6)

ここにはある意味で見事に近世日本における将軍・大名と彼らの家臣団（その内部における階層差は認めつつ）との性格の違い、つまり「完全な統治権力」（「自立性」）の有無の相違が述べられている。このような将軍・大名・家臣との関係については自らが大名である池田光政（初期の岡山藩主）も次の様に述べている。

上様ハ日本国中の人民を天より預り被成候、国主ハ一国の人民を上様より預り奉る、家老と士とハ其君を助けて、其民を安クせん事をはかる者也(7)

まつ上様の御本意御願ハ何も無之、一天下之民一人も飢寒候人無之、国富栄候様ニとの御願之外ハ無他事候、然共御一人ニては不成故に国々を御預ヶ、（略）又我等も一人しては国之事不成故に、いつれもに知行所を預け、此方の如本意仕置仕候得との事ニ候を、皆我物に仕候ゆへ、下民を貪飢渇人出来するも不知様ニ罷成候事、不忠可言様無之、我等への不忠はかりならは左も有之へく、皆上様へ御蒙被成候[8]（略）

ここでは、「人民」を「天」から預かった将軍がこれを大名に預けるので、「家老と士」の家臣は区別なく安民が実現するよう大名を助けるべきである、その際家臣に知行所を預ける場合があるが「下民を貪飢渇人出来」の状態にすることは大名に対する不忠であるばかりか、「天」より「人民」を預かっている将軍の責任が問われることになるといっている。大名さらに将軍との関係において家臣の知行所（地）に対する支配に一定の制限が加えられ、「自立性」が否定されているのである。

ウェーバーは一歴史段階としての封建制研究の外国（日本）における個別事例として発言しており、光政はいわゆる近世封建制（幕藩制）の確立を推進する当の大名としての認識であるが、戦後の日本近世史研究は、藩政史[9]・国家史[10]・公儀領主論[11]・国制史[12]・思想史[13]等、それぞれの立場から、大名と家臣との関係についておおむね右の二人の発言に沿う見解が示されてきたといえよう。これを私なりに要約すれば、中世の武士と比較して近世の家臣（武士）は兵農分離・石高制（検地）政策の展開を通じ、領地（知行地）を基盤とした自立性を失い、このため、大名ないし大名も含めた自らが所属する組織（藩）に極度に従属させられ（主従制）、軍事的戦闘員としての性格を保持しつつも領国の安寧と領民の生活安定に務める官僚としての性格を強めるようになったということであろう。

しかし、それではなぜ、近世日本の武士は完全な官僚化を遂げず、知行地拝領というシステムがとられたのか。ここに近世の武士・領主としての「自律性」の問題を想定する必要があるのではなかろうか。安良城盛昭氏はかつて次のように述べたことがある（圏点も同氏）。

幕藩体制社会においては、必ずしも、「地方知行」が全廃されず、寧ろ、幕藩体制社会は、「地方知行」を一定規模で温存し、それを基礎とするところに、その本質が存在するのである。所謂「擬制的地方知行」或は、「旗本」の「地方知行」が、幕藩体制全期間を通じて、存続する事実を看過すべきではない。従って、「地方知行」より「俸禄制」への移行は、大名領主の農政基調展開の一つの歴史的帰結と見做されねばならないのである。(14)この指摘は改めて想起される必要があろう。(15)しかし、近世全期を通じて存在する地方知行は初期にみらるような佐々木潤之介氏が規定する如き「給人が特定の知行付農民への直接的支配」(16)を実現するようものではありえない。近世では自己完結的・排他的な、すなわち「自立的」な個別領主支配はもはや存在しえないのであり、そのような地方知行は「廃止ないし形骸化」(17)するのである。しかし、それを「私的支配の最終的な否定」(18)とするのは、実態に即した（とくに給人層の眼の高さからみて正当な）評価といえるのであろうか。

むしろ安良城氏の「大名領主の『給人』の知行権制限（それが究極的に進展した場合に『俸禄制』となる）によって、『給人』の個別的領主制は制約・否定されながらも、逆に、『給人』の封建領主としての地位が、体制的に安定・強化されてゆくことを看過してはならない」(19)という指摘、あるいは山口啓二氏の「集権的に編成されることで『封建的分権』すなわち個別領主の封建的な支配と搾取が貫徹されるという、幕藩領主権力の構造的特質」(20)という見通しに示されるように、「自立」的な個別領主制は廃止・形骸化するものの、上位権力より集権的に編成されることによりむしろ地方知行・個別領主制が保障されること、(21)これを私の問題意識に引き付けて換言すれば国家と領主制の相関関係のなかで、「自律」的領主制展開の可能性を近世社会が内包していたという観点も必要ではなかろうか。その上で、そもそも武士・個別領主にとって「知行（地）」とは何なのか、知行地に対する何らかの「支配」が実現しているとすれば、その実態と質が如何なるものであるのかが問われねばならないであろう。私はその「支配」の質として「自律性」を認めることが可能であろうという見通しをもっているのである。そしてこのことは一九八〇年代以降に盛んとなってきた近世の諸社会集団の自律的性格をめぐる議論にもつながるものと思っている。

但し、近世大名の評価をめぐり、すでに江戸時代の学者・思想家の間で「封建・郡県」論争[22]があることは留意しておく必要があろう。すなわち、大名がいわば領主（封建論）なのか地方官（郡県論）なのかという性格規定をめぐる議論である。そのようなか同時代の武士一般についても議論があった。例えば、荻生徂徠は「総じて地頭・御代官は年貢を取るばかりの役にあらず。その地を治むる職なれば、その地の民は手前の世話にすべき事也[23]」とし、いわば知行地に臨む「地頭」は代官と同様の官僚的な立場として年貢を取ることが「役」であり、知行地の統治の「職」であるとする。そして「地頭・御代官もその家本も、公の法を重んずる所をきっと守り、粗末に取り扱うべからざる也[24]」の如く「公の法」、具体的には幕法と思われるが、その規範のなかで「民」を「粗末」にする統治を戒めている。他方、徂徠の学統（徂徠学派）で中心的な人物のひとりとされる太宰春台は「凡士以上は、田禄アル者也、田禄トハ、君ヨリ田畑ヲ賜ハル也、今ノ世ニ知行トイフ是也、知行トハ、其田地ヲ已ガ物トナシテ、其事ヲ知行スル故ノ名目也、サレバ知行トイフハ、必地方也[25]」という「田禄」の拝領が「知行」の基本（いわば「地方」知行）との前提の上で、「農人ハ民ニ上ニテ、田禄ヲ賜ハルハ民ヲ賜ハル也（略）田禄ヲ賜ヒ、民ヲ領セシメラル[26]」と、「士」（騎馬を構成する武士）への「田禄」＝「地方」の拝領、すなわち地方知行が「民ヲ領」すること、領主としての性格を併有するものであったことを指摘する。同じ学統でも武士の領主的性格をめぐる並立する考え方があったのである。仮に大名に地方官的性格が強いとすれば、その家臣に領主的性格を認めるのは困難と思われるが、大名をめぐっては例えば内田銀蔵の「徳川時代の場合においては諸侯を封じ、その諸侯というものは、いったんこれに封ぜられた上は、その土地を自己の領地として治め、その人民から君とし仰がれる。たとい国替えがあり、所替えがあり、或いは所領の没収または削封があっても、それは封建的長上者の特別の処分であって、而してそれのない限りは、大名はその土地を領有し、これに君臨したのである。大名がその領国の土地人民に対する関係は奈良・平安時代の国司や今日の地方官がその治むる土地人民に対する関係とは全くべつである」[27]というような大名を領主とする見方が、研究史的には継承されているといえよう。ところが一般の武士・家臣をめぐっては、冒頭の高木氏の指摘のように領主としての支配権限の著しい制限が強調されるのである。国家的視角あるいは中世から近世への時代転換という点に注目すれば、領主的性格は「極限」まで失われているのであるが（「自立性」の喪失）、それを知行拝領をうけた武士・家臣つまり給人の立場からみれば異なった像（「自律性」の展開）が浮かび上がってくるのではなかろうか。しかも給人は武士身分として政治集団・国家権力集団に属するとともに、知行地（地域民衆）との何らかの関係（様々なバリエーションが想定されよう）があったとすれば、給人への土地拝領＝地方知行には国家・領主・民衆の諸関係が集中的に表現されているともみることができよう。

以上のように、近世の同時代の学者・思想家たちにとっても必ずしも自明ではなかった近世武士の領主的性格をめぐり、国家からの規定性と地域民衆との関係から、武士・家臣・給人の眼の高さに立ちつつ検討することが本書の当面の課題である。

(2)　二つの視点

本書は次の二点に留意して考察する。第一に、定点観測ということである。近世史研究に限らず歴史研究では、問題意識に従って事例を広範に収集・検証するという方法が一般的であろう。しかしここではそのような方法はとらず、一つの定点を、あるいはその定点から多角的に検討することにする。近世武士・家臣の領主的性格を総合的に考察し、モノグラフとするためである。当然それは今後に比較の「物差し」となるはずである。傾向性のある事例を収集し、一つの理論的構築物をつくるには、私自身の能力の問題もさることながら、〝ためらい〟を感じるからである。一九九五年度の歴史学研究大会近世史部会は「領国地域における社会構造」という統一テーマだったが、私を含めた三人(28)の報告に対し、批判者高埜利彦氏は「木をみて森を見ず(29)」と総評された。私に関して言えば今述べたような方法論(30)に対する指摘であろうと考えている。それは視野が狭く方法論的に未熟な私にとって有益なアドバイスであるが、敢えていえば、森の中に入らなければその生態系はわからないのであり、一本の木にその森のおかれた環境が極めて具体的に表現されるともいえるのではなかろうか。私は森の外からの観測データも参考にしながら森の奥深く入るという姿勢が、今後の歴史学研究にはより必要なことであろうと思う。その上で改めて森を見渡したならば、例えば環境破壊にさらされているというようなそれまで気づかなかった景観が見えてくるであろう。

森には様々な木がある。森の生態系を調べるには、まず平均的特質を備えた木を観察すべきなのであろうが、ここではむしろ、森の個体群のなかで例外的と思える木を選ぶこととする。例外的に見える木も個体群の一本として植生しつつその森の生態系が成立しているとすれば、例外的な木も含んだ生態系の説明が必要になってくる。ある特質を備えた木が多い(平均的特質の木)という「現象」と、そのような特質とは一見相違する木も含んだ森の生態系の「本質」という観点を導入したいのである。そこでここでは、例えば笠谷和比古氏が「近世社会に入っても、家老クラスの上級家臣の地方知行がなお包括的な知行所支配権を維持している事例は数多く見いだすことが出来る。そこではいわば中世的意味での自律性が持ち越されてきている(31)」と評価をする、家老クラス・上層家臣の事例を一本の木として選び、その木を定点として観察し、またこの木から森を観測したい。これが第二の留意点である。「中世的自律性」

と表現される家老クラスの知行地支配とは一体如何なるものであるのか。ここには二つの問題点があるように思われる。一つは笠谷氏がいわれる近世の「国制」、藩政のなかにおける家老の評価である。家老はむしろ「大名と家老・重役が一体となって指導者集団を形成し、他の一般家臣団と向きあっている」[32]ような存在である。本書第一部第二章でみる『葉隠』も藩主に直接諫言できる家老になることが「忠節の至極」といっている。とすればかかる家老の知行地支配をめぐる自律性は検証されなくてはなるまい。笠谷氏自身、家臣の自律性が「持分」に応じた政治的発言の根拠とされているのであれば[33]、なおさらであり、藩政に大きなウェイトをしめた家老等の上層家臣の自律性については（その制限の傾向があるとすれば、その意味も含めて）検討する必要があろう。今一つの問題は家老の知行地支配に対する「中世的意味での自律性が持ち越されてきている」という評価をめぐってである。この場合の「中世的」という意味がはっきりしないが、仮に年貢徴収権・行政権・刑罰権（裁判権）等の知行権を具備したという意味でいわれているのであれば、そのような権限を将軍からは独立的に認められていたとされる大名の領主権も「中世的」なものが「持ち越され」たことになる。同じような知行権・領主権でも家老等の家臣であればそれは「中世的」であり、大名であれば「近世的」なのであろうか。かかる点が氏の論理からははっきり読みとることができない。というよりもこれまで近世史研究者の多くは、程度の差こそあれこのような見方をしていたといえないだろうか。要するに「中世的」な権限を有する上層家臣の知行形態は例外的・特殊的とし、「多くの給人知行においてかような中世的な支配権が解消しつつある動向の意味を、近世的国制の枠組みのなかにおいて探求」[34]するという前提のもと、充分には「近世的国制」に位置づけることはなされてこなかったといえよう[35]。私はむしろ例外的と認められる家老クラスの上層家臣の知行地支配の多角的な分析を通じて、そのような事象をも内包する近世の国家と領主制の関係を問いたいのである。

ところで、J・F・モリス氏は、ヨーロッパ史における「バン領主」と「土地領主」という概念を援用しながら、近世日本の地方知行・給人に関する一つの理解を示す。バン領主とは「軍事的な諸権限（軍事的施設を維持するための夫役、兵糧、農民の夫役などの調達権）」や「行政権と裁判権を有した領主」のことであり、「王権の公的支配権からの分与」をうけ「王権支配機構の一般職として拝領」したもので、「自分の直接の所有地（私有地と知行地）を越えた、公国や城付領単位などの広域的な支配権」を有し、さらに「林森、荒無地、沼沢などもバン領主権に属する」ものとする。これに対し、土地領主とは「最も多くかつ最も基本的な型の領主」であり、「土地（耕地）そのものだけ」を拝領し、「自分の所有地における農業経営を維持するのに最低必要な『土地裁判権』もあったが、これは、結局、自分の保有農に対する強制力程度のものに過ぎず、人身的な処罰権や新設権」などはともなわず、「排他的な権力ではなく、上から編成されることによって自分の支配を貫徹」するような存在とする。[36]そして「現状では、地方知行制の十分で明確な定義を出すことは難しい。だが、その最も明確な形を求めるならば、給人に自分取立権が残るケース、すなわち給人が自分の責任で年貢（本途物成と小物成の両方）の賦課と徴収を行う、という知行形態にこれをみることができる」[37]とする。すなわちモリス氏はヨーロッパ史でいう土地領主にあたるものが近世日本の給人の基本という理解である。バン領主は近世日本に即していうならば、藩の役職機構上の郡奉行・郡代等にあたる、いわば官僚であり、そこでの行政権・裁判権等の支配権限は王権（近世日本では大名）の公的支配権から分与されたものといえる。その点で、土地領主、近世日本では自分取立権を有した給人が、領主制・地方知行の基本との認識に異論はない。となると、土地領主としての側面、年貢徴収の実現こそ領主制の基本であるわけで、この点の解明が近世日本の領主制研究でも主要な課題となるはずである。[38]しかし、行政権・裁判権等の支配に関する権限が上位権力の分与としてではなく、年貢徴収のためのいわば経済外強制として、官僚ではなく領主独自の立場で行使されることもあった（もちろん、上位権力の認知する範囲内という前提条件があったものの）。さらに支配の実態は広範であり、「法制的なものとしてではなく、給人が現実に農民との関係で農民を把握している、あるいは、土地を把握していることを知行権として理解[39]すべきであろうし、モリス氏自身も「知行所の領民かその中の一部の人達の同意を得なければ権利の確立と継承が難しかったと推測する」[40]という視角から、支配の諸層に広く眼をむけることが重要だろう。むしろ「例外」的ないし「個別」的事象の検出とそれを踏まえた近世における国家と領主制の関係性の追求を本書の課題にしたいと思う。上層家臣・家老の知行制を定点観測するのは、このような問題意識からである。

以上が本書で留意したい二つの点である。すなわち、比喩的にいえば平均的特質の「木」（蔵米知行、切扶取、自分取立の給人）だけではなく、むしろ例外的に見える「木」（「中世的自律性」を有した家老の知行制）を定点としてそれを観察し、あるいはそこから「森」（近世の国家と社会）を観測し、できれば「森」の外から改めてその生態系（国家・領主・民衆の諸関係）を見直してみたい。本書はこのような問題にどれだけ満足いく形で答えられるか、そもそもこのような組立方が妥当なのかも心許ない限りだが、鍋島佐賀藩、またそのなかの神代鍋島氏を中心とする上層家臣の知行制を定点観測の場とし、以下のようなことを柱として考察を進める。

(3)　本書の構成

第一部は大名家臣団の問題を主従制と編成という観点からみてみたい。いうまでもなく近世権力は巨大な暴力装置を背景に成り立っており、その個別細胞が家臣・武士であり、彼らを統率していたのが家老等の上層家臣層であった。第一章では近世大名家臣団の形成過程を「御家」観念の成立という観点から検討する。ここでいう「御家」とは、「家」に擬制化されることを基本とし、軍事的性格を持つ政治権力集団および武士の共同利害を保障する共同体としての帰属集団という二つの性格を併有する武士集団のことであり、かかる観念の成立する主要な契機は公儀（中央）権力の出現とそれへの接触によるという見通しを示した。領主権力の移動により成立する佐賀藩では、本来鍋島氏と対等な立場にあった前領主（竜造寺氏）の一門層をも包摂しつつ権力の集中強化を図る必要があり、かかる観点から「御家」観念の主従制に持つ意味と統合理念としての限界を指摘した。第二章では、近世的武士道論の典型として著名な『葉隠』をめぐり、とくに思想形成の諸契機について、口述者とされる山本常朝に即して検討した。領主交代という藩成立の合理化、現実の藩主や家臣に対する失望、自らや一門者をめぐる挫折等、様々な常朝自身の葛藤の所産として生まれたものであり、これまで言われてきたような「死」の問題よりも「生」への執着がモチーフとしてあるとの見通しを述べ、その上で常朝の知行観について検討した。第三章では従来の大名家臣団の研究が成立期と解体期に限定されていた状況を克服するために、軍役体制の推移、家臣団の構成的展開と存在形態、大名権力による家臣団掌握の実態を示す分限帳組織とその推移という諸観点から、天正期から明治二年までの家臣団編成の諸段階を分析、成立期、整備・安定期、展開期、再編成期の四期にわける試みをした。以上の検討をふまえ、家臣団の知行制と領主制に関し、以下に考察する。

第二部および第三部では、家老等の上層家臣の知行地支配の問題を民俗学・法制史・社会学等の学際的視点をも取り入れながら多角的に検討を試みたい。とくに知行制・領主制が形骸化することをなかば念頭においた近世初期を中心にした従来の検討に対し、むしろ近世中後期に焦点をあて検証する。その際、法令的分析ないし編纂物からの立論に終始していたこれまでの知行制研究を克服するために、上層家臣の陪臣が作成した知行地支配に関する「日記」類の分析により、実態に即した近世領主像を描き出したい。[41]

このうち第二部は近世の領主制が近世的秩序のなかで如何に存在・展開したのかを考える。なお、本書では「給人領主」という概念を用いるが、これは給人一般を指していうのではなく、領主的性格の強い上層家臣層、具体的には家老等を念頭においている（詳細は後述）。第四章では、地方知行の歴史的意義の解明は近世初期のみならず中期以降も視野に入れなければならないという立場から検討する。佐賀藩では享保飢饉によって体制的危機を迎える中期以降、知行地が藩の直轄管理下におかれる政策が展開するが、結局、蔵入地化しなかった背景を考えることにより、給人の勧農権の存在、知行地認識、村落共同体との関係等を明らかにし、地方知行の性格の一端を析出した。第五章では給人領主支配の構造を考察する一環として、知行地陪臣役人の「吟味」について諸側面より検討し、知行地運営が役所詰めの陪臣役人層の責務においてなされていたこと、それは城下居住の給人領主ないしその「家」そのものを規制する役割さえ果たしていたことを指摘し、その上で、近世中期以降の幕藩領主制の動揺のなかで、反権力闘争を抑止する機能を、かかる知行地陪臣を通じた支配システムが有していたという見通しを述べた。第六章では、給人刑罰権の通説的理解に対し手続きや行使範囲において幕府や大名・旗本の刑罰権と同質の原理を有していたこと、また国家の代執行的側面と同時に自らの領主的利益の侵害を除去する側面を併有していたこと、その領主的利益の過度の追求＝恣意行為は、幕府・大名・旗本と通有する行使形式、つまり近世国家支配の枠組みのなかで行使される限りにおいて抑止されていたこと等を明らかにした。第七章では幕府巡見使が給人知行地を通過する際の大名・給人による対応＝迎接の形態を考察することにより、将軍・大名・給人という近世領主制の特質の一端を析出した。大名は給人に「御役目」として知行地迎接の責任の一部を負わせ、給人はこれに対し大名領の存廃に関わるような知行地での失態は自らの責務において回避せねばならなかった。つまり巡見使迎接は給人にとって「領主」としての資質が問われる場であった。

第三部は給人領主と陪臣・領民との関係を、従来の研究史にはみられなかった儀礼支配という観点から検討する。

第八章では給人領主の「家」構成者の病気に対する回復祈願、死去に対する服忌、陪臣・知行地領民に対する穏便、陪臣・領民を取り込んだ葬礼行事等を「『死』をめぐる儀礼」として一貫する体系と捉え、これを上位権力（幕府・大名）や陪臣・領民との関係において位置づけ、知行地で展開する給人領主の「家」の儀礼が上位権力をも一定度相対化する論理を有していたことを明らかにした。第九章では、給人領主の知行地における雨乞や虫除等の除災に関する農耕祈願の事例を給人の日記より検出、祈願の執行形態を分析し、祈願に関わる知行地の宗教者（祈禱寺・神職・山伏等）と給人領主の密接な関係を指摘した。さらにかかる領主による農耕祈願が慈悲・撫民思想の強調や農民の氏神信仰の取り込み等を通した心意統治の一環としてなされ、これは古代以来の祭祀と勧農の結びつきという伝統的統治形態に由来するという見通しを立てた。第一〇章では給人の日記を手がかりに知行地で展開される年中行事を分析、①正月と六～七月の主従儀礼と祖先祭祀儀礼により領主・陪臣団結合を強化、②これを軸として前半期に予祝・除災的農耕祈願、③後半期に収穫祭、④歳暮から年始にかけ領主は農民に礼意を尽くし、祈願・祭礼を執行した宗教者との互礼が交わされる、という構造を有し、総じて領主の領民に対する心意統治であり、領主支配を在地で実現する陪臣・宗教者を編成する儀礼と捉えた。第一一章では給人領主の知行地への「御下」＝入部行為を分析した。給人は陪臣・宗教者・領民との間に対面・互酬儀礼を展開し、主従ないし支配・被支配関係を視覚化した上で、給人に一定の権威を認めそれを指向する知行地構成者が各々の立場で役を遂行したことに給人が礼意を示し、幕藩領主層に編成された給人領主としての権力支配秩序の永続を期待する、そのような象徴的行為を、知行地への「御下」を通じて実現していたとの結論を得た。

終章では以上の実証分析を踏まえ、近世知行制論および近世国家の構造に関する試論を述べ、若干の展望を示す。

以上が各部各章の要約である

註

（1）高木昭作『日本近世国家史の研究』（岩波書店、一九九〇年）二三頁。
（2）私自身これまで明確に区別しなかった。
（3）（4）日本大辞典刊行会編『日本国語大辞典（縮刷版）』第六巻（小学館、一九八〇年）六七頁。
（5）その主人によって重要な家職または軍事勤務に利用されているものをいう。主人から原則として土地を与えられ、一種の官吏として利用された（マックス・ウェーバー著、世良晃志郎訳『支配の諸類型』〈創文社、一九七〇年〉二五頁。なお参照部分は訳註である）。
（6）前掲『支配の諸類型』一二六頁。なおこの文章な訳註に載せられた『宗教社会学論集』からの引用である。
（7）藩法研究会編『藩法集　1・岡山藩　上』（創文社、一九五九年）三三五頁。
（8）『同右』二六五頁。
（9）例えば「家臣が給人であることにより何ら権力の主体たりえない（略）大名領全体への権力行使は大名の手中に集中される」（前田弘司「十七世紀における尾張藩家臣団の構造」〈林董一編『尾張藩家臣団の研究』名著出版、一九七五年〉一九三頁）という指摘。
（10）例えば「大名領の農民支配が大名の手もとで、一元的におこなわれ」「給人財政は大名財政にくみこまれる形でその自立性・個別性を喪失した」「藩の行政機構が整備され、家臣団のそれへの分役と軍事組織とが整えられた」（佐々木潤之介『幕藩制国家論　下』〈東京大学出版会、一九八四年〉五五〇〜二頁）という指摘。
（11）例えば「大名領主とその家臣団は、つねに領国全体の安寧を保持し、領民の生活を安定させることを最優先課題としなければならなかった。『百姓』との対抗関係から、そこに公儀としての支配を認められていたからである。このことは、個々の家臣（給人領主）の領主権・知行権・主従制等をその観点から制約した」「番方（軍事）・役方（行政）の全般にわたって奉行職制が導入され、官僚制度の早期形成がみられた。幕藩官僚制の一つの重要な特徴は、給人領主制の自律的展開に対し、公儀の名において相互規制を加える点にあった」（朝尾直弘「『公儀』と幕藩領主制」〈歴史学研究会・日本史研究会編『講座日本歴史　5　近世1』〈東京大学出版会、一九八五年〉。後に同『将軍権力の創出』〈岩波書店、一九九四年〉に再録〉

五九・六三頁）という指摘。

(12) 例えば「近世的国制の最も重要な特徴は近世国家が在地領主の自律的イエ権力を解体することによって政治権力を自己の下へ集中し、家臣団の身分制的結合体を政治的に再編して紀律化したこと、官僚制機構が身分制的結合体によってステロ化されながらも、主君は、この身分制的結合体によってステロ化された官僚制機構の権力に超越する専制的権力を保持していたこと、この専制的権力は、本来のイエ権力と同様の家父長の権力として擬制されたこと」（水林彪「近世の法と国制研究序説　―紀州を素材として―　(六)」〔『国家学会雑誌』九五巻一・二号、一九八一年〕六四頁）という指摘。

(13) 例えば「知行制の形骸化は、個々の家臣から領主的性格を喪失せしめ、従ってかれらと大名領主との間に結ばれる主従制には、封建的契約としての性格が稀薄化されざるをえなかったが、それにも拘らず知行制と主従制にもとづく家臣団の階層的構成は、あくまで保持され、その全体としての軍事的能力を強大化することによって、大名権力の支柱としての役割を果たすことになった」（尾藤正英『日本封建思想史研究』〔青木書店、一九六一年〕二七二頁）という指摘。

(14) 安良城盛昭『幕藩体制社会の成立と構造　第三版』（御茶の水書房、一九八二年、初版は一九五九年）八一頁。

(15) なお、安良城氏は「寛文・延宝期を劃期とする家臣の封建的所有の存在形態が、地方知行から俸禄制へ転化する事態は、第一に、元和偃武の結果、軍事的に臨戦体制により照応的な地方知行を維持する必要が薄れたこと、第二に、所領を荒廃に導くおそれがある給人の恣意的な搾取を未然に防止するために、さらに、第三に、領主財政の危機を給人の犠牲において克服するために実現されたもの」（同『日本封建社会成立史論　上』〔岩波書店、一九八四年〕二八八頁）として、「一つの歴史的帰結」である地方知行から俸禄制への転化を論じる。この説明は佐々木潤之介氏による幕藩制第一段階から第二段階への移行理論（軍役論、『幕藩権力の基礎構造』御茶の水書房、一九六四年）を念頭においたものであろう。しかし、第一点については軍役負担という目的のみで地方知行が存在したのではなく、幕藩制支配に一定の機能を果したから地方知行が存続したという考えは限界があること、第二点は近世の給人支配は、むしろ領主的「恣意」の制限・否定の上で認知されること、第三点は領主財政の危機は、借知あるいは勧農機能の強制などにより、地方知行制下でも給人に転嫁・克服されること等（本書で漸次明らかになるはずである）を勘案すれば、実情に基づかないいささか無理な整理といえよう。

(16) 佐々木前掲『幕藩制国家論　下』五五一頁。

(17)(18)『同右』六三三頁
(19)安良城前掲『幕藩体制社会の成立と構造　第三版』一五頁。これは増補版の「あとがき」。
(20)山口啓二「日本封建制論　上」(『歴史評論』二八四号、一九七三年)四七頁。
(21)三鬼清一郎「豊臣政権の知行体系」(『日本史研究』一一八号、一九七〇年)、今野真「藩体制と知行制度」(『歴史学研究別冊特集』一九七九年)等も参照。
(22)浅井清『明治維新と郡縣思想』巌南堂書店、一九六八年(初版は一九三九年)、小沢栄一「幕藩制下における封建・郡県論序説」(『東京学芸大学紀要』第三部門・第二四集、一九七二年)、石井紫郎「『封建』制と幕藩体制」(同『日本人の国家生活』東京大学出版会、一九八六年〔初出は二論文として一九八三年〕)等。
(23)(24)『政談』巻の一。
(25)(26)『経済録』巻五・食貨。
(27)内田銀蔵・宮崎道生校注『近世の日本・日本近世史』(平凡社、一九七五年)。引用は『近世の日本』(一九一九年、冨山房)第二講「幕府権力の確立」の部分。
(28)他に田中秀和・森下徹の両氏。
(29)高埜利彦「一九九五年度歴史学研究大会報告批判・近世史部会」(『歴史学研究』六七九号、一九九五年)。
(30)個別的には「ひとりで行う学際研究」という評価であるが。
(31)笠谷和比古『近世武家社会の政治構造』(吉川弘文館、一九九三年)一八三頁。
(32)石井紫郎「近世国制における『武家』と『武士』」(同校注『近世武家思想』岩波書店、一九七四年。後に前掲『日本人の国家生活』に再録)五五二頁。
(33)笠谷氏は従来のいわゆる地方知行の形骸化の指標とされてきた問題を検討、分散相給知行は家臣側の要望として採用され、定額の年貢米の収取保障がその政策目的であったこと、封禄相続は、譜代旧臣や国衆的家臣らの重臣を中心として、ほぼ完全な世禄制が近世初頭より確立され、その封禄が世禄として家臣たちに保障されていたが故に、藩財政の窮乏に際してもこれの削減・収公ができなかったこと、「借知」という知行を一時的に借り上げる形をとるのは家臣のその封禄に対する保有の程度がほとんど不動のものであったことを証左していること等を指摘した上で、その封禄に対する保有の程度すなわち「持分」に応じて自らが属する集団における意思決定に発言権を有していたとし、近世社会において武士・家臣における成員の個としての自律性と社会の統合秩序とが調和していたという見通しを述べられた（前掲『近世武家社会の政治構造』三・五～七章、笠谷『主君「押込」の構造―近世大名と家臣団―』〔平凡社、一九八八年〕Ⅳ章一～三）。

(34) 註（31）に同じ。

(35) もっとも、笠谷氏は「藩権力による一元的な統治が、家老以下の家臣団の知行所すべてに影響を及ぼすものである以上、彼ら（家老…引用者註）が藩政の運営に関与していくのは必然的な流れであったといえる」（前掲『近世武家社会の政治構造』二三〇頁）ともいう。これは知行制と政治運営システムの関連をめぐる重要な指摘だが、結局、「中世的自律性」の制限・否定の観点からの見通しの延長であり、「大名家（藩）の役人による領国全体に対する一元的統治が確立されていき、家臣の自己完結的な所領支配が否定される。このように見るならば、家臣の地方知行といっても全く名目的なものであり、藩庫から俸禄米を受け取る蔵米取りの家臣と変わらなくなってくる」（同「武家社会研究をめぐる諸問題」〔村井康彦編『公家と武家』思文閣出版、一九九五年〕四三頁）という如く、近世家臣の成員の個としての自律性を主張する立場をとる氏ではあるが、地方知行をめぐっては従来の通説的見解を示される。

(36) J・F・モリス『近世日本知行制の研究』（清文堂、一九八八）一六～二〇頁。

(37) 同右四頁。

(38) 例えば隼田嘉彦氏は年貢徴収と給人法の問題を総合的に検討することを通じ、地方知行の意義が明らかになるとする（同「給人知行地の年貢率について」〔谷口澄夫先生古稀記念事業会編『歴史と風土』福武書店、一九八三年〕、「近世後期における広島藩給人法の性格」〔後藤陽一編『瀬戸内海地域の史的展開』福武書店、一九七八年〕等）。

(39) 今野前掲「藩体制と知行制度」一二七頁（討論要旨）。

(40) J・F・モリス「只野家の知行地と財政　―仙台藩特殊拝領形態の一事例研究―」（『中新田町史研究』四号、一九九一年）三〇～一頁。

(41) 本書でいう陪臣とは大名の直属家臣のことではなく、その家来を指す。つまり、将軍―大名―家臣―陪臣という構造を念頭においており、大名からみた「陪臣」の意味である。

第一部　主従制と編成

第一章　「御家」観念の成立

本章は、近世的な「御家」観念の成立およびその性格について、戦国末から近世初期大名領国における政治過程に即して考察を試るものである。ここでいう「御家」（あるいは「国家」）とは、家に擬制化されることを基本とし、軍事的性格を持つ政治権力集団および武士の共同利害を保障する共同体としての帰属集団という二つの性格を併有する武士集団のことである。(1)そしてこの「御家」（「国家」）は、例えば山鹿素行が「君は時に至りて代ると云へども、臣は国家と生死をともにすべし」(2)という如く、すでに近世前期には主君個人とは別の非人格的存在として考えられるようになり、この「御家」（「国家」）の前には、主君個人も相対化されるという思想が生まれていた。つまり近世武士の奉公の対象は、主君（大名）というよりも「御家」を主体とするようになる。このような「御家」観念は近世武士団の存在形態と連関し合う。別稿で近世家臣団の創出・成立とその構造について検討を加えたが、(3)本章ではその家臣団の存在を規定づけた「御家」観念の、特にその成立の問題をめぐり考察したい。竜造寺氏より鍋島氏への家督＝領主交代という歴史過程を経て成立した竜造寺・鍋島佐賀藩では家督＝領主交代という特異な歴史過程に、近世的な「御家」観念の本質的な問題がいわば尖鋭的に現象していると考えられる。(4)

第一節　領主交代に関する諸説

まず、具体的な考察にはいる前に竜造寺領国における竜造寺氏から鍋島氏への家督交代、すなわち領主交代の時期をめぐりすでに江戸時代より混乱が生じていたことを明らかにしておこう。なお、人物・歴史事象にかかわる説明は二節以降の論述に譲ることを予め御諒解願いたい（図1「竜造寺氏・鍋島氏略系図」参照）。

慶長一二年七月、鍋島直茂は竜造寺政家宛の書状中(5)、①「政家様殿下(豊臣秀吉)御奉公御成有ましき由、被仰上候節、既可相果御家ニ候つれとも、隆景(小早川隆景)公之罷出、いろ〳〵打頼申、御詫言申叶、ちふさ(乳房)をくハへられ候藤八郎(竜造寺高房)を、家督申定候」、②「其後高麗御陣之中（中略）其節上意ニハ、藤八良事、家督ニハ被仰付ましく候」、③「いろ〳〵申分、終ニ不相易主人ニ取持」と記している。つまり、①天正一八年竜造寺政家が隠居を命じられた時、その家督が嫡男高房に譲られたこと、②朝鮮侵略戦争に際し秀吉より、高房から鍋島氏への家督譲渡が命じられたこと、③しかし結局、現在（慶長一二年）に至るまで高房を「主人」すなわち家督としていること等が知られる。

これに対し、直茂の嫡男である鍋島勝茂の死去（明暦三年）後に鍋島氏側近が草したと思われる「某覚書(6)」では次のようにある。

一(年月日不詳)政家ゟ日峯様(鍋島直茂)へ、御代可被相渡と有之儀、高麗陣中ニ申来候、右者、権現様天下御預り時分之様ニ、泰盛院様(鍋島勝茂)御物語被成候ニのと御覚被遊候、乍然、太閤御逝去時分、高麗帰朝ニ候へハ、右之首尾ハ、太閤御代之内ニ而可有之儀ニ候、御覚違ニ而も候哉、可相改由之事

ここでは、①竜造寺政家より鍋島直茂に家督が譲られたこと、②その時期は朝鮮侵略戦争中、つまり豊臣政権期であること、③勝茂が徳川政権期であるとするのは「御覚違」であることが主張される。高房による家督相続への言及はなく、また先の「鍋島直茂書状」の記述と比較すれば、結果的に竜造寺氏より鍋島氏への領主交代を早い時期にみる見解が示されている。

一方、幕府編纂物である『寛永諸家系図伝』(7)では、「天正十八年、龍造寺政家病気によりて家督を直茂にゆつる」(鍋島直茂の項)とある。やはり高房への言及はなく、政家より直茂への相続が天正一八年になされたとする。先に掲げた鍋島氏側近の史料よりも、さらに領主交代の時期が早くなっている。この傾向は同じく幕府編纂にかかる『寛政重修諸家譜』(8)でも同様である。すなわち、「(天正)十八年三月病により直茂に家を譲り、二十九日隠栖の料として肥前國佐嘉郡のうち、五千二百石餘の地を扶助せしむるの旨、太閤より朱印を與へらる」(政家項)、「天正十八年政家病により致仕するにをよびて、其男高房幼稚たるにより直茂その家を相続し、肥前國の内にをいて三十五萬七千餘石を領し佐嘉城に住す。しかれどもなを鍋島を稱し、豊臣太閤につかふ」(直茂項)、「(天正)十八年直茂が家を継の時その養子となり、なを龍造寺を稱す」(高房項)とする。ここでは①天正一八年、政家が病気により直茂に家督を譲ったこと、②しかし、直茂は竜造寺に改姓せず鍋島氏を名乗ったこと、③逆に高房も直茂の養子となったものの改姓しなかったこと等が述べられている。改姓問題について明記していることが『寛政重修諸家譜』の特徴である。

以上の如く、家督の相続・領主交代は領国経営・藩政成立過程のなかで極めて重要な問題であるにもかかわらず、すでに江戸時代当初より定説をみないのが実情であった。むしろその背景には竜造寺氏と鍋島氏および『寛永諸家系図伝』・『寛政重修諸家譜』等の編纂を公儀の立場で作成した幕府の、各々の政治的立場の相違があったと思われる。それ程、成立期佐賀藩における領主交代、つまり「家督」・「御家」の交代が複雑な政治性を帯びた歴史過程であったといえる。これについては、すでに三好不二雄氏(9)、藤野保氏(10)による仕事がある。三好氏は従来の下剋上論に対し、竜造寺家の家督と支配権とが、別個の存在となりつつあり、領国の支配権を鍋島氏が掌握し、それが竜造寺家の家督とは離れたところに定着し成長していたとし、その実態を踏まえ、慶長一二年に鍋島氏が家督を相続したとする。藤野氏も家督(竜造寺氏)と支配権(鍋島氏)が分離しつつある現状に対し、公儀権力がこれに回答を与え鍋島佐賀藩が成

図1　竜造寺氏・鍋島氏略系図

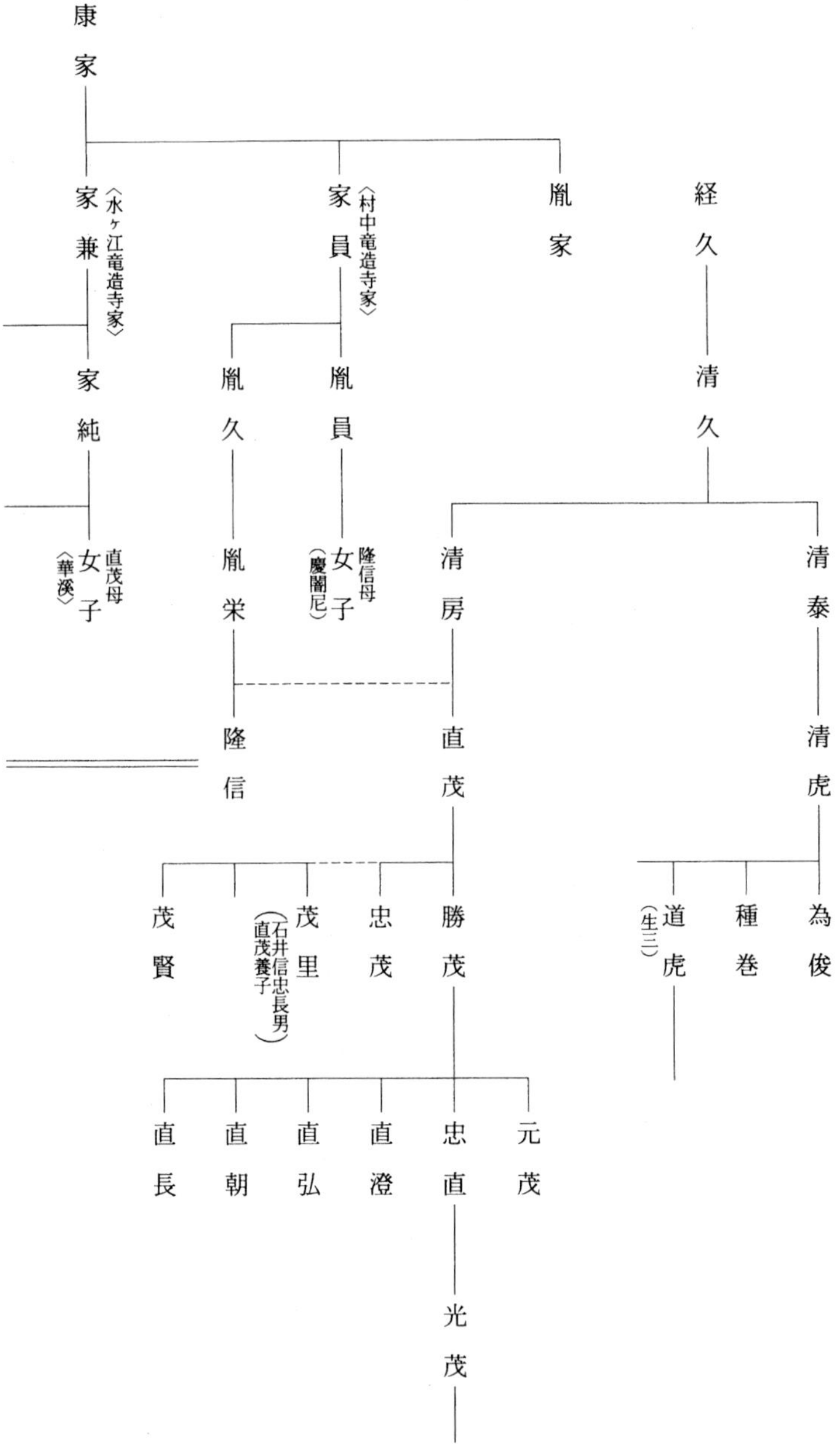

- 周家
  - 隆信〈村中竜造寺家を継ぐ〉
    - 政家
      - 高房―伯庵
      - 安良〈久保田村田家祖〉―氏久―
    - 家種（江上式種養子）―勝茂（家種養子）
    - 家信（後藤貴明養子）―茂綱〈武雄鍋島家〉―
  - 長信〈多久家祖〉―安順―茂辰―
  - 信周〈須古家祖〉―信昭（信明）―茂周〈須古鍋島家〉―
- 家門〈水ヶ江竜造寺家を継ぐ〉
  - 家泰
  - 鑑兼―家晴〈諫早家祖〉―直孝―
  - 三村宗珍

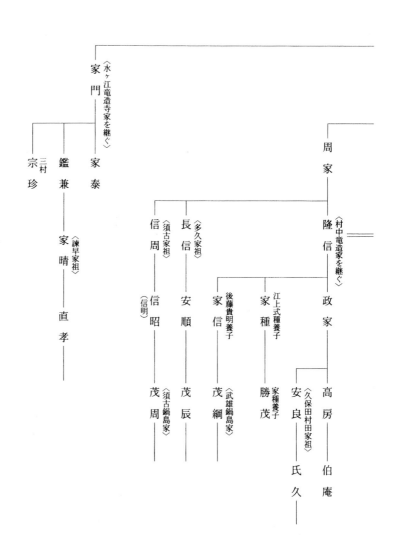

立したとする。しかし、前近代、就中戦国〜近世期の大名領国において、家督と支配権が分離したという説明が成り立つであろうか。支配の権力的正当性は、主君としての「家督」にこそあったと考えるべきではないだろうか。そして家督は、近世的「御家」観念へと抽象化されると思われる。以下、「家督」ないし「御家」観念の問題を基軸に、近世大名権力の成立過程を考察することにしよう。

第二節　「御家裁判」の委任

天正八年、竜造寺隆信は家督を嫡子政家に譲り肥前国杵島郡須古に隠居した。[11] 隆信は明応年間に竜造寺宗家である村中竜造寺家から分れた水ケ江竜造寺家の出身で、幼時に僧籍にはいるが天文一五年竜造寺家兼の死去に際し、還俗して水ケ江竜造寺家を継ぎ、さらに同一七年、宗家胤栄の急死により、宗家の家督を継いでいた。[12] 永禄一二年から元亀元年にかけ、大友氏を肥前から撤退させた隆信は、一〇年余の間に領国を急速に拡大し、隠居する天正八年には肥前・筑後・肥後半国・筑前九郡、豊前三郡を領有、〃五州の太守〃と呼ばれるに至っていた。天正八年、隆信は「着到帳」[13]を作成し自らの領国基盤を確認した上で、家督を政家に譲ったのであった。しかしその領国は、国人領主層の離反、被官化が繰り返される不安定な基盤の上に成立していた。[14] この点について熟知していた隆信は、家督を譲った直後と思われる時期に次の書状を三男家信に送っている。家信はすでに天正五年、杵島地方の有力な国人領主後藤氏へ和議協定の条件として養子に入っていた。[15]

（年不詳四月二〇日）
又申候、鍋島（直茂）飛驒守事、卒度ハ我等存分之やうに候間、我等死去之後、彼者江相談候て可然候、兎角、
鐘賢（竜造寺政家）江遺儀候ハハ草れのけよりも不可守候、正路覚悟専一候

我等死去之時、家内其外、此比のやうよ覚悟可有候、尤其方存命之間、何篇、鐘賢存意之外、意分不可有之事

四月廿日　　隆信（花押）

家信まいる申給へ(16)

隆信死後、政家をもり立て「家内」其外の覚悟を命じているが、むしろ重要なのはその方策として鍋島直茂への「相談」を指示していることである。隆信は自らの死去後、不安定さが予測される領国経営について直茂を想定した見通しを立てていたのである。隆信が佐賀宿老(17)あるいは須古御側頭(18)の存在とは別に、特に直茂を「相談」者として指示したのはなぜであろうか。第一に隆信と直茂の間に擬制的血縁関係が存在したからであろう。すなわち、竜造寺周家に嫁して隆信をもうけた慶誾尼は、弘治二年鍋島清房に再嫁した。(19)大内軍を大宰府に敗走させた功績によるというが、ともかく隆信と直茂は義兄弟の関係となったわけである。第二に合戦時における直茂の戦略的能力であろう。直茂は、大友勢を肥前より撤退させ竜造寺氏を〝五州の太守〟へ飛躍させる契機となった元亀元年八月一九日の今山合戦(20)にてその力量が認められ、その後竜造寺勢の先陣を勤めるようになっていた。(21)第三に筑後経営の実績であろう。肥前に接する筑後は、分国の中央部に位置し戦略・分国経営の重要な地点であるが、天正七年、隆信は直茂を筑後の酒見城に配置し国人領主の離反を防ぐべく、筑後経営に専念させていた。(22)いずれにしても、「鍋島直茂公、長国家、務軍事、出則為爪牙、入則為股肱(23)」と評される直茂に対し、隆信は「卒度」の信頼をおき、領国運営の一端を期待していたのである。

ところが、天正一二年、早くも隆信が予期していた「我等死去」が現実のものとなった。三月二四日、肥前島原での島津・有馬連合軍との合戦にて戦死したのである。(24)その一四日後の四月八日、政家は直茂に起請文(25)を差し出した。

（天正一二年四月八日）
再拝々々敬白天罰起請文之事

一従最前家を被存候上者、於于今茂親子兄弟之様ニ何篇無腹蔵可申承之叓
一於虎口其方及難儀者、乍勿論見捨申間敷叓
一其方我等間ニ、若誰人雖有讒言、互可糺実否事
一我等依若輩、可請異見、無腹蔵承候者、如何躰ニ被仰候共、気ニ懸申間敷之事
一自然存寄儀候者、其方被仰候上ニも差返可請合申之事
右条々於令犯用者
草罰文
天正十二年卯月八日　民部大輔 政　家血判
（直茂）信生参

その内容は政家による直茂との関係強化を企図したもので、いわば隆信の〝遺志〟に沿うものであった。藤野氏はこの起請文について「動揺する竜造寺領国体制を維持するための高度な政治工作」[26]と評価される。しかし、その前提として隆信、すなわち前家督者の意向（〝遺志〟）を反影したものとして捉える必要があろう。

特にこの起請文で注目したいのは、第一条の「従最前家を被存候」という文言である。「存」には、「有する」・「思う」・「知る」等の意味もあるが、元来、「亡」の対語であり「生きながらえる」という意味がある。[27] また『日葡辞書』では、「生存する」という意味で用いる場合、他の名詞との併用が原則であるとし、〝Inochiuo zonzuru〟という用例を示している。[28]「家を被存」という表現はこれにあたり、ここでの意味は直茂が「家」＝竜造寺家を生きながらえさせてきた、存続させてきたということで、運営してきたという意訳が可能であろう。その実態は先述のように合戦にお

ける先陣、筑後での戦略・領国運営等を指していたのである。いずれにしても、竜造寺家家督である政家がこの起請文において「家」の論理で直茂との関係を保持・強化しようとしているのである。

もっとも、この「家」観念は竜造寺家臣団全ての帰属集団としての近世的「御家」観念というよりは、家政的・限定的性格が強いものであったろう。それ故この起請文の趣旨にもかかわらず隆信の次男家種が養子となった江上家の城原衆から、「直茂公世ヲ御伺」(29)という「悪説」(30)がでたのも、また当然であった。竜造寺一門にすれば竜造寺家への干渉あるいは奪取の兆しと受け止められたのであろう。このことは政家を困惑させた。彼は先の起請文を提出した二ヵ月余の後、再び書状を直茂に差し出し「其方事我等家を被相歎候」とした上で、「如睦甲冑共ニ信生可為下知次第、若相背人候者、一途可被申付」(31)と、平和・戦時ともに、直茂の下知次第であり、もし背くものがあれば、処罰は直茂の判断に任せると誓約しているのである。したがってこの時期、分国内の領主層による直茂宛起請文が増加するが、(32)その内容は例えば次の如くであった。(33)

(天正一二年七月吉日)
再拝々々敬白天罰起請文之事

一雖新不及申上之儀候、奉対　政家様、尽未来際、不奉存野心悪行之儀、如睦甲冑共ニ、夜白可抽御奉公候之事

一於虎口、及一戦之時、未練之仁於有之者、則可被討果之由被　仰聞之趣、奉存其旨候、向様、身命之限可立御用候、自然、至緩仁者被成敗之砌、雖為親子・兄弟差捨可申叓、付、鍋嶋信生事、政家様可被御用立之由、地盤之儀候如睦甲冑差捨申間敷候、就中、於虎口、信生同前ニ一足も不退、可立御用候、万一信生差捨、未練之仁候者、至貴家ニ、御奉公之儀、永々可被差赦候事

一従何方も計策之儀於有之ハ、書状も紐を不解、口上も一言も残(不脱)、速ニ可申上候、万一、世上如何躰雖令転変候、君従之道を忘申、毛頭聊、不届之儀仕間敷事、

於令右之條〻違犯者、

草罰文

すなわち、「奉対　政家様（中略）御奉公」あるいは「至貴家ニ御奉公」を通じて「君従之道」を忘却しないというものであった。「貴家」という表現に示されるように起請文提出者にとって、未だ竜造寺家は自らの絶対的な帰属集団ではない。また、提出者と直茂とが「君従」の関係にあるのではなく、政家・「家」への奉公を前提とし、「於虎口、信生同前ニ一足も不退」という文言に示されるように、むしろ対等というべき関係であったといえる。もとより、家政的・限定的な「家」観念を通じた「君従之道」は、分国内の領主層にとって確定的・絶対的なものではなく、隆信の死後、とくに島津勢の北進のためその離反が進行していた(34)。

かかる状況のなかで、天正一四年四月「御家裁判」の問題が生じてきた。これについては政家と竜造寺一門・重臣および直茂の間で各々起請文が取り交わされているが(35)、三者の立場は微妙に相違している。

第一に、直茂は「御家裁判」の委任を当初断っている。「飛騨守御家裁判之儀、可相迦之由、雖遂御詫言候、為各中連々為中聞召置條条」（竜造寺一門・重臣より政家宛起請文）、「御家裁判之儀雖被申付候、更根気相盡候条、難罷成之由遂御詫言候処、右之趣不可相背由、為各蒙仰候条、先以任御助言之旨候」（直茂より竜造寺一門・重臣宛起請文）という文言が、それを示している。

第二に、これらの文言は、以前から直茂が一門・重臣とともに構成する「御家裁判」のメンバーであったこと、そのメンバーの辞退願いを一門・重臣が慰留しているとも読み取れる。ここでの「家」観念は、家政的・限定的なものではなく、「後世的な言葉で要約表現すればお家のきりもり、藩の支配ということになろう(36)」あるいは『御家裁判』とは竜造寺領国の統治に外ならず(37)」というものであろう。そして、その性格は直茂と一門・重臣との合議的なものであったとみられる。

第三に、だからこそ「自然対政家、飛騨守逆意有之由、於被聞召付者、彼連判衆中ニ可被為仰聞候、相糺邪正、於成事実者、可討果申候」（一門・重臣より政家宛起請文）と、一門・重臣は直茂に対し相対的な姿勢を保持しているのであり、一方直茂も「存寄候処、無用捨可申上候、勿論非道之儀、心ニ覚取沙汰仕間敷候間、被聞召付儀候ハヽ、則可被仰聞候、其時相背申間敷候」（直茂より一門・重臣宛起請文）と、竜造寺一門・重臣との「存寄」（意見）の相互交換とその重視を確認しているのである。

第四に、政家と一門・重臣との立場の相違である。一門・重臣は「譬雖誰人如何躰之子細申上儀有之、各中ニ不被申聞、為政家御一存、不可有其沙汰候、若於彼条相違之儀者、各中対政家可相離申事」（一門・重臣より政家宛起請文）と、政家による「御一存」（独断）を否定し、それに相違すれば、政家との関係義絶までほのめかしている。一方、政家は「家裁判之儀、鍋島飛騨守（直茂）ニ申付候条、縦政家気色ニ不相似合之儀雖有之、各ニ無談合、政家為自分、到飛騨守、身体不可有相違之事」（政家より一門・重臣宛起請文）と、一門・重臣には談合なく一方的に直茂に従うと主張しているのである。したがって、「四月一三日付の一門・重臣に提出した政家の起請文は、直茂に対する『御家裁判』委任の政家の意志決定を示す」[38]という見解には肯首し難い。むしろ直茂への「御家裁判」委任問題をめぐり、政家と竜造寺一門・重臣との関係が対立していたことに、留意されねばならない。

以上のように、「御家裁判」の委任問題はそれまでの家政的・限定的な「家」観念が、領国経営ないし家臣団結集の観念として変化しつつあることを示している。しかし、「御家裁判」の委任とは専権的な領国統治権の委任ではなく、一方で竜造寺家の家督者である政家と竜造寺一門・重臣との対立関係を内在させるものであった。それは、家督と支配の分離[39]ではなく、両者が不可分であり、むしろ支配が家督すなわち「家」の論理に規定されていることを改めて物語っているのである。

第三節　公儀と「御家」

(1)　鍋島氏と豊臣政権

豊臣秀吉は天正一五年の島津遠征後、九州諸大名に対する知行割を実施した。これにより、竜造寺政家は肥前のうち佐賀・神埼・三根・小城・杵島・藤津・松浦（一部）の七郡を安堵され、(40)また一門の竜造寺家晴（筑後柳河）に、西郷氏の旧領・諫早が与えられた。(41)一方、直茂に対しても肥前のうち、養父郡半分と高来郡神代《こうじろ》が新恩として宛行われた。(42)ここで重要なことは、第一に政家が豊臣政権により竜造寺領国の当主（近世大名）として認められたこと、第二に直茂が豊臣政権より直接新恩給知の朱印状を与えられたことである。第二の点については付言しておく必要があろう。

直茂はすでに天正九年頃より秀吉と接触を有している。(43)これは隆信隠居の翌年であると同時に、織田信長が本能寺に襲撃される前年にあたる。隆信隠居後の竜造寺領国のなかで、直茂が独自に中央権力への接近を図ったものと考えられ、しかも織田政権に占める秀吉の地位を認識したものであった。信長・隆信の相次ぐ死去により、直茂は秀吉との関係をさらに強化していったと考えられる。天正一五年四月、秀吉は島津攻めに際し、吉川広家等八名へ所定の指示を与えた後、「委細之儀、鍋島飛驒守（直茂）ニ被仰含、使者両人相副被遣候間具可申渡也」(44)と申含めている。この時直茂は秀吉より島津攻めの司令を奉ずるという役割を担っていたのである。直茂が天正一五年六月、豊臣政権より新恩給知の朱印状を与えられたのは、以上のような秀吉との直接的関係があったからと推測できよう。これをもって、直茂が近世大名として取り立てられたとするのは早急な結論とも思われるが、しかし例えば同年（天正一五年）秋、肥後国一揆が勃発した際、直茂は秀吉より「竜造寺（政家）并其方事、諸式無如在様令覚悟、忠節専用思召候也[45]」と、政家と対等な関係にて忠節を求められ、また翌一六年四月には長崎代官[46]、八月には肥前草野氏旧領の代官[47]に単独で任じられている。豊臣政権は直茂に対し独立した大名として対応していたと評価することも可能であろう。

　このように直茂と豊臣政権との関係が強化されるなかで、竜造寺家の当主・政家は同年（天正一六年）七月六日に従五位下[48]、同月二八日には従四位下に叙せられ[49]、近世大名としての条件を整えつつあった。その政家は、一一月に次のような判物を直茂に与えた[50]。

　（天正一六年一一月二八日）
　長法師丸（竜造寺高房）、就養子契約之儀、悴名字竜造寺之事、到飛騨守（直茂）令附与訖、然者於伊勢松丸（勝茂）も、相続之儀
　　可為肝要之状、如件、

政家は嫡男高房（当時三才）を直茂の養子とするとともに竜造寺姓を与え、その代償として直茂の嫡男勝茂の相続は保障するというのである。政家の企図したものが竜造寺家の存続であったことは明らかである。しかし当時二二才の政家はなぜこの時期に養子・苗字に関する意志を直茂に伝えたのであろうか。その点の理由については政家が病身のため公儀奉公が成り難く、慶誾尼（隆信生母・直茂義母）の主唱によりこのような措置がとられたとも、政家の二人の男子が早世し、また高房も病弱であったためともいう[51]。しかしこの養子・苗字問題の背景には先述した政家と竜造寺一門・重臣との対立関係が介在していたと思われる。すなわち、直茂へ全幅の信頼と期待を寄せる政家と、直茂を相対的・客体的に位置づける一門・重臣との対立である。政家は直茂に竜造寺姓を与えることにより「御家」に組み入れ、自らの直接的基盤に据えようとした。ところが、一門・重臣はむしろこれに慎重であったと思われる。後世の編纂物である「藤竜家譜」・「直茂公譜」等は、一門・重臣の賛同の上に、高房の直茂への養子と竜造寺姓付与が決定

したように記しているが、これらの編纂物は鍋島時代に作成されたことを念頭におく必要があろう。結局直茂は竜造寺姓について「御遠慮」(52)したがその第一の理由は、この竜造寺一門・重臣の反発を憂慮したためであったと思われる。

直茂が改姓問題を拒否した第二の理由は、直茂と豊臣政権との関係に求められよう。直茂自身、これまで鍋島氏（家）として、秀吉と直接的な関係（これを主従関係と呼称するかは別として）を結んでおり、天正一五年には秀吉より単独で領地朱印状を与えられていた。この時期、有力な領主（家臣）層にとって秀吉より認知された近世大名の枠を越え、直接、上級権力（中央政権）と結びつく政治的・権力的欲求を想定することが可能ではないだろうか。中央政権が成立した直後にあたる天正期後半は、このような近世大名（「御家」）への包摂化と中央政権（「公儀」）への直接的な集中化という、近世的政治動向をめぐる二つの運動形態が並存した時期と把えることができよう。「御家」と「公儀」という新たな近世的秩序が形成されるなかで、鍋島直茂が竜造寺姓への苗字変更を拒絶し、むしろ翌天正一七年一月、従五位下加賀守(53)に任じられ、近世大名としてのひとつの条件を獲得したのは以上のような背景があったのである。

(2)　豊臣政権と「御家」

政家は天正一六年一一月二八日付の養子・改姓の件にかかわる判物をもって、直茂へ国政を一任しようとしたが、直茂はこれを拒否したという(54)。それは直茂に、秀吉による独立大名取り立ての〝二心・野心〟があったからであろう。竜造寺姓の拒絶も同様である。天正一七年一月、従五位下・加賀守に任じられたのはその布石であったと思われる。しかし、政家は直茂への国政委任について、小早川隆景を通じ斡旋を依頼、隆景から秀吉へ上申されたといわれる(55)。

天正一八年一月の竜造寺高房（藤八郎）宛朱印状(56)にて、秀吉は公儀権力としての意志を明らかにした。直茂は、後藤家信（武雄、隆信の三男）、竜造寺長信（多久、隆信の弟）、同信周（須古、隆信・長信の弟）、竜造寺家晴（諫早）等の竜造寺一門や神代《くましろ》家良、さらに直茂の嫡男であるものの江上家（隆信の次男家種が相続）の養子となている勝茂とともに、豊臣政権により竜造寺高房を家督・当主とする竜造寺体制のなかに改めて位置づけられたのである。(57) 天正一五年の豊臣秀吉朱印状は、政家・竜造寺家晴そして直茂へ各々単独に与えられた。諫早・神代等新領域も含め竜造寺領国は、いわば三人に分有される形態をとっていたわけだが、ここに至って竜造寺家当主に一括宛行がなされたのである。なお、政家は隠居扱いになっている。(58) 政家とは対立的立場にあった一門・重臣によって病弱を理由に隠退を強いられたというのが実状であろう。(59) 時に二四才であった。

一方、直茂の独立化への〝二心・野心〟も、もはや断たれた。これ以後、近世大名（「御家」）＝竜造寺体制の枠を越え、その家臣が公儀権力との直接的関係（主従関係）を結ぶことはできなくなった。天正二〇年、杵島郡佐留志の領主前田家定が、秀吉と直接内通したとの理由で誅伐されたことは、(60) それを物語っているといえよう。比喩的にいえば「御家」と公儀との接触は、比較的柔軟でそれまで緩やかであった「御家」の枠を、より強固なものにしたのである。高房宛の朱印状が与えられた二ケ月後の天正一八年三月、後藤氏・諫早氏等に秀吉より直接与えられた領知目録に、(61)「藤八郎《（高房）》致随遂《（江欠カ）》、軍役等相勤者也」と竜造寺高房に従って軍役を勤むべきことが記されているのは、高房との主従関係を前提としていたというよりも、「御家」すなわち近世大名の家臣団（「家中」）としての軍役負担原則を示すものであったといえよう。

このことは、天正二〇年の朝鮮侵略戦争に際し、その軍役が高房にではなく直茂に命じられたことと関連する。(62) 直茂への軍役賦課については、「天正一八年段階における竜造寺系与力大名の(63)『藤八郎致随遂《（江欠カ）》、軍役等可相勤』き方式は否定され、かつての竜造寺家臣団とともに、鍋島氏の軍役体系のなかに包摂された(64)」との評価がある。この指摘は重要であるが、当主の存在にもかかわらずなぜ僅か二年の間に軍役負担原則が変化したのか、また「鍋島氏の軍役体系」という時、その内実はどのようなものであったのか、これらの点を明らかにする必要があるように思われる。

第一に軍役が直茂に命じられた理由である。これは、軍役ないし竜造寺領国に対する豊臣政権の認識の問題にかかわっている。豊臣政権よりすれば確実な軍役負担能力を各大名（領）に求めていた。ところが政家は病弱を理由にすでに隠退しており、当主高房は未だ五才の幼年である。ところが直茂は隆信時代より竜造寺勢の先陣を勤め、直茂の戦略ないし組織統制力は、「太閤様仰に『竜造寺隆信といひし者は名将とおもわれ候。子細は、鍋島飛騨守（直茂）に国家を打任せ候は、能人を見知たる也。今飛騨守を見ておもひ知られ候』と被申候よし」[65]という『葉隠』の文言を引用するまでもなく、秀吉により認知されていたと思われる。しかも、直茂はすでに従五位下・加賀守に任じられ、いわば大名としての〝資格〟を有していた。公儀権力は直茂の竜造寺体制の中におけるその統制力に期待していたのである。「藤八郎致随遂、軍役等可相勤」とは、先述の如く高房との個人的な主従関係を前提としたというよりも、「御家」（近世大名）を通した軍役奉仕の原則を示したものと考えれば、「御家」権力の被委任者ないし執政者としての直茂に軍役遂行が命じられたと理解すべきであろう。天正二〇年一一月二八日、直茂が出兵に際し記した願文[66]はそのことを示している。

（天正二〇年一一月二八日）
敬白願書之事

仰今度應日本　関白殿下秀吉公之命、縦雖相動於朝鮮国大明国、我朝神慮未盡者、我　豊臣朝臣高房九族家中上下、或臨戦場、或赴行路、則武運弥長、勇健益堅、仰擁護、叶祈誠、致歸朝者、到肥前国鎮守千栗八幡大菩薩、河上大明神、与賀大明神、本庄大明神、龍造寺八幡大菩薩、其外大小之神祇等、可随所補其破、依機仰其威、並国中之萬民信心之旨可效之於風俗者也、仍願望如件、

豊臣朝臣鍋嶋加賀守

天正二十年十一月廿八日　　直茂（花押）

鍋島家臣ではなくあくまで「豊臣朝臣高房九族家中上下」つまり、竜造寺高房の「家中」の代表者として、直茂は願文を記しているのである。

第二に、「鍋島氏の軍役体系」という内実である。右の願文より理解すれば、このような認識自体が適切ではないといえよう。またそれを認めるにしても鍋島氏が独自に編成した「与」に限定して考えるべきであろう。この「与」の統轄者（「与頭」）には、「大身ノ侍ヲモ両人ノ備内ニ被仰付ノ間、無遠慮差引可任」(67)という強力な権限が鍋島氏より与えられていたからである。しかし、それ以外の竜造寺一門・家臣層は戦地・朝鮮半島においても独自に行動し、その軍役負担能力は「与」編成のそれに比較すれば低かった(68)。統一的な「鍋島氏の軍役体系」とは言い難いのである。

以上のような検討よりすれば、「藤八郎致随遂、軍役等可相勤」という原則の上に、直茂が統帥権を代行したといえよう。統帥権を代行し得る理由は、当主であるものの幼年の高房、ましてや直茂との個人的な主従関係にではなく、竜造寺家すなわち、「御家」の観念が成立していたからということができよう。むしろ家督によって抽象化される「御家」観念の、上からの創出によって、直茂を統帥権の代行者とする家臣団の編成が可能となったというのが妥当な捉え方であろう。文禄二年、田尻家の家督相続をめぐり、直茂が指示を与えた書状に(69)「家来之衆（田尻家来）一人も不分散様、御裁判候而、向後、無別儀、藤八郎一篇之御覚悟専要候」（圏点引用者）とある。これは直茂による家臣団統制が、竜造寺家当主・高房を通じた「御家」への奉公を前提とすることにより可能であったことを示しているのである。

ところで、従五位下に任じられることが大名取り立ての必要条件であるとすれば、直茂の嫡男勝茂に文禄四年二月、従五位下、信濃守の官位が与えられたことは重要な意味を有する。すなわち、天正一六年一一月、直茂への高房養子と竜造寺姓付与の申し出が政家よりなされた時(70)、勝茂については「伊勢松丸（勝茂）も相続之儀可為肝要」と、その相続が保障され、竜造寺隆信二男の家種が相続していた江上家の養子とされていた。天正一八年一月、政家に与えられた領知朱印状のなかで、「竜造寺伊勢松」というように、勝茂が竜造寺姓なのはそのためであろう。ところが、文禄二年勝茂の養父家種が朝鮮在陣中に戦死した。[71]これを契機に勝茂は鍋島家へ戻ったと思われ、文禄三年朝鮮より帰国した直茂は、勝茂を伴って上洛、翌四年二月、勝茂は先の官位に任じられたのである。しかもこの時、秀吉の養女戸田勝豊の女と縁組している。これには直茂の朝鮮在陣への褒賞としての意味があると思われるが、ともかく公儀権力が養子高房の存在にもかかわらず、勝茂をいわば大名世嗣として処遇したことを示している。[72]秀吉は幼年の竜造寺家当主高房よりも、織田信長・竜造寺隆信時代の天正中期より関係を有した鍋島直茂およびその嫡男勝茂を、実質的な大名として認知したといえよう。秀吉にとって自らに忠誠を尽くし、しかも軍役遂行能力を備えた者こそ、大名たる資格を有するものなのである。

しかし、実態はどうであれ、領国内において竜造寺家の当主は高房であり、鍋島氏はその高房を奉じたいわば執政権力にすぎない。文禄五年、鍋島勝茂宛に出された竜造寺一門・重臣の起請文およびそれに対して直茂・勝茂より一門・重臣へ提出された書状を通じ、当主高房、鍋島直茂・勝茂および竜造寺一門・重臣等、三者の関係について検討しておこう。以下に一連の史料を掲げる。

起請文前書之事
（文禄五年六月二一日）

一藤八様（高房）・加賀守殿（直茂）御事も新不及申上、對鍋嶋信濃守殿（勝茂）、為彼連判衆中、於向後、無二心野心、身命之限、可罷立御用之事

一彼連判衆中家来之者共、或も口事篇有者、喧嘩口論出来之節、御濟様、又者知行以下之御改、又も所替ゟ自然被仰付、縦不足之儀雖有之、以加賀守殿御芳恩、身上于今相續候事、其節無忘却、吉凶可相随鍋嶋信濃守殿御

下知候、然上ハ、當末不捽其遺恨、弥遂御入魂、可致御奉公事

一従他家之衆、自然深重入魂、或も計策等之儀雖有之、聊無用心、書状ハ不解紐、口上も不相残一言も、可申出候、勿論、為我〻身上之欲、他邦之衆不可申談候事

一至加賀守殿・信濃守殿、令隠密、或ハ縁重有之契約又は神文等、何方ニも不可申談候事

一彼連判衆中、如此、覚悟相定候上ハ、於國元、無御氣遣、至　太閤様・御拾様(秀頼)、被入御性、可被遂御奉公事、尤存知候、万一就京都御用、人数等可入儀於有之ハ、御左右次第、無延引、何も罷登、身命之限、可立御用候事

　　付り、自然留守番等之儀、雖被仰付、不能私之取分、可相任御下知候事[73]

(文禄五年六月二五日条)

猶〻、御両所此節御心副、信濃守(鍋島勝茂)へ近〻可申含候間、直御禮可申上候、右趣者、悉皆藤八殿(竜造寺高房)御為と存、一入満足仕儀候、已上

今度、以　御神文、至信濃守、蒙仰候儀、老後之安堵、無此上候、明日如何躰ニ罷成候共、奥頼敷存、可相果候間、某満足御察之外候、御面上ょて御禮、何と哉覧不得申候條、一書申展候、猶両人可為演説候、恐惶謹言[74]

(文禄五年後七月一二日)

態令啓上候、仍、今度、被對御家、至某被顯御心底、御神文被懸御意、具拝見仕候、忝次第、帋面難盡候、誠若輩之儀候条、毎事可預御指南事、所仰候、先以、此等之儀、為可申述持助左(持永茂成)差渡候、随而、喜清次殿(茂綱)御事、度〻如申入候、別而得御意事候間、弥先様申談、御奉公可仕覚悟候条、可御心安候、委細口上相含候、恐惶謹言(勝茂)[75]

これらの起請文・書状より次のことが確認される。第一に「悉皆藤八郎殿御為」、「今度、被対御家、至某被顯御心底」、また「藤八様・加賀守殿御事も新不及申上」と、高房ないし「御家」への奉公が三者の立場に共通することである。この点、藤野氏は高房は儀礼的に扱われているにすぎないと指摘される。[76]しかし、とくに前近代社会において

儀礼・形式は本質が具象化された現象形態と考えられる。鍋島氏と竜造寺一門・重臣は高房・「御家」への奉公を前提に存在しているのである（竜造寺家臣）。

第二に、一門・重臣層が「以加賀守殿御芳恩、身上于今相続」と、直茂のこれまでの領国運営にかかわる実績を評価、謝意を表していることである。

第三に、以上の要件、つまり高房・「御家」への奉公と直茂の芳恩への謝意を前提に、一門・重臣は鍋島氏に対し、「身命之限、可罷立御用」、「吉凶可相随鍋島信濃守殿御下知」と誓い、さらに「他家」との関係の拒絶を約している。

第四に、これらの誓約の履行を条件に国元に気遣いなく豊臣秀吉・秀頼へ奉公するよう、鍋島氏に進言している。

第五に、かかる、勝茂に対する竜造寺一門・重臣による起請の内容に、直茂は「老後之安堵、無此上」、また勝茂も「忝次第、帋面難盡」と感謝しているのである。一度は養子として江上家へ出た勝茂が鍋島家嫡男として認知されたことを、ひとまず直茂・勝茂父子は喜んでいるのである。

総じていえば公儀権力の思惑にもかかわらず、竜造寺一門・重臣は、勝茂を直茂の嫡男とは認めても鍋島氏を当主すなわち君主権力として承認したのではなく、むしろ、公儀権力への遺漏なき奉公を鍋島氏に申し入れているのである。ここには、竜造寺一門・重臣による公儀権力への認識が端的に示されているものの、しかし、一方では高房・「御家」の存在は、鍋島氏にとっても竜造寺一門・重臣にとっても重かったのである。(77)

なお、慶長二年の第二次朝鮮侵略戦争においては、鍋島直茂とともに勝茂も出兵を命じられ、父子で単独に四番隊を編成した。(78)慶長三年の秀吉死去に伴う帰国後、直茂・勝茂は政情不安のなかで京都に在陣、(79)国元の側近家臣（鍋島茂里・同生三）に、鉄砲・弓等諸道具の指上を命じている。(80)このように、公儀軍役・対外交渉については、先の竜造寺一門・重臣の起請文にある如く鍋島氏が担当している。

(3) 徳川政権と「御家」

慶長五年八月、いわゆる関ヶ原の戦において鍋島勝茂は伏見城・安濃津城（伊勢）攻撃に参加、西軍に加担した。(81) しかし、伊勢在陣中、西軍敗退の報に接した勝茂は、井伊直政・黒田長政らを通じて徳川家康に謝罪、本領が安堵された。(82) これにあたり、鍋島氏は生国が肥前国小城郡晴気で、徳川氏との結びつきが強かった円光寺元佶に同氏との交渉を依頼したといわれる。(83) 翌慶長六年、直茂・勝茂は江戸へ参府、直茂の妻を忠節の証しに人質とすることを申し出たが、家康は、当時、小川氏の家督を継いでいた直茂二男半介を鍋島姓に戻し、徳川秀忠の近習に命じた。この時、秀忠の「忠」が半介に与えられ忠茂と改名、諸大夫・和泉守に任じられ、矢作五、〇〇〇石が下賜されている。(84) これに際し直茂は忠茂に「覚」(85)一三条を与え、徳川氏への忠勤を説いている。そのなかで「藤八《（高房）》ハ向後主人と頼ミ、相嘆くべき事」（四条）とする一方、「信州を親と頼ミ」（五条）、「何事も千惣・納千兵可伺異見候、但、御家・信州《（勝茂）》可為相違心持候ハハ、同心有間敷事」（九条）と、「御家」・勝茂への忠節を求めている。竜造寺氏からの委任ではなく、鍋島氏自ら「御家」存続の意志と責務がここに示されているといえよう。

このように、関ヶ原の戦による領国存亡にかかわる危機的状況は、むしろ鍋島氏による徳川氏への接近・臣従化を促進、両者の関係を強固なものとし、徳川氏も鍋島氏を領国の当主すなわち大名として事実上認知、また鍋島氏による「御家」存続・運営の意志が客体化されたのである。一方、竜造寺一門・家臣もそのことを承認せざるを得なかったのであろう。慶長六年の六月より九月にかけ、竜造寺安順（多久）、同信昭（須古）、同家晴（諫早）、後藤茂綱（武雄）等の竜造寺一門（いわゆる竜造寺四家）が、勝茂へ起請文を相次いで提出したことは、それを物語っていた。(86)

そこで問題となるのは、竜造寺家の家督である高房の存在であった。これについて、直茂は円光寺元佶を通じ解決を図ろうとしたと思われる。(87)その結果高房に対し、家康は諸大夫・駿河守の官位を与え、江戸詰・秀忠近習の上意を示し、(88)家康が事実上の大名と認知する鍋島氏と竜造寺領国の家督者竜造寺氏の並存による矛盾を解消しようとした。

しかし、領国においてこの措置は鍋島氏を微妙な立場に置くことになり、高房江戸詰の経緯について、直茂は起請文(89)を記さねばならなかった。

起請文前書之事

一今度藤八郎殿家連続之儀、学校・東紀州を以　将軍様江申上候處ニ、於其儀者、御面ニ可被　仰聞様子候間、加賀守急度可罷上候通、被成　御談候条、罷登候処ニ、直ニ被　仰聞候ハ、藤八郎江戸江詰させ申候へ、家之ヿめ、藤八郎為、国之為ヨ候間、可然被思召上と被成　上意候、勿論、彼条初而承り、何とも迷惑仕候て、藤八郎殿江内證相ヿつね申候得者、御談之上者、従　伏見直ニも、江戸可有御下之由、弥七左衛門・惣兵衛を以承候、其通御請申上候、然處ニ、自然御寄合衆様ゟも、又他方ゟも、加賀守親子、若哉、学校・東紀・其外誰人をも相頼候て、藤八郎殿在江戸させ申候なと丶、御疑心も候ハんと存、誓紙如此候、此条兼而努ニも不存寄候間、舌端ニも不申遣候、此上うヿかいの衆候ハ、天道次第候事

一藤八郎殿、以上意、江戸御堪忍候上ハ、世上転変候共、我等親子として、藤八郎殿指捨申ましく候叓

一藤八郎殿在江戸、疎略を不存、御為能様ニ、成なと之儀相つ丶け可申候事

直茂が円光寺元佶等をもって家康に「藤八郎(高房)家連続」について申請したこと、これに対し家康は直接に面談し、「家之ヿめ、藤八郎為、国之為」に高房の江戸詰を命じたこと、この高房江戸詰の措置が鍋島父子（直茂・勝茂）の策略であるとの「御疑心」を払拭するため誓詞を記すことを説明し、今後も高房を見捨てないとしている。鍋島氏は高房江戸詰があくまでも「上意」であることを強調し、竜造寺一門・重臣の疑心を払おうとしているのである。

これに対し、高房もこの時一七才であり、「藤八殿成人候て事ニより御一雅意共存之」[90]といわれるように、家督・江戸詰問題をめぐり、鍋島氏を意識し始めていたと思われる。

しかし、鍋島氏は慶長七年の大坂普請、[91]八年名古屋城普請、[92]九年江戸城普請、[93]一〇年大坂城土引、[94]一〇〜一一年江戸城普請と公儀諸普請を遂行し、[95]また徳川氏に対し江戸・上方その他への参勤交代も、慶長五年より連年行なっている。[96]慶長一〇年五月、勝茂は家康の養女岡部長盛の女と再婚、[97]徳川氏との関係が強化された。もはや、高房の意志にかかわらず鍋島氏の地位は徳川氏との関係において不動のものであった。一方、竜造寺一門・重臣との関係は、慶長一一年正月に提出された起請文[98]を通じ窺うことができる。

（慶長一一年一月七日）

再拝〃〃敬白天罰起請文前書之叓

一新雖不及申上候、加州様数度之御芳恩、不浅奉存候条、於　信州様、尽未来際、身命之限、吉凶共無二心、御用ニ可罷立事

一万一　信州様御分別相違、御一雅意之儀雖有之、各申合、愚意趣可申上候、縦一往御分別候共、重而可遂御談合候、自然無御承引候共、気ニ懸不申、弥御奉公緩疎を存間敷候叓

一従彼連判之内、自然御為ニ不成儀於有之者、各申談、無邪儀表裏、異見を申、其上ニ而も於無合点者、有躰ニ申上、差離可申候叓

一自然御家之政邪ニ被仰付儀も可在之時、御為を相歎、如何可有御座旨申上、若、彼連判之者及迷惑御当介雖在之、信州様ニ相離、他家之御奉公仕間敷事

一彼連判衆間ニ、自然讒人在之而、於及隔心者、其邪正相糺、於不実者、弥可申談事

これによれば、直茂による「数度之御芳恩」を条件とした勝茂への御用、勝茂による一門・重臣の政治的意向の採用・

不採用にかかわらない勝茂に対する奉公の絶対性、一門・重臣（「連判衆」）間での相互監察、「御家」への忠誠等が誓われている。「御家」と「他家」が並立的・対称的に捉られ、勝茂を通じた「御家」への絶対的帰属を、一門・重臣は謳っている。この起請文を文禄五年六月二一日に一門・重臣連署にて勝茂へ提出された起請文（先掲）と比較すれば次の諸点が指摘できる。第一に高房に対する忠節の文言がなくなっていること、第二に「御家」観念が明確に打ち出されていること、第三に文禄五年では直茂・勝茂に公儀忠勤を依頼し、その代償として、直茂・勝茂に奉公を誓うという、いわば限定的なものであったが、ここでは「自然無御承引候共、気ニ懸不申、弥御奉公緩疎を存間敷叓」あるいは「彼連判之者及迷惑、御当介雖在之、信州様ニ相離、他家之御奉公仕間敷事」と、絶対的な奉公が約されていること、第四に宛名人に対する敬称が「鍋島信濃守殿」より「加州様信州様参」と、より丁寧な表現に変化していること等が注目される。

高房は、この起請文が提出された翌慶長一二年三月三日、江戸屋敷にて内室を刺殺し、自害を図ったものの、それは未遂に終った。竜造寺家の家督であるにもかかわらず、領国支配の実体から遊離していたことを悲嘆しての行為であろう。同月二〇日、在江戸であったと思われる勝茂はこの件につき老中本多正信へ報告後、直茂へ「覚」[99]を送付、「不慮」の事態すなわち高房死去の可能性があることを伝え、

一若不慮之儀も於有者、おとなしニ其元ノやうニ差下可申事

一若不慮之仕合も有之而、公儀ゟ被仰出趣も可有之哉、其節御請之事

と申し添えている。「おとなしニ」という表現に、竜造寺家の家督・高房の不慮の事故に対して予測される家臣団の動揺への配慮が窺われ、高房死去後の「家督」問題について「公儀」よりの「仰出」に従う意向を表明している。秀忠近習として江戸詰で領国支配の実体から遊離していたとはいえ、高房は「御家」の家督なのである。しかも後に直

茂が「此次、頓而四品之御位ニ可被仰付儀共候つれ共、今度之御仕合、被失御外聞」(100)というように、従五位より四位の官位が与えられることになっていた。高房の自殺未遂は秀忠近習として、公儀に対する「御家」としての役の不履行＝不忠と観念されたと思われる。ともかく、その判断と「御家」の将来はすべて「公儀より被仰出」(101)にかかっていたのである。

直茂は七月二六日、高房の父政家宛に千数百字にのぼる書状(102)を送っている。そのなかでまず「隆信様御戦死以来、御家相つつき候様ニと、いろ〳〵相なけき候へ共、親類〻れ人ゟても、御家つつくへき一言被相副人無之候て、誠不弁〻んそくゟて、今まて如此相續候事」と隆信戦死以来、「御家」相続に苦労したことを記すとして、以下八ケ条に亘ってその経緯を述懐している。その内容はまさに公儀奉公と「御家」相続のいわば板ばさみを強調したものであった。特に高房の家督問題には次のようにある（二条、なお本章一節参照）。豊臣秀吉が政家に対し奉公を免じた時「既可相果御家」であったこと、小早川隆景の斡旋にて「ちふさ《乳房》をくハへられ候」高房を家督としたこと、朝鮮侵略戦争の際、秀吉により「藤八良《高房》事、家督ニハ被仰付ましく候、国知行役等之儀ハ加賀守之被仰付候間、藤八郎事ハ、千石成共、五百石成共被下、家中ニ可被召置之由」として、高房より直茂への家督の変更と高房を「家中」にせよと命じられたこと、しかし、それにもかかわらず高房を「終ニ不相易主人ニ取持」ったこと、このため却って「御奉公をもめしつつけられ候様と申分られ〻る難儀之躰とも筆紙ニ不得申上」と公儀奉公に難儀したこと等を直茂は述べている。このなかで注目されるのは、高房が政家の家督を継いだものの、朝鮮在陣中に秀吉が家督の変更を策定したことである。しかし、領国における一門・重臣層との関係でそれは実現せず公儀奉公を困難にしていた（三節(2)項参照）。そして今回の高房の自殺未遂をめぐって、「今度之依御仕合、被失御外聞、御名字を被絶候所、さりとてハ御冥加〻る御事共候」（五条）とし、「今度、藤八良殿御腹被召候儀、誰人ニ御あて被成候哉」（九条）と、感情的とも思われる表現を用いて高房の行動を、父政家に対し非難した。直茂にすれば、隆信戦死以後における「御家」存続の努力がいわば水泡に帰すとも認識していたことであろう。まさに、徳川政権の改易、転封等が推進された時期にあたっているのである。[103]

高房は傷の悪化により九月六日、また政家もそのあとを追うように一ケ月もたたない一〇月二日、相次いで死去した。ここに竜造寺氏の本家は断絶した。[104]

第四節　「御家」と「親類」

高房の葬儀について「駿河殿（高房）葬之儀、いかゝ可申付候哉、与平（竜造寺安順）・主水（鍋島茂里）へ談合候て爰元ヨて目ヨ立候ハぬやうヨに可被相調候」[105]と、直茂は、竜造寺安順および鍋島茂里に相談し執り行なうよう、鍋島生三に指示を与えた。安順は隆信の弟長信の子で竜造寺一門である。一方、茂里は石井氏の出身で勝茂誕生以前に直茂の養子となったことがあり、直茂の信頼が厚った。生三は直茂の祖父鍋島清久の長男清泰の子清虎の三男で、肥前東部神埼郡の旧族・姉川氏の養子となっていた。[106]茂里・生三とも鍋島氏一門である。特に生三は、慶長・元和期、直茂・勝茂のもとで側近政治を展開した人物である。[107]家督者・高房の不慮の死去に対する家臣団の動揺を憂慮した直茂の指示であった。

徳川政権の今度の事件に対する措置は寛大であった。竜造寺本家断絶による家督問題について、竜造寺家晴（諫早）・同安順（多久）・同信昭（須古）等の竜造寺一門を江戸へ呼び寄せ意見を聴取した。三人は竜造寺氏と鍋島氏との血縁関係、直茂の功績による竜造寺家存続の経緯を述べ、直茂が家督を継ぐべきところ高齢のため、勝茂への相続を上申、それが徳川氏より承認されたという。[108]その背景には鍋島父子および円光寺元佶等による政治工作もあったであろう。高房は死去したもののその遺子伯庵が存在しており、家督の筆頭相続権は伯庵にこそあったと考えられるからである。しかしそれは実現しなかった。伯庵はその後、寛永一一年に至って幕府に対し竜造寺家再興の訴訟を起し、その後同一二年・一七年・一九年と自らの正当性を主張し、訴訟を繰り返したが、幕府は悉く却下している。[109]鍋島氏による竜造寺家の家督相続は、むしろ公儀権力として幕府自らの企図した政治的措置であったといえよう。それはかつて秀吉が朝鮮侵略戦争時に、高房の家督剥奪、鍋島「家中」への組み入れを画策したことと相通じるものがあった。豊臣氏・徳川氏ともに、公儀権力の立場として求めたのは、正当ではあるものの形式的な「家督」の存続ではなく、自らが希求した近世的秩序形態に忠実に対応しうる〝強力〟=近世大名の創出であった。竜造寺佐賀藩から鍋島佐賀藩への交代は、右のような歴史的意義を有すると評価できよう。

竜造寺一門は本家の断絶、実質的な鍋島政権の樹立により、本姓・竜造寺の改姓を余儀なくされた。例えば竜造寺安順は慶長一三年三月の駿府城普請に際し普請方を勤め、この時、竜造寺より多久（知行地の存在地域名）に改姓した。[110]このほか高房の弟でいわば竜造寺家の本家格となった竜造寺安良は村田氏、竜造寺直孝は諫早氏、竜造寺茂周は須古氏を経て鍋島氏（須古鍋島）、後藤茂綱も武雄氏を経て鍋島氏（武雄鍋島）へとそれぞれ改姓しているのである。

家督相続後、勝茂は鍋島生三・石井茂利・同茂清、三浦賢純を中心に側近政治を展開するが、[111]一方で多久（安順）・諫早（直孝）・須古（信昭）・武雄（茂綱）の竜造寺四家を佐賀へ集め、家老として政治運営の協力をもとめねばならなかった。むしろ、慶長一三年四月、鍋島生三・同茂里・同茂賢[112]・神代《くましろ》家良[113]等の鍋島一門、久納茂俊・成富茂安等の竜造寺隆信時代以来の譜代・外様衆で生三の側近政治を助け協力したメンバー[114]とともに、諫早直孝・須古信昭・多久安順・武雄茂綱等の竜造寺四家が連署して、「親類中、以来在佐嘉ニて、御家之儀諸事可致気遣事」との起請文を提出したことに示される如く、鍋島政権はこれまで述べてきた政治過程に規定され、その成立当初より竜造寺一門（=四家）との連合政権的性格を有するものであったといえよう。

翌慶長一四年八月八日、竜造寺四家が鍋島茂里との連署にて提出した直茂・勝茂宛誓詞(115)は、「今度被差出向後之所迄、別而御懇ニ被成御意、剰過分之銀子被為拝領、段々被仰聞候趣、於已来何様忘却不仕五人致順熟、身命之限信州(勝茂)様御用ニ可罷立候事」（一条）を前提として、「御家御為可罷成儀者可申上之由、右誓紙を以相澄申候間、新敷不及申上平生之儀も御為ニ不罷成と存寄儀候者、無用捨可申出由御意候間、聊不及斟酌(ママ)、何様可立御用覚悟候事」（一〇条）ことを約したもので、その基調は、鍋島・竜造寺両氏連合による「御家」運営であった。図らずも茂里は翌一五年八月死去したが(116)、その基調に変化はなく、鍋島氏による竜造寺四家への「談合」が政治運営の原則となっていた。

例えば慶長二〇年の幕令・一国一城令に対し、勝茂は生三に、城割の決定を直茂へ報告し、諫早直孝・須古信昭に「談合」するとともに、具体的な進行状況については多久安順を通じて上申せよと申し渡している(117)。また慶長一九年と思われる生三宛の勝茂書状(118)では、蔵入財政の窮乏につき家中召上（出米）をめぐり、「当毛にて家中より返納候事、心遣尤ニ存候借銀過分之事候条、七部申付度候へ共、家中相続間敷と存候条、五部無未進相調候様ニ、今より長門(多久安順)・右近(諫早直孝)・主殿(武雄茂綱)へ談合候て可召置候」と多久・諫早・武雄各氏への談合を命じている。さらにこの財政問題をめぐっては、元和六年、藩借銀返納について「借銀返納之儀、此地にて長門(多久安順)・主殿(武雄茂綱)へとくと談合申、三拾六万石ニ割付」とし、現銀合わせ二、六〇〇貫の返済法を指示しているが(119)、やはり多久・武雄各氏への談合を申し渡している。このように幕令への対応・大名財政等、政治運営上、重要な案件については竜造寺四家の同意を得ることが必要であったと理解される。連合政権と規定する所以である。

ところで、竜造寺四家はこの藩政成立期、「親類」と呼称されていた。

(年不詳一月二七日)
一江戸御普請ニ付、従加州、普請衆並奉行之儀被申越候由承候、急相觸候て可差登候、今度も中監・諸惣左可申

付之由候哉、此もの共ノ上ニ親類衆一人、何れニ御越候ハてハと存候条、与兵衛（多久）殿・市兵衛（須古）殿間ニ一人、其元談合次第ニ被相越候様ニ可然存候(120)（後略）

これは江戸普請に関する生三宛勝茂書状であるが、多久・須古両氏が「親類衆」であったことが知られる。

このように理解すれば、大名財政・公儀普請あるいは領内支配の要である郡代の任免等、重要かつ広範な政治運営に「親類」、すなわち竜造寺四家が、鍋島氏より「談合」をうけるという形態でかかわっていたことが知られる。具体的には次の史料の如くである。

（年不詳五月六日）
一書申遣候、爰元逗留申ニ付而、諸事入目多候て何共迷惑申候、其ニ付而、親類中為談合、書立を以、下左馬助差下候、可然様ニ談合尤候、随而蔵入當検見其外用所之儀、一ツ書ニて申遣候、無緩可被申付事肝要ニ候、悉皆左馬助可申候、恐々謹言(121)

（元和五年四月一一日）
一中国へ石場之儀ニ付、石尾右馬助従其元被相越候處、石場被相渡、色々被入念候間、状を以、萩年寄中へ為礼書音申可然之由、親類中より被申越尤存候、今度宗瑞（毛利輝元）へ端午之御祝儀申入ニ付而、右之御礼も書載候、同年寄中へも書音申候間、此書立のことく遺物相調、親類中談合候て、慥なる使者可被申付候(122)

（元和五年五月一二日）
一神埼郡代之儀、親類中談合候て、鍋嶋隼人助（茂貞カ）へ被申渡之由、得其意候(123)

そして、「親類談合」による初期政治形態は、「其元早々罷着、加州（直茂）御二所への御用、又親類へ一ツ書、口上之趣、細砕申達、銘々親類中加判之書状并此方より一ツ書ニ点合候て被差登、いつれも得其意候」(124)のように、「親類中加判」に特徴的である。これは先掲の慶長一四年八月八日付誓詞にて、諫早直孝・須古信昭・武雄茂綱・多久安順等の竜造寺一門四家が、鍋島茂里とともに自らを「加判之者」と称したことと符合する。すなわち、初期鍋島政権は、鍋島氏の「御家」相続に伴い、竜造寺を改姓し改めて「親類」と位置づけられた竜造寺四家＝「加判之者」への「談合」を基調とした連合政権的性格を有するものであったといえよう。

したがって、その権力自体は必ずしも鍋島氏が圧倒的優位に立つ絶対的なものではなく、不安定な要素＝矛盾を多分に内包するものであった。それは、例えば慶長一七年四月鍋島一門の神代家良が生三に提出した「世上如何躰致転変、萬一、至信州（勝茂）・三平様（鍋島元茂）、御親類・御家中不義を被存候共、大炊助（神代家良）不致同意、御用ニ可罷立旨、不浅相部候事」という文言に始まる起請文に示されている(125)。「親類」・「家中」が君主（藩主）に対し「不義」をはたらくという認識は、起請文特有の誇張された常套的表現ともとれるが、むしろこの時期における鍋島佐賀藩の政治状況・家臣団の存在形態の実状を如実に反映したものと考えるべきであろう。

大坂夏の陣の翌元和二年、高房の弟で竜造寺家の本家格にあたる村田安良・同忠次は、勝茂宛起請文(126)で次のように誓約している。

一至（元和二年二月一三日）　加州様・信州様ニ、為村田八助無心（二脱カ）・野心・邪儀・表裏、御用ニ可罷立由、先年数ケ條御神文を以、申上候儀ニ、令忘脚（却）不申候事

一今度再御批判御座候由承候、大坂御取詰之刻、城中ゟ　信州様被成御内通候通、八助申候と御沙汰有之由、夢々毛頭不存儀候事

一不寄御親類衆・御家中ニ、至　信州様邪儀を企、八助・源四郎も同心ニ被申懸候共、勿論、同意不申、其趣有躰可申上候付、直茂様・勝茂様・三平殿ゟいの躰ニ御密談之儀被成、御入魂候共、我々として、親類中之儀ハ不及申、誰人ニも一切口外申間敷之事

安良が先に提出した「神文」とは、高房が死去した翌慶長一三年四月四日、直茂・勝茂宛に差し出した起請文(127)のことである。これにもかかわらず、大坂夏の陣に際し勝茂が大坂方へ内通したと安良が申し触れたというのである。安良

は「夢々毛頭不存」と否定した。その上で、勝茂に対する親類・家中の邪儀には加担せず、直茂・勝茂・元茂からの密談は一切口外しないと約している。この起請文は①勝茂に豊臣方内通の可能性があったこと、少なくともこのように認識する家臣が存在したこと、②勝茂と安良の間に矛盾関係が介在していたこと、またそのように認識する家臣があったこと等をうかがわせる。むしろ大坂の陣を契機に、かかる鍋島氏および家臣層の間の複雑な対立的契機が表面化したと捉えるべきであろう。

また、竜造寺四家も元和四年閏三月五日、次のような起請文(128)を記している。

(元和四年閏三月五日)
覚

一我々申上所御同心無御座候共、乍勿論、気ニ懸不申、何様ニも　信州様(勝茂)御存分儘ニ相極申、何とそ御機嫌不相損様ニ可致気遣事

一於已来も、何様、雅意之儀を仕間敷覚悟ニ候事

一如何躰ニ気ニ懸申儀御座候とも、加州様(直茂)数年之御芳恩、信州様御為を存知、随分堪忍可仕事

これにより、竜造寺四家の意向に勝茂が「同心」しない場合があったこと、逆に竜造寺四家が勝茂に対し「雅意」を申し立てる可能性があったこと、つまり、両者間に少なからず緊張関係が介在していたことが知られる。

竜造寺四家がこの起請文を提出した三ケ月後、竜造寺隆信時代以来、竜造寺領国経営に意を尽くし、公儀権力を後盾として鍋島政権を樹立した鍋島直茂が死亡した(129)。直茂は、生前勝茂に「我等一三年忌迄、国を治め、見候へ」(130)と述べたといわれる。直茂をして「私の一三回忌まで国を治めてみよ。治められるか」と言わしめたのは、公儀権力への対応・配慮という対外的問題のほかに、以上論じてきたような竜造寺一門＝「親類」を初めとする家臣団との緊張関係という対内的問題にあったと思われる。直茂の二五回忌に際し勝茂は、「此（直茂の）一言大事に存、大き成荷に成、

昼夜心を尽し、国を治め候事のみ苦労申候処、十三年も過、今廿五年迄無別条大慶無此上」[131]と語ったという。

このように、鍋島政権（佐賀藩）はその成立過程に規定され、当初より内部に鍋島氏と竜造寺一門・家臣との矛盾・緊張関係を内包する連合政権的性格を有していた。しかし、それが一個の政治集団・権力体（いわば藩「国家」）を形成し得たのは、近世的な「御家」観念の成立に求められよう。公儀権力が成立する以前の戦国時代であれば、竜造寺領は武力による鍋島氏の下剋上ないし鍋島氏の独立という歴史過程を仙った可能性もあろう。それが、いわば鍋島氏による〝静かなる下剋上〟に結果したのは、公儀権力の出現、それへの接触による、家臣団の帰属集団としての「御家」観念の急速な形成にあったと考えられる。もはや戦国期の如く在地領主による有力大名間での離合―集散という運動形態はなくなり、「御家」への帰属を前提として自らの存立が保障される政治体制（幕藩制）が形成されつつあったのである。

元和七年、度重なる公儀普請により銀二、六〇〇貫目の借銀を抱えていた大名財政を補填するため、竜造寺四家が知行地の三部（三〇％）上地を鍋島氏に対し申請したが、それは自らの存立基盤たるところの「鍋島家」＝「御家」（＝佐賀藩）の存続が、「親類」としての竜造寺四家にとっても切迫した問題であったからである。[132]

かかる「御家」観念について、鍋島氏はそれを「竜造寺家」より「鍋島家」へと連続・同化させ、正当化する必要があった。この点をめぐり、直茂の教訓を勝茂が次期藩主光茂[133]に伝えたとされる「直茂公御咄之趣勝茂公御書取ニ而光茂公江被進候教訓之写」[134]（全九ケ条）には、次の一文（六条）がある。

一家の風儀の替り不申様兼而心懸可申よし御申被成候　我等申候は、家の風儀の替り不申様には如何可仕哉と御尋申上候得は、被仰聞候は、家の古と云は数代相続致したるを申にて無之候、先祖ゟの仕置を子孫不相替守りつつきたるか家の古きと可存候、たとへハ其方のいつりやふ上下の着やふ髪の結やふなりふり万端田舎風をかへ不申、仕置も昔ゟ下の能合点致したる事か家の風儀と心得可申候、能事も新らしき事ハ下々うけかひ不申ものにて候、毎物にせくさらかしたらハ見苦敷覚候、平生心の決定せずうつろひやすきものか似せたかり候、不頼母敷心底の由御申被成候

すなわち、直茂は①「家の風儀」の不変を主張し、②「家の古」とは、相続代数の多少ではなく「先祖よりの仕置」を旧守していることを指すという。さらに③「下」(家臣団および領民を指すと思われる)への説諭ないし「下」からの支持を得ることが「家の風儀」と述べている。注目すべきことは、「先祖よりの仕置」を重視しながらも「家の古」が相続代数に拠らないとしていることである。これは竜造寺氏より鍋島氏への領主権すなわち「御家」の交代という歴史過程に対する、鍋島氏による正当化の論理と捉えることが可能であろう。しかも家臣団・領民への説諭の重視は鍋島権力の連合政権的性格に由来するものと考えられる。ここには、鍋島佐賀藩における「御家」観念が象徴的に具現しているのである。

本来、近世大名家を意味する「御家」とはその家政的機構であった。この意味でその始源は戦国大名に求められよう。すでにみたような戦国期竜造寺領においても「御家」は成立していた。それが近世的な「御家」観念として統治・支配・組織の原理となった、最も主要な契機は、公儀権力との接触であったと思われる。その当初(天正期後半)、有力家臣は公儀権力(上級権力)へ直接結びつく政治的・権力的欲求さえ持っていたが、それは否定された。公儀権力は近世的な秩序の形成・軍役遂行に忠実に対応する近世大名を求めていた。国人・在地領主層が有力大名の麾下で軍役を負担することにより初めて自らの存立が保障される政治体制(幕藩制)が形成されていたのである。ここに家督者を抽象化し奉公の対象とした「御家」観念が、いわば上から創出されたのである。そしてこれを正当化するため、

幕府は『寛永諸家系図伝』・『寛政重修諸家譜』等を作成して家督の連続性を強調し、大名は「家訓」を創作した。一方、家臣の在地性の払拭による知行地を基盤とした自立性の否定、すなわち兵農分離は自らの帰属集団としての「御家」観念を広く定着させていったと思われる。竜造寺・鍋島佐賀藩の分析により、近世的「御家」観念の成立についておよそ以上のような整理が可能であろう。

しかし、同藩の特異な歴史過程である「御家」の交代は、旧領主一門を「親類」として位置づけた。本来、「親類」間交渉は対等・平等が原則といわれる。[135]鍋島氏と竜造寺一門にも、擬制的な「親類」関係とはいうものの、そのような性格が認められる。鍋島政権はかかる意味において当主＝鍋島氏と親類＝竜造寺一門からなる連合政権であった。その前提は「親類」が領国内に万石以上の「私領」＝知行地を有する「領主」であったことである。引用書状のなかで、しばしば「親類」が「家中」とは別に並記される如く、「親類」は「御家」の「家中」とは断じきれない、あるいはそれに包括されえない性格を有していたといえよう。そして、このことは、鍋島佐賀藩体制を政治構造・領国構造（知行制）等の諸側面で近世期を通じ特色づけるものであったのである。[136]

註

（1）近世の「御家」概念については、①「通時的で階層序列的な軍事支配者集団」（朝尾直弘「『公儀』と幕藩領主制」〔『講座日本歴史』〔東京大学出版会・一九八五年〕五〕三七頁）、②「近世的武士の共同利害を保障するための国家が、主君という一個の家父長的人格によってその共同性が代表されるところの第二次的で擬制的なイエ共同体」（水林彪「近世の法と国制研究序説」（五）〔『国家学会雑誌』九四巻九・十号、一九八一年〕六九七頁）、③「近世大名の『家』はその人的要素として大名の家族のみならず、非血縁的な家臣団を『家中』として内包し、」「主君の血統的連続性」がある「政治的支配機構」（秋本典夫「近世大名の『家』と家臣団」〔『歴史教育』一〇巻一二号、一九六二年〕等の諸規定がある。

（2）「山鹿語類」（『山鹿素行全集』）四。
（3）拙稿「佐賀藩における近世家臣団の創出過程—『朝鮮出兵』における鍋島氏軍事編成の分析を中心に—」（『九州史学』七六号、一九八三年）、同「成立期佐賀藩における家臣団編成の原理と構造—『与私』『備』体制の成立を中心として—」（『同上』八二号、一九八五年）等。なお第三章も参照。
（4）なお、近世大名を「御家」の問題を基軸に分析した論考として、前掲「近世大名の『家』と家臣団」がある。研究史的に古くやや概説的であるが示唆的である。
（5）「多久家文書」（『佐賀県史料集成』〔以下『集成』と略称〕一〇巻）一号鍋島直茂書状、「勝茂公譜考補」（「鍋島文庫」〔鍋島報效会蔵、佐賀県立図書館寄託〕所収、なお本章にて利用する史料は、特に注記する場合を除き同文庫所収）三乾所収。（慶長一二年）七月二六日付。なおこの書状については第三節(3)項参照。
（6）「多久家文書」（『集成』一〇巻）七二三号某覚書。なお勝茂死去後と推定するのは、勝茂が「泰盛院」という法号で呼称されているからである。
（7）斎木一馬他校訂『寛永諸家系図伝』第七（続群書類従完成会、一九八四年）二四六頁。
（8）高柳光寿他編集顧問『新訂寛政重修諸家譜』第十三（続群書類従完成会、一九六五年）二八五〜六頁。
（9）佐賀県史編さん委員会『佐賀県史』上巻（佐賀県、一九六八年）の「鍋島直茂」。
（10）藤野保編『佐賀藩の総合研究』（吉川弘文館、一九八一年）本編第一章第一節「竜造寺・鍋島両氏と公儀権力」。
（11）「藤竜家譜」三。なお天正九年説もある（「隆信公御年譜」坤）。
（12）「藤竜家譜」三、「隆信公御年譜」坤。
（13）現在「五箇国配分帳—天正八年肥筑豊太守竜造寺隆信公・同御長男政家公一家幷御家中幕下之衆知行附写—」、「五ヶ国御領地之節配分帳—隆信公幕下着到—」および「天正八年肥筑豊太守竜造寺山城守藤原隆信公御一家幷御家中旗下之侍付写」（「肥陽旧章録」所収）の三種類がある。なおこれらの着到帳（分限帳）をめぐっては、その史料的性格より起筆した藤野氏の詳細な分析がある（前掲『佐賀藩の総合研究』一三八〜一七一頁）。
（14）北島万次「天正期における領主的結集の動向と大名権力—肥前・筑後の場合—」（『歴史学研究』四〇〇号、一九七三年）、

藤野保「竜造寺領国の形成と国人領主の動向」(『九州文化史研究所紀要』二二号、一九七七年)、加藤章「竜造寺体制の展開と知行構造の変質」(『同上』二六号、一九八一年)。

(15) 石井良一「中世末期・近世初期における後藤家歴代」(『武雄市史』下巻所収)。

(16)「武雄鍋島家文書」(『集成』六巻)二二号竜造寺隆信書状。

(17) 竜造寺信周・同家就・小川信俊・納富家理・土肥信家。

(18) 竜造寺信門・同家俊・同信明・勝屋勝一軒・高木太栄斎。

(19)「直茂公譜」第一、「直茂公譜考補」一乾。

(20)「直茂公譜」第一、『九州治乱記』巻之一九・二四八〜二五五頁。

(21)『九州治乱記』巻之二〇・二七三頁、巻之二三・三一〇頁、巻之二五・三三五〜三三六頁等参照。

(22) 前掲『佐賀藩の総合研究』二〇六〜二〇九頁。

(23)「茂里譜」天正七年条。

(24)「藤竜家譜」四、「隆信公御年譜」坤、「直茂公譜」第四、「直茂公譜考補」四。

(25)「直茂公譜考補」五乾。

(26) 前掲『佐賀藩の総合研究』二一〇頁。

(27) 中田祝夫編監修『古語大辞典』(小学館、一九八三年)の「存ず」の項。

(28) 土井忠生他編訳『日葡辞書』(岩波書店、一九八〇年)の〝Zonji〟の項。

(29)〜(31)「直茂公譜考補」五乾。

(32)「直茂公譜考補」五乾、前掲『佐賀藩の総合研究』二一一〜二一三頁。

(33)「五番御掛硯誓詞書写」一(『集成』二四巻)五三号堀江覚仙等十四名連署起請文前書案。天正一二年七月吉日付。発信人は堀江覚仙・堀江形部少輔家益等一四名、鍋島信生(直茂)宛。

(34)「直茂公譜考補」五乾、前掲『佐賀藩の総合研究』二一一〜二一三頁。

(35)「藤竜家譜」四、

(36)『佐賀県史』上巻、六五五頁。
(37)前掲『佐賀藩の総合研究』二一六頁。
(38)『同右』二一五頁。
(39)『同右』二一六頁。
(40)「九州治乱記」巻之三二・四四四頁。「直茂公譜考補」五坤。
(41)「西郷記」(『諫江史料拾録』第一集所収)、「家晴公御代」(『長崎県史』史料編・第二所収)、『諫早市史』第一巻・二〇三～二一八頁
(42)「鍋島家文書」(『集成』三巻)六号豊臣秀吉朱印状。
(43)「同右」二号豊臣秀吉朱印状。
(44)「同右」三号豊臣秀吉朱印状。
(45)「同右」一三号豊臣秀吉朱印状。
(46)「同右」一七号豊臣秀吉朱印状。
(47)「同右」一八号豊臣秀吉朱印状。
(48)(49)「藤竜家譜」四。
(50)「藤竜家譜」四、「直茂公譜」第五、「直茂公譜考補」五坤。天正一六年一一月二八日付、羽柴肥前侍従政家より竜造寺飛騨守宛。
(51)「藤竜家譜」四、「直茂公譜」第五、「直茂公譜考補」五坤。
(52)「直茂公譜考補」五坤。
(53)「直茂公譜」第五、「直茂公譜考補」五坤。
(54)(55)「藤竜家譜」四、「直茂公譜」第五、「直茂公譜考補」五坤。
(56)「肥前国竜造寺藤八郎知行割之事」(『諫江史料拾録』第一集)。
(57)なお、この朱印状の分析については前掲『佐賀藩の総合研究』二二〇・五一一・七二四頁および拙稿前掲「佐賀藩におけ

る近世家臣団の創出過程」参照。竜造寺家臣中、直茂が最高の知行高（四四、五〇〇石）を占め、勝茂の知行高（九、〇〇〇石）を合わせた合計知行高（五三、五〇〇石）が高房・政家の合計知行高（三五、〇〇〇石）を上回っている。
(58)「民部大輔（政家）いんきょ（隠居）分」として佐賀郡内に五、〇〇〇石が与えられている。
(59) なお、秀吉により正式に隠居および軍役免除が命じられたのは二月のことである（「竜造寺家文書」〔『集成』三巻〕二〇三号豊臣秀吉朱印状）。
(60)「直茂公譜考補」六。
(61)「武雄鍋島家文書」（『集成』六巻）三八号豊臣秀吉朱印状、「領知方目録」（『諫江史料拾録』第一集所収）、「家晴公御代」（『長崎県史』史料編・第二所収）、前掲『佐賀藩の総合研究』二二一〜二二二頁。
(62)「鍋島家文書」（『集成』三巻）三〇号高麗陣立書、「直茂公譜」第六、「直茂公譜考補」六。
(63) 後藤家信・竜造寺長信・同信周・同家晴・神代家良・鍋島直茂および竜造寺伊勢松（勝茂）等、高房宛朱印状において、直接に名前・知行高・所付が記載される家臣を指す。
(64) 前掲『佐賀藩の総合研究』二二五頁。
(65)『葉隠集』（相良亨他校注『三河物語・葉隠』〔岩波書店、一九七四年〕）聞書三－三六。なお、『葉隠』については、次章参照。
(66)「坊所鍋島家文書」（『集成』一三巻）七五八号鍋島直茂願文。
(67)「成富家譜　全」。
(68) 拙稿前掲「佐賀藩における近世家臣団の創出過程」参照。
(69)「田尻家文書」（『集成』七巻）二三八号鍋島直茂書状。
(70)「藤竜家譜」四、「直茂公譜」第五、「直茂公譜考補」五坤。
(71)「勝茂公譜考補」一。
(72)『佐賀県史』上巻六五九頁、前掲『佐賀藩の総合研究』二二五頁。
(73)「多久家文書」（『集成』一〇巻）「多久家有之候御書物写」一、七三号竜造寺周光等一五名連署起請文前書案。竜造寺信周・

鍋島信房・竜造寺安順・倉町家俊・犬塚茂虎・出雲茂可・神代家良・鍋島家俊・姉川房安・内田茂勝・竜造寺房秀・同茂成・同信昭・後藤家信・竜造寺家晴より鍋島勝茂宛。

(74)「武雄鍋島家文書」(『集成』六巻)三〇号鍋島直茂書状。後藤家信・竜造寺家晴宛。

(75)「同右」三一号鍋島清茂(勝茂)書状。竜造寺茂綱宛。

(76)前掲『佐賀藩の総合研究』二二七頁。

(77)「御家」の先祖としての竜造寺隆信の法要は、この時期毎年、直茂が隆信の菩提を弔うため天正一六年に建立した佐賀・宗竜寺において、「長老」(国元の竜造寺一門・重臣と思われる)層が実施し、直茂はそれに布施を与える(「坊所鍋島家文書」〔『集成』一一巻〕一七号鍋島直茂書状。〔慶長五年カ〕二月九日付。鍋島房茂・同茂里・同生三等宛)。

(78)「鍋島家文書」(『集成』三巻)一〇九号豊臣秀吉朱印状。

(79)慶長四年の「目安」によれば、「加賀守(直茂)・信濃守(勝茂)在京料」一万石・家臣団在京三組の費用八一、六九三石が計上され(城島正祥「慶長・元和期の佐賀藩財政」〔同『佐賀藩の制度と財政』〈文献出版・一九八〇年〉所収〕)、鍋島氏が家臣団として京都に駐屯していたことが知られる。

(80)「覚」(「直茂公御書其外写」、慶長四年正月二七日条)。

(81)(82)「直茂公譜」第一〇、「直茂公譜考補」一〇、「勝茂公御年譜」二、「勝茂公譜考補」二、前掲『佐賀藩の総合研究』二二九頁、拙稿前掲「成立期佐賀藩における家臣団編成の原理と構造」参照。

(83)梶原良則「幕藩体制成立期佐賀藩の一側面」(丸山雍成編『幕藩体制の新研究』〔文献出版、一九八二年〕所収)。

(84)〜(86)「勝茂公譜考補」三乾。

(87)慶長八年八月三日、竜造寺高房は円光寺元佶宛に「今度加賀守・信濃守存分を以、家督之儀、至我等被仰候様と、貴老様迄被申上ニ付而、御証之通御懇ニ被仰聞、本望奉存候」(「竜造寺高房書状」〔「勝茂公譜考補」三乾所収〕)との書状を送付しており、高房の家督をめぐり、鍋島氏と円光寺元佶との交渉があったことが窺われる。

(88)「勝茂公譜考補」三乾。

(89)「五番御掛硯誓詞書写」一(『集成』二四巻)五二号鍋島直茂起請文前書案。これには日付・宛名人の記載がないものの、文意から推測して、家康より高房に対する江戸詰の上意があった慶長六年六月以降に、竜造寺一門・重臣に宛てたものと考える。

(90)「犬塚家文書」(『集成』二〇巻) 三〇号鍋島直茂書状。
(91)(92)「勝茂公譜考補」三乾。
(93)「東照宮御実紀」巻九、慶長九年八月是月条。
(94)「勝茂公譜考補」三乾。
(95)「勝茂公譜考補」三乾、「有田家文書」(『集成』一四巻) 八号鍋島勝茂書状、「坊所鍋島家文書」(『集成』一一巻) 五七二〜五七四号鍋島忠茂書状。
(96)丸山雍成「参勤交代制の研究(三)－九州諸藩を中心として(2)－」(『史淵』一一五輯、一九七八年)。
(97)「勝茂公御年譜」三、「勝茂公譜考補」三乾。
(98)「五番御掛硯誓詞書写」一(『集成』二四巻) 五一号鍋島忠茂等十二名連署起請文前書案。鍋島忠茂・竜造寺家晴・同直孝・同茂綱・神代家良・久納茂俊・成富茂安・鍋島茂忠・同生三・同茂里・竜造寺信昭・同家久より鍋島直茂・勝茂宛。
(99)「坊所鍋島家文書」(『集成』一一巻) 二六八号鍋島勝茂書状。この書状は年欠であるものの、①「駿州(高房) 此中御煩様子之事」(一条)、「御煩御快気有間敷由、道三被申候、又我等見及之事」(四条) と高房の回復し難い「御煩」が伝えられていること、②日付が三月二〇日で、高房が事件を起した一七日後にあたることにより、この「御煩」とは自殺未遂による傷を指すと考えられ、本書状は慶長一二年三月二〇日付と確定できよう。
(100)「多久家文書」(『集成』一〇巻) 一号鍋島直茂書状。竜造寺政家宛。慶長一二年七月二六日付。
(101)註(99)に同じ。
(102)註(100)に同じ。
(103)藤野保『新訂幕藩体制史の研究』(吉川弘文館、一九七五年) 付録1・近世大名改易一覧、付録2・近世大名転封一覧。
(104)「勝茂公御年譜」三。
(105)「坊所鍋島家文書」(『集成』一一巻) 五〇号鍋島直茂書状。二五日付。鍋島生三宛。この書状は年月欠であるが、高房の葬儀内容に関するものである。したがって高房の死去した直後にあたる慶長一二年九月二五日付と考えられる。
(106)「周坊家系図」(「御家老系図」所収)、『集成』一一巻、一～三頁。
(107)前掲『佐賀藩の総合研究』四八一～七頁。
(108)「勝茂公譜考補」三乾。
(109)「勝茂公譜考補」四・一〇上、「竜造寺伯庵事記」。
(110)「勝茂公譜考補」三乾。
(111)註(3)に同じ。
(112)鍋島茂里の弟(石井信忠二男)で国人領主深堀家の養子となる(「深堀家系」(「御家老系図」所収))、『鍋島藩深堀史料集成』四三五頁、「深堀茂宅由緒」。
(113)直茂の弟小川信俊の三男で神代家を相続(「神代家系図」(「御親類系図」所収)、「御親類始御家老迄家々之大概」)。
(114)前掲『佐賀藩の総合研究』四八五～六頁。
(115)「直茂公譜考補」一〇。
(116)「茂里譜」、「鍋島主水家系図」(「御家老系図」所収)。
(117)「坊所鍋島家文書」(『集成』一一巻)三八三号鍋島勝茂書状、七月三日条。
(118)「同右」三六二号鍋島勝茂書状。六月二〇日条。
(119)「有田家文書」(『集成』一四巻)二三号鍋島勝茂書状。有田茂成宛。
(120)「坊所鍋島家文書」(『集成』一一巻)一六七号鍋島勝茂書状。生三宛。
(121)「同右」(『集成』一一巻)四五〇号鍋島勝茂書状。生三宛。
(122)「同右」(『集成』一一巻)四四〇号鍋島勝茂書状。生三宛。
(123)「同右」(『集成』一一巻)四四一号鍋島勝茂書状。生三宛。
(124)「石井家文書」(『集成』一九巻)一九号鍋島勝茂書状。石井茂清宛。
(125)「五番御掛硯誓詞写」二(『集成』一四巻)六八号神代家良起請文前書案。

(126)「同右」一（『集成』二四巻）五七号村田八助同源四郎連署起請文前書案。
(127)「同右」二（『集成』二四巻）五九号龍造寺信清（安良）起請文前書案。
(128)「同右」二（『集成』二四巻）一〇七号諫早直孝外三名連署覚書案。鍋島伊豆守・東嶋市介宛。
(129)「直茂公譜」第一〇、「直茂公譜考補」一一。
(130)(131) 前掲『葉隠』聞書四―七二。
(132) 拙稿前掲「成立期佐賀藩における家臣団編成の原理と構造」。
(133) 勝茂の嫡男忠直が寛永三年早世したため、その子光茂が次期藩主（明暦三～元禄八年）となる。
(134)「鍋島文庫」所収。なお、近藤斉『近世以降武家家訓の研究』（風間書房、一九七五年）一〇一～四頁および一一九～四〇頁参照。
(135)『国史大辞典』第七巻（吉川弘文館、一九八六年）の「親類」の項。
(136) 第三章および第二～三部、さらに拙稿「幕末期における佐賀藩家臣団の構造」（『九州文化史研究所紀要』三一号、一九八六年）等を参照のこと。

第二章　『葉隠』思想の形成と構造

兵農分離制・石高制という集権化政策により土地（領地）支配において著しい制限をうけ、さらに自力救済権が否定され「惣無事」が実現、長期の「平和」が続く中、合理的に組織された吏僚制ないし官僚制システムに組み入れられるにいたった近世武士が、如何なる精神構造・心性を有するにいたったか、あるいはどのような理想的武士像を描いていたか。およそそのような観点からの分析素材として、これまでしばしば取り上げられてきたものの一つに『葉隠』がある。[1]同書は佐賀藩家臣山本常朝（万治二〜享保六年）が出家（元禄一三年）後、隠棲した彼のもとにきた田代陣基（延宝六〜寛延元年）を相手に七年間（安永七〜享保元年）にわたり語ったところを陣基が筆録したものといわれる。[2]その思想の基本については、藩主との情誼的一体観ないし没我的忠誠観が主張される一方で、[3][4]主体性・自律性を有した武士像が描かれているともいわれる。[5]『葉隠』をみれば、これら先学の主張はそれぞれに正当といわざるを得ない。より正確な言い方をすれば、両者の性格は『葉隠』の中に混在しているのであって、各論者とも比重のおき方は異なるものの、そのような指摘を共通にしているともいえる。では、この一見矛盾する二つの武士像は、口述者常朝において如何なる関係にあったのか。かかる点について、実は明快に答えてくれる論者を寡聞にして知らない。むしろ先学達は、『葉隠』を素材とした中世から近世への武士思想の流れの論述を急ぐあまり、前者を上位者優位の武家・政治社会における奉公人としての近世的側面の投影、後者を戦闘者・武篇者としての中世（ないし戦国）的側面の投影として理解しようとする。かかる見方を大方において認めることにやぶさかではないが、私はさらに両者の関係を常朝に即して再検討する必要を感じている。それは、『葉隠』を近世という時代に生きた一人の人間の思考の所産として捉えたいからである。(6) いわば常朝の心奥に立ち入り、彼の眼の高さから『葉隠』をみることにより、そこに混在した矛盾する如き二つの武士像の連関を明らかにしたい。そしてかかる作業は、些か大仰な言い方になるが時代（近世）と個人（常朝という一人の武士）の関わりを考える手がかりともなるであろう。

そこで本章ではひとまず、『葉隠』について思想形成の契機をめぐり常朝が生きた環境とそれへのリアクションの解明という立場から検討する。ただ『葉隠』の思想という場合、即、口述者常朝の思想とは言いきれない。そこに筆録者陣基の思考も混在していることは、彼が常朝の語録を単に筆記・編集した場合であっても、さらに叙述に関わる史料を収集しているとすればなおさらのこと、想定されなければなるまい。しかし、その腑分けはかなり困難である。(7) しかも『葉隠』に示される基本的な考え方（奉公・忠節・武篇ないし武士道・死・慈悲・孝・知恵等）は、常朝の他の著作、特に『愚見集』・『乍恐書置之事』等にもみられるので、ここでは『葉隠』思想を基本的には常朝の思想とする前提に立って検討したい。また、そうであったとしても、儒者石田一鼎・湛然和尚さらに祖父中野清明・父山本重澄の影響を受けたともいわれる。(8) しかし、ここではそのような他者の影響力についての検討が必要であることを確認した上で、それらは常朝自らの体験を通じて内面化＝思想化されるという認識のもと、『葉隠』の思想が彼の実体験に基づいて如何に形成されてきたのか考えてみたい。

第一節　思想形成の諸契機

『葉隠』ないし山本常朝における思想形成の契機とは結論を先取りすれば、常朝の自らが置かれた立場・環境に対するいわば様々な葛藤であった。それは佐賀藩の成立事情の合理化、家臣や藩主（特に光茂・綱茂）の実態に対する失望、自己ないし一門をめぐる挫折というようなものが想定される。以下に『葉隠』が常朝のこのような葛藤の所産であることを、彼の他の著作も参考としながらみていきたい。

(1) 過去の合理化

『葉隠』は「御家来としては、国学可心懸事也」（これは、写本により「夜陰の閑談」という標題がある部分。『三河物語 葉隠』六六七頁。以下、単に頁数のみ記す）という書き出しで始まる。『葉隠』がいう「国学」とは佐賀藩の歴史・政治制度・風俗習慣等の意味があるとされるが（二一六頁、頭注）、「国学」を心がける「大意は、御家の根元を落着、御先祖様方の御苦労・御慈悲を以、御長久の事を本付申為」なのであり、具体的には「剛忠様[9]御仁心・御武勇、利叟様[10]の御善根・御信心にて、隆信様・日峯様[11]御出現、御威力にて、御家御長久、今の世迄無双の御家」（二一六頁）について学ぶことであった。より核心的な表現を引用すれば「竜造寺・鍋嶋の根元、又竜造寺の領知、鍋嶋領知に成候謂」（二一六頁）を知ることなのである。つまり領主交代という佐賀藩の成立事情を学ぶことが「国学」の中心的問題であったといえ、常朝の談話が実際にこれより始まったのかは定かでないものの、『葉隠』の冒頭でこのような主張がされている意味は看過できまい。しかし、全一、三四三ヵ条[12]のうち、竜造寺氏（隆信、嫡子政家、その嫡子高房等）に直接言及した項目は四〇ヵ条を越えない。全条項数に対するこの数字は『葉隠』が冒頭で「国学」の重要性を力説するわりには少ないと言わざるを得まい。しかも領主交代の「謂」に関した条項は『葉隠』の主張にも関わらず見当たらない。そこには佐賀藩の成立をめぐる常朝の複雑な思いがあったといえよう。寛永一一年以来、再三にわたり竜造寺家の家名再興を土井利勝等を通じて幕府に訴えていた、高房の遺児伯庵は、常朝が生まれる一五年前の寛永一九年に処分をうけていた。領主の交代にともなう伯庵のいわば恨悔は常朝にとって遠い過去のものではなかったろう。むしろ常朝にとって「竜造寺の領知、鍋嶋領知に成候謂」を鍋島家の家臣として合理的に解釈することで恨悔を否定することこそ重要であった。いわば過去の合理化である。それはおよそ次のようなものであった。

第一に、竜造寺政家への低い評価である。というよりも常朝は明らかに負の見方をしている。例えば、豊臣秀吉御前での将棋の後、足がしびれて這っていく程肥満であり、このため出仕困難として勤めを断った（『三河物語　葉隠』の『葉隠集』巻六の八七条。以下、六の八七の如く記す）とか、政家の娘に対する秀吉の召しの要求を拒否したため高房の取り立てがなかった（六の八八）等と、いわば政家の公儀奉公の対応のまずさを指摘し、その上で、「御領分相減候義、政家公高良山御遅参故」（六の一七三）と竜造寺領国の削減の理由を天正一五年の秀吉の島津攻めに際する本陣への遅参とする解釈を載せている。そこには隆信それを補佐した鍋島直茂の領国拡大の成果を無にした、公儀との外交能力がない政家像が示されている。

第二に、これとは逆に鍋島直茂・勝茂父子に対する高い評価である。例えば、秀吉が天下を取る器量として「大気」・「勇気」・「智恵」が必要であるとし、小早川隆景・直江兼続とともに直茂がそれぞれ二つ宛備え、大名のなかにはこの三人に及ぶ者はいないと言った、としている（一〇の一四四）。さらに、秀吉は隆信が名将であるというがその理由を、直茂に「国家」を委任したのは人を見抜く力があると言ったという逸話も載せる（三の三六）。これは『葉隠』が、隆信というよりも直茂を賞しようとしたものにほかならない。また、かかる直茂と隆信との関係については、神代勝《くましろ》利が「竜造寺の威勢遂日強、日大に成候えば、始終家を抱候事、難成かるべし。我死後に竜造寺に合体して、竜氏の子を養て、家を可相続」と遺言したのに対し、その子長良は「隆信威ありといへ共、仁心なし、家長久すべからず。鍋嶋飛騨守《(直茂)》、勇智兼備して、慈悲深し。子孫繁昌すべし」と言ったとし、明らかに後の歴史展開を意識した話題を提供する（六の一九）。このように天下人秀吉や肥前の有力豪族神代氏を引き合いに出して直茂の優秀さ示し、領主交代を予め想定させるような表現は、「辛労」・「血みどろ」・「切腹」の「覚悟」で「御家御踏留」、家中支配・領国運営を行ったとする直茂・勝茂像（二一七頁）に接続する。

第三に、しかし鍋島氏が領主の座についたことに、直茂自身がうしろめたさを感じていたとの常朝の認識である。直茂が晩年、加療しても治癒しない瘤が耳にできた際、「我等、只今迄人の為に能様にとばかり、何事もいたし候へ共、聞候事に違め有て、我不知に誤候事有と見へて、天道より耳に御尤め有事と存候。腐れ死にしては子孫の恥に候間、大破に不成内に死候へかし」（三の二六）と語ったとする。直茂は豊臣氏・徳川氏等の公儀権力と竜造寺氏一門層との諸関係のなかで近世的な大名領国体制をつくらなければならなかった。しかし、その過程で家督の問題と実質的支配権との整合性が必然化し、徳川氏の意向を背景とした高房の秀忠近習江戸詰めの処遇をめぐり、領国ではこの措置が直茂・勝茂の策略との「御疑心」があり、これに対し「家之ため、籐八郎（高房）為、国（佐賀藩）之為」[13]の「上意」であるとの起請文を、直茂は竜造寺氏一門に提出するというようなこともあった。しかし一方では「国政ヲ鍋島加賀守直茂へ御預ケ、御嫡子竜造寺駿河守隆房（高房）公一五歳ニナラセ給ハバ、国ヲ渡シ候ヘト、七枚之起請文有之」[14]という約束も実際にされていたことであろう。だが、その可能性が鍋島氏と徳川氏との関係のなかで、事実上なくなったことを察した高房は、自らの処遇を悲観、自殺未遂の傷が原因で亡くなるのである[15]。直茂の二五年忌の法要に際し、その子勝茂は父に「我等十三年忌迄、国を治め見候へ」といわれたことを思い返し「此御一言大事に存、大き成荷に成、昼夜心を尽し、国を治め候事のみに苦労申候処、十三年も過、今廿五年迄無別条大慶無此上候」（四の七二）と言ったとも、『葉隠』は伝える。公儀権力への対応・配慮という対外的問題と竜造寺氏一門を初めとする家臣団との緊張関係という対内的問題の間での苦慮が直茂・勝茂の発言の背景にあるのであり、常朝もかかる点の認識をもっていたことは、十分に想像される。

第四に、第三の問題と関わるが、竜造寺氏と鍋島氏の同化が図られた。その一つは竜造寺氏時代の伝統の継承である。例えば、永禄九年、大友氏が筑後高良山に拠り竜造寺城を攻めた際、開城の是非を泰長院震竜に占わせたが、その占いにより「利運」を得たとして、泰長院の進撰による年始の「吉刻付」が今に継続しているとする（六の八四）。また、天正元年の隆信の西肥前平定後、唐津で越年した際漁人から鰤献上をうけた時から始まる大晦日の鰤料理が続いているともする（六の八五）。このような竜造寺氏の合戦に結びついた年中行事の存在が指摘される。今一つは、竜造寺系家臣の取込みないしそれに対する評価・支持の姿勢がみられることである。この点を多久茂辰[16]についてみると、島原の乱の指揮の方法について茂辰の考えた仕組は勝茂が江戸から送った仕組の書付と同じ内容であったとか（九の一）、小城鍋島家の元茂（勝茂長男）に「御家」（鍋島家）が滅びる原因を尋ね、それが本家と分家との関係ということを元茂自らに気づかせた（九の二二）という話を載せる。いわば竜造寺氏との関係における鍋島氏の微妙な立場が、両者を伝統の継承ないし一門家臣のレベルで同化させることにより、解消されようとしていたのである。

以上のように、竜造寺氏の家督者高房が自殺未遂の傷で結局死に、その遺児伯庵が家名再興を執拗に幕府に出訴し、直茂自身も「天道」に反する行為をしたのではという危惧を抱いていた、いわばうしろめたい過去、すなわち佐賀藩の成立事情は、竜造寺政家の凡庸さ、これに対する直茂・勝茂の卓越性と命がけの努力、さらには竜造寺氏と鍋島氏との同化という観点からいわば常朝なりに合理化されようとした。『葉隠』の冒頭で強調された「国学」とは、領主交代を必然のものとみる、右にみたような合理化の論理だったのである。

(2)　現実への失望

常朝の第二の葛藤は、家臣さらには現実の藩主に対するいわば失望である。

家臣に対してはまず「直茂公・勝茂公の御軍功御物語等を覚候者次第になくなり、鍋嶋家の骨を不存者はびこり、昔風などとて、昔咄など嫌ひ申候」(八の四二)と、安住道古の話を引用するが、これを常朝流に言えば「国学」を知らないということになる。それればかりか、若侍の話題といえば「金銀」「損徳」や「衣装」「色欲」に関わることばかりとし(一の六三)、「おとこの勇気ぬけ」、切腹時の介錯のような「男仕事、血ぐさき事」をうまく断るようなものが「利口者」というような「時代」になってきたと嘆く(一の三六)。常朝の認識からすれば「身の為の欲徳か、利発だて」(一の三五)、すなわち金銭感覚、損得を思考の基準とし口先のうまい利口者の家臣が多い、そのような時代になってきたのである。そしてこのような「利口成者共が、何の味も不知、智恵自慢をして新儀を工み出し、殿の御気に入、出頭して、悉くしくさらし候」(二一七〜八頁)と指弾する。その「新儀」を常朝は「御三人の不熟[17]、着座作り[18]、他方者抱[19]、手明鑓物頭[20]、組替[21]、屋敷替、御親類並家老作り[22]、御東解除[23]、御掟帳に仕替[24]、独礼作り、西御屋敷御取立[25]、足軽組まぜちらかし[26]、御道具仕廻物、西御屋敷解崩し」(二一八頁)と列挙するが、これらはいずれも、直茂・勝茂に続いて藩主の座につき、常朝にとってはいわば現実の藩主であった光茂・綱茂施政期のことであった。

むしろ、常朝は名指しこそ控えるものの、「御上にも、日峯様・泰盛院様の御苦労を被思召知、責て御譲の御書物成共御熟覧候て、御落着被遊度事に候。御出生候えば、『若殿、若殿』とひやうすかし立候に付て、御苦労被成事無之、国学無御座、我侭の好寄事ばかりにて、御家職方大形に候ゆへ、近年新儀多く、手薄く相成り候事に候」(二一七頁)と、「御上」が直茂・勝茂の「御苦労」を初めとする「国学」も学ばずおだて上げられて育っているので藩政に対する認識がおろそかになり、最近「新儀」が多くなっているとし、いわば「御上」を批判する。ここでいう「御上」とは誰を指すのか。相良亨氏は四代藩主(勝茂を初代とし換算)吉茂とする[27]。確かに常朝の語録を陣基が聞き書きしていたとされる時期の藩主は吉茂である。ところが、常朝が批判の対象とする「新儀」の内容は全て光茂・綱茂の施策に関するものばかりである。さらに、常朝が「新儀」の一つとして掲げた「御三人の不熟」について、別の箇所ではその原因について明確に「光茂公御代に成、江戸御育立にて、御家の古き事共御存不被遊」こと、換言すれば「国学」を知らないことに求めている（五の九八）。このような点よりすれば常朝が暗に批判（諫言という次元からも捉えられようが）しようとしたのは当該期の藩主吉茂（綱茂の弟）も想定されるが、むしろ実際に常朝が奉公した光茂その人（彼は元禄一三年亡くなっているが）、さらにはその子綱茂に批判の力点はおかれていたといえよう。(28)

常朝はこの二人を彼なりに客観視している。例えば光茂について、食事の仕方が尋常でなく、数日食べないかと思えば一日に一〇食もとるとか（五の五八、一一八）、下総古河藩主土井利重に嫁いだ娘（お仙）に離縁をすすめるが、逆に娘からそれは「不義」といわれ（五の九〇）、同じお仙の屋敷が火事の時、たまたま見舞いにきていた父＝光茂は逃げるようにいうが娘は主人が留守の時は逃げられない、焼死の覚悟、と言った（五の九一）という逸話を紹介する。お仙の話は彼女が持つ武士の妻としての倫理観念を賞する常朝の意図があるともみられるが、むしろ娘にたしなめられた父親像も浮かび上がり、食事の話とも合わせれば、常朝の光茂に対する軽蔑視さえみてとるのは、曲解に過ぎるであろうか。常朝は彼の甥常治（後掲図2参照）の語った「直茂公・勝茂公は、麁に入、細に入、何事にても闇きことなく、御存知被成候に付、万事御下知の通りに勤候て、迦無之、伺敷事は御尋申上、御指南を請申事に候。是は仕能奉公にて候。又、御不案内の御主人の時は、随分工夫・思案いたし、御国家を治て上げ不申候で不罷成、是は太義にて候」（二の九二）という文言を載せる。常朝の長兄武弘の子で寛永一六年生まれの常治は、常朝の甥とはいうものの、彼より二〇歳年長で勝茂と光茂・綱茂を直接知る人物である。(29)つまりここで直茂・勝茂と比較して「御不案内の御主人」と低い評価で相対化されている主人は、光茂・綱茂を念頭においたものと考えられ、常朝も常治の文言をそのような意味で引用しているといえよう。常治は直接綱茂に関し、潮音（道海）和尚が綱茂に印可を与えようとした際、「唯今に御手前より印可被差出候はば、其身は悟と被存、家中の者申事抔は虫の様に可被存候。然時は上下隔り家の悪事と中物に候。いとどさへ大人は自慢仕ものに候」（八の二二）と、ここでも冷静な眼でみていたことを載せている。やはり常朝は自ら仕えた主君光茂さらに綱茂を批判的に、あるいはそこまでいかなくても「御不案内の御主人」と相対化する眼をもっていたといえそうである。常朝は主人といえども「内気にようき《凡庸》成御主人様」と「御気勝、御発明《利発》成御主人」（二の一二）というタイプがあることを光茂・綱茂といういわば現実の藩主を直茂・勝茂という過去の藩主と比較する事により認めざる得なかったのである。

そして、以上のような「国学」を知らず「新儀」をおこなう家臣、彼らをやはり「国学」を知らず容認していた凡庸な藩主、そのような現実に常朝は少なからず失望したであろう。これが『葉隠』成立をめぐる常朝の第二の葛藤、すなわちこのような藩主に対し家臣として如何なる心組みで奉公するのかということである。

(3) 自己をめぐる挫折

常朝の葛藤の第三はいわば自己をめぐる挫折とでも呼べる問題である。それは常朝ないしその一門という、これまでの葛藤に比べれば極めて個人的なものであるが、私は『葉隠』の思想形成という観点からみれば、これが最も重要と考えている。

まず常朝の出生時の問題である。彼は父重澄が七〇歳という高齢の子であったが、重澄は麹売りか塩売りに養子にだすよう思っていたのを、重澄の寄親で常朝の名付け親多久茂富[30]が思い留まらせたという[31]。高齢ゆえ重澄はそのように考えたのであろうが、常朝にとってこの事実は重い意味を有したことであろう。なぜなら養子先は商人であり、そ

図2　山本常朝関係系図

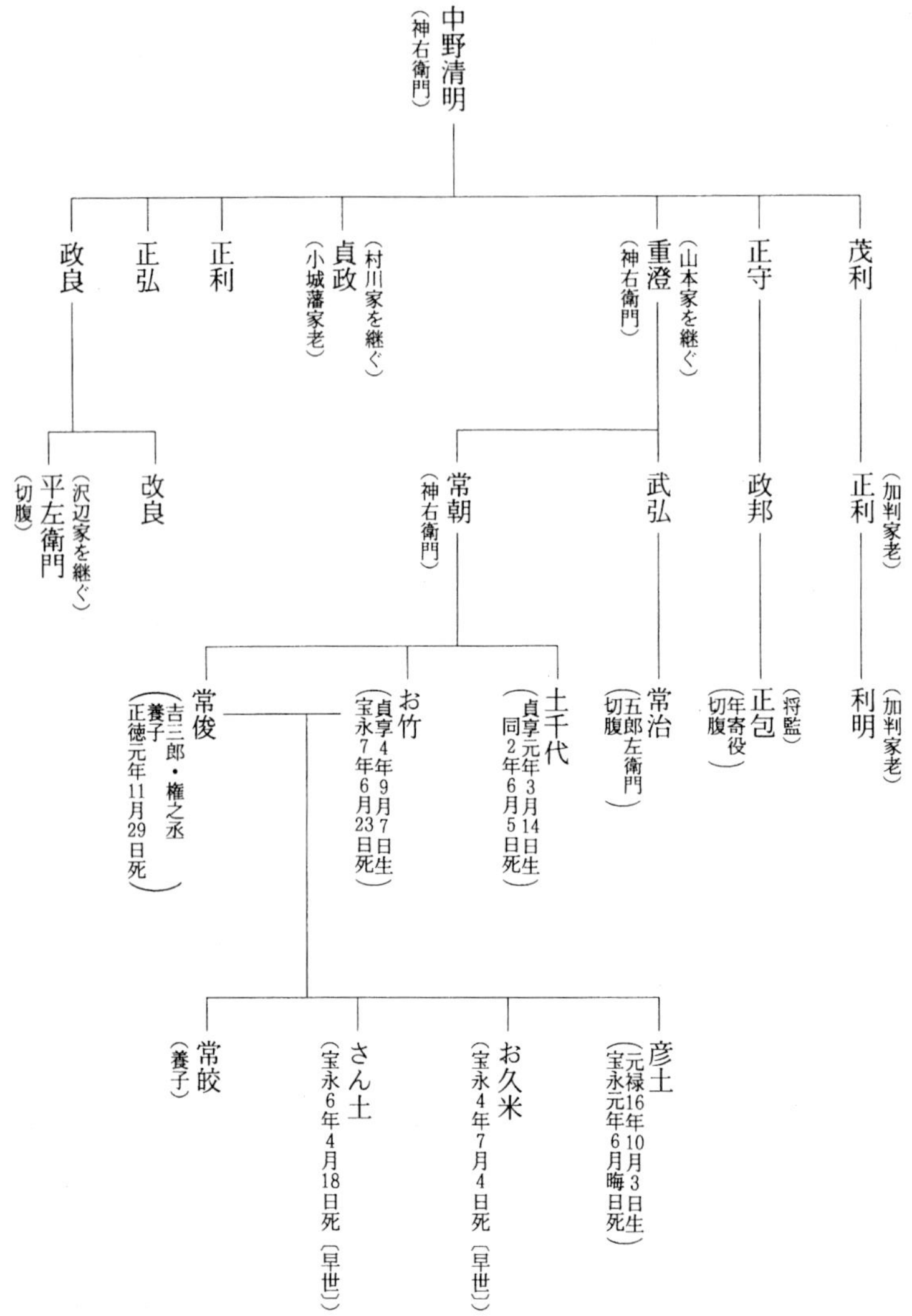

註）「中野一門家系」・『常朝年譜』・相良亨「『葉隠』系図」（『三河物語　葉隠』所収）・古賀秀男「常朝関係系図一覧」（『葉隠研究』5号）等により作成。なお、傍註は、本文内容に即し、適宜掲載した。

れは武士の子として「生」を受けながらいわばその剥奪を意味する。しかし、ともかく出生時における〝武士身分〟、換言すれば〝武士としての生〟の剥奪という、後の常朝からみれば重大な危機は回避された。ところが、いまひとつ「生」に関わる危惧があった。「我は老人の子なる故、水すくなしと覚候。若年の時、医師などは、『廿歳を越まじく』と申候」（二の三七）と、自らもまた医師も、高齢な父の子であるために短命を予期したが、出生時にかろうじて〝武士としての生〟を保持した常朝は短命の自覚故「適生出、御奉公も仕届ず相果候ては、無念の事に候。さらば、生て可見」（同右）と、文字どおりの「生」への執着をみせた。その彼方に主君への奉公があった。〝武士としての生〟を保持した常朝は奉公するために生きなければならなかったのである。彼はこのような出生時の環境の中、二重の意味で「生」への自覚を持っていたのである。

それでは奉公するために生きる常朝にとって、最も優れた奉公とは如何なるものであるのか。「小身者とて人より押下げらるるは無念に候。何としたらば、心能奉公可仕かと昼夜工夫」していた常朝は、「工夫一篇」の末「不図、得心」した。それは「奉公の至極の忠節は、主に諫言して、国家治むる事也。下の方にくどつきまはりては益に不立。然ば家老に成が奉公の至極」というものであった（二の一四一）。常朝は自著『乍恐書置之覚』の中で、近世大名を「萬人」の安穏な生活を実現するためのいわば役人であるとする（二条）。その大名に対する家臣の奉公の窮極が「御政道」に問題が生じないように諫言することであった。したがって常朝にとって家老になるということは、「名利」を求めた「私欲」ではなかった（『愚見集』三条）。彼が「下の方にくどつきまはりては益には不立」（先述）としていたのは、以上のような脈絡の中で解釈される。しかし彼が奉公を思う時、家老就任が最初にあったのではなく、むしろ「小身者とて人より押下げらるるは無念」という発想がより先にあることに注目すべきであろう。常朝は「若年の頃より見懸りの拙者に候えば、御用に立事もなく、出頭人などを見、浦山敷候え共、殿様を大切に思ふ事、我に続き申間敷候存出し、是一つにて心を慰め、小身無足をも打忘れ、勤申候」（一の一九四）と、妙に屈折した心情を吐露している。現に彼は家老になるべく「黄色などの涙は出申程に」「工夫修行」したにも関わらず（二の一四一）、結局、御傍小姓・小小姓・御傍役・御傍小姓役・御書物役・京都御用・供使・聞次番・書写奉行等（『常朝年譜』）、藩主側近者ないし書写方という「小身」者に終始した。系図に示したように常朝の父重澄の実家中野氏を念頭におけば、藩の加判家老や支藩小城藩の家老に就任した者もあり、「下より登り大功を遂、御用に立たる人、御代々数人有之」（二の一五）との彼の認識からすれば、少なくとも常朝自らも家老の役につけるとの思い・期待があったと考えられる。しかし、なれないまま光茂は死亡、常朝は出家するのである（元禄一三年）。結局「人より押下げらるる」「小身者」に終わってしまったわけで、これを「無念」とする一種の挫折感を彼が有していたと想定するのは、あまり無理なことではないだろう。この点は『葉隠』を理解する上で重要と思われるので、さらに別の角度から検証しておきたい。

常朝は光茂が死去し自ら出家した一五年後に当たる正徳五年、加判家老の大木兵部を通じて再勤の誘いを受けた。これに対する常朝の返事が写本という伝来形態であるが、「打ちとけ咄」(32)として残されている。この史料は、これまで検討してきた常朝の勤・職に対する考え方が率直に述べられた興味深い内容を含むので、長文にわたるが抄録しておこう。

打とけ咄ノ手覚

一一儀いか様ニ被仰出と候而も、一向御断申上覚悟ニ御座候、其段ハ先日も得御意候通、以之外老衰仕老耄身ニ覚申候、行つまりたる年ニてハ無御座候得共、元来よハき生付故早ク くつをれ申たると相見、一座ノ会釈も苦々成、気がつき果申候、其故隣ニも不罷出候、此躰ニ而者、世間之勤存寄も無御座候、佛祖三寶ヲ奉掛、偽ニ而無御座候（一条）、一申にくき御事ニ而御座候得共　乗輪院様《光茂》へ身命をなげうち、出家遁世仕たる拙僧ニ而候得者、よのつねの事ニ而ハ被召出間敷事候、いか様御国家之端をも御荷せ可被成との御用ニ而可有御座かと奉存候、於然ハ人から思召被下候事此段ハ身ニあまり忝奉存候、乍去御目利違ニ而可有御座候、我身我心ノ事ハ我ならてハ不存候、外ゟ之御了簡あたり不申候、其子細ハ曾而左様之重荷なとせをひ得申たけニて無御座候、漸独庵ノ道心者一はいニ而御座候、若殿様なと御出来被成候而ゟハ、手数六ヶ敷時節ニ押向申候、此無器量ニ而ハ中々あたり不申候、然ハ詮もなき御事候、又左様之重役ニ而ハ無之人なみ〳〵の儀を可被仰付との事共ニ候得者、猶又益もなき御事候（二条）

（三条目は略）

一乗輪院様御かけ、禄をはなれ、身をしつかにしてたのしみ申所を、とくと合点仕候、知行寶《ママ》禄世間之望毛頭無御座候、又凡夫ノならひニ而子供孫共餘多持たる者ハ子孫ノかはゆきニ恥も苦労もかえりミ不申事も有之物ニ候へ共、實子一人も無之養子之忰ハ人なミに被召仕候得ハ、今の分ニて可相澄申候、然ハ何をのそみ何をたのみニ今更世間ニ可罷出哉、在家出家をしなへて、うしろゆひヲさされ、恥のかき死ヲ可仕事目前ニ候、然時ハ　乗輪院様へ之届も無ニ罷成、無是非次第ニ候、夫共に身もすこやかに身力つよく候て、しかと御為ニ罷成道理ヲ被仰聞被召出事共ニ候半ハ何カさて御譜代之某、御為ニこそ捨はて申たる身命ニ候得ハ、乗輪院様へ御伺申上、世間立帰申間敷物ニ而も無御座候得共、如此衰果候てハいか様ノ筋ニても不罷出事候（後略）（四条）

十一月朔日　　常朝

性周（大木性周）様

これによれば、常朝は先ず自分が「元来よハき生付故早クくつをれ申たる」ためか、隣にも行けないほど「老衰仕老耄身」になり、これにより「勤」は思いもよらないとする（一条）。その上で、光茂死去後、出家した自分にとり再勤の誘いは身に余ることであるが、自分は「御国家之端をも御荷」ような「重荷」を背負わないまま隠棲生活に入ったため、「若殿様」が藩主につき「手数六ヶ敷時節」になった今、「不器量」の自分は重役にはつけない。かといって人並の役を命じられても、なおさら役に就く意味がないとする（二条）。さらに光茂死去後の隠棲も楽しく、実子も孫もなく養子[33]は人並に奉公している身なので、勤・知行・封禄も「世間之望」のようなものは不要である。今更、出家の身で再勤したら後ろ指をさされ恥のかき死にである。ただ、光茂の為に自分は身命を捨てた（実際には出家）のであるから、その光茂へ再勤のことを「御伺申上」れば、「世間立帰申間敷物ニ而も無御座候」と再勤の可能性を合理化しようとする。しかし自分は「衰果」ているので、（結局冒頭に述べたように）再勤できないとした（四条）。常朝はこの中で「御国家之端」を担う「重」役につかなかったとするが、これは先述した家老ないしそれに準ずる役を想定していよう。さらに暗に「若殿様」（この時の藩主は吉茂）を批判するような表現もみられる。いずれにしても、この返書で常朝は再勤を断っているが、その論旨を追うと、「老衰仕老耄身」でなければ光茂に伺い上げ、人並の役ではなく「御国家之端」に関わるような「重荷」を背負いたい、つまり家老就任という、言外の彼の強い希望を読み込むことができよう。裏返せば、やはり、「人より押下げらるる」「小身者」に終わってしまった常朝は、これを「無念」とする一種の挫折感を有していたといえるのである。

　ところで、先掲図2にある如く、常朝の一門で切腹した主だった者が山本常治・沢辺平左衛門・中野正包と三人いる。このうち常治は常朝の甥ではあるものの彼より二〇歳年長で（先述）、ある時期常朝は「毎夜、五郎左衛門（常治）咄を承りに参り候」（二の一四一）と、かなりの影響をうけたと思われ、『葉隠』の中には彼の話の引用もしばしばみられる。しかし、その常治は貞享四年七月、自家よりの失火を苦に「仰せ出しもこれなきうち自害」（『常朝年譜』貞享四年七月一九日条）した。常朝はこの時「御側指し迦され」たが、それは「権之丞《常朝》に少しも思し召す所御座なく候えども、身近き一門に候処、何となしに　御側　召し置かれ候ては不相応候故、御近習差し迦され」（『同右』二六日条）たとして、少しも悪びれたところはない。むしろ常治の即時の切腹を、同一門者として内心潔い行為と評価していたとも思われる。『常朝年譜』に詳細な経緯を記したことは、その証左であろう。また、平左衛門はこれに先立つ天和二年一一月、自邸で「睹の的」の「博奕」が原因で切腹を命じられた（八の四五）。これについても常朝は年譜の中で詳細に述べる（『常朝年譜』天和二年一一月一一日条）。そこでは平左衛門切腹を「一門悪事」故と認め、むしろ誰も引き受け手がない中、常朝自身が彼の介錯をしたことを、誇らしげに記す。

しかし、元禄二年九月の中野正包切腹に関して常朝はその理由を語っていない。正包について『葉隠』は、光茂と三支藩との関係が支藩側の幕府への独自の対応により悪化した際、三支藩の藩祖がともに勝茂と親子であるため、一定度三支藩の独自性を認めるよう諫言したことを詳細に伝える（五の九八）。常朝が「奉公の至極」とした諫言を正包はしたのである。しかし、正包は切腹させられた。その理由について常朝は「廿年過候はば、将監《正包》は忠臣と取沙汰可有」（一の一九八）と述べるだけで、正包が切腹して二〇年経ているにも関わらず（皮肉にも二〇年目は、常朝と陣基が出会う前年の宝永六年に当たる）、口をつむぐ。常治・平左衛門の切腹については饒舌だった『常朝年譜』も、「右内外の儀ども、態これを略す」（九月二六日条）と、その記述を拒否する。それはなぜか。幕末に作られた『葉隠』の注釈書『葉隠聞書校補』では、その原因を正包が「下情を壅蔽、忠言を妨、御蔵方を申請、国用を令虚耗、光茂公之御悪名を引出し」たとする（本二、考一・二）。しかし、仮にそのようなことが原因であれば、平左衛門に際する記述の如く「一門悪事」とでも常朝は率直に記していたろう。しかし彼は、正包がやがて忠臣とされるとし、年譜では事情の記述拒否をいわば宣言しているのである。したがって『葉隠聞書校補』の記述を鵜呑みにはできまい。むしろ、常朝には、彼が「奉公の至極」とする諫言を行った正包の切腹の理由が納得いかなかったものと思われる。その理由は推測の域をでないもののやはり光茂と三支藩の関係に関したものであったろう。『常朝年譜』では、元禄二年九月中旬より「御親類御家老中」が願正寺（佐賀城下）に参会の上「密談」があったとされ、九月二三日夜、鹿島・蓮池藩主が「御前において、御隠密御用仰せ上げられ」、正包にも同夜「御親類御家老中御究め」があった。要するに三支藩主（但し、小城は不在）と正包は別々に本藩主よりの指示と親類・家老による糾明を受けたのである。そして翌二四日、正包は一門預けとなり、二日後の二六日、常朝の介錯により切腹した。平左衛門の介錯を自慢げに書いた常朝はここでは淡々と事実を記すのみである。以上のような経緯を常朝は自著の年譜にとどめる。指示と糾明の具体的内容が知り得ない淡泊な記述であるが、切腹の原因を、正包自ら諫言したとされる光茂と三支藩の問題に求めても大過ないのではなかろうか。支藩主と正包が同時に指示と糾明を受けたことは偶然ではないだろう。だとすれば、常朝が「奉公の至極」とする諫言が理由で正包は切腹させられたのである。正包が二〇年後に忠臣と再評価されるとしつつも、常朝がその理由について口をつぐんだのは、以上のような事情によるものであろう。したがって、常朝は切腹について「何の科もこれなき切腹仰せ付けられし時、一しほ勇み進みてこそ、御譜代の家来にて候」（一の八七）と言わざるを得なかった。「奉公の至極」を尽くしても主君より切腹を命じられることさえあるのである。

その逆に常朝は主君（光茂）の死去に殉死することができなかった。光茂は、寛文元年鍋島直弘（勝茂子、白石鍋島氏祖）の死去に際し「追腹」を差し止め、以降いわゆる殉死を禁じた（五の五）。したがって常朝は、日頃から「追腹仕る覚悟に候えども、その段は御法度の儀に候えば、責めて剃髪・染衣の出家と罷なり、御菩提を吊い奉るべしと存じ部」しかなかった（『常朝年譜』元禄一三年五月五日条）。光茂の死去（元禄一三年五月一六日）に当たり「御供の所存の者は我一人也、その後見習てされたり」（一の九）と、いち早く「追腹の覚悟にて、髪を剃」（二の一三〇）ったのは自分であるという、いわば自負心・充足感のようなものを常朝が持ったのは事実であろう。しかし、それは「大名の御死去に、御供仕候者一人も無之候ては、さびしきものにて候」（一の一二）とさえ考えざるを得ない、常朝の家臣の実態に対する認識（失望）が背景にあった。すなわち「追腹御停止に成てより、殿の御味方する御家来なき也」（一の一一二）なのであり、具体的には「（主君が）首尾能時は、智恵・分別・芸能を以御用に立、ほのめき廻る者多」いものの、「主人、御隠居被成か、御かくれ被成候時に、早後むき」となり、「主人の御為に命を捨るだんに成て、へろへろ」（一の九）になるのである。だからこそ常朝は「我等一人にて御外聞は取」（一の一二）覚悟をし、また実行した。それは「日陰奉公の小身者共が、歴々衆追倒て、御外聞を取こと」（二の一三〇）という如く、結局なれなかった家老層等の「歴々衆」に対する、「小身者」常朝の対抗心のようなものもあったであろう。いずれにしても、かかる家臣たちの現実の中で、自分のいち早い出家により光茂の「外聞」を取ったことにある満足感を得てはいる。だが、「妻子を捨て、刀《（同カ）》族を捨て永く出家遁世仕り候事、さりとては重き事、比類なき忠節と思し召され候」（『常朝年譜』元禄一四年三月一六日条）との綱茂の「思召」があっても、常朝にとっては殉死が「御法度の儀に候えば、責めて剃髪・染衣の出家」したのであり、出家はいわば下方修正された代替的措置なのである。「国学」を知らないため家臣の「新儀」を容認し、また自らそれを率先し、そのような国政に諫言したい常朝をそれができるような地位（家老）には取り立てず、むしろ諫言した彼の一門者（正包）に切腹を命ずるような主君光茂であっても、常朝はその死去に当たっては殉死の覚悟であった。しかし、こともあろうにその光茂自身が殉死禁止令を出してしまったのである。彼は主君に仕える武士として殉死できなかったのである。

以上のよう様々な葛藤・失望・挫折感を心中奥深くに秘めながら、常朝は陣基に対し、自ら理想とするところの武士・奉公人像を語るのである。

第二節　思想の構造

本節では前節で検討した思想形成の諸契機を相互に関連させながら、『葉隠』思想の基層について考えてみたい。

(1)「譜代」意識

『葉隠』において武士とは武篇者と奉公人という二つの性格を併有する存在であった。それは有名な四誓願（二―一九頁）についての常朝自らのいわば解説（一の一九）に示される。すなわち、四誓願のうち、第一条では武勇を天下に示す「武道」において他人に遅れをとってはいけないとする、武篇者の心組が説かれる。他方、第二条は主君の御用に立つとは家老の座について諫言し国政を担うこととする。これが常朝にとって「奉公の至極」なのである。第三条は「親に孝行」（四誓願原文）を尽くすのは主君への忠と同じで、しかも忠が孝に優先するとし、第四条もあらゆる人を主君の御用に立つようにするために「大慈悲」（四誓願原文）をおこさなければならないとする。つまり第三・四条は主君の御用に立つ奉公人となるための必要条件なのであり、総じて第二〜四条は奉公人の心組を説いているといえる。四誓願の第一条で武篇者としての心組が説かれていることは、武士の本質が戦闘者であるという常朝の自覚を示している。しかし、四誓願のうち三ヶ条が奉公人としての心組で占められていたところに、一八世紀初頭という時代環境におかれた常朝の立場があらわれている。武篇者としての武士であってもいずれかの「御家」の家臣としてのみ存在が許されるのである。(34) その点で『葉隠』の文字どおりの書き出しが、「御家来としては、国学可心懸事也」（二一六頁）とあるのは興味深い。常朝自身が武篇者としてではなく「御家来」つまり奉公人としてまず武士を規定しているのである。だとすれば常朝において重要なことは如何なる奉公人として存在すべきかということである。常朝はいう。

一奉公人は一向に主人を大切に嘆く迄也。是最上の被官なり、御当家御代々名誉の御家中に生出、先祖代々御厚恩の儀を不浅事に奉存、身心を擲ち、一向に奉嘆ばかり也（後略、一の三）

奉公人は、主人を「大切」に「身心を擲ち」、「嘆」かなければならなかった。しかしなぜそうすべきなのかというと、自分が「先祖代々御厚恩」により、「御当家御代々名誉の御家中」として生まれたからである。つまり自分の先祖から仕えた「御譜代」（二一八頁）の家臣だからである。常朝自身、「中野一門中子々孫々迄　御重恩の有り難き儀を弥以て忘却なく御奉公の励みにも罷りなり候えかしとの念願」(35)にて祖父中野清明の年譜を書き、「先祖の忠義を慕い候えば、自身奉公の励みにもなり候と覚え候故」(36)父重澄の年譜を記し、さらに自らの年譜をも「自墨終始の意味、永く霊鑑の旨を教え、減に孫子の志を励ます」(37)という意図からであろうか残している。それは「御当家御代々」換言すれば常朝がいうところの「国学」のなかに、「先祖代々」さらには自らを位置づけることにより、譜代家臣としての奉公を自分も含めた「孫子」に自覚させるためであったろう。いわば譜代の自覚化が年譜作成の目的だったのである。ところで、この譜代意識は自己ないし一門においてのみ主張されたのではない。「御被官は申に不及、町人・百姓まで、御譜代相伝の御深恩」（二一八頁）と家臣のみならず領民も含めたものとして観念化される。したがって大名の改易の際「主人・家老に非義有時に、譜代の士は、再興門を心得て可居事也。再興門と云は、若御国の仕置悪くして他の領知と成し時、鍋嶋家に取返す仕様」（八の四二）というように、領国への復帰が目指されるべきとする。いわば大名領の永続化である。さらには「七生迄も鍋嶋侍に生立、国を治め可申覚悟」（二一八頁）と、自己自身における生死を超越した譜代化が覚悟される。そして、このように大名・家臣・領民を一体化しさらに生死ないし時間を超越した如き徹底した譜代意識の主張は、「釈迦も、孔子も、楠も、信玄も、終に竜造寺・鍋嶋に被官被懸候儀無之候えば、当家の風儀に叶ひ不申事に候」（二一六頁）という有名な表現に象徴される、強烈な〝藩ナショナリズム〟を生むのである。ではなぜ常朝はこれほどまでに譜代意識を主張したのか。それは佐賀藩が竜造寺氏より鍋島氏への交代を経て成立したという、歴史に起因したものであろう。常朝がかかる歴史＝過去を領主交代を必然的なものとして合理化しようとしたことは先述した通りであり、しかもその過去＝「国学」（とくに直茂・勝茂の努力）を藩主（具体的には光茂、綱茂）や家臣が知らないという現実に対する、常朝の失望・苛立ち・不安が、譜代意識のこのような強調となったのであろう。常朝の認識からすれば、佐賀藩の歴史・「国学」に鑑みて不合理極まりない、光茂・綱茂施政期の家臣による「新儀」の「工み出し」やそれを許す藩主の態度は、大名・家臣・領民を一体化した譜代意識の欠如以外の何ものでもないのである。常朝は直茂の語った言葉として「上下によらず、時節到来すれば、家が崩るるもの也」（三の二七）という文言を載せているが、伯庵の竜造寺家再興の願いを幕府が取り上げなかったという悔恨をいわば実感できた常朝は、竜造寺家を鍋島家に同化させる一方で、「家」として滅びた竜造寺家の運命を、「国学」の軽視、したがって譜代意識の希薄化という現実のなかに、鍋島家の将来に重ねみていたのであろう。

(2)　「一人被官」の「死」と「生」

常朝が奉公人の心組として譜代意識とともに重視するのが「嘆」という観念である。「最上の被官」は主人をひたすら「嘆」く奉公人であるとしている（一の三。前項参照）。では主人を「嘆」くとはいったいどういうことか。次の一文にその具体的な考えが示されていよう。

一奉公人は、心入一つにて澄む事也。分別・芸能にわたれば事むつかしく、心落着ぬもの也、又、業にて御用立は下段也。分別もなく、無芸・無勇にて、何の御用にも不立、田舎のはてにて一生朽果る者が、我は殿の一人被官なり、御懇にあらふも、御情なくあらふも、御存被成まひと、夫には曾て不構、常住御恩の忝き事を骨髄に徹し、涙を流して大切に奉存分也、是は安き事也。是はならぬ生付とては有るまじ、又如斯思ふまい事ではなし。されどもヶ様の志の衆は稀成もの也。只心の内ばかりの事也。長けの高き御被官也。恋の心入のやう成事也。情なくつらき程、おもひを増也。適にも逢時は、命も捨る心に成忍恋などにて候、能手本なれ。一生言出す事もなく、思ひ死する心入は深きこと也、又自然偽に逢ても、当座は一入悦、偽の顕るれば、猶深く思ひ入る也。君臣の間、如斯成べし。奉公の大意、是にて埒明也、理非の外成ものなり（二の六二）

奉公人の「心入」は自分が主人（殿）の「一人被官」と思うだけで済むのである。主君が自分のことをどのように思っていても、例え自分の存在が知られていなくても、常に「御恩の忝き事」を「骨髄に徹」する程思い、主君を「涙を流して大切に奉存」のが「一人被官」なのである。まさに涙を流す「嘆」きの思いを主君に向けるのである。奉公人はただそのような「心入」を持つだけでよいのであって、「何の御用にも不立、田舎のはてにて一生朽果」てても構わない。そしてこれは、一生打ち明けることもなく相手に命を捨ててもよいとの情念である「忍恋」の「思ひ死」に似ており、「偽」（裏切り）の仕打ちを受けても、なおさら主君に対する思い・「嘆」を深めるべきなのである。ここに語られる主人を「嘆」く「一人被官」像には、極めて片務的な性格と自己合理化ないし自己抑制がみられる。その思考の背景には、前節でみた常朝自身の藩主（特に光茂）に対する認識および自己をめぐる葛藤・挫折感があったと思われる。すなわち、「国学」を知らず「新儀を工み出」す家臣たちを容認する「御不案内」で「内気にようき（凡庸）成御主人」の藩主であっても、常朝は自分が短命であるという自覚のもと、むしろ、修行工夫を重ね、「奉公の至極」は家老となって諫言し国政に参加することという思いに到った。常朝の一門者には家老になった者もいて、少なくとも彼自身の認識としては実現可能なことであった。しかし結局なることができず、そればかりか側近者・書物方という役、つまり、「人より押下げらるる」「小身者」に終始してしまった常朝は、これを「無念」とする一種の挫折感を味わった。そればかりか、常朝が「奉公の至極」とする諫言をした一門者（正包）が切腹を命じられた。逆に常朝自身は藩主光茂の死去に際し殉死できず、せめて「我等一人にて御外聞は取」と、いち早く「追腹」の覚悟で出家したことで満足しなければならなかった。そのような自己を合理化するために、主君にも知られず何の「御用」にもたたず田舎で朽ち果ててもよい、例え裏切られても、ただ思い死にする程、涙を流して主君を大切に思う「心入」さえあればよいと、ひたすら片務的に自己抑制をするのである。そしてこの心情は「惣て人の為に成は、我仕事と不被知やうに、主君へは陰の奉公が真也」（一一の一三九）という奉公論を導き出した。

私は常朝に即した『葉隠』思想の核心は、先学がほとんど例外なく指摘する「武士道と云は、死ぬ事と見付けたり」を含む条項（一の二、後掲）にではなく、常朝の葛藤・挫折感を契機とする右に示した如き「陰」にこもった片務的・自己抑制的奉公の観念にこそ認めねばならないと考えている。彼が「奉公の大意」は「理非の外成もの」と告白せざるを得ないのは、前項で指摘したような徹底した譜代意識・藩ナショナリズムを主張する一方で、藩主の我身に対する処遇を振り返った様々な葛藤に対する、常朝の自己合理化以外の何物でもあるまい。

しかし、かかる常朝自身の葛藤の所産である、片務的・自己抑制的な「一人被官」の観念は、「一人」という文脈と「命も捨る心」・「思い死する心入」という「死」の自覚、さらには武士としての「生」が奪われそうになったという出生時の体験や祖父（中野清明）・父（山本重澄）が「曲者」＝武篇者であったという常朝自身の認識（常朝が作成した彼らの年譜をみよ）等に根ざした、いわば武篇者の証である武士道への回帰ないし主張により、いわば主体的な「被官」＝奉公人観念へと昇華される。「於武道おくれ取申間敷事」（二一九頁）という四誓願の一条目の文言は、一人の武士＝

武篇者としての心組を顕すものであり、そもそも武士は戦場でけして「後れ」をとってはいけない一人の戦闘者であった（一の一六二）。そのためには戦闘者として日々「今日打死〳〵と必死の覚悟」（一の六三）が必要なのである。ところが、実際には戦闘がなくなって久しい時代に生きる武士達にとって「我人死と云事しらぬではなし」なのであるが、「皆人死はてゝから、我は終に死事の様に覚」るのが実状であった（二の五六）。武士であっても、近世も半ばになれば「死」を理解はできてもその覚悟は難しかった。出生時に塩売りか麹売りに養子に出されそうになった常朝は武士としての「生」を奪われるところであった。だからこそ父が七〇才の子で短命を覚悟すべきハンディを負っているものの、彼は「適生出、御奉公も仕届ず相果候ては、無念の事に候」として、「生て可見」という（二の三七）、奉公人としての「生」への執着をもった。いわば「一人」の武篇者として日々「打死」の覚悟を持つべき常朝が、奉公人としては「生」に執着していたのである。この一見矛盾する思考は彼おいて、次の有名な文言のなかで止揚されていた。

一武士道と云は、死ぬ事と見付たり、二つ〳〵の場にて、早く死方に片付ばかり也。別に子細なし。胸すわって進む也。図に当らず、犬死などいふ事は、上方風の打上たる武道なるべし。二つ〳〵の場にて、図に当るやうにする事は不及事也。我人、生る方がすき也。多分すきの方に理が付べし。若図に迦れて生たらば、腰ぬけ也。此境危き也。図に迦れて死たらば、気違にて恥には不成。是が武道の丈夫也。毎朝毎夕、改めては死々、常住死身に成て居る時は、武道に自由を得、一生落度なく家職を仕課すべき也（一の二）

「死方」と「生る方」の「二つ〳〵の場」にては「図」の当たりはずれ、つまり立派な振る舞いであるか否かは関係なく、「死方に片付」けるべきなのである。もちろん常朝は武士であっても、「我人、生る方がすき也」とし、「多分すきの方」に理屈をつけて「生」を選択する近世中期の武士の本性を見抜いている。しかし彼はそのような「生」への本性を認めた上で、「死方」を躊躇なく選択すべきとする。自らも「生」に執着した常朝がいうその主旨は、肉体的な「死」が目的なのではなく、「常住死身」となることにより、「武道」を自在な境地でなし、一生落度なく「家職を仕課す」つまり奉公をまっとうすることなのである。したがって常朝にとっては、武篇者として「命を捨て懸る」＝「死」ぬことよりも、主君への諫言は「一生骨を折」ほど困難なことなのだ（一一の二八）。彼は「畳の上にて武勇の顕るゝ者」（二の七五）、武篇者としての武勇＝「死」の覚悟をもって奉公人としての家職を勤めるべきとするのである。

常朝は、「萬人」の「安穏」な生活を実現するための役人、そのような近世大名を諫言することが奉公の至極としていた。彼は近世大名に奉公し、近世の政治支配を担おうとしていた紛れもない近世の大名家臣なのである。その立場を離れては存在が許されない、藩という政治組織のなかでのみ武士として奉公人として「生」を得ることができるのである。常朝が主張する藩ナショナリズムは、藩の成立事情とともにかかる近世武士が奉公人としてしか存在し得ない強烈な自覚でもあり、「御不案内」で「内気にようき成御主人《(凡庸)》」であっても、「理非の外」で忠誠を尽くさねばならないのである。

『葉隠』は、「小身者」に「押し下げ」られ「田舎のはてにて一生朽果る者」に終始する、常朝の葛藤・挫折感が、武士としての「生」が奪われそうになったという出生時の体験および祖父・父が武篇者であったという彼自身の認識に根ざした、いわば武篇者の証である武士道への回帰ないし主張により昇華され、「常住死身」による激しい奉公観を導き出しているのである。

本章では『葉隠』が口述者常朝の様々な葛藤・挫折感の所産であり、思想の基層部分が譜代意識＝藩ナショナリズムにかろうじて支えられていた、「陰」にこもった片務的・自己抑制的な奉公観であったことを述べてきた。このことは『葉隠』を理解する上で、さらには同書を通じた近世武士論にとって極めて重要であろうと思われる。なかでも同書に描かれた近世武士の主体性・自律性をめぐり、丸山眞男氏は先に紹介したように「非合理的主体性」と表現した。高木昭作氏も『葉隠』を例示しながら「一方では自律を制限されながら他方では自律性をもったものとして振舞うことを要請された(38)」と「惣無事」状況のなかにもかかわらず「武士」としての自律的行動が要請されていたとし、近世武士の自律性の喪失を主張する水林彪氏もまた「常朝が描き出した武士は、(中略)能動的で主体的な個人であった。(中略)官僚制機構の中にうめこまれた受動的な官吏ではなく、国家を一人で担いきろうとする能動的な政治家である(39)」と評価する。

確かに、「只殿を大切にと存、何事にてもあれ、死狂ひは我一人と内心に覚悟」(二の六四)をもち、「御家を一人にて荷申志」(二一八頁)と意識した武士像に主体性・自律性を見て取るのは容易である。ただその主張の根拠を「武装自弁の戦闘者の未開的野生ともいうべきものの復権(40)」という如く、過去の武士の心性への回帰志向とする指摘は不充分であり、むしろ回帰・復権志向の理由が捉えられねばなるまい。この点は、近世武士の殉死観念とその変容の検討という立場からの山本博文氏による「確かに『葉隠』には、家臣の側の主体的行動を推奨している部分があるが、その全体の論理構造からみれば、没我的忠誠を武士の内発的な志向に昇華するためのレトリックである(41)」という、没我的忠誠に『葉隠』の本質をみようとする主張がより説得的と思われる。ただ没我的忠誠観を主体的なものに(レトリックをつかって)意図的に変換しようとした恣意性の指摘には、いささか困惑を覚えるが、『葉隠』の本質がなぜ没我的忠誠なのか、またそれが「内発的な志向」に昇華される理由を明らかにする必要があろう。

これらの問題についてはすでに述べてきたように、武士が主君の家臣としてしか存在し得ないような近世という時代状況に加えて、藩主・家臣に対する失望と批判的認識、常朝自身の履歴に対する挫折感、一門の者の諫言と切腹をめぐる葛藤等を契機に「理非の外」に片務的・自己抑制的忠誠観が形成され、これが彼の出生時の「武士」としての

「生」を奪われようとした体験、祖父・父に対する武篇者としての認識等により、武士道への回帰のなかで「常住死身」を身上とし「御家を一人にて荷申」す主体的・自律的奉公観にいわば昇華されたと捉えておきたい。

以上のように『葉隠』に描かれた武士像の性格は、片務的・自己抑制的（没我的）忠誠観と主体的・自律的なものが、常朝という一人の武士の様々な葛藤・挫折観を通じて構造的に立ち現れているのである。武士思想の中世から近世への流れを考える上で、『葉隠』は格好の素材ではあるものの、山本常朝という、個性を持った、文字どおり生きた人間の思考であることを忘れてはなるまい。(42)

最後にとくに第二部・第三部との関連で常朝の「知行」観念について若干の検討をしておきたい

「譜代」の「一人被官」として「死」の覚悟をもって奉公することは、常朝にとって「私」を捨てることでもあった。『葉隠』における「私」の意味するところは多義的であるが、その基本は「全身命を殿様に奉りて見よ、はや私と云うものは一物もなくなるなり、身命主君のもの」（『愚見集』五条）という文言に示されるように、「私」は自らの全「身命」ということであろう。「身命」＝「私」は主君のものなのである。したがって、そもそも「身命主君のもの」なのだから、「御懇に被召仕時は弥私なく奉公仕、牢人・切腹被仰付も一つの御奉公」（二一八頁）と、「私なく奉公」し牢人・切腹も奉公なのである。とすれば、常朝が婿養子常俊に「我知行」をめぐり「奉公する時分、身上などの事は、何とも思はざりし也、本より主人の物なれば、大事がり可惜様無之事也」（二の一一）と語ることも理解される。「身命」は主君のもので、「私」は存在しないので、「知行」についても「主人の物」であり必ずしも「大事」ではないという常朝の認識が看取される。そればかりか「奉公人の打ち留めりは牢人切腹此の二か条に極りたり、（略）是奉公人のならいなりと観念すべし、有為転変の世中、天下も国家も一度は亡ぶる時節あるものなり、崩して御知行を返上申すも又、御奉公なり」（『愚見集』九条）と、結局は牢人・切腹に極まる奉公人にとって大名領国の改易という可能性のなかで知行返上も奉公とされるのである。このような「知行」観念を有する常朝は、「たわけたる者ども大分の知行を代々拝領し、何の御奉公もせず、徒に禄をついやし、然も身上恙なく暮す人多し」（『愚見集』八条）としていわば大身家臣を批判し、石田一鼎の言葉をかりて「御家は中脇にて持候、昔より歴々には器量有かね」（二一の一〇三）と断じた。これは「知行」＝「私」的なものに執着すると常朝が認識する大身家臣に対する批判であり、具体的には第二部・第三部でみる「給人領主」が想定される。ところが常朝自身も「小身にてははたらけ申さず候、総じて人の出来申す根本は御知行を下さるゝに極り申し候」（『乍恐書置之覚』一〇条）とし、父重澄は「かげの奉公」をしたので加増されたとも述懐している（『重澄年譜』七六条）。常朝も奉公人にとっての知行の重要性は認識しているわけで、むしろ問題にすべきは、そのように考えていた常朝が、「知行」は「大事」ではなくその「御返上」も「御奉公」と主張している点である。その理由をここで詳かにすることはできないが、知行は主人より拝領するわけで、本来、主人のものである知行に対する執着を「私」的なものとして戒めているとの解釈が成り立つであろう。それに加え、誤解を恐れずにいうならば、常朝の（元）武士としての欲求とそれが満たされない不満が微妙に反映しているともみられよう。つまり、知行に対する欲求（様々な特権も含めて）を持ちつつも近世武士の全ての階層にそれがもはや満足できる程度には許容されなくなっている、そのような時代のいわば中堅家臣の嘆きの表現とも思われるのである。ここにも常朝の微妙に屈折した思考を読みとるのは曲解に過ぎるであろうか。いずれにしても、かかる知行の問題は第二〜三部において改めて考えることにしよう。

註

（1）写本により『葉隠聞書』『葉隠集』『聞書』等、その呼称は一定しないが、本書では最も一般的な『葉隠』と呼ぶ。

（2）しかし、そもそも原本（陣基の自筆本）が発見されておらず、写本が数系統あるものの、その成立事情は実のところ明かとは言えない（佐藤正英「『葉隠』の諸本について」〈相良亨他編『三河物語　葉隠』岩波書店、一九七四年〉参照）。本稿での『葉隠』引用は、相良亨他編前掲『三河物語　葉隠』による。

（3）例えば相良亨「『葉隠』の世界」（前掲『三河物語　葉隠』）。

（4）例えば山本博文『殉死の構造』（弘文堂、一九九四年）一九三頁。

（5）例えば丸山眞男『反逆と忠誠』（筑摩書房、一九九二年）一九頁、水林彪「近世の法と国制研究序説」三（『国家学会雑誌』九一巻五・六号、一九七八年）九七〜八頁、高木昭作『日本近世国家史の研究』（岩波書店、一九九〇年）三〇〜二頁。

（6）本郷隆盛氏は「常朝個人の思想形成の諸契機を無視して、『葉隠』における奉公人像をただちに一般化することは妥当ではあるまい」（「理外の道—山本常朝—徳川思想における生の諸様式—」〈『思想』七七二号、一九八八年〉四六頁）とし、小池喜明氏もまた「等身大の人間としての彼（常朝…引用者註）の肉声にこそ耳をかたむけるべき」として「身体の弱い、文学好きの下級武士、という武家社会におけるすべてのマイナス要素」（『「葉隠」の叡智』〈講談社、一九九三年〉一二八〜九頁）の克服が『葉隠』成立の契機という観点からその思想を分析するが、それぞれに注目すべき視角である。また松田修氏は『葉隠』の文芸性の検討という立場から常朝を多面的に考察しており示唆をうけた（「葉隠序説」〈『国語国文』三六巻一一号、一九六三年〉）。

（7）主なものとして『山本神右衛門重澄法名孝白善忠年譜』（父重澄の年譜。以下『重澄年譜』と略称。引用は、池田史郎「山本神右衛門重澄年譜」〈『葉隠研究』創刊号、一九八六年〉による）・『愚見集』（引用は、池田史郎「愚見集」〈『葉隠研究』五号、一九八七年〉による）・『中野神右衛門清明法名照真院浄通一代御奉公之荒増聞書』（祖父清明の年譜。以下、『清明年譜』と略称）・『乍恐書置之事』（引用は栗原荒野編『校註葉隠（復刻版）』〈青潮社、一九七五年〉による）・『餞別』・『山本神右衛門常朝年譜』（常朝自らの年譜。以下『常朝年譜』と略称。引用は池田史郎「山本神右衛門常朝年譜」〈『葉隠研究』二号、一九八六年〉による）等がある。

（8）さらに丸山雍成氏は『葉隠』成立期の佐賀藩政の動向をふまえつつ「『葉隠』における常朝の語録とされるものは、ほとんど直茂・勝茂、そして光茂といった歴代藩主の思想そのものを反映」しているとする（「九州―近世の幕あけと展開」〔九州大学公開講座委員会編『九州―その過去・現在・未来』九州大学出版会、一九八八年〕七七頁）。

（9）竜造寺隆信の曾祖父家兼。

（10）鍋島直茂の祖父清久。

（11）鍋島直茂。

（12）この条項数は本稿で引用する前掲活字本によるもの。

（13）「五番掛硯誓詞書写」一（『佐賀県史料集成』二四巻）五二号鍋島直茂起請文案。

（14）「竜造寺御血筋聞書」（「鍋島文庫」〔佐賀県立図書館寄託〕所収）。

（15）前章参照。

（16）肥前杵島地方の豪族後藤清明の子茂富が、隆信の弟長信の子安順の養子となり、安順と茂富が不仲となったため、茂富の長男茂辰が安順の家督を継いだ（「水江系図」・「多久系図全」・「多久氏系図」等〔「多久家文書」〈多久市歴史民俗資料館蔵〉所収〕）。

（17）本藩と小城・鹿島・蓮池の三支藩との不和。支藩主の初代はいづれも勝茂の子供であったが、光茂の頃になると親子関係が主従関係に再編されようとしたことに原因が求められる。

（18）光茂は勝茂時代の長袴衆を着座と改称、家臣団中の座位を定めた。

（19）光茂時代の加判家老相良求馬や年寄役岡部宮内等、他国者の召し抱え（五の九八参照）。

（20）手明鑓と歩行（いずれも佐賀藩の下層家臣）との身分争いに対し、光茂時代に手明鑓の上位が確認された。

（21）家臣団編成の基本単位である組（与）の所属変更替え。直茂・勝茂時代には組の統括者である大組頭、物頭と当該組に所属する家臣との関係はいわば主従関係といえる程密接で、所属替え＝「組替」等みられなかったが、光茂時代には漸次行われるようになってきた（『乍恐書置之事』一三条参照〔大小条項が併記されるがその第一三条目〕）。

（22）綱茂時代、家老（請役家老）であった竜造寺四家（武雄・多久・諫早・須古）を親類同格とした。彼ら竜造寺氏一門は藩政初期より鍋島氏との諸関係のなかで「親類」とされていたが（前章参照）、家格上の親類は、白石鍋島（勝茂の子直弘を祖）・川久保神代（勝茂の子直長が神代常宣の養子となり成立）・久保田村田（竜造寺政家の子村田安良が祖）・鳥栖村田（川久保神代祖の神代直長の子鍋島茂真が祖）の四家が設定されていた。
(23)　二の丸にあった勝茂が造営した向陽軒の綱茂による解体。
(24)　光茂による藩法改訂。
(25)　綱茂が城の西南の地に別荘として観頤荘造営。吉茂により解体。
(26)　組の中に小組として鉄砲・弓・鑓等の下層切米取層が編成されていた。その所属替えが光茂時代の元禄八年に実施された（二の六九参照）。なお、これら家臣団の編成をめぐっては次章参照。
(27)　神子侃『葉隠』（徳間書店、一九六四年）も同様（四〇頁）。
(28)　「御上」の人物比定については、明確に示されない場合もあるが（例えば古川哲史他校訂『葉隠』〔岩波書店、一九四〇年〕は注釈をいれず、奈良本辰也責任編集『葉隠』〔中央公論社、一九六九年〕では「近ごろの殿様」〔五五頁〕、松永義弘訳『葉隠』上〔教育社、一九八〇年〕では単に「殿様」〔三三頁〕と訳出する）、本文に示した解釈からすれば「光茂以下の藩主」とする解釈（小宮睦之「孝白本葉隠」〔『葉隠研究』創刊号、一九八六年〕五六頁。なお城島正祥『葉隠』上〔人物往来社、一九六八年〕は光茂・綱茂と限定する〔二四頁〕）がもっとも妥当であろう。
(29)　「中野氏一門系図」（「鍋島文庫」所収）。
(30)　註（16）参照。
(31)　『常朝年譜』万治二年六月一二日条。なお『葉隠』には「塩売に成共、くれ可申」（二の一四一）とみえる。
(32)　佐賀市材木町野中万太郎家蔵書（本史料は木下喜作氏によりご紹介いただいた）。この史料の末尾文によれば、常朝六世の孫山本常亮が所持していたものを嘉永四年六月鍋島茂真（当時幕末藩政改革を強力に推進していた人物）に一見の上、写されたものが、安政七年二月平胤雄（江藤新平）により書写されたものという。本史料の冒頭部分に「大木兵部殿（加判家老、引用者註）より正徳五年未九月八日舎弟大木性周（兵部の弟）を以密用被申懸取合之末、同年十一月朔日所存書付遣候控」とある。この時の「密用」については常朝が自らの年譜に「正徳五年未年九月八日より十一月朔日迄大木氏密用取合候事」（『常朝年譜』正徳五年条）と記しているが、その内容は「正徳五年未九月大木氏を以て再勤仰せ付けらるべき御内意有之候え共御断り申し上ぐ」（『葉隠聞書校補』首巻山本神右衛門常朝略譜）とあるように、光茂死去後、出家していた常朝への再勤の誘いであった。

(33) 実子の土千代は早世、またお竹は結婚しその夫常俊を養子とするものの、お竹は常朝に先だった。また、お竹と常俊との子、つまり孫の彦土・お久米・さん土もいづれも早世していた（『常朝年譜』）。

(34) 前章参照。

(35) 『清明年譜』三八条に続く奥書。

(36) 『重澄年譜』一〇〇条に続く奥書。

(37) 『常朝年譜』の自筆本とされる史料の異筆追加文書。これは五代藩主宗茂が常朝孫常皎に享保二〇年一一月与えたものと考えられる（池田史郎「山本神右衛門常朝年譜について」〔『葉隠研究』二号〕）。

(38) 高木前掲『日本近世国家史の研究』三〇～二頁。

(39) 水林前掲「近世の法と国制研究序説」三、九七～八頁。

(40) 水林前掲論文九八頁。

(41) 山本前掲『殉死の構造』一九三頁。

(42) したがって『葉隠』を近世武士思想のひとつの典型として論じる（例えば山鹿素行等の士道論に対置し、『葉隠』を武士道論とする如き見方〔相良了『武士の思想』ぺりかん社、一九八四年〕）も、当初から類型化を目的とするような分析視角をとることには慎重であるべきであろう。

第三章　家臣団編成の諸段階

大名家臣団の研究は、それが領主権力の中核を構成するだけに極めて重要であり、いわゆる藩制（政）史研究の一環として多くの業績が蓄積されている。ところがそれらの研究の主たる関心は、幕藩権力の形成・確立期における統一的な封建家臣団の創出過程、あるいは幕末・維新期における藩政（軍制）改革の一環として実施された封建家臣団の再編成過程等に集中していたといえ、総じて幕藩制の成立期と解体期の問題に限定されていた。

私もこれまで大名家臣団の成立と構造の諸問題について検討してきたが[1]、本章では佐賀藩に関するこれまでの考察を踏まえ、かつ右のような研究史的状況を克服する一環として、家臣団編成の諸段階について分析を試みることにしよう。その際、以下の方法で分析を進めたい。

まず①家臣団編成形態のいわば前提ともいえる軍役体制の推移を明らかにし、その上で②家臣団の構成的展開と存在形態について検討する。さらに従来の研究史に欠けていたと思われる、家臣団編成と分限帳組織とを統一的に把握するという視角より、③藩権力による家臣団掌握の実態を示す分限帳組織とその推移について検証する。これらの考察の上に、家臣団編成の諸段階を確定したい。そこで具体的分析を行なう前に、佐賀藩における家臣団の成立と構造について概観しておこう[2]。

第一節　家臣団の成立と構造

戦国大名として領国拡大に専念していた竜造寺隆信は、天正一二年三月島原において有馬・島津の連合軍と合戦し戦死した。隆信の死による領国体制の動揺は、隆信の重臣である鍋島直茂に対して、竜造寺政家（隆信嫡子）・竜造寺氏一門・重臣より領国の支配権（「御家裁判」）が委任されるという事態を招来した。ところが、天正一五年九州平定後に実施された九州諸大名に対する知行割において、豊臣政権は、竜造寺政家に肥前七郡（佐賀・神埼・三根・小城・杵嶋・藤津・松浦のうち）を旧領安堵して、近世大名として取立てた。いわゆる竜造寺佐賀藩の成立がこれである。しかし、天正一八年一月の朱印状「肥前国竜造寺藤八郎知行割之事」によれば、被宛行人が竜造寺藤八郎（政家の嫡子高房）であるものの、竜造寺氏の家臣中、鍋島氏（直茂・勝茂）の知行高（五三、五〇〇石）が藩主竜造寺氏（高房・政家）の知行高（三五、〇〇〇石）を上回っていたのである。

こうした中で、「朝鮮出兵」が竜造寺氏の当主高房ではなく鍋島直茂に命じられた。鍋島氏は竜造寺氏を初めとする家臣団を自らの軍役体系の中に包摂し、「文禄元年壬辰四月十二日辰刻朝鮮渡海人数」を作成した。この「朝鮮出兵」期における鍋島氏の軍事編成を検討した場合、同氏が近世的「与」編成を独自に創出し、それが公儀軍役を上回る基準で編成されていたのに対し、旧国人領主層に系譜を有する竜造寺氏一門層は一在地領主の立場を保持しつつ公儀軍役を下回るにとどまっていたこと、つまり鍋島氏の軍事編成が「与」編成を中心としたフラットな構造を有していたのではなく、それが竜造寺氏一門層の独自性に起因していたことが明らかになる。

このような傾向は、慶長五年の「柳河御陣」においても大きな変化は認められず、「与」編成はむしろ陣立の一部を構成するにとどまり、竜造寺氏一門の家臣団（陪臣団）が、「与」編成に位置づけられることなく自立的に陣立を構成していた。もちろん、鍋島氏の馬廻（旗本）の存在が認められるものの、鍋島氏の独自編成による「与」や馬廻よりも、陣立の中心が竜造寺氏一門の家臣団（陪臣団）によって担われているところに、この段階での領主的結集ないし大名権力の構造的特質が集約されているということができよう。

慶長一二年、竜造寺本家は断絶するが、これ以前の鍋島氏による家臣団強化政策は、蔵入方よりの切米・諸道具の分与による「与」・馬廻の強化にとどまっていた。「与」・馬廻のいずれも鍋島氏の狭義の直属家臣団的性格を有するものであり、家臣団統制の法令的な整備が行われていたものの実質的にはこれらの家臣団（「与」・馬廻）を対象としたものと考えられ、統一的な基準にもとづいた全家臣団に対する強化政策は未だみられなかった。

ところが竜造寺本家断絶（慶長一二年）以降に鍋島氏による独自の政治路線開始の一環として、本格的な家臣団編成・統制が始まった。慶長一三年には、竜造寺氏一門を佐賀へ召寄せ、鍋島氏一門・重臣とともに藩家老に据えるとともに、大与頭として「与」編成に対する軍事指導権の一部を付与した。このようななかで、慶長検地（慶長一〇〜一四年）の結果にもとづき、「与私」編成が創出された。

しかし、鍋島氏が「与私」編成の創出を契機として同氏直臣を竜造寺氏一門の陪臣団へ組み入れることにより、これを「与私」編成に包摂していわゆる近世的「与」編成に位置づける試みは結果的にその意図が十分に貫徹されなかった。その理由は、領主権力の移動という歴史的規定性が鍋島氏と竜造寺氏一門層との間に緊張関係を介在せしめていたこと、竜造寺氏一門層の鍋島氏に対する相対的独自性が温存されていたことに求められる。以上のような経緯のなかで、元和七年竜造寺氏一門層は政治的には家老として藩政中枢部を占める一方、家臣団の編成形態としては近世的「与」編成とは別に、新たに創設された鍋島氏一門とともに「備」として陪臣団を独自に編成するに至った。ここに、佐賀藩において幕末期まで定着する「与私」（鍋島氏直属家臣団）・「備」（上層家臣による陪臣団編成）体制の成立をみるのである。

「備」編成の成立は、竜造寺氏一門・鍋島氏一門層に蔵入方よりの切米・諸道具等の分与がなされないために、軍役自弁を強いることになったが、むしろ独自の知行体系と陪臣組織を再生産させる保障を与えることにもなった。これら上層家臣の知行地は「大配分」あるいは「私領」と呼ばれ、それ以外の家臣知行地である「小配分」ないし「知行所」と区別されていたことは注目される。

一方「与私」は、蔵入方よりの切米・諸道具の分与の制度化を前提とし、軍役の事実上の担い手である陪臣層をも直接掌握した編成方式である。後掲表3にみられるように、寛永〜明暦期にかけて漸次整備され、幕末期まで定着する一五与編成が成立する。本章では、この藩主直属家臣団（「与私」編成）を直接の分析対象とし、編成形態の諸段階について考察を加えることにする。そこで、まず家臣団編成の前提をなす軍役体制の問題から、検討を始めることにしよう。

第二節　軍役体制の推移

軍役は幕藩領主階級を貫く基本的制度であり、大名の幕府に対する軍役を大名家臣が負担するという原則のもとに各藩の軍役が規定されていた。しかし各藩の軍役規定は幕藩制下において統一的なものではなく、記載形式や負担内容およびそれらの推移については、藩体制の成立する政治的諸条件や軍役の現実的負担の基礎をなす農民の存在形態等を背景とし多様であった。本節では、大名家臣団の編成形態に重要な影響を与えたこの軍役体制について検討を加えることにしよう。

表1は、佐賀藩における軍役規定について、藩政成立期にあたる元和七年より幕末期の嘉永二年までを一覧化したものである。これによれば、軍役規定の表示方式について次のような事実を指摘することができる。すなわち①軍役が元和期では物成高表示を原則としていたこと、②寛永〜貞享期のいわば幕藩制的諸秩序の形成期において幕藩制原理に適合的な知行高表示が採用されたこと、③しかし元禄期以降、再び物成高表示に復したこと等である。以上の事実より佐賀藩における軍役規定の表示方式の原則が物成高であったことが判明する。このことは四節でも言及するように（後掲表16参照）、佐賀藩分限帳の記載方式が寛永期に知行高表示であったものの、明暦期より元禄期まで知行高と物成高とが併記され、享保期以降幕末期に至るまで物成高表示に統一されたという事実と相即する。すなわち佐賀藩は物成知行制を領主的結集の編成原理に組み入れていたのである。このため、佐賀藩軍役規定の推移は物成高を基準としながら検討する必要があり、表1は以上のような事情を勘案し、知行高表示を採る寛永五年より貞享四年の軍役規定についても、物成高で表示している。また、軍役負担量の重要な指標となる軍役（役目）人数については、相互に比較し易いよう便宜的に物成一〇〇石を基準とした。以下、表1の具体的分析を行ってみよう。

元和七年より寛永五年にかけては、物成一〇〇石につき各家臣が負担すべき軍役人数は六人である。ところが寛永一六年には一〇人、寛永一八年には一二人と、いわゆる「島原の乱」（寛永一四〜五年）の翌年と三年後に相次いで改訂され、寛永五年段階の二倍に相当する軍役人数量となったのである。

しかもいまひとつ注目すべきことは、この時期（寛永一六年〜八年）に下禄者による軍役の過重負担という原則[3]が成立したことである。すなわち寛永一六年・同一八年規定では、従来みられなかった本役条項が加わった。寛永一六年の場合、物成一二五石以上は一〇〇石につき一〇人という軍役人数基準が適用されるものの、それ以下の一〇〇石〜

表1　佐賀藩における軍役規定の推移

	(物) 元和 7年10月	(知・5) 寛永 5年11月	(知・5) 寛永 16年6月	(知・5) 寛永 18年3月	(知・4) 慶安 5年8月	(知・4) 貞享 4年9月	(物) 元禄 12年9月	(物) 享保 17年6月	(物) 寛保元・9 宝暦12 天保2・9 天保15・10 嘉永2・4
軍役人数	100石6人	100石6人	100石10人	100石12人	100石12人	100石12人	100石12人	100石12人	100石12人
本　役			125石以上	100石以上	100石以上	100石以上	70石以上	70石以上	70石以上
主従12人				75～100石	70～100石	70～100石			
主従10人			50～100石	50～70石	50～70石	50～70石			
主従8人			50石未満	50石未満	50石未満	50石未満	50～70石	50～70石	50～70石
主従7人							50石未満	30～50石	30～50石
主従6人								20～30石	20～30石
主従5人								20石未満	20石未満

註）「惣役目」（仮題「従直茂公勝茂公之御判物」、元和7年10月12日）、「惣役目」（『長崎県史・史料編』第2、寛永5年11月1日）、「勝茂公軍役御定之御条目」（「元茂公御年譜」巻之八、寛永16年6月）、「軍役」（「肥陽旧章録」、寛永18年3月5日）、「軍役」（「鳥ノ子御帳」五、慶安5年8月22日）、「乗輪院様御代御壁書其外」（貞享4年9月29日）、「綱茂公御代組中定并役目・鍋島主水」（元禄12年9月26日）、「組中定并役目・鍋島主水」（「鍋島主水家文書」〔早稲田大学図書館蔵〕所収、享保17年6月3日）、「宗茂公御代組中定并役目・鍋島主水」（寛保元年9月15日）「重茂公御代与中定并役目」（宝暦12年）、「組中定并役目・鍋島弥平左衛門」（天保2年9月15日）、「組中定并役目・鍋島弥平左衛門」（天保15年10月29日）、「組中定并役目・鍋島周防」（嘉永2年4月11日）より作成。

（物）は、物成表示、（知・5）は5ツ成の知行高表示、（知・4）は、4ツ成の知行高表示を示す。

但し、知行高表示の場合も原史料を操作して物成換算し、石高数値は全て物成高である。

また、各年代の軍役人数は、物成100石を基準として表示する。

五〇石の階層は一〇人負担、五〇石未満では八人負担という規定となり、本役負担のみである一二五石以上の家臣層よりも相対的に過重な軍役を負担することになる。(4) 寛永一八年には一〇〇石以上の家臣が本役とされたものの、一〇〇石〜七五石の家臣は、一〇人より一二人負担となって過重性が強まった。このように、「島原の乱」後、相次いで改訂された二つの軍役規定によって、軍役人数の物成一〇〇石一二人負担と下禄者過重の軍役負担という二原則が成立したのである。

しかし、以上のことより「島原の乱」を契機に軍役体制が過重になったとする見解は早計である。すなわち、各家臣が定められた軍役（役目）人数よりも過重に負担する傾向は、臨戦体制的性格が濃厚な藩政初期よりみられたと考えられる。例えば、元和九年の「鍋島右馬助与私」(5)という「与着到」(6)には、「役目」と「分過」という項目がある。役目とは表1の軍役人数に相当し、分過とは軍役（役目）人数以外に家臣が負担する陪臣数である。(7) つまり、寛永一六年・同一八年規定により佐賀藩軍役体制が過重になったのではなく、従来存在した家臣による軍役過重負担の慣行を、幕藩領主支配形成期に突如勃発した大規模で強靱な農民一揆＝「島原の乱」を背景に、藩権力が法令化して定着させたものといえるのである。(8) したがって表1に示される数値的に過重となった軍役は、本来、「分過」人数として各家臣により負担されていたもので、慣行的に負担されるに過ぎなかった軍役人数に対する藩権力による直接掌握（軍役規定としての法令化）が実現した点こそ重要であろう。

表2によれば、「鍋島主水与」という「与私」に所属する家臣団が召抱える陪臣数のうち、分過人数の比率が元和九年に三八・〇％、寛永一四年に二一・三％であったのに対し、寛永一八年以降、一〇〜一三％台に下降し安定しているのは、以上の事象を裏付けている。いずれにしても、「島原の乱」は慣行的な軍役の負担形式を軍役負担原則として成立・定着させたわけである。

表2　鍋島主水与における役目人数と分過人数

年　代	(a) 役目人数	(b) 分過人数	$\frac{(b)}{(a)+(b)} \times 100$	出　典
元和9年	222人	136人	38.0%	鍋島右馬助与私
寛永14年	493	134	21.3	鍋島淡路守与私
寛永18年	919	132	12.6	鍋島淡路守 鍋島主水佑与私
正保4年	613	76	11.0	鍋島主水与着到
慶安2年	614	75	10.9	鍋島主水与着到
承応元年	612	71	10.4	鍋島主水与着到
寛文元年	808	94	11.6	鍋島主水与着到
天和3年	788	121	13.3	鍋島主水与着到

註）拙稿「佐賀藩家臣団の編成と構成」第11表より作成。

一方、軍役規定が三度に亘り制定され軍役負担原則が成立した寛永期は、家臣団編成の基本となる一五与編成の原型が形成された時期でもあった。後掲表3は永禄～元禄期にかけて「与私」（「与」）を管理・統轄する大与頭の変遷を示したものであるが、同時に「与私」の整備過程についても知ることができる。表3により、寛永期における編成年次が判明するのは、寛永一七年一二月の「中野内匠助重利」与、「大木兵部丞統清」与のみであるが、「出雲監物茂道」与、「中野数馬佐政利」与、「鍋島帯刀茂貞」与、「小川市左衛門尉利清」与、「鍋島大膳正之」与、「関将監清長」与、「石井兵庫助孝成」与、「鍋島玄蕃允常貞」与、「諸岡彦右衛門茂之」与の九与も寛永期に成立したと考えられ、前者と合わせれば一一与が編成されたことになる。これらは、いずれも幕末期まで定着する（但し大与頭は交替。表3では元禄期まで掲載）。つまり、大名家臣団の中核をなす直属家臣団一五与中、一一与が寛永期に成立・定着したのであり、それは、軍役負担原則の成立と軌を一にしているのである。

ところで、佐賀藩が物成知行制を原則としていたことは先述した通りであるが、物成率の変化について、「着到帳」を素材とした城島正祥氏の分析がある。(9) そのなかで氏は、五ツ成から四ツ成へ変化する時期を明暦二年としている。これに対して、私は各「与私」の分限帳である「与着到」の分析を通じて、五ッ成から四ッ成への体制的変化を明暦二年より四年早い承応元年（慶安五年）とした。[10] 表1において慶安五年規定を四ッ成としたのはかかる事情によるのであり、物成率が変化した同年に軍役規定が新たに制定されたことになる。

この慶安五年規定について、幕府と佐賀藩における軍役規定の比較を試みた黒田安雄氏は、「慶安五年に至り、役目高の基準は知行一〇〇石より一二五石とされ、また役目道具のそれも知行二〇〇石であったものが、一段と緩和されて二五〇石以上が本役と改定されており、軍役量は寛永期より全般的に軽減されている」[11]と指摘したが、この認識には肯首し難いものがある。確かに原史料の表記内容を示した後掲表4によれば緩和されたようにみえるが、寛永一八年は五ッ成知行、慶安五年は四ッ成知行であるため、両年とも物成換算した上で比較した場合、表1に示されるごとく、一〇〇石～五〇石層において、主従一二人と一〇人との区分が七五石より七〇石に変化した以外は、同一規定であったことが理解される。つまり物成率が変化（五ッ成より四ッ成）したため形式的に軽減したようにみえたにすぎず、黒田氏は慶安五年の物成率変化という条件を考慮していないために誤った見解を示しているのである。なお、この時期に物成率の変化がみられるのは、身分家格序列重視の傾向と石高制原則のもとで物成知行制を原則とした佐賀藩の特殊性とが背景にあった。[12]

以上のように寛永一八年規定が、物成率の体制的変化という藩政上重要な画期（慶安五年）にもかかわらず、慶安五年規定に継承されたことこそ重要であり、寛永期に成立した軍役負担の二原則が佐賀藩軍役体制として定着していることを確認することができるのである。

むしろ、藩軍役体制の大きな画期は元禄期から享保期に求めることができる。二つの軍役負担原則のうち、下禄者過重の原則に一定の修正が加えられたのである。すなわち元禄一二年・享保一七年の両規定において、本役（物成一

表3 「与私」編成の形成・展開と大与頭の系譜（一一〇頁より）

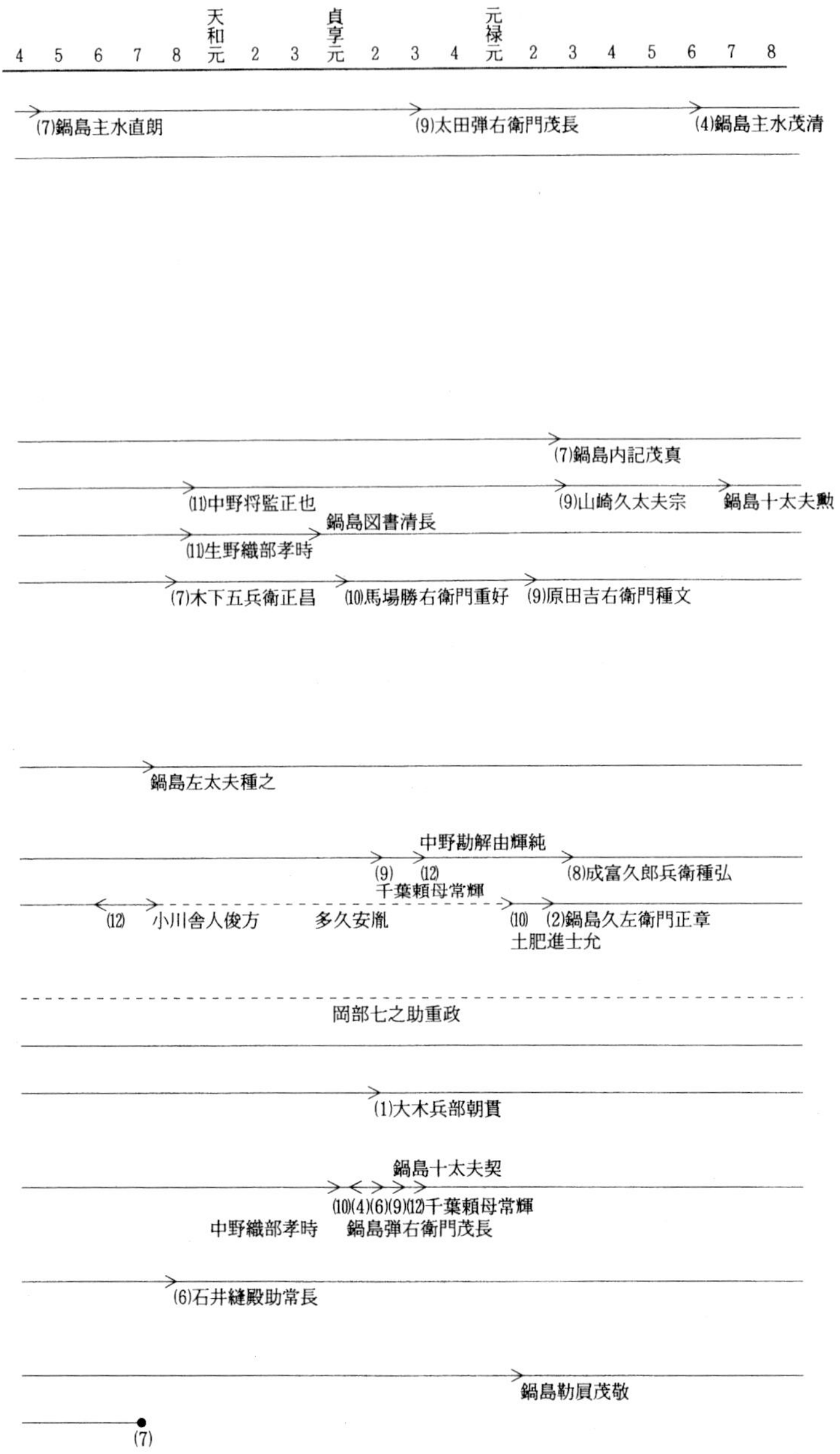
4 5 6 7 8 天和元 2 3 貞享元 2 3 4 元禄元 2 3 4 5 6 7 8
(7)鍋島主水直朗
(9)太田弾右衛門茂長
(4)鍋島主水茂清
(7)鍋島内記茂真
(11)中野将監正也
(9)山崎久太夫宗
鍋島十太夫勲
鍋島図書清長
(11)生野織部孝時
(7)木下五兵衛正昌
(10)馬場勝右衛門重好
(9)原田吉右衛門種文
鍋島左太夫種之
中野勘解由輝純
(9)
(12)
(8)成富久郎兵衛種弘
千葉頼母常輝
(12)
小川舎人俊方
多久安胤
(10)
(2)鍋島久左衛門正章
土肥進士允
岡部七之助重政
(1)大木兵部朝貫
鍋島十太夫契
(10)(4)(6)(9)(12)千葉頼母常輝
中野織部孝時
鍋島弾右衛門茂長
(6)石井縫殿助常長
鍋島勒肩茂敬
(7)

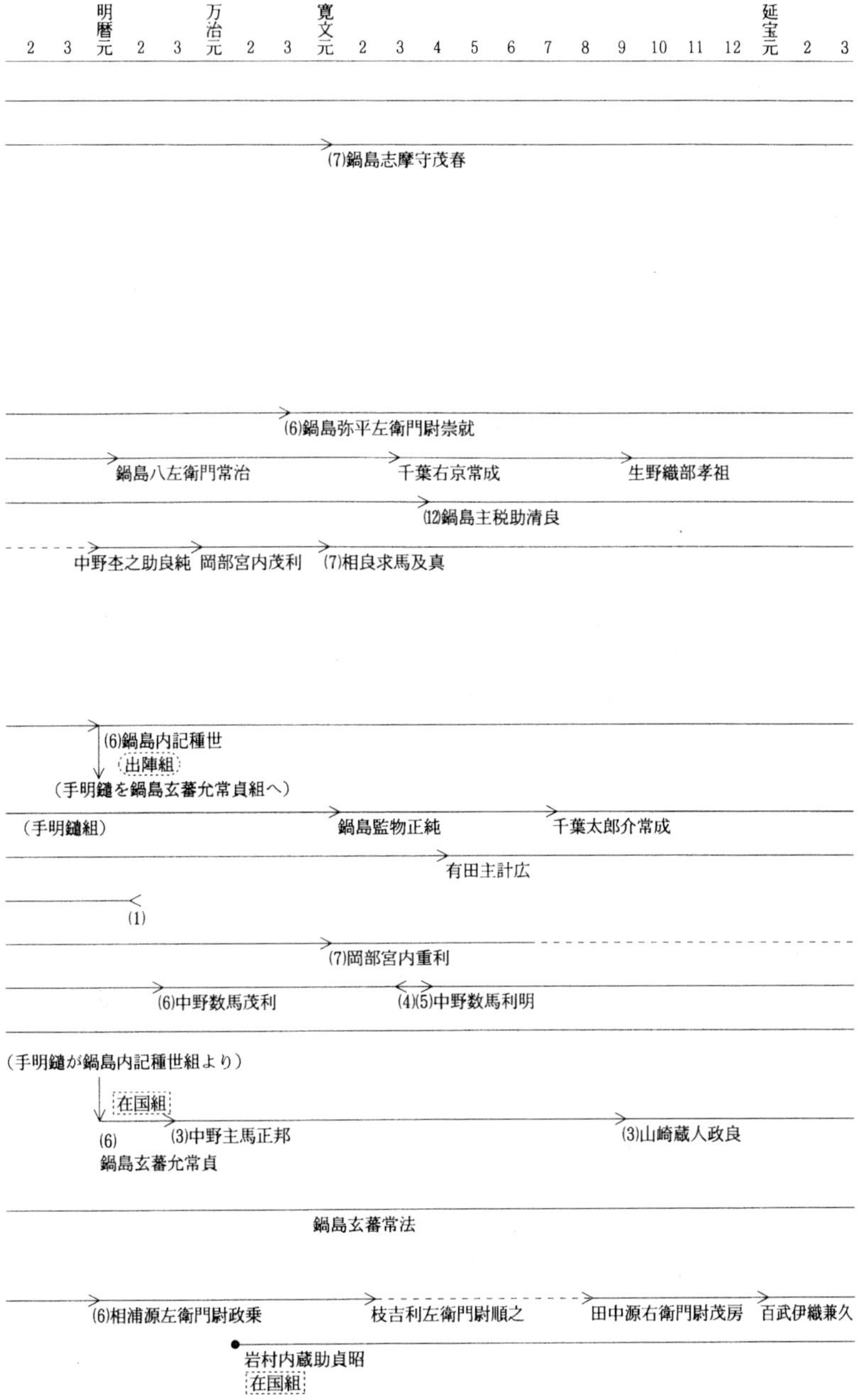
2 3 明暦元 2 3 万治元 2 3 寛文元 2 3 4 5 6 7 8 9 10 11 12 延宝元 2 3
(7)鍋島志摩守茂春
(6)鍋島弥平左衛門尉崇就
鍋島八左衛門常治
千葉右京常成
生野織部孝祖
⑫鍋島主税助清良
中野杢之助良純
岡部宮内茂利
(7)相良求馬及真
(6)鍋島内記種世
出陣組
（手明鑓を鍋島玄蕃允常貞組へ）
（手明鑓組）
鍋島監物正純
千葉太郎介常成
有田主計広
(1)
(7)岡部宮内重利
(6)中野数馬茂利
(4)(5)中野数馬利明
（手明鑓が鍋島内記種世組より）
在国組
(6)
鍋島玄蕃允常貞
(3)中野主馬正邦
(3)山崎蔵人政良
鍋島玄蕃常法
(6)相浦源左衛門尉政乗
枝吉利左衛門尉順之
田中源右衛門尉茂房
百武伊織兼久
岩村内蔵助貞昭
在国組

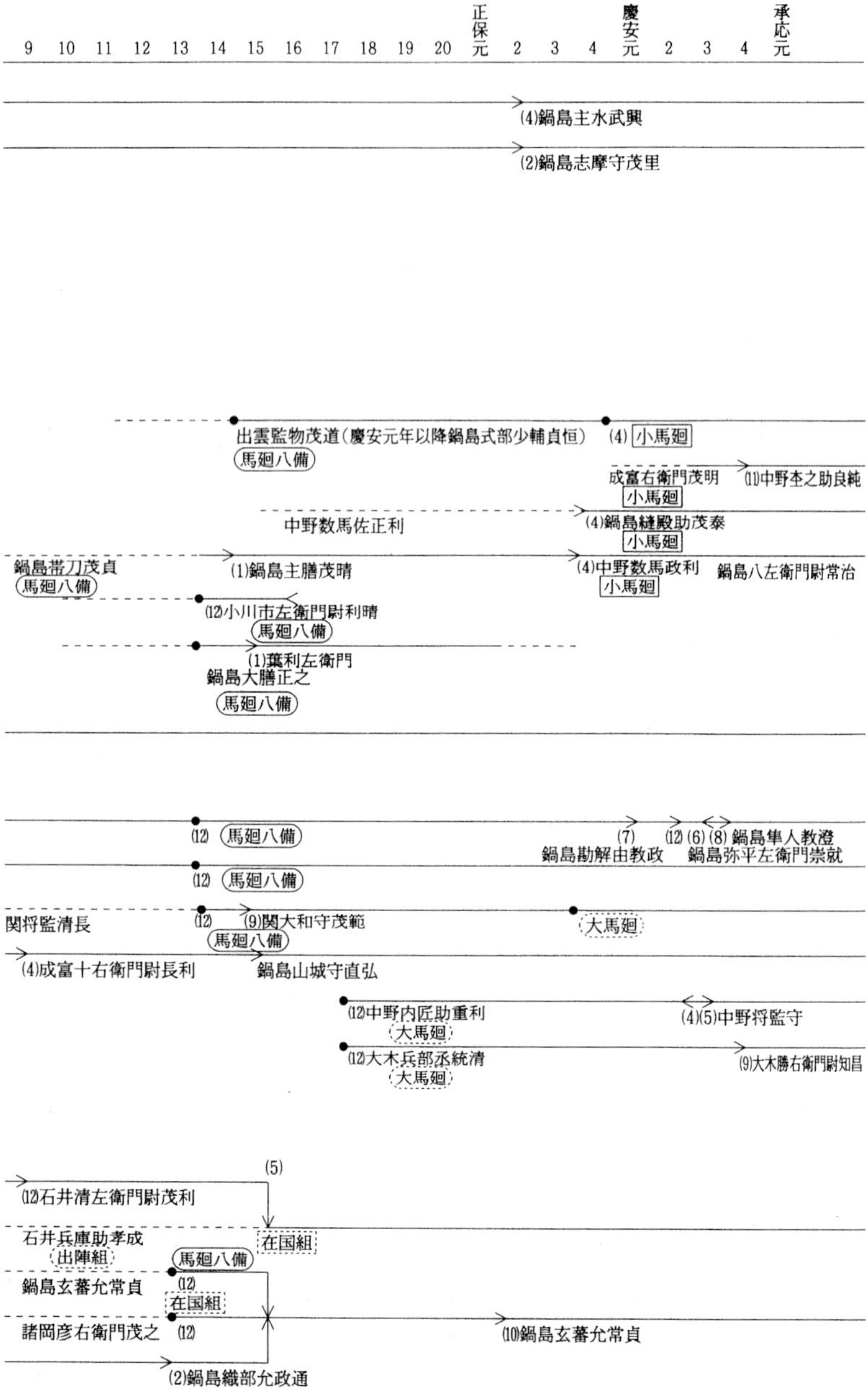
9 10 11 12 13 14 15 16 17 18 19 20 正保元 2 3 4 慶安元 2 3 4 承応元
⑷鍋島主水武興
⑵鍋島志摩守茂里
出雲監物茂道（慶安元年以降鍋島式部少輔貞恒）
馬廻八備
⑷ 小馬廻
成富右衛門茂明
小馬廻
⑾中野杢之助良純
中野数馬佐正利
⑷鍋島縫殿助茂泰
小馬廻
鍋島帯刀茂貞
馬廻八備
⑴鍋島主膳茂晴
⑷中野数馬政利
小馬廻
鍋島八左衛門尉常治
⑿小川市左衛門尉利晴
馬廻八備
⑴冀利左衛門
鍋島大膳正之
馬廻八備
⑿ 馬廻八備
⑺
鍋島勘解由教政
⑿ ⑹ ⑻ 鍋島隼人教澄
鍋島弥平左衛門崇就
⑿ 馬廻八備
関将監清長
⑿
⑼関大和守茂範
馬廻八備
大馬廻
⑷成富十右衛門尉長利
鍋島山城守直弘
⑿中野内匠助重利
大馬廻
⑷⑸中野将監守
⑿大木兵部丞統清
大馬廻
⑼大木勝右衛門尉知昌
⑸
⑿石井清左衛門尉茂利
石井兵庫助孝成
出陣組
在国組
馬廻八備
鍋島玄蕃允常貞
⑿
在国組
諸岡彦右衛門茂之
⑿
⑽鍋島玄蕃允常貞
⑵鍋島織部允政通

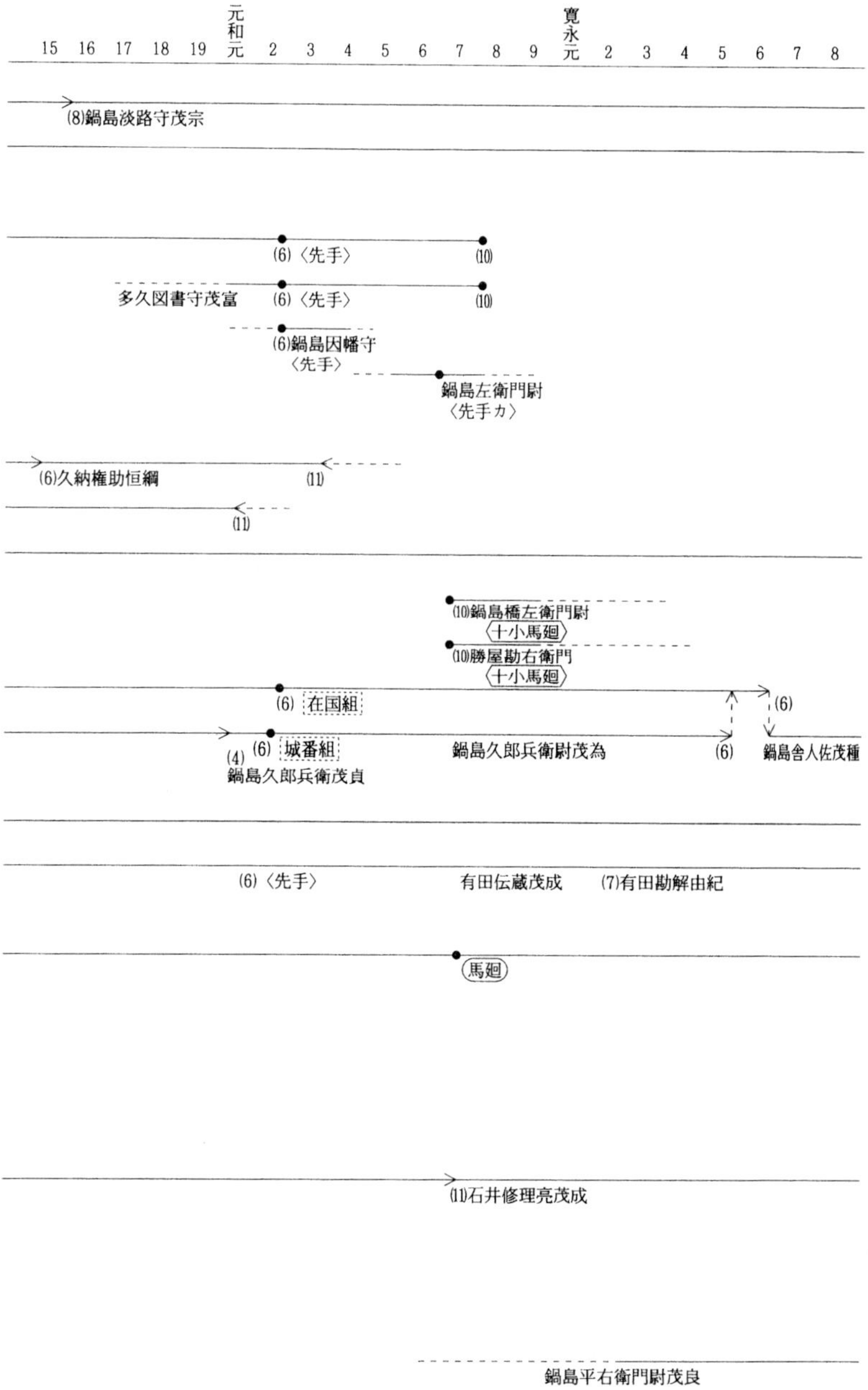

15 16 17 18 19 元和元 2 3 4 5 6 7 8 9 寛永元 2 3 4 5 6 7 8
(8)鍋島淡路守茂宗
(6)〈先手〉
(10)
多久図書守茂富
(6)〈先手〉
(10)
(6)鍋島因幡守
〈先手〉
鍋島左衛門尉
〈先手カ〉
(6)久納権助恒綱
(11)
(11)
(10)鍋島橋左衛門尉
〈十小馬廻〉
(10)勝屋勘右衛門
〈十小馬廻〉
(6)
在国組
(6)
(4)
(6)
城番組
鍋島久郎兵衛茂貞
鍋島久郎兵衛尉茂為
(6)
鍋島舎人佐茂種
(6)〈先手〉
有田伝蔵茂成
(7)有田勘解由紀
馬廻
(11)石井修理亮茂成
鍋島平右衛門尉茂良

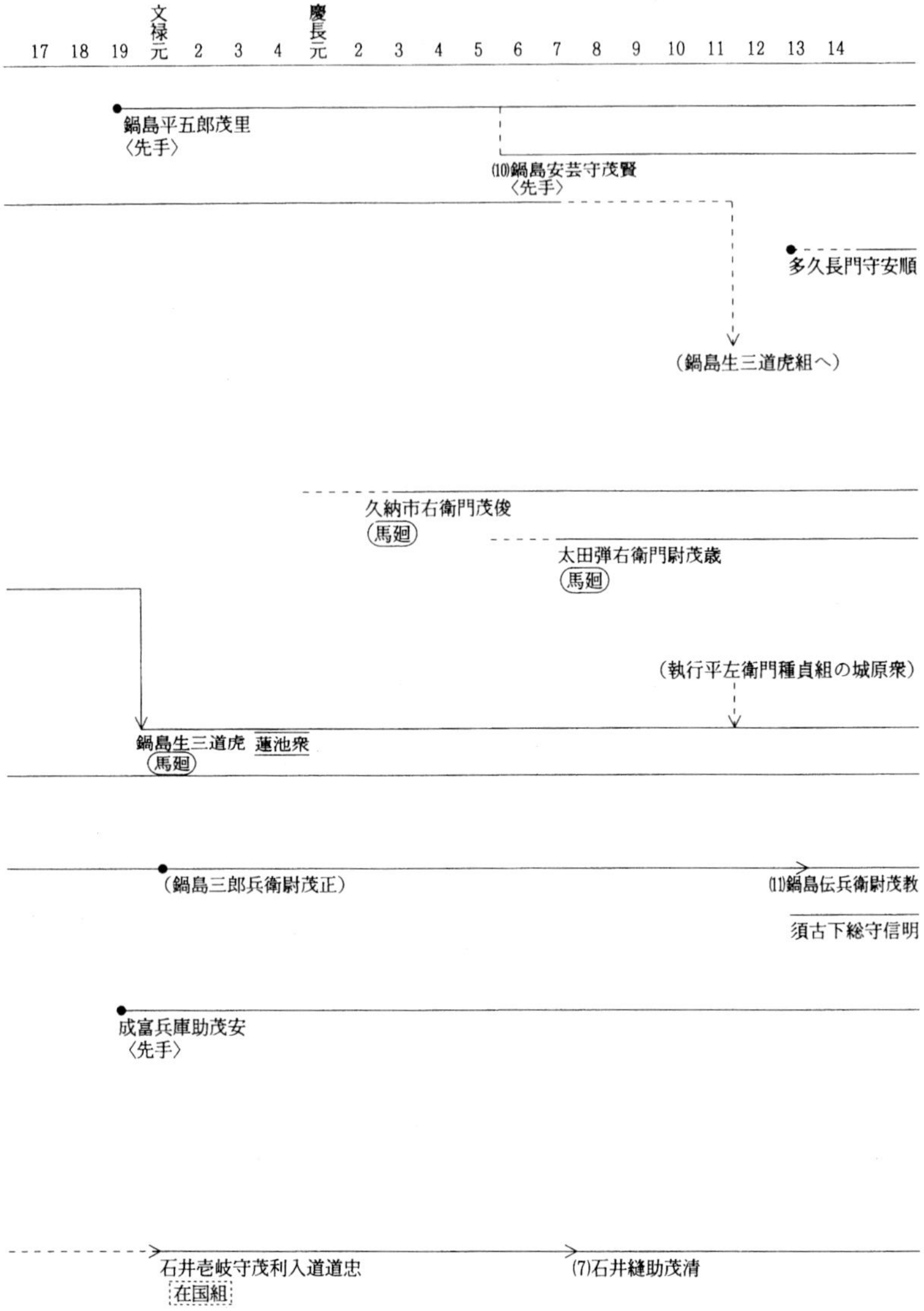

17 18 19 文禄元 2 3 4 慶長元 2 3 4 5 6 7 8 9 10 11 12 13 14
鍋島平五郎茂里
〈先手〉
⑽鍋島安芸守茂賢
〈先手〉
多久長門守安順
（鍋島生三道虎組へ）
久納市右衛門茂俊
馬廻
太田弾右衛門尉茂歳
馬廻
（執行平左衛門種貞組の城原衆）
鍋島生三道虎
蓮池衆
馬廻
（鍋島三郎兵衛尉茂正）
⑾鍋島伝兵衛尉茂教
須古下総守信明
成富兵庫助茂安
〈先手〉
石井壱岐守茂利入道道忠
在国組
⑺石井縫助茂清

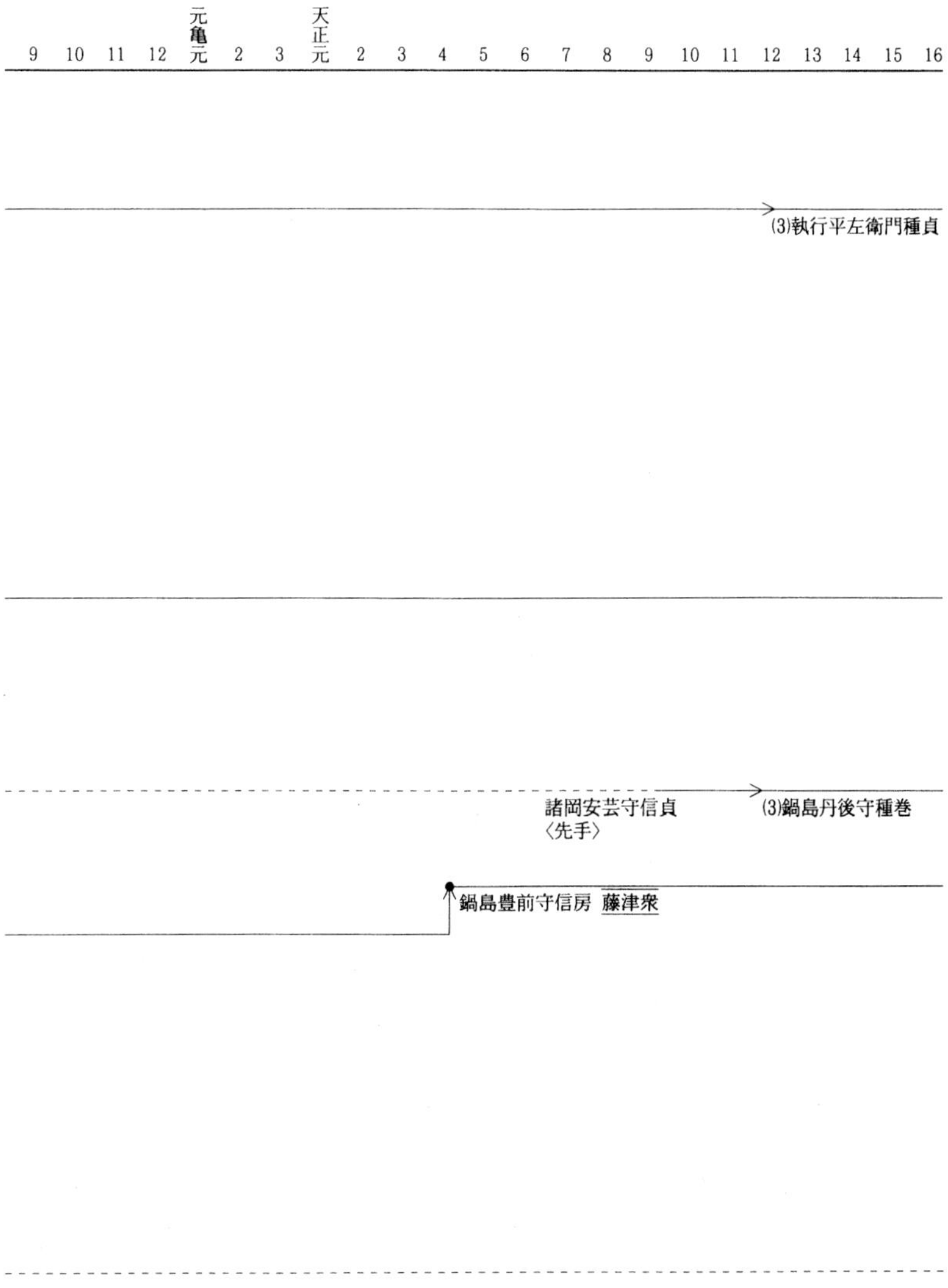
9 10 11 12 元亀元 2 3 天正元 2 3 4 5 6 7 8 9 10 11 12 13 14 15 16
(3)執行平左衛門種貞
諸岡安芸守信貞
〈先手〉
(3)鍋島丹後守種巻
鍋島豊前守信房 藤津衆

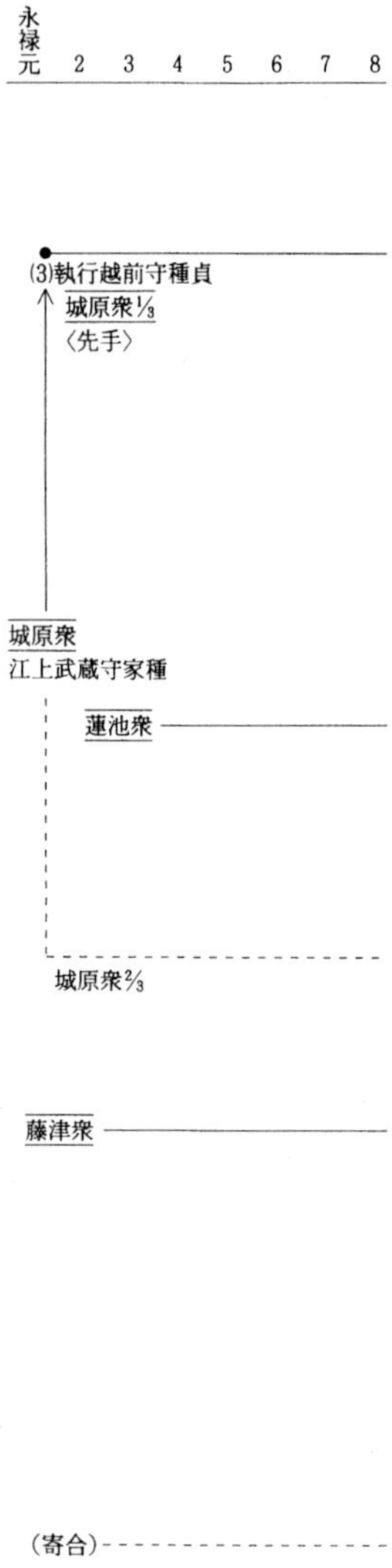

註）①「大与頭次第全」・「城原衆子細究帳全」（いずれも「鍋島文庫」所収）・「肥陽旧章録」（「小城鍋島家文庫」所収）等より作成。

②永禄元年より元禄八年までを一覧化した。

③（ ）内数字は月を示す。

④----線は、筆者の推測であることを示す。

⑤→— は、大与頭就任を、—← は、大与頭離任を示す。したがって、→—← あるいは、→→— は、大与頭担当期間となる。

⑥●印は、当該時点で確認されることを示す。例えば、——●—— (6)(馬廻) とは、某年６月に、馬廻所属であったことを、また、---●—— ⑿小川市左衛門利清 とは、某年12月段階で、小川氏による大与頭担当が確認されることを示している。

表４　寛永18年、慶安５年における軍役規定比較

軍役＼年代	寛永18年3月	慶安5年8月
幕府規定	100石 4人	125石 4人
軍役人数	100石 6人	125石 6人
馬乗主従８人	100石之内	125石之内
馬乗主従10人	150石之内100石迄	175石之内125石迄
馬乗主従12人	200石之内150石迄	250石之内175石迄
本役	200石以上	250石以上

註）「軍役」（「肥陽旧章録」〔小城鍋島家文庫〕所収、寛永18年３月５日）、「軍役」（「鳥ノ子御帳」五所収、慶安５年８月22日）、より作成。
両年とも知行高表示であるものの、寛永18年は５ツ成、慶安５年は４ツ成なので、基本的に変化していない。

〇〇石につき軍役人数一二人負担）適用の階層が、一〇〇石以上より七〇石以上に改められ、下禄者過重原則の適用階層が一〇〇石未満から七〇石未満へと限定された。しかも、下禄者過重負担の内容自体についても軽減された。元禄一二年規定では主従一二人、同一〇人両規定が廃され、主従八人を負担すべき階層を五〇石未満より七〇石～五〇石層と改め、五〇石未満の階層については、主従七人規定が設けられたのである。下禄者における軍役軽減の傾向は、享保一七年規定でさらに徹底した。主従七人規定を五〇石未満から、五〇石～三〇石層と限定し、三〇石未満については新たに主従六人規定（三〇石～二〇石層）、同五人規定（二〇石未満層）を設定した。要するに元禄一二年・享保一七年の両規定により、下禄者過重の軍役負担原則が大幅に緩和されたのである。

ではなぜ、元禄～享保期に軍役体制が軽減されたのであろうか。その背景には、第一に「島原の乱」以降実質的な軍事動員が存在しなかったこと、第二に佐賀藩における家臣団の身分格制が、万治二年の着座の座位決定(13)、天和三年の三支藩（小城・蓮池・鹿島）に対する「三家格式」の制定(14)を経て、元禄一二年の竜造寺氏一門に対する「親類同格」の設定(15)により確定し、藩の支配体制ないし家臣団秩序体系が相対的に安定したこと、第三に、これが本質的な理由と思われるが、軍役を負担すべきとくに下級家臣団の経済的困窮等(16)が

考えられる。

享保一七年規定と同時期に起こった享保飢饉との関連性については明確にできないものの、(17)享保一七年六月に改定された軍役規定は表1により明らかなように、幕末期の嘉永二年規定まで継承されている。したがって、享保飢饉による家臣団窮乏を藩当局は十分認識していたにもかかわらず、(18)同年規定以下に藩軍役体制を軽減・緩和するに至らなかったのであり、比喩的な表現をすれば、家臣団の本質をなす軍事的機能維持を前提に、藩権力がなし得る最大の譲歩が、享保一七年規定に示されているといえよう。

しかし、現実的には享保飢饉以降の農村荒廃(19)による家臣団の窮乏化は進行(20)しており、元文元年八月には、

一御親類御家老其以下共ニ従者当時減少之儀候得共、猶も勝手次第相減可被召連事(21)（元文元年八月五日）

と、「従者」について「当時減少」というなかでさらに「勝手次第相減」という方針が示されている。軍役遂行が家臣財政窮乏という状況のなかで、事実上極めて困難な状態に陥っていたことが窺われるのである。

このようななかで藩権力は、軍役人数以外に、下禄者が過重に負担していた分過人数について蔵入代替制を導入するに至る。すでにその兆しは、元禄一二年軍役規定が出された翌一三年の

一江戸・長崎御供従者等身躰相応ニ分過之節者、御上ゟ造作料可被下候事（元禄一三年八月一日）

一身躰ニ不相応御供者被仰付候節、右同断(22)

という法令にも表れている。すなわち、「身躰相応ニ分過」、あるいは「身躰ニ不相応御供者」とは分過人数を示しており、これに対して「御上ゟ造作料可被下」と、「御上」＝蔵入方よりの援助が定められたのである。この法令の趣旨を徹底させたものが、宝暦一〇年の「役目定」(23)に具体化された分過人数の蔵入代替制である。当面重要と思われる条項を列記してみよう（圏点は引用者。以下同じ）。

一大与頭は少身ニ而も主従拾八人を下ニメ可罷出候、不足之所者従蔵入分可相渡事

一組頭者少身ニ而茂主従九人を下ニメ可罷出事

但少身たりとも何手之者壱人者召連可罷出候、其上不足之所ハ従蔵入分過可相渡候、尤知方ニ申付置候者者百五拾石之内百石迠ハ役目従者之上ニ荷物夫壱人手前より可召連候、偖又、蔵米ニ而相渡候者、分過之儀者皆以蔵入より相渡、〆主従九人たるへき事

一平士ハ主従五人下ニ可罷出事

但少身たり共、いつれ手之者壱人ハ召連可罷出候、其上不足之所者、従蔵入分過可相渡事(24)

右の史料によると、「与私」を統率すべき大与頭、「与私」における小「与」を管理・統轄する組頭（物頭）及び平士が召抱えるべき分過人数が、蔵入より代替されることが規定されている。しかし、組頭の但書にあるように「知方」（地方知行）給付者の場合より「蔵米」給付者の場合に、代替規定がより徹底されていたことは、分過人数の供給源として知行地からの給知百姓が前提とされていたことを推測せしめると同時に、次節で検討するように、藩政中後期にかけて下層切米取層（下級の侍や手明鑓・足軽等）の広範な形成に対応したものが、分過人数の蔵入代替制であったといえよう。

以上、表1の分析を中心に、佐賀藩における軍役体制の推移について検討を加えてきた。その結果、①寛永期と元禄～享保期に佐賀藩軍役体制の画期を求めることができること、②寛永期における軍役規定上の過重化は、「島原の乱」を契機とする、従来の慣行的な負担形式の権力的な原則化であったこと、③寛永期に成立した物成一〇〇石につき一二人および下禄者過重という軍役負担原則が幕末まで定着すること、④しかし下禄者による軍役の過重負担原則が、(i)実質的な臨戦体制の解除、(ii)家臣団身分格制の確定に伴う支配体制の安定化、さらに、(iii)家臣財政の窮乏化と

いう背景のなかで、元禄～享保期に緩和されたこと、⑤享保期の軍役体制が幕末期まで継承されるものの、蔵入代替制にみられるように現実的には軽減・緩和策を採らざるを得なかったこと等を明らかにしてきた。

幕藩制下における軍役体制は、領主権力による軍事力＝家臣団の維持・強化の指向性と、家臣団やそれを基礎づける農民層の現実的な存在形態との相関関係のなかで、推移・変容していくわけである。次節ではこのような軍役体制の推移を踏まえながら、家臣団の具体的な構成や存在形態について検討を加えることにしよう。

第三節　家臣団の構成的展開と存在形態

(1)　構成的展開

佐賀藩直属家臣団の基本形態である一五与編成は、先述のように寛永期にその原型が形成されたが、一五与編成形態として完成・定着するのは明暦期以降である（前掲表3参照）。そこで本節では、佐賀藩家臣団が体制的に完成したと目される明暦期以降の分限帳（「着到帳」・「与着到」等）を相互に比較しながら、家臣団編成の構成的展開について分析しよう。

表5は明暦二年、元禄八年、弘化二年、安政元年の各年代における分限帳関係史料にもとづき作成したものである。表中、手明鑓とは元和六年に設けられた階層で、家臣中現米五〇石以下の者に対して知行を召上げ、改めて蔵米にて現米一五石を支給し、平和時には無役、臨戦時には鑓一本・具足一領にて参陣することを規定されたものである。[25]また与付切米取とは、直属家臣団の構成単位である「与私」に対し、蔵入方より分与された切米取のことであり、[26]藩政中後期には足軽と呼称されるようになる。諸職人とは、大工・鍛冶・鷹師等の総称である。また御徒・新御徒は格式

表5　佐賀藩家臣団編成の推移

<table>
<tr><th colspan="3">年代 / 階層</th><th>明暦2年</th><th>元禄8年</th><th>弘化2年</th><th>安政元年</th></tr>
<tr><td rowspan="14">直臣</td><td colspan="2">侍</td><td>405人</td><td>573人</td><td>1619人</td><td>1418人</td></tr>
<tr><td colspan="2">手明鑓</td><td>459</td><td>484</td><td>1006</td><td>833</td></tr>
<tr><td colspan="2">御徒・新御徒</td><td>――</td><td>――</td><td>328</td><td>279</td></tr>
<tr><td rowspan="9">与付切米取・足軽</td><td>鉄砲</td><td rowspan="3">1526</td><td>1305</td><td>1644</td><td rowspan="5">2664</td></tr>
<tr><td>弓</td><td>565</td><td>947</td></tr>
<tr><td>昇・副筒</td><td>114</td><td>412</td></tr>
<tr><td>大筒</td><td>――</td><td>――</td><td>70</td></tr>
<tr><td>長柄鑓</td><td>250</td><td>250</td><td>473</td></tr>
<tr><td>陸小姓</td><td>160</td><td>――</td><td>――</td><td></td></tr>
<tr><td>小道具</td><td>100</td><td>――</td><td>141</td><td>99</td></tr>
<tr><td>諸職人</td><td>39</td><td>36</td><td>97</td><td>79</td></tr>
<tr><td colspan="2">船手</td><td>740</td><td>273</td><td>599</td><td>525</td></tr>
<tr><td colspan="2">他</td><td>104</td><td>273</td><td>207</td><td>30</td></tr>
<tr><td colspan="2">小計</td><td>3388人</td><td>3873人</td><td>7543人</td><td>5977人</td></tr>
<tr><td colspan="3">陪臣</td><td></td><td>8390人</td><td></td><td>10073人</td></tr>
<tr><td colspan="3">合計</td><td></td><td>12263人</td><td></td><td>16050人</td></tr>
</table>

註）「泰盛院様御印帳」（明暦2年）、「元禄八年着到全」（元禄8年）、「光茂公御代与着到」（元禄8年）、「弘化二巳年惣着到」（弘化2年）、「御領中明細録」によって作成。但し、「光茂公御代与着到」（全15冊）のうち、「鍋島図書与着到」は後次のため、「鍋島図書与着到」（元禄3年）を利用した。なお、弘化2年は、忰・孫を含む。

上、手明鑓と足軽の中間に位置づけられ藩政中期以降に設定された。

陪臣は、軍役規定に基づき各家臣が召し抱える階層である。表中、侍、御徒・新御徒および与付切米取（足軽）の一部が陪臣を召抱えていた。(27) 表では元禄八年および安政元年段階での陪臣数を示した。しかし、陪臣自ら陪臣を召抱える場合もあり、分限帳に陪臣数が記載される場合でも、それが全陪臣数を示しているとは言い難く、藩陪臣の総数をはじめ、その実態解明は今後の課題である。表中の数値は一応の目安として掲げた。以上のような点を確認した上で、具体的な分析を加えることにしよう。

まず侍についてみると、明暦二年から元禄八年段階にかけて漸増傾向にあったものが、弘化〜安政期の幕末段階においては飛躍的に増加している。(28)藩政中期以降の増加現象は手明鑓についてもみられ、与付切米取・足軽層は藩政全期を通じて増加していることが解る。

これら侍・手明鑓・足軽層の増加傾向に対し、船手（御船頭・水夫層）は藩政初中期にかけて三分の一以下に減少している。これは家臣団の戦時動員体制的性格が弱化してきたことを示すものであり、幕末期再び増加したのは、長崎警備(29)を通じた外圧の認識による軍事力強化路線の一環として把えることができよう。とはいえ、藩政確立期の水準に及んでいないのは、西洋軍事力、とくに軍艦導入による封建的な船手体制の変容を物語るものであろう。(30)

陪臣については、先述したように総数を明らかにし得ないものの、元禄八年の八、三九〇人より安政元年の一〇、〇七三人と約二〇%の増加は、藩政中後期における陪臣増加の傾向をおよそ示しているものと考えられる。

このように、船手を除けば侍・手明鑓・与付切米取（足軽）および陪臣のいずれの階層も増加しており、就中、藩政中後期にその傾向が顕著であることが注目される。

では次に、侍層の増加についてその構成的展開の特色をみることにしよう。表6〜8は佐賀藩における侍の石高別構成を示したものである。(31)これらの表より第一に指摘されることは、時代が下降するに従って侍数が増加していることである。

第二に物成(32)・切米・扶持別にみた場合、切米・扶持層の増加傾向である。切米の場合、明暦二年段階では一、〇〇六石で四五人に過ぎなかったものが、元禄八年段階では五、三四一石、一七六人と増加し、嘉永四年段階では一八、九八九石五斗七升五合、六〇五人と飛躍的にふえている。これに伴い全構成中に占める比率も石高では〇・六%（明暦二年）から三・一%（元禄八年）、一〇・七%（嘉永四年）、また人数の場合も、一一・一%（明暦二年）、三〇・七%（元禄八年）と増加し、幕末段階では四八・二%（嘉永四年）と全侍層の約半数が切米取家臣によって占められるに至っ

表6　明暦2年　家臣団石高別構成（侍）

知行形態／石高	物成		切米		扶持		計（%）	
石 10000〜	石 60,831.	人 3					石 60,831.（34.7%）	人 3（0.7%）
5000〜10000	18,080.	3					18,080.（10.3）	3（0.7）
3000〜5000	18,683.1	5					18,683.1（10.7）	5（1.2）
2000〜3000	40,655.5	5					40,655.5（23.2）	5（1.2）
1000〜2000	2,280.	2					2,280.（1.3）	2（0.5）
500〜1000	6,263.2	10					6,263.2（3.6）	10（2.6）
300〜500	4,851.5	14					4,851.5（2.8）	14（3.5）
200〜300	3,556.2	15					3,556.2（2.0）	15（3.7）
100〜200	8,521.58	69	石 150	人 1			8,671.58（5.0）	70（17.3）
50〜100	6,770.21	103	50	1			6,820.21（3.9）	104（25.7）
20〜50	3,276.3208	94	451	19			3,727.3208（2.1）	113（27.9）
0〜20	324.43	37	355	24			679.43（0.4）	61（15.0）
計（%）	石 174,093.048（99.4%）	人 360（88.9）	石 1,006（0.6）	人 45（11.1）	石 0（0）	人 0（0）	石 175,099.048（100.0%）	人 405（100.0%）

註）「泰盛院様御印帳」（明暦2年8月晦日）より作成。

表7　元禄8年　家臣団石高別構成（侍）

知行形態／石高	物成		切米		扶持		計（%）	
石 10000〜	石 60,831.	人 3					石 60,831.（36.5%）	人 3（0.5%）
5000〜10000	33,444.4	4					33,444.4（20.1）	4（0.7）
3000〜5000	14,608.	4					14,608.（8.8）	4（0.7）
2000〜3000	11,350.5	5					11,350.5（6.8）	5（0.9）
1000〜2000	3,800.	3					3,800.（2.3）	3（0.5）
500〜1000	7,158.	11					7,158.（4.3）	11（1.9）
300〜500	5,953.4	17					5,953.4（3.4）	17（3.0）
200〜300	4,043.95	18					4,043.95（2.4）	18（3.1）
100〜200	9,379.064	80	石 1,450	人 11			10,829.064（6.5）	91（15.9）
50〜100	6,117.6	98	720	12	石 108.	人 2	6,945.6（4.2）	112（19.6）
20〜50	4,228.525	128	2,415	101			6,643.525（4.0）	229（40.0）
0〜20	290.85	21	756	52	39.6	3	1,086.45（0.7）	76（13.2）
計（%）	石 161,205.28（96.7%）	人 392（68.4）	石 5,341（3.2）	人 176（30.7）	石 147.6（0.1）	人 5（0.9）	石 166,693.88（100.0%）	人 573（100.0%）

註）「元禄八年着到全」（元禄8年9月15日）より作成。

表8　嘉永4年　家臣団石高別構成（侍）

知行形態／石高	物成		切米		扶持		計（%）	
	石	人	石	人	石	人	石	人
10000～	60,831.	3					60,831.（34.2%）	3（0.2%）
5000～10000	33,444.4	4					33,444.4（18.8）	4（0.3）
3000～5000	14,608.	4					14,608.（8.2）	4（0.3）
2000～3000	9,325.5	4					9,325.5（5.2）	4（0.3）
1000～2000	3,600.	2					3,600.（2.0）	2（0.2）
500～1000	3,700.	6					3,700.（2.1）	6（0.5）
300～500	2,380.	7					2,380.（1.3）	7（0.6）
200～300	5,570.	25	200.	1			5,770.（3.2）	26（2.1）
100～200	10,564.114	84	1,395.	12			11,959.114（6.8）	96（7.6）
50～100	6,789.428	102	3,482.4	59	315.	5	10,586.828（5.9）	166（13.2）
20～50	3,241.09	100	13,646.675	515	1,958.7	64	18,846.465（10.7）	679（54.0）
0～20	126,5	9	265.5	18	2,507.4	233	2,899.4（1.6）	260（20.7）
計（%）	154,180.02（86.6%）	350（27.8）	18,989.575（10.7）	605（48.2）	4,781.1（2.7）	302（24.0）	177,950.69（100.0%）	1,257（100.0%）

註）「分限着到」（嘉永4年）より作成。

ている。扶持の場合は、藩政初期の段階で皆無だったものが、幕末段階では石高四、七八一石一斗、人数三〇二人とそれぞれ二・七%、二四・〇%の構成比率を占めている。

第三に、以上のような切米・扶持層の著しい増加傾向に対して、物成層の停滞ないし漸減傾向である。まず石高に注目すると、明暦二年段階では一七四、〇九三石四升八合で、石高構成の九九・四%を占めていたものが、元禄八年段階では一六一、二〇五石二斗八升で九六・七%と低下し、幕末の嘉永四年段階では一五四、一八〇石二升と減少傾向が継続しており構成比率は八六・六%にとどまっている。これに対し、人数は明暦二年三六〇人、元禄八年三九二人、嘉永四年三五〇人と推移しているものの、切米・扶持層の顕著な増加に比較すれば大きな変化は認められない。もっとも侍の総数が切米・扶持層の形成により多くなっているので、物成層の占める構成比率は八八・九%から六八・四%、さらに幕末期には二七・八%に落ち込んでいる。

第四に、右にみたように、物成層の場合、石高が漸減傾向にあるのに対して、人数的な変化がみられないということは、物成層一人当りの平均石高が減少していることを示すものであり、いわば物成層の石高減少分が切米・扶持層の形成に充当されていたということができよう。

第五に、五〇石以下の下級家臣層の増加である。明暦二年において五〇石以下の階層は石高で四、四〇六石七斗五升八夕で全体の二・五％、また人数は一七四人で四二・九％に過ぎなかったものが、元禄八年では、七、七二九石九斗七升五合（四・七％）、三〇五人（五三・二％）と増加した。さらに、嘉永四年段階には二一、七四五石八斗六升五合（一二・二％）、九三九人（七四・七％）と著しく増加しているのである。このように五〇石以下の階層が藩政中後期にかけて石高・人数ともに飛躍的な増加を遂げたのは、切米取二〇〇石台、扶持取で五〇〜一〇〇石台を上限とする下級の切米（扶持）取の増大が背景にある。このようにして、幕末段階の家臣層においては、下級者にその構成的な中心がある切米・扶持取層が、人数では物成層を凌駕するにおよび（嘉永四年段階、切米・扶持取層は九〇七人となり、侍層の七二・二％に相当する）、家臣団構成上、中心的な地位を占めるに至ったのである。

以上のように、表6〜8より、藩政中後期における下級の切米・扶持取層の広範な形成を確認したが、このことは前掲表5にみられる手明鑓や足軽の増加、あるいは御徒・新御徒が創設されたことと相即し、切米（扶持）高の増加を促す。表9は佐賀藩における物成高と切米高の推移を示したものである。この表中、物成高には寺社知行分・内儀方知行分が含まれず、家臣層への給付分のみである。一方、切米

表9　佐賀藩における物成高・切米高の推移

物成・切米＼年代	明暦2	元禄8	弘化〜嘉永期
物成	石 174,093.048	石 161,205.28	石 154,179.91
切米	24,875.14	24,555.14	51,762.815
計	198,968.18	185,760.42	205,942.72

註）「泰盛院様御印帳」（明暦2年）・「元禄八年着到全」・「光茂公御代与着到」（全15冊、元禄8年）・「弘化二巳年惣着到」・「分限着到」（嘉永4年）より作成。

高の項には扶持高を含み、さらに役米・加米を加えている。この表より物成高が漸減傾向にあるのに対して、切米高が元禄期以降急速に増加していることが明らかであり、幕末期においては藩政前中期の二倍強となっている。

表10　直臣（侍・手明鑓）取立後の切米・扶持高（明和７～文政４年）

石　　高	切米	扶持	計
100石以上	2人		2人
50石以上100石未満	3		3
20石～50石	12	8人	20
10石～20石	1	13	14
10石未満	8	3	11
計	26人	24人	50人

註）「治茂公御代被召出候人倍又手明鑓以下立身被仰付人名並石数書抜」および「当御代様被召出候人倍又手明鑓以下立身被仰付候人名并石数書抜」（いずれも「鍋島主水家文書」〔早稲田大学図書館蔵〕所収）より作成。

この増加分は、藩政中後期に新たに形成されてきた侍層の切米・扶持取および手明鑓、御徒・新御徒、足軽層（以上の家臣層について本書では下層切米取層と仮称する）への給付分として主に充当されていったのである。

ところで「鍋島主水家文書」（早稲田大学図書館蔵）のなかに、「治茂公御代被召出候人倍又手明鑓以下立身被仰付人名並石数書抜」および「当御代（斉直）様被召出候人倍又手明鑓以下立身被仰付候人名并石数書抜」という二つの史料が所収されている。これによれば、明和七年より文

表11　直臣（侍・手明鑓）取立パターン（明和７～文政４年）

取　立　パ　タ　ー　ン	人　数
①　三家・親類・同格・家老の家来 ──→ 侍	18人
②　侍の悴・次男・弟 ──→ 侍	10
③　手明鑓の悴・次男・弟 ──→ 侍・一代侍	6
④　江戸御用聞・京都銀主・医師・京都御出入20人扶持 ──→ 侍・一代侍・家中	7
⑤　家来 ──→ 手明鑓	1
⑥　手明鑓の悴・次男・弟 ──→ 手明鑓	4
⑦　御徒の悴・弟 ──→ 手明鑓・一代手明鑓	3
⑧大工棟梁 ──→ 手明鑓	1
計	50人

註）「治茂公御代被召出候人倍又手明鑓以下立身被御付人名並石数書抜」「当御代様被召出候人倍又手明鑓以下立身被仰付候人名并石数書抜」より作成。

政四年、つまり下層切米取層が広範に形成されていた時期における、侍および手明鑓の新規取立の傾向性について理解することができる。(33) 表10・11は、この史料より作成したものである。

まず表10から、この時期の直臣取立の中心が、五〇石未満の切米取ないし扶持取層であったことが知られ、前掲表6〜8によって確認された事実を裏付けてくれる。

表11は取立パターンを分類したものである。この表より指摘できることは第一に、三家（三支藩）、親類、親類同格という大配分＝「備」編成および家老の陪臣（家来）より侍に取立てられた例が多いことである。これら上層家臣の陪臣は、本来、藩主直臣（侍）に系譜するものがあり、したがって上層家臣の陪臣と直臣との異動は、かなり流動的であったと考えられる。(34)

第二に、侍や手明鑓・御徒の悴が取立てられる場合があったことである。このことは下層家臣においても、この時期には世禄制が成立しつつあったことを示すものである。すなわち「悴役目定」(35)（宝暦一〇年）という軍役規定の成立がそのことを物語っており、やがて、分限帳への悴・孫等の記載が一般化するのである。(36)

第三に、悴にとどまらず次男・弟・伯父等からの取立がみられることである。このことは、いわば分家取立が一般化しつつあることを教えてくれる。

表10・11は、侍、手明鑓への新規取立のみを示しているが、足軽等への取立の場合、農民からの直接取立がみられる。その際、農民層からの取立が無秩序に行われるのではなく、例えば、

一同日（正徳二年九月一三日）、神埼小川村百姓久内、佐嘉上飯盛村百姓三太左衛門ト申ス両人、親孝行者之由達　御聴、足軽召成サル(37)

のように、親孝行等に典型的な封建倫理的価値観、あるいは庄屋役勤励というような領主支配体制を正統化する価値観等を背景になされることである。ところがこのことは、視点を変えれば農民を初めとする被支配者層において両価

値観が変容していたことを示すものであり、被支配者からの家臣取立はそのような社会的変動への領主的対応という性格を併有していたといえよう。

いずれにしても、藩政中後期にみられる下層切米取層の広範な形成は、軍役体制の軽減を前提とし、陪臣層と直臣層の身分的流動性、下層家臣における世禄制や分家取立成立にみられる武家社会の「家」制度の変質、幕藩制社会の変動に伴う被支配者レベルでの諸価値観の変容等が、その歴史的背景となっていたということができよう。このような経緯のなかで形成されてきた下層家臣層は、大名家臣団の存在形態にも大きな影響を及ぼしたと考えられる。以下、直属家臣団の編成単位である「与私」の機能および家臣団の在郷制という観点より右の問題について考察を行うことにしよう。

(2)「与私」の機能

「与私」は、近世的「与」編成の一種で佐賀藩直属家臣団＝一五与編成の構成単位であることは先述した通りであり、「与私」の本来的な機能が軍事的性格の強いものであったことは言及するまでもない。承応三年、藩主勝茂（直茂の子、一節参照）が孫光茂[38]にあてた「覚書」[39]には、

（承応三年二月一四日）
一右六組頭、縦差替候共、組之人数は今のことく六、七百、千三百之上は不可然候、人数多候得は行儀〆り兼、
　其上一戦之刻仕損候時、一組之人数共、一所は役ニ不立物ニ候故中義候事
一小馬廻之儀、今之人数も多候条、以来ハ減候様可然存候、人数多候ヘハ下知難〆、行儀悪敷相成物ニ候、其時ハ、惣勢相乱、以之外不可然候、島津（薩摩藩）なとハ一備ニ二・三百人之上ハ無之、其内は心次第之由候事

という条項が含まれる。「与私」（六組＝のちの警固組、小馬廻＝御側組）が多人数となれば、戦時における指揮統制に支

障をきたすとされ、六組の場合「今のごとく六、七百、千三百之上は不可然」、小馬廻の場合は「島津なと八、一備ニ二・三百人之上ハ無之」と具体的な員数制限の基準を示している。前掲表5および6~8の分析で明らかにしたように、藩政前中期において家臣数に著しい増加がみられなかったことは、「与私」の軍事的機能の保持を領主権力が強く認識していたことを物語っており、このことは、前掲表1で検討した軍役体制の推移とも相即するのである。

ところが、藩政中後期、軍役体制が軽減し下層切米取層の増加に伴う「与私」の規模拡大化(40)や構成的変化により、機能的には軍事的性格に多様なものが加わり、むしろ、後者の方が藩政機構や家臣団の再生産にとって重要になってきたと考えられる。

ところで、物成六〇〇石で格式としては着座にあたる納富鍋島氏は、近世期を通じて「与私」を統率する大与頭を、享保一九年九月より元文元年二月(鍋島雅敬)、延享三年七月より宝暦一二年六月(同正興)、寛政三年一〇月より文化一三年閏八月(同周熙、ただし享和二年一二月に与替)、天保二年九月より明治二年(41)(同保脩)の計四回、約八〇年余に亘り勤めている(42)。このため同氏の日記(43)には「与私」に関する記載が多くみられ、「与私」の具体的機能を知る上で貴重である。同日記の分析を踏まえ、藩政中期における「与私」の機能について整理すれば次のようになる。すなわち、①軍事編成単位・軍令伝達機能、②武具・馬具管理機能、③軍事調練機能、④法令伝達機能、⑤家臣の所属編成単位としての機能、⑥宗門改・人改機能、⑦切米帳作成機能である。

①~③機能は、「与私」が本来有していた軍事的機能であるが、長崎警備を除けば形式的となり、「与私」を単位とした軍事調練もいわば儀式化していたと思われる。

むしろ注目すべきことは、軍令以外の諸法令が、「与私」を通じて伝達されたことである(④機能)。後掲図3は宝暦一三年の史料より、藩法の伝達系路について模式化したものである。これによれば藩法伝達は、藩政の最高責任者である当役、親類・家老等の上層家臣、「与私」を統率する大与頭、蔵入方・臨時方相談役等の諸役方という四系路あったことが知られ、「与私」による家臣団への法令伝達が、藩法の諸伝達系路のひとつであったことが解る。家臣団への法令伝達の機能を「与私」が有していたことは、各家臣が戦時のみならず、日常的に「与私」という編成単位を前提に、その管轄下に存在していたことを示している（機能⑤）。したがって、各役方も、

　一三月（安永四年三月）御掛硯方帳究役所之儀御改正ニ付、引合之人相増候処、着到無之組付調子不相叶候条、侍・手明鑓以下名書、役付等迄到書載、与々ゟ彼役筋差出相成候様、組扱中へ相達成ル(44)

と、「与私」を単位として、役方構成員を把握していた(45)。本来軍事的構成単位（番方）として創出された「与私」が、職制機構（役方）の再生産を補完する役割を併有していたのである。家臣団の宗門改・人改や他領出入の監視・調査（機能⑥）、あるいは切米帳の作成（機能⑦）等が「与私」を通じて行われることは、以上のような経緯からすれば、むしろ当然であろう。

このように「与私」の有する機能は、戦時を前提とした軍事的側面よりも、日常的に家臣団を統轄するという側面が重要となり、それに伴い大与頭を補佐する「与私」内の諸役担当者に変化をもたらした。表12は物頭担当階層について、石高別に元禄八年と弘化二年段階とを比較したものである。物頭とは「与私」に分与された与付切米取（足軽）層より構成されていた小「与」を管理する者であり、各「与私」に平均八名程度存在する。元禄八年の場合、一五「与私」の物頭一二〇人中、三、〇〇〇石以上一人を含めて二〇〇石以上が二四人数えられる。これに対して弘化二年の場合、物頭総数は一二五人で、ほとんど変化がないものの、階層的には三〇〇石以上が皆無で、三〇〇石～二〇〇石が僅かに三人となった。一方、元禄八年段階では六人に過ぎなかった切米取が、弘化二年では全体の三四・四%に当たる四三人にのぼっている。物頭担当者におけるこのような構成的特色は、各「与私」に一人置かれた与心遣

図3　藩法の伝達系路

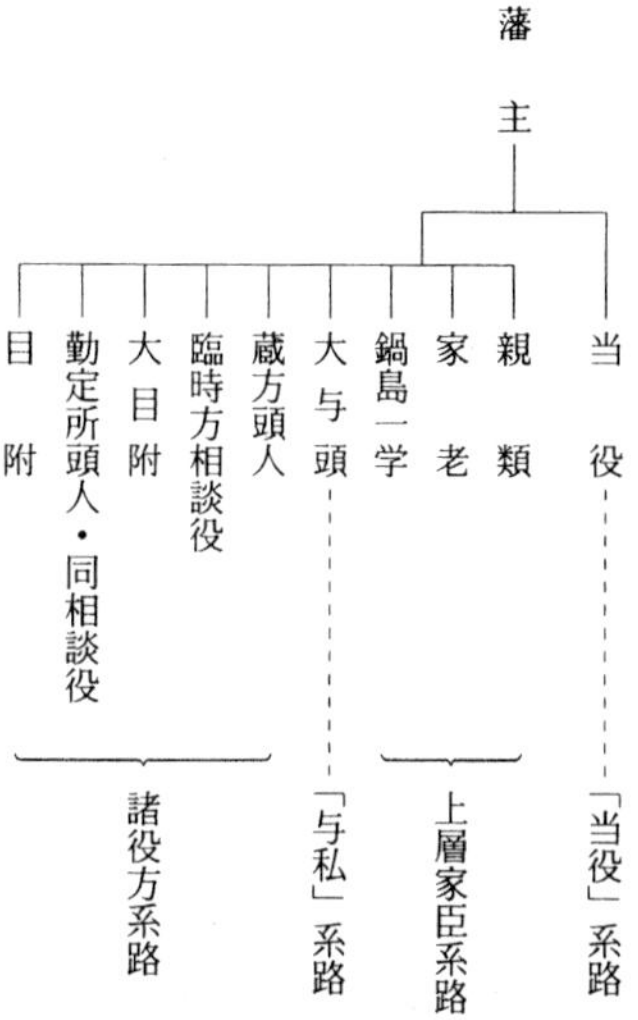

註）「重茂公御年譜」宝暦13年12月８日条より作成。

表12　物頭の構成推移

年代／石高	元禄 8 （ ）内は切米取	弘化 2 （ ）内は切米取
3000～	1人	
2000～	2	
1000～	2	
500～	4	
300～	4	
200～	11	3人
100～	40	39（ 1）
50～	36（1）	54（15）
20～	16（5）	29（27）
0～	4	
計	120（6）	125（43）

註）「光茂公御代与着到」（元禄８年）、「弘化二巳年惣着到」より作成。

（後に与扱）にも同様にみられる（表13参照）。かかる「与私」内の諸役担当者の変化は、藩政中後期における「与私」の構成的特色（下層切米取層の広範な形成）より必然化されると同時に、先述したように、「与私」の機能変化に伴い、日常的な家臣団の管理・統制面に対応できるいわば専門的・吏僚的性格を有する家臣層が要請されていたことを示唆している。

「与私」は、各家臣にとって戦時における軍事的編成単位よりむしろ日常的な所属構成単位へと変容していったのである。

(3)　家臣在郷制

佐賀藩幕末期の分限帳である「弘化二巳年惣着到」には、各家臣に例外なく居住地が付記されている。これによれば、侍・手明鑓・御徒・足軽・職人・船手、計八、一〇七人のうち、城下町居住者は二、六八二人の三三・一%にすぎない。つまり、家臣団の三人に二人は城下町以外の村・津等に居住しているのである。

このような幕末期佐賀藩の家臣団在郷状況が、いかなる過程で形成されてきたのかについては不明な点が多いが、佐賀藩における在郷規定の変遷を示した表14によれば、藩政初期より家臣在郷がかなり一般的であったことが推察される。すなわち、藩当局は元和四年に最初の在郷禁止規定を示達したものの、その後改訂を繰り返していたことが知られる。すでに三年後の元和七年には願い出制、寛永五年四月には知行五〇〇石（物成二五〇石）以下で「給人役者」以外に対して「勝手次第」と緩和されたものの、七ケ月後の一一月には願い出制、さらに同一四年には在郷禁止に復している但し例外が認められており、実質的には願い出制と同じであった。寛文一二年には在郷者で定米五〇石以上は「城元」移住、城下居住者で知行一〇〇石（物成四〇石）以上は在郷禁止とし、この寛文規定が幕末期まで定着したと考えられる。

しかし、実際には家臣在郷に関する臨時的な規定がその後も制定されている。例えば享保飢饉後の元文元

表13　与心遣・与扱の石高

寛保2年			弘化2年		
与私	与心遣	物成高	与私	与扱	石高
鍋島弥平左衛門与私	成松　新兵衛	200.石	鍋島弥平左衛門与私	亀田　左馬助	(物)45.石
鍋島帯刀与私	深江六左衛門	300.	鍋島播磨与私	小森覚右衛門	(物)33.25
多久蔵人与私			鍋島隼人与私	江副　杢之進	(切)20.
鍋島十太夫与私			鍋島市佑与私	福田　兵太夫	(切)35.
鍋島主水与私	多久民部	200.	鍋島主水与私	宮富源蔵	(切)20.
鍋島官左衛門与私	深堀新左衛門	335.	鍋島孫六郎与私		
岡部宮内与私	竹田八右衛門	254.	岡部杢之助与私	原　伊兵衛	(切)40.
有田勘解由与私	佐野　幸兵衛	200.	大木主斗与私	岩村　大三郎	悴
相良求馬与私	相良十郎太夫	悴	鍋島志摩与私	田中太右衛門	(切)20.
中野数馬与私	原田吉右衛門	300.	深江六左衛門与私	秀嶋与左衛門	(切)25.
納富十右衛門与私	納富　庄兵衛	悴	鍋島周防与私	蒲原　蘇兵衛	(切)20.
鍋島左太夫与私	小川市左衛門	200.	鍋島左太夫与私	相原　丈之進	(切)20.
江副彦次郎与私			坂部又右衛門与私		
石井縫殿与私			石井勘解由与私	石井権左衛門	(物)25.
執行七郎左衛門与私			成富十右衛門与私	於保作右衛門	(米)9.石

註）「寛保二年着到全」、「弘化二巳年惣着到」より作成。
弘化二年の石高覧において、(物)は物成高、(切)は切米高、(米)は扶持高を示す。

年八月には、

（元文元年八月五日）
一平士之内、知行上支配、幼少、長病、其外無役之人
在郷江引越度存候へハ、当秋ゟ来八月迄者、可為勝
手次第事
但、在郷引越候人ハ寄親迄可申達事(46)

という法令が示され、知行地の上支配(47)、幼少、長病あるいは諸役就任の有無等を条件に期限つきで在郷が許可されている。しかし、その届出の対象は、寄親つまり「与私」内の物頭にとどまり、表14において寛永一四年規定が当時の請役（多久茂辰、藩政最高責任者）の許可を必要としていたことと比較すれば、かなり緩和されている。在郷規定はこのような臨時的ないし制限付規定を通して、いわばなしくずし的に形骸化していったものと考えられる。

（天明八年六月一〇日）
一六月十日　御城下諸小路・御免地屋敷之儀、御家中
住居仕候半而不相叶処、身上柄之人々も在郷住居多
畢竟者年々ニ抱屋敷等、多分ニ相成儀ニ而者無之哉、
惣〆知行百石以上之人在居仕候儀不相叶段、御印帳
ニ茂御書載有之候処、只今之通ニ而者不及然候、依

表14　佐賀藩における在郷規定の変遷

年代	規定内容	出典
元和4年	在郷禁止	「坊所鍋島家文書」（『集成』13）806
元和7年	願い出制	「諸法并度定置条々」（「直孝公御代」上〔『長崎県史・史料編』第2〕所収）
寛永5年4月	知行500石以下で「給人役者」以外に対して「勝手次第」	「泰盛院様御代御書抜」・「勝茂公譜考補」4（いずれも「鍋島文庫」所収）
寛永5年11月	願い出制	「定置条々」（「直孝公御代」下〔『長崎県史・史料編』第2〕所収）
寛永14年	在郷禁止。ただしやむなき場合に限り、美作守（多久茂辰）切手をもって許可	「成富家文書」（『集成』20）17
寛文12年	在郷者で定米50石以上は、城元移住 知行100石（物成40石）以上、在郷禁止	「御掟条々」

註）出典欄の『集成』とは『佐賀県史料集成』を指す。

之今般左之通被相極候
一小路住居致来候身上之面々、在方引移候儀御停止被　仰付置たる儀候条、無拠引越候半而不叶訳も於有之者、其段筋々相伺被差免候上、引移候様之事
一抱屋敷之儀、明屋敷躰ニ而畠作・茶園等之場所ニ相成候も有之由、一躰抱屋敷を致所持、家をも不相立儀御停止之儀、右之通ニ而者屋敷弥ヶ上致不足、無拠在居いたし候半而不相叶通成行候ニ付、以後抱屋敷之儀、不被相叶候（後略）(48)

この史料は、天明八年段階における佐賀城下町の状況を示したものである。このなかで「惣メ、知行百石以上之人在居仕候儀不相叶」とあり、表14の寛文一二年規定が定着していたことが確認されるものの、「城下諸小路・御免地屋敷」に居住すべき比較的上層の家臣(49)が、城下町に抱屋敷・名目屋敷を所持しながら在郷するため、城下町における屋敷数が不足するという事態に陥っていたことが理解される。城下町が荒廃し兼ねない程度に、家臣在郷が進行していたのである。

また「与私」所属の足軽層においては、彼らへの切米支給が滞り、「与役」遂行が困難な状況のなかで、「其儀（切米支給…引用者註）不被相叶候半者、引取候段申達候」(50)と、在郷居（帰）住をほのめかすという深刻な願状が提訴される例がみられる（安永九年二月）。言及するまでもなく、藩政中後期に急増した家臣の多くは切米取であったわけで、右の足軽層に限らず、

（安永九年二月）
一家中切米渡方之儀、我等ゟも毎々申聞候処、尓今不相渡由以之外不行届儀ニ而、一躰家中之儀者、石を以勤方其外妻子をも致養育儀候處、何を以可致相続哉、急度相渡候様可仕候（後略）(51)

という、慢性的な切米支給の滞りは、切米取層の財政窮乏、役方遂行不能、さらには在郷化を招来したであろうこと

は容易に推察し得る。

また、下層家臣のなかには本来の生業活動（主として農業経営）に従事し在郷した状態で召抱えられる場合も少なくなかった。(52) 安永三年六月には農業経営を行う家臣の上納米未進規定をめぐって、

一同廿八日（安永三年六月二八日）、去々年御改正付而、御蔵方江被相渡候御帳之内ニ、給人上納相滞候ハヽ、御直之者者知行・切米ゟ御取納、又内（陪臣）者主人江可被相懸候間、御書載有之候、鳥ノ子御帳并代々様御印帳ニ者、直人者知行、切米取上、又内之者者主人江可相懸と御座候、此節之御帳面御段相緩ミ候様相聞、御取納方ニ差支候趣ニ御蔵方ゟ相達候、右之通付而ハ、以前より之御印帳之通御書載被相直方ニ而可有御座と吟味仕候(54)

と藩内で議論されている。つまり、家臣が上納米未進を行った場合、従来のように知行・切米を没収するのか（「鳥ノ子御帳」や藩主代替りに出される「御印帳」規定）、従来の規定を緩和し知行・切米より未納分を取り納めるのみとするのか（「去々年御改正」に伴う「御蔵方江被相渡候御帳」規定）である。結論的には改訂されなかったものの、このような議論の背景には、ここでも切米支給の滞り(55)があったのである。

いずれにしても、藩政中後期における切米支給の慢性的滞りは、藩からの出米賦課、あるいは知行地村の荒廃化等の諸要素と複合的に絡み合いながら、家臣財政の窮乏化を進行させ、これが家臣在郷の主要な要因であったといえる。家臣在郷制は、まさに構造的・体制的な問題であった。本項冒頭で述べたような、幕末期（弘化二年）段階で家臣団の三分の二が城下町外に居住するという家臣在郷状況は、このような背景のもとに形成されたといえよう。

第四節　分限帳の帳簿組織とその推移

表15は、佐賀藩における家臣分限帳の帳簿組織とその推移を一覧化したものである。史料収録範囲は、藩権力による家臣団掌握、つまり分限帳作成の実態を解明するという観点より「鍋島文庫」所収史料に限定した。したがって、各家文書中には家臣が自ら作成した陪臣団分限帳[56]が存在する場合があるものの除外した。また、「与私」の大与頭を勤めた家文書に残存する「与私」軍役関係史料中に、「与着到」が確認される場合もある。しかしこれも除外した[57]。さらに、作成年代が不明なもの、あるいは写本が存在しても原本作成年代が不明なものについても外した。このため、表15掲載の分限帳は、数量的には限定されたものになっているが、これまで検討してきた軍役体制や家臣団編成の推移等の諸問題と照合すると、興味ある事実を確認することができる。以下具体的にみていくことにしよう。

第一に、各分限帳の名称に「着到」が多数を占めることである。本来、「着到」とは武士が不時の出陣命令や変事の突然を聞いて馳せ参ずる行為をいい、その上申文書を着到状という[58]。この文書形式は、鎌倉時代末期に成立し、大名領国制の形成に伴い主従関係が確立される室町時代中期以降にはほとんど見られなくなる[59]。佐賀藩の分限帳である「着到」(「惣着到」・「侍着到」・「与着到」)は、中世期の文書形式である着到状に由来し、これを一冊の書冊形式にしたものと考えられる[60]。佐賀藩において、主従関係が不安定であった中世期の文書形式の名称が一般的であった理由は、なお明らかではないものの、領主権力が竜造寺氏より鍋島氏へ交代するという、藩体制成立の歴史的条件のなかで、鍋島氏が旧竜造寺氏家臣団に対して相対的存在であったことを、分限帳の存在形態が物語っているともいえよう[61]。

第二に、分限帳の帳簿組織についてである。表15では、ⓐ分限帳型、ⓑ与着到型、ⓒ与着到集積型、ⓓ細分化型、

表15　佐賀藩における分限帳の帳簿組織とその推移

年代＼タイプ	ⓐ分限帳型	ⓑ与着到型	ⓒ与着到集積型	ⓓ細分化型	ⓔ「備」着到型	ⓕ陪臣着到型	ⓖ編　集　型
寛永 5	寛永五年惣着到						
同 14		鍋島淡路守与着到					
同 19	御国惣万帳						
慶安元		西五太夫 田沢助左衛門与私					
承応元		鍋島主水与着到					
同 年		鍋島山城守与着到					
明暦 2	泰盛院様御印帳	鍋島縫殿助与着到					
寛文元		鍋島縫殿助与着到					
同 年		鍋島主水与着到					
天和元	御家中着到	鍋島主水着到					
貞享 2			与着到(享保17写)				
元禄 3		鍋島図書組着到					
同 8	元禄八年着到全	光茂公御代与着到(15冊)	光茂公御代組着到				
同 10				〔組子調帳〕			
同 12		鍋島主水与着到					
宝永 6			吉茂公御代始宝永六年惣着到				
享保 10	御家中諸知行切米着到						
同 17		鍋島主水組着到	享保十七年侍着到				
元文 5				〔各組内控〕17冊			
寛保元		鍋島主水組着到		触内着到(鍋島山代)			
同 2			寛保二年着到				
寛延 2		預組着到(主水組)					
宝暦 10		鍋島市之允組着到	宗教公御代宝暦十年着到				
同 12		鍋島主水組着到					
明和 7			組着到				
安永 2		預組着到(主水組)					
文化元						佐賀藩家来着到(納富)	
同 2			治茂公御代惣着到				
文政 2				小組頭帳			
天保 5				御留守役人帳			
同 7			諸組着到				
天保年間カ							分類着到(寛永5〜天保元の14冊)
弘化 2			弘化二巳年惣着到	御側役人帳			
嘉永 2		鍋島周防与着到					
同 4	分限着到						
同 5					三家御親類同格家来人数附		
安政 4				番焼詰名書			
同 5					家中着到帳(鹿島藩)		組着到(慶安2〜明暦期の5年分)
万延元				佐賀藩役人帳			
文久元				諸切米帳 役人帳并常用集			
元治元			佐賀藩拾六組侍着到	佐賀藩拾五組侍着到			
慶応元				諸切米帳			
同 2				諸切米帳			
同 年				組迦切米扶持方帳			
同 3						御家中着到(鍋島主水)	

註）「鍋島文庫」所収の着到帳・与着到より作成。
同一年代・同一内容の着到帳が存在する場合、代表的と考えられるものを掲げた。

ⓔ「備」着到型、ⓕ陪臣着到型、ⓖ編集型の七タイプに分類している。ⓐ分限帳型とは、家臣団が物成高（知行高）順序で記載されるもので、他藩の家臣分限帳にも一般的にみられるタイプである。

ⓑ与着到型とは、「与私」単位に作成された分限帳のタイプで「与着到」と呼ばれる。このタイプには、「与私」の各構成者はもとより役目および分過という軍役負担内容が詳細に記載されており、「与私」の構造や具体的な軍役負担のメカニズムを理解する上で貴重である。[62]

ⓒ与着到集積型とは、文字通りⓑ与着到型を集積して一五与編成を単一（一冊ないし数冊）の分限帳仕立てにしたものである。しかしその際、ⓑ与着到型に記載される軍役負担の内容等がなくなり、「与私」構成者のみの簡便な形式となっている。

ⓓ細分化型とは、触内という階層のみを記載した「触内着到」、手明鑓や足軽等の切米取層のみを記載した諸「切米帳」、あるいは足軽のみの「下輩着到」（表15には未掲載、天保期以降の作成か）、さらに「組迦切米扶持方帳」等々のように、いわば階層別に、または「小組頭帳」、「役人帳」、「香焼詰名書」のように職制別という具合に、従来の「与私」の枠にとらわれず、機能的・合理的に作成された分限帳である。

ⓔ「備」着到型とは、大名直属家臣団である「与私」とは別に編成されていた「備」の分限帳である。先述したように、各家文書に含まれるものは除外し、「鍋島文書」所収分、すなわち、藩主権力によって作成（ないしはいわゆる指出形式か）されたと考えるもののみを掲げている。

ⓕ陪臣着到型とは、各家臣の陪臣分限帳であり、ⓔ「備」着到型と同様の趣旨で、「鍋島文庫」所収分のみを示した。しかし、このタイプの分限帳は各家文書中にも稀少で、各家における具体的な陪臣の存在形態を検討する上で貴重である。

最後に⑧編集型とは、数ケ年に亘る着到帳を編集したものである。例えば「分類着到」は、その記載形式が「いろは順序」であり、このタイプの分限帳は藩権力による家臣団調査の一環として作成されたものと考えられる。

表15より第三に指摘されることは、直属家臣団を記載した分限帳のタイプが、元禄〜享保期を画期として⒜分限帳型より⒞与着到集積型に移行したことである。その背景には、これまで明らかにしてきたように、佐賀藩軍役体制が元禄〜享保期以降軽減したこと、これに伴い、藩政中後期にかけて下層切米取層が広範に形成され、「与私」の規模が拡大したこと、かかる諸契機により「与私」の機能が軍事的側面から、家臣団の日常的な所属編成単位としての側面が強まったこと等が想定される。つまり、従来の⒜分限帳型よりもむしろ、各「与私」を基準に作成された⒞与着到集積型の方が、家臣団の合理的・機能的把握にとって、より有効であったといえよう。しかし、⒞与着到集積型が、形態的には⒝与着到型を集積したものであったものの、軍役負担内容の記載がなくなったことは、藩政中期以降における軍役体制の軽減という状況を反映したものと考えられる。

第四に、表15より直接確認できないが、分限帳の表示方式が、寛永期に知行高表示であったものの、明暦期より知行高と物成高の並記方式となり、享保期以降は、物成高表示方式に統一されたことである（表16参照）。このことは、前掲表1で軍役規定を検討した際に指摘した物成知行制原則が、分限帳上で物成表示方式として定着していたことを示している。

第五に、幕末期、とくに天保期以降になると、旧来みられなかった形式の分限帳が作成されることである。まず、⒟細分化型が集中的にみられるようになる。これは、下層切米取層が藩政中後期に広範に形成されてきたこと（切米帳・扶持方帳の作成）と同時に、幕末期藩政において、役方＝職制機構がいわば新しく組織（役人帳の作成）されようとしていること（藩政改革）を示すものであろう。次に、⒠「備」着到型が作成（ないし指出）されている。これは、従来「与私」と「備」という二元的な編成形態をとっていた家臣団編成に対し、藩主権力が権力の集中化、軍事力強化の目的より、一元的な家臣団編成への再編、ないし「備」編成に対する統制・掌握強化を企図していることを示している。また©与着到集積型においても新しい傾向がみられる。すなわち、「弘化二巳年惣着到」には、家臣在郷制への権力的掌握を目的に、各家臣居住地が例外なく付記されているがこれは従来みられなかった記載方式である。さらに元治元年の「佐賀藩拾六組侍着到」と「佐賀藩拾五組侍着到[63]」は、前者が文字通り「与私」を構成する侍のみの記載であるのに対し、後者が「与私」別に手明鑓のみを記載しており、両者がいわばセットをなしている。このような天保期以降における新たな分限帳の出現は、藩権力が旧来の家臣団編成に対する改革を試みていることを物語っている。

以上のように、佐賀藩における分限帳の帳簿組織とその推移は、軍役体制や家臣団編成の諸段階に対応し規定されていたのである。

四節に亘り考察してきた諸問題を相互に関連させながら、家臣団編成の諸段階を確定しておこう。

第一期（天保二〇年～元和七年）は、豊臣政権より朝鮮出兵を命じら

表16　佐賀藩分限帳の表示方式

分限帳（着到帳）	知行高表示	物成高表示
寛永五年惣着到	○	
御国惣万帳（寛永19）	○	
泰盛院様御印帳（明暦２）	○	○
天和元年御家中着到	○	○
元禄八年着到	○	○
享保十七年侍着到		○
寛保二年着到		○
明和七年組着到		○
治茂公御代惣着到（文化２）	○	○
弘化二巳年惣着到		○
分限着到（嘉永４）		○
元治元年佐賀藩拾六組侍着到		○

れた鍋島氏が朝鮮渡海陣立の一部として、独自に「与」（のちの「与私」）編成を創出したことに始まる。しかし、一方で前領主である竜造寺氏の一門家臣の陪臣団が自立的に存在していた。領主権力が交替して成立するという特異な歴史的条件のなかで形成されたこのような編成形態は、藩主直属家臣団＝「与私」と竜造寺氏一門を初めとする上層家臣の陪臣団＝「備」という佐賀藩家臣団の基本編成として定着し（元和七年）、幕末期まで存続する。いわば第一期は、大名家臣団成立期である。

第二期（元和七年〜元禄一二年）は、「与私」・「備」体制が成立し、佐賀藩における最初の統一的軍役規定（元和七年軍役規定）が発布されたことに始まる。この期の前半は、物成一〇〇石につき一二人負担と下禄者による過重負担という二つの軍役負担原則が確立し（寛永一六年・同一八年軍役規定）、大名直属家臣団＝「与私」の一五与編成が整備・完成（寛永〜明暦期）した。さらに後半は、家臣団の身分格制の確立（万治二年の着座の座位決定・天和三年の三支藩に対する「三家格式」の制定、元禄一二年の竜造寺氏一門家臣に対する「親類同格」の設定）等により特色づけられる。いわば第二期は、大名家臣団整備・安定期である。

第三期（元禄一二年〜天保元年）は、「親類同格」の設定後に元禄一二年軍役規定が制定されたことに始まる。この規定と享保一七年軍役規定により、下禄者過重という原則が緩和され、佐賀藩軍役体制は相対的に軽減される。宝暦一〇年には、蔵入代替制の導入によりさらにその傾向は強まった。つまり、この期の前半は、軍役体制の軽減が進められた時期である。そしてこれを前提とし、かつ、下層家臣における世禄制の成立、分家取立、農民層からの直接取立等々を背景としながら、下層切米取層の広範な形成がみられたことが第三期の大きな特色である。それに伴い「与私」の機能が変容し、また、家臣団の在郷化は構造的、体制的なものとなっていった。第三期には分限帳の形態にも変化がみられる。すなわち、「与私」が軍事的性格より家臣団の日常的な所属編成単位的性格を強めたため、軍役負担内容の記載がなくなり、「与私」別にその構成者を列記したのみの簡便な分限帳が作成され、しかもこれが主流となっていった。以上のことより、第三期はいわば大名家臣団展開期である。

第四期（天保元年〜明治二年）は、軍制改革を含めた幕末藩政改革を推進した鍋島直正の襲封により始まる。この時期については別稿[64]で検討したので、詳細はそれに譲るが、「与私」の軍事的機能の回復・強化、家臣在郷制の掌握・克服、「与私」・「備」体制＝二元的編成形態の一元化、西洋軍事力導入による編成改革等々が、この期の家臣団編成＝軍制改革の課題であった。なお、分限帳についても、右のような状況を反映して家臣居住地の記載あるいは「与私」編成にとらわれない合理的・機能的な形態による分限帳、さらには、「備」編成に関する分限帳等が表われ、新しい変化がみられる。第四期は、いわば大名家臣団再編成期といえよう。

註

（1）拙稿「佐賀藩における近世家臣団の創出過程」（『九州史学』七六号、一九八三年）、同「成立期佐賀藩における家臣団編成の原理と構造」（『同上』八二号、一九八五年）、同「佐賀藩家臣団の編成と構成―『与着到』の分析を中心として―」（藤野保編『九州近世史研究叢書』〈国書刊行会、一九八四年〉第二巻）、および本書第一章。

（2）一節「家臣団の成立と構造」の註記は註（1）諸拙稿に譲る。あわせ参照されたい。

（3）前章参照。

（4）例えば物成八〇石の家臣の場合、一〇〇石につき一〇人という軍役人数基準からすれば、八人負担となるが、実際には主従は、一〇人規定に従って、八人（これが本役）よりも二人多い一〇人を負担することになる。なお、表1の寛永一六年規定によれば、物成一二五石〜一〇〇石に相当する階層の軍役規定が不明である。

（5）「鍋島主水家文書」（早稲田大学図書館蔵）所収。

（6）「与着到」をはじめ佐賀藩における家臣団分限帳については第四節参照。

（7）拙稿前掲「佐賀藩家臣団の編成と構成」参照。
（8）「島原の乱」時における佐賀藩の動向については、中村質「島原の乱と佐賀藩」（『九州文化史研究所紀要』二四号、一九七九年）参照。
（9）城島正祥「佐賀藩の石高と成」（同『佐賀藩の制度と財政』文献出版、一九八〇年）。
（10）註（7）に同じ。
（11）藤野保編『佐賀藩の総合研究』（吉川弘文館、一九八一年）五四六頁。
（12）佐賀藩では物成高を基準とし、物成率の操作により知行高が決定する。例えば物成五〇石の家臣の場合、五ツ成では知行一〇〇石となるものの、四ツ成への変化により知行一二五石と知行高が上昇することになる。
（13）「光茂公譜考補」一（「鍋島文庫」〔佐賀県立図書館寄託〕所収）。なお、本章で利用する史料は、特に註記する以外は「鍋島文庫」所収である。
（14）「蓮池鍋島家文書」（『佐賀県史料集成』一四巻所収）三〇号鍋島光茂覚書写、「光茂公譜考補」一。
（15）「綱茂公譜」元禄一二年五月二六日条。
（16）寛文一〇年段階ですでに、養子縁組の形式で自らの知行・切米を庄屋・農民等に売却するほど窮乏した下級家臣（「小給之侍」・「手明鑓」）が存在していた（城島正祥「佐賀藩における知行の切地と上支配・銀主支配」〔前掲『佐賀藩の制度と財政』〕）。
（17）享保一七年規定は六月三日に発布されている。これに対して、諸郷よりのウンカ大発生の注進とこれに対する藩主催の五穀成就の祈禱は、同じく六月にはいってからであるものの、藩当局の飢饉に対する本格的対応は七月下旬以降に開始される（「宗茂公御年譜」享保一七年六月一九日条、「鍋島主水家日記」〔「鍋島主水家文書」所収〕享保一七年七月二四日条）。したがって享保一七年六月三日の軍役規定改訂は、その内容が軽減されてはいるものの、享保飢饉を直接前提として公布されたものではなかったと考えられる。
（18）家臣団にはすでに慶長期より出米が賦課され、これに対応できない家臣は、知行取の場合、その知行地の一部が「切地」として藩の直接管轄下におかれ、家臣へは知行の数割（通例二割）に当たる相続米が渡されるという制度がとられた（詳細

は第二部第四章参照）。この切地について、享保一七年一〇月一九日付で藩当局は

一先年以来出米并諸返上方ニ切地仕置候人、当年ハ知行所大損毛ニ付、当年之儀者切地被差返候（後略）

（「日記」〔倉町鍋島家〕享保一七年一〇月一九日条）

という方針を示している。飢饉による家臣団窮乏に対する藩当局の認識を端的に示しているといえよう。

(19) 倉町鍋島氏（家老、物成一、九〇〇石）の場合、寛保二年段階で知行地の一部を構成する佐賀郡上佐賀下郷東千布村及び同西千布村の計六七町六段八畝二六歩半のうち、「居付田畠」が二七町一段二歩であるのに対し、荒廃地と目される「明田畠」は四〇町四段八畝一五歩半であり、実に五九・八％にのぼる（「日記」〔倉町〕寛保二年六月二一日条）。

(20) 各家臣日記により確認される享保飢饉以降の増加はそのことを物語っている。なお、藩政中期以降における切地については知行地支配や家臣財政の問題と深く関連しており、第二部第四章参照。

(21) 「跟日記」（姉川鍋島家の日記）元文元年八月五日条。

(22) 「綱茂公御年譜」元禄一三年八月一日条。

(23)(24) 「役目定」（「役目定陣屋坪割其外」所収）。

(25) 城島正祥「手明鑓と佐賀藩性格の一斑」（城島前掲『佐賀藩の制度と財政』）。

(26)(27) 前章参照。

(28) なお、弘化二年より安政元年にかけて減員したようにみえるが「弘化二巳年惣着到」には、侍をはじめ全体で二、三五三人の悴・孫等を含むため、実質的な減少を示したものではない。

(29) 佐賀藩は寛永一八年より福岡藩と隔年交代で長崎御番役を幕府より命じられている（「御番方大概」・「長崎御番沿革」）。

(30) 船手制の幕末期における改組過程については木原溥幸「幕末期における佐賀藩の軍制改革」（『香川大学教育学部研究報告』Ⅰ・三〇号、一九七六年）一五〇〜一頁参照。

(31) この場合、侍とは直属家臣団（一五与編成）所属者に限らず、三支藩・親類・親類同格等のいわば上層の大配分家臣層を含んでいる。但し、その陪臣層（「備」系統）は加えない。

(32) 地方知行取を指す。

(33) この二史料は「鍋島主水家文書」所収であるものの、鍋島主水家の陪臣の直臣取立のみを示したものではないことが、本文表11によって知られる。しかし五十二年間に亘る記録としては、取立五〇人という数は少ないと考えられ、「鍋島主水与私」関係の直臣取立について記載したものとも推測される。

(34) したがって、上層家臣の陪臣の家臣(身分)意識は高く、しばしば藩主直属の下級家臣(手明鑓・御徒層)と藩主御目見の場での座格争論を行っている。

(35) 「役目定陣屋坪割其外」所収。

(36) 「弘化二巳年惣着到」はその典型。

(37) 「吉茂公御年譜」正徳二年九月一三日条。

(38) 勝茂の嫡子で光茂の父にあたる忠直は、すでに寛永一二年に死去しており、光茂が次代藩主にあたる。

(39) 「御秘録」(「鍋島主水家文書」)所収。

(40) 「与私」所属直臣の平均人数は、明暦二年で二二六人(「泰盛院様御印帳」)、元禄八年で二五八人(「元禄八年着到全」・「光茂公御代与着到」)であったのに対し、弘化二年には五〇三人(「弘化二巳年惣着到」)と二倍弱に拡大している。但し、弘化期の分限帳は倅・孫等を二、三五三人含むものの(先述)、これを差引いても「与私」平均所属者は三四六人となり、「与私」の規模拡大という指摘は可能である。

(41) 利用史料(「大与頭次第全」)では安政期まで確認されるものの、「与私」編成が最終的に解体される明治二年まで大与頭であった(「兵員録」参照)。

(42) 「大与頭次第全」により整理した。

(43) 「鍋島文庫」所収。享保元年より明治二年まで、ほぼ欠年なく存在する。大半が写本と考えられるが、原本と思われるものが数冊含まれる。

(44) 「泰国院様御年譜地取」安永四年三月条。

(45) 付表1は、その典型例として、明和六年の皿山会所地方詰の役方構成員(手明鑓・足軽)を示したものである。各人には自らが所属する「与私」に関する肩書があり、それによりこの表は復元したものである。

付表1　明和6年皿山会所地方詰手明鑓・足軽名書及び所属「与私」

	与　私	物　頭		手　明　鑓	足　軽
①	鍋島弥平左衛門組				
②	鍋島　弾右衛門組	秀嶋忠左衛門	物成110石、足軽鉄炮25挺与頭		永江　半左衛門
③	鍋島図書組	石井弥七右衛門	物成110石、足軽鉄炮25挺与頭		小嶋　権右衛門
④	中野数馬組				
⑤	鍋島主水組	石川清九郎	物成110石、手明鑓30人与頭	前山　利右衛門（「組着到」に記載無）	
		田中作左衛門	物成60石、足軽弓25帳与頭		伊東　六右衛門
⑥	鍋嶋　七左衛門組	山村伊左衛門	物成130石、手明鑓30人頭	田中神平（切米8石3斗）	
		藪内善右衛門	切米55石、足軽鉄炮25挺与頭		中溝　常右衛門
⑦	鍋嶋隼人組				
⑧	原田舎人組	川浪権兵衛	物成160石、内加米50石、手明鑓40人頭	藤山　祐右衛門（切米7石5斗）	
		福地助之允	物成100石、足軽鉄炮25挺与頭		久米　千左衛門
		南部大七	米54石、外に加米10石、足軽鉄炮20挺頭		三嶋　治右衛門
⑨	鍋島靭負組	深江武兵衛	物成110石、手明鑓40人頭	塚原治武左衛門（「組着到」に記載無）	
⑩	鍋島　喜左衛門組	村上弥兵衛	物成80石、足軽鉄炮25挺組頭		本庄　儀右衛門 砥川　茂兵衛
⑪	納富　十右衛門組	沢野杢之允	物成100石5斗、内加米15石、足軽鉄炮25挺与頭		福田　作左衛門 福田　惣右衛門 谷口　祐左衛門
⑫	鍋島　左太夫組				
⑬	千葉　太郎助組	有田権之允	物成100石、手明鑓30人組頭	副田　権太郎（切米15石） 荒木　惣右衛門（切米12石7斗） 増田　藤左衛門（切米8石）	
⑭	石井兵部組				
⑮	執行　郎左衛門	原田伊兵衛	物成120石、手明鑓30人頭外ニ預	中溝　進之允（「組着到」に記載無） 田中　長右衛門（同　上）	
	不　明	諸岡杢右衛門		光武　金右衛門 光武　久右衛門	
		石丸　嘉衛門			平石　久右衛門
		馬渡隼人			山崎作十

註）池田史郎『皿山代官旧記覚書』41～2頁所収の「明和六丑年日記皿山会所地方詰手明鑓等足軽名書覚」及び「明和七年組着到」（重茂公御代末）より作成。

なお、表中の「組着到」に記載無とは、「明和七年組着到」で記載されないことを示す。

付表２　鍋島主水「与私」軍役関係史料

年　代	与中定・役目	組頭手頭	出陣規定	その他規定	与着到
元和 9.10.15					〔与着到〕
寛永 3.卯.13	定〔先手組仕法〕				
同 18. 1. 2					〔与着到〕
同 18. 3. 5	与中役目				
正保 2. 2.25					〔与着到〕
同 4. 4.23					〔与着到〕
同 4.12. 5	与中之定並役目				
慶安 2. 9.20					与着到
寛文元. 8.21					与着到
延宝 8. 4. 2			手頭〔出陣方並出陣留守居役の申付〕		
天和 3. 9. 5	与中定並役目				与着到
貞享元.10.26				写〔家中勤番定書〕	
元禄12. 9.20					組着到
宝永 6. 8.15				馬究方定	
享保元. 8.21	与士手明鑓役目并 主従付			家中小屋割 与中小屋割	
享保17. 6. 3	組中並役目				
享保18.11.15			出陣仕組 出陣留守仕組		
寛保元. 9.15	組中定并役目				
宝暦10. 4. 1	役目定 軍中掟	士組代手頭 昇並副筒組頭手頭 弓組頭手頭 鉄炮組頭手頭 長柄鑓組頭手頭 手明鑓組頭手頭 陣場心得手頭 小荷駄心得手頭 組内目付手頭 組内使番手頭	出陣着到	行列心得 武具持越心得 陣屋心得 座備心得 陣屋坪割定 兵糧定 船割定 下知覚書 合図合印覚書 兵糧積 夫小荷駄渡方	組着到
宝暦12. 4					組着到
安永 2. 1.15	預組中定並役目				
文化12. 9				留守中定条々	
文政 6. 8.15	軍役				
嘉永 2. 4.11					組着到写
文久 2. 9. 1	組中定並役目				組着到

（46）「跟日記」元文元年八月五日条。

（47）知行地を藩当局が直接支配すること。藩が家臣に賦課する出米の未納、あるいは借銀等の抵当として実施される（第二部第四章参照）。

（48）「泰国院様御年譜地取」天明八年六月一〇日条。

（49）少なくとも知行一〇〇石（物成四〇石）以上。

（50）「泰国院様御年譜地取」安永九年二月条。

（51）「同右」安永九年三月条。

（52）幕末の例であるが、農業経営に従事する足軽層の下級家臣にとって、長崎警備（一ヶ年詰）が事実上極めて困難であったことが、次の史料より知られる。

先般(天保一五年一一月一六日)使節船入津ニ付而者、両組ゟ物頭已下多人数増番等被差出、数十日夜白共別而勤方有之、右ニ付而者内分不少雑費之筋も有之候ニ付、打追壱ヶ年詰ニ而者足軽躰小身之者共ニ者農業等差欠罷越、其外永詰ニ而者、召仕等之手締行届兼候義有之由、右之廉々者不差支通何レとも取斗之通可有之哉ニ候（後略）

（「直正公御年譜地取」天保一五年一一月一六日条）

（53）すでに承応～明暦期に集大成された「鳥ノ子御帳」に、家臣耕作の場合の上納規定がある（「鳥ノ子御帳」二所収）。本文参照。

（54）（55）「泰国院様御年譜地取」安永三年六月二八日条。

（56）例えば鹿島鍋島家（鹿島藩）の「御配分并切米帳」（元禄一四年、「祐徳文庫」〔祐徳神社蔵〕所収）、多久氏の「諸村御蔵配分巡見地改方石寄帳」（弘化三年八月、「多久家文書」所収）等。

（57）付表2は、「鍋島主水家文書」中の「与私」軍役関係史料を整理・分類し、年代順に一覧化したものである。表によれば、大与頭は「与中定・役目」「組頭手頭」、「出陣規定」、「その他規定」等の各種軍役規定とともに、多数の「与着到」を所持していたことが知られる。表中、宝暦一〇年段階に示される各規定および「与着到」は、大与頭が所持していた「与私」軍役関係史料の基準を示していると考えられる。

(58) 相田二郎『日本の古文書』上(岩波書店、一九四九年)八一七〜九頁。
(59) 瀬野精一郎「軍事関係文書」(『日本古文書学講座』中世編Ⅱ(雄山閣出版、一九八一年))。
(60) 藤野保氏は、中世期の「着到」と近世期の着到帳との過渡的性格を有すると考えられる竜造寺隆信時代の着到帳(天正八年)の史料的性格を考察している(前掲『佐賀藩の総合研究』一三八〜九頁)。
(61) 厳密にいうならば、佐賀藩家臣団は旧竜造寺氏家臣団を母体として形成されている。
(62) 前掲拙稿「佐賀藩家臣団の編成と構成」では、この「与着到」を分析の対象として、「与私」の構造や軍役負担のメカニズムを明らかにした。
(63) これには年代記載がないものの、「与私」構成が「佐賀藩拾六組侍着到」(元治元年)と基本的に合致するので、元治元年前後の作成と考えられる。なお、手明鑓を、侍としている点に注意。
(64) 拙稿「幕末期における佐賀藩家臣団の構造」(『九州文化史研究所紀要』三一号、一九八六年)。

第二部　近世的秩序と給人領主

第四章　近世中期の地方知行

本章では、領主対農民の主要な階級的接点である地方知行（給人知行）の問題を考察する。一九五〇年代後半、いわゆる「藩政史」研究の隆盛に伴い、地方知行の廃止または形骸化をひとつの指標として藩体制の確立をみる、いわば地方知行＝遺制論が展開された。(1)これに対し、地方知行とはそもそも何であるのか、藩政確立の当初において近世領主のいかなる政策の所産として発生したのか、また地方知行の具体的内容を領主の農民支配政策の基調と農民自体の具体的な存在形態との関わり、さらに商品流通と貢租形態等の諸側面より再検討する必要が指摘されるようになってきた。(2)このようななかで、一九七一年、三鬼清一郎氏は旗本・給人を含む個別領主の支配と搾取の問題と、これを支える権力編成の特質とを統一的に捉えることを提案し、(3)これを受け、その後領主制論さらには国家論との絡みで、給人知行制を位置づける試みがなされている。(4)私も基本的には個別領主（給人）の階級支配の実現とそれを維持し貫徹させている公的支配（幕藩権力）との関係分析の必要性を感じている。しかし、そのためにはなお、給人支配の実態および農民の存在形態に関する研究史的蓄積は必ずしも充分ではない。例えば次のような諸点はとくに留意されねばならないであろう。

第一に、幕藩制全期を通した立論である。従来の研究史は総体として幕藩制前期にその比重が置かれていたが、むしろ、地方知行が中後期における体制の構造的危機のなかで如何なる機能を有していたのかというなかに、その本質究明の鍵が隠されていよう。第二に、近世封建社会の特質のひとつといわれる兵農分離との関連をどのように捉えるのかということである。兵農分離を遂げた家臣（給人）が、自らの知行地を如何に支配したのか。そこでは給人知行制の支配のメカニズムが検討されねばならず、就中、知行地支配の実務に当った知行方役人の分析が必要となろう。第三に、村落・農民レベルでの検討である。地方知行形骸化論はいわば上からの論理である。被支配者である農民層が、領主支配・給人知行制を如何に認識していたのか。給人の農民に対する単なる搾取論、恣意・非法論のみでは、給人知行制存続の意義は捉えられないのではないだろうか。そこには農民の日常生活史の掘り起こしという作業が要請されよう。

本章は以上のような観点より、享保飢饉による藩体制の危機的状況下における知行制をめぐって、検討するものである。但し、史料的制約によりその具体的分析が上・中級家臣の知行地に限定されることを了め御諒解願いたい。(5)(6)

第一節　享保飢饉と知行地の荒廃化

享保一七年の蝗虫の異常発生による享保飢饉は、伊勢・近江以西の西日本一帯を襲ったが、とくに筑前と肥前に甚大な被害を及ぼした。佐賀藩の場合、全領的な被害状況を明らかにすることはできないものの(7)、蔵入地についてみれば、合地米高一二九、八九〇石余に対して、除米高は一〇六、三三〇石余(8)（八一％）にのぼる。知行地についても同様の状況であった。例えば白石鍋島氏（親類）は、すでに享保一七年六月二三日段階で蝗虫による知行地の被害状況を調査している(9)。それによれば「年々否」を控除した年貢収納田数九〇三町余、八、〇二〇石余のうち、「大虫入苗喰倒古田」が二九町余、二五四石余、「中虫入」（落米六部・七部）が二七二町余、二、四九〇石余、「少々虫入」（落米三部・四部）が三五二町余、三、二二九石余、これに対し「只今迄ハ別条なし」（落米二部・三部）は二四七町余、二、

○五五石余に過ぎなかった。また、諫早領（親類同格）は地米一〇、四八〇石に対して有米七二三石余（六・九％）、横岳鍋島領は、地米三、〇〇〇石に対して有米一六五石（五・五％）という有様であった。(10) 人口についてみれば、飢饉前年にあたる享保一六年には三七一、九五六人であったものが、飢饉後の同一九年には二九二、一一〇人（いずれも三支藩を含む）と七九、八四六人(11)（二一％）減少した。この人口減少は、蝗虫による凶作に加えて享保一七年一〇月より翌年三月まで積雪が消えなかったという、佐賀地方には稀な厳冬にも(12)原因が求められよう。

いずれにしても、かかる急激な人口減少は蔵入地・知行地を問わず田畠の荒廃化＝明田畠の増加を招来した。明田畠について佐賀藩全域にわたる詳細は不明であるが、例えば蓮池藩の場合、地米高二一、〇〇〇石のうち、約五、〇〇〇石、六〇〇〇町分の明田畠が生じた。(13) また倉町鍋島氏の場合、地米高一、三〇〇石、一七四町余のうち、地米五一三石余、六四町余の明田畠が知行地内に存在した。(14) このような田畠の荒廃化の状況は他の知行地ないし蔵入地の場合も同様であり、農業生産人口の減少傾向に加え、飢饉による離農化現象が以上の状況をさらに深刻なものとしていった。

（享保二一年二月一八日）近年御蔵方明田多御損毛相増候付、当春居付之儀重畳吟味有之候処、諸郷共ニ惣躰人寡罷成、其上商売方渡世勝手能ニ付、商人多荒子致拂底作人共存之通田作不相叶趣付、郷内相しらへ候處、商人大分罷有儀候、郷内罷有なから田作を相止、致商売候てハ荒子寡可被成事候（中略）右之通今度御蔵入諸郷江被仰渡候、就之、諸配分（知行地）之儀も荒子致拂底農業存之通不相叶趣ニ付、此節御蔵入同前商売人停止被仰付候条、前條之趣被得其意、筋々可被相達候(15)（後略）

享保二一年二月の藩当局による右の示達によれば、蔵入地・知行地（配分）ともに明田畠が多数生じるとともに離農し商売に従事するものが増加していること、このため（荒子の供給量〔人数〕が減少し）荒子雇用料が高騰していること、その対策として蔵入地・知行地ともに離農による商売人を禁止する等の方針が打ち出された。享保飢饉という藩体制にとって未曾有の危機的状況に対して、蔵入地・知行地を問わない統一的な政策がみられることは注目される。

　ところで、この田畠の荒廃化に対しては、

（寛保三年二月二八日）鍋島主税知行所三根・神埼両郡ニ而、都而六ヶ村先年大虫入以後田畠荒地御座候を、近年御願申上、御役方御見分之上御点役除、成定等御蔵方開明ヶ之早竟ニ被仰付候付而、段々開作仕候(16)（後略）

の如く、「点役除」（知行地より藩当局への夫役提供の免除）ないし「成定」（新開地・荒廃地または生産力が劣る特定の田畠に一定期限与えられる年貢減免）等を申請して、「先年大虫入」＝享保飢饉以来の荒地開発が試みられるようになる。その際、成定については次のように規定された。

（寛保三年四月一八日）一申ノ年（延享元年、筆者註）開明之儀、田方当亥年（寛保三年）ゟ丑ノ年（延享二年）迄三ヶ年之間、今又六部成定ニ被仰付候事

　附、自然年限内御上御支配又ハ御切地等ニも被差上候節ハ　御上仰付之御物成相納候事(17)

これは給人から自らの知行地農民に示達された「御知行所六ヶ村江仰渡之覚」という規定の一条文であり、成定率は本来給人が決定していたことが知られる（この場合、通常の六〇％年貢）。しかし、知行地が「御上御支配」または「御切地」となった場合は、「御上仰付」つまり藩定の物成が徴収されるというのである。(18)このことは如何なる意味を有するのであろうか。

　佐賀藩の年貢徴収方式は、反別に対して一反当りの租額を租率として算出する反取法で、定額標準年貢量が決まっている地米制である。つまり狭義の定免制である。(19)但し実際には毎年春の居付（蒔付）の時、すでに決定される春落、さらに秋に検見を実施して決定される当検見落（当落）がある。したがって定免制という意味では給人に年貢率決定

権がないといえるものの、[20]春・秋の二回の落米により当該年における事実上の収納年貢高（有米）が決まるわけで、その春落・当落の決定権は給人が有した。このため、開発地の年貢減免率＝成定も、本来給人に決定権があったのである。これに対して藩権力が切地・上支配という一定の条件下ではあるもののこれに介入しようとしているのである。そして、成定は収納年貢高、つまり物成高を決定する要因となる。ここに、成定・物成徴収をめぐる藩当局と給人との確執が生ずる。

寛保三年四月、知行地の明田畠開発にあたり、倉町鍋島氏は第一年目を「無米」、つまり年貢免除と決定した。ところが藩当局は、蔵入地では第一年目より五部物成（通常年貢率の五〇％）としているため、知行地でも「上役者」＝藩役人の立会を条件とすれば、第一年目より五部物成に準拠すべきであるとし、さらにこれを原則として「地元之善悪幷開手間」を勘案して物成決定することを示達した。[21]給人による成定決定、物成高決定権が、上支配・切地ないし藩役人の立会等々の条件下で制限されるに至ったのである。

延享二年一月、倉町鍋島氏が、明田数一〇町、荒畠一町余を、田方は三部物成、畠方は二部物成という成定で「開明」を申請した際、[22]田方成定については、「右者段取も可有之処、無其義都而三部物成ニ被相願候義、如何様之謂ニ候哉」[23]と、藩当局が詰問した。給人が独自に決定する物成も「反取」を前提とすべきという藩当局の認識に対して、倉町鍋島氏は「段取も可有之哉之段被相尋、右者数年芦野ニ相成、悪敷地元ニ而段取仕候而ハ、居付不申ニ付、撫三部成定ニ〆奉願候」[24]と、「反取」が不可能なほどの「悪敷地元」であることを強調した。藩当局のいわば立前論と給人のきめ細かな知行地への対応の相違による成定・物成をめぐる確執はすでに明らかであろう。

それではなぜ、給人は自らの年貢収納量の減少を覚悟で低率の物成高を主張するのであろうか。この一見矛盾する年貢収納をめぐる問題に、近世知行制の本質の一端が隠されているのである。

第二節　出米制度と知行制度

出米とは、家臣の封禄に対し一定比率をもって賦課するものである。佐賀藩の場合、慶長一六年以降ほぼ毎年実施されたといわれ、その名称は御馳走米（元禄二年より）、献米（文政二年より）とも呼ばれ並用された。(25)出米制度は知行地を有する給人を初め全家臣団に賦課されるが、就中、享保飢饉以後には藩財政の危機的状況による出米高の増加、(26)また前節で指摘したような知行地の明田畠化とも相まって、給人知行制に少なからず影響を与えた。本節では、出米制度により知行制度がいかなる変容を呈するに至ったのかについて検討を加えることにしよう。

まず、享保期前後の出米率の変化について、表17を示した。同表より第一に、宝永元年に比較し、享保飢饉以後の出米・出銀高は、物成一〇〇石以上の上層家臣が緩和されたのに対し、物成一〇〇〜二〇〇石の中層家臣の負担が変わらず、むしろ、物成二〇石以下の下層家臣において、比率が高くなっていることが挙げられる。この点、柴多一雄氏は政治史的観点より、上層家臣（三家・親類・親類同格層）に対する妥協的藩政の在り方が示されていると指摘される(27)が、その背景には知行地の荒廃化があったと思われる。しかし、元文元年には上層家臣の出米率が宝永段階に復して上げられると同時に、一〇〇〜二〇〇石層においても上昇している。ところが、寛保三年には再び出米率が下げられており、延享二年も同率となっている。これは知行地の荒廃化に起因した家臣（給人）財政の窮乏化および先述の政治抗争が絡んでいたものと思われる。そして寛延三年には、勤と休息という藩役職の就任の有無に応じて、出米率を決定するという、藩財政・役方機構と家臣財政の実状に即した新たな賦課方式が打ち出され、これは以後継承される。

このように、享保飢饉後における出米率の変化は複雑な動きを示すものの、藩側の政策基調が出米高の増加およびそ

の安定化にあったことは明らかであろう。(28)

さらに、藩当局の関心は出米の俵拵にむけられる。出米の俵拵に関する規定は、管見の限り享保八年を上限とするが、(29)とくに享保飢饉以後、規定発布が増加する。一例を示そう。

一当出米ニ被相納候俵々左ニ致書載候、尤御登セ米ニ相成候得ハ、俵拵悪敷候てハ直段下直ニ有之候条、俵拵入念俵尺成程短ク仕立、四所懸ヶニ〆、古俵ニ入不申様可被仰付事（享保二〇年九月一四日条）

一俵之長サ御蔵方上米定尺之通、無相違可相整事(30)

いずれの規定もこれとほぼ同内容で、①出米は「御登セ米」（大坂上米か）となること、②そのため米の「直段下直」にならぬよう俵拵を「御蔵方上米」に準拠することが定められている。その背景に売米の上方販売強化があった。(31)元禄期には「上方江指登候米、善悪撰之儀ハ不及申、升数不同、廉直ニ〆俵之見懸迄成程能様可仕候、左候而右米横目之者能相改、船頭江相渡候様」(32)と、まず蔵入米について上方指登米を前提に「俵之見懸」が指示されている。この登セ米政策の一環として家臣出米についても俵拵が定められたのである。

とくに知行地からの出米は、知行地農民が直接最寄の藩蔵へ納入し、蔵番が発行した請取手形が給人屋敷（佐賀）の屋敷詰役（給人の陪臣）を通じ

表17 出米・出銀率（宝永１～寛延３年）

階層＼年次	宝永1	享保19	元文1	寛保3	延享2	寛延3 勤	寛延3 休
親類・家老	出米5 割	出米4 割	現米5 割	3.5割	3.5割	3 割	4 割
着座以下惣侍物成200石迄	〃 4	〃 3	〃 4	2.5	2.5	2	3
惣侍物成200～100石	〃 3	〃 2.5	〃 3.5	2	2	1.5	2.5
同 100～50石	〃 2	〃 2	〃 3	1.5	1.5	1	2
同 50～21石	〃 1	〃 1	〃 2.5	1	1	銀2 割	
同 20石以下	〃 1	出銀3	出銀3	御馳走銀2.5	御馳走銀2.5	〃1.5	
手明鑓、歩行、職人、大工棟梁、船頭他	出銀1	〃 2.5	〃 2.5	〃 2	〃 2	〃1.5	
小道具、船手役者他	〃 1	〃 2	〃 2	〃 1.5	〃 1.5	〃1	

註）宝永１年・享保19年は、木原溥幸「佐賀藩における享保期について」（第４・８表）、元文１年は「跟日記」元文元年８月５日条、寛保３年は「跟日記」寛保３年６月26日条、延享２年は「倉町鍋島家日記」延享２年８月10日条、寛延３年は「納富鍋島日記」寛延３年８月27日条より各々作成。

て、仕組方さらに御馳走米方へ渡されるという方式[33]が採られた。このため、蔵入並を原則とした俵拵規定は、直接知行地における農民の出米、年貢納入法を規制することになった。しかも、享保二〇年、元文元年と相次いで藩当局は未納出米は、これを切地にて納めるよう命じた。[34]切地とは後述する如く、知行地の一部を藩の直接管轄（切地代官支配）にすることであり、一時的ではあるもののいわば知行地の蔵入地化を意味していた。享保飢饉に起因して藩体制が未曾有の危機的状況を迎えるといういわば藩政の転換期のなかで、給人知行制もその変容を迫られようとしているのである。次節では、この知行地に対する切地およびその発展形態である上支配の検討を通じ、藩政中期の知行制について考えることにしよう。

第三節　知行地の切地と上支配

佐賀藩における知行地の切地および上支配に関する先学の研究としては、城島正祥氏による仕事[35]がある。氏は、家臣財政の窮乏化から問題を説き起こし、切地の由来・整備過程、切地と上支配の関係、切地・上支配の際の農民支配の実態等について、体系的に実証されている。しかし、氏の研究においても充分明らかにされ得なかった点がある。例えば、切地・上支配時における支配ないし訴訟機構、すなわち藩側の支配機構と給人が独自に設定している知行地支配機構（郷方役等）との関係、藩当局の知行地に対する直接検見（「上検見」）の実態、上支配の際給人に支給される相続米の宛行方式、そして、知行地が切地・上支配という藩当局による直接管轄支配のもとにおかれながらも、結局、蔵入地化されるに至らなかった理由である。いわば藩権力による知行地に対する蔵入化の論理と給人による知行地支配の論理の妥協と相克という、近世知行制の特質解明にもかかわる重要な論点が提示されないままに終わっている。

そこで本節では、城島氏の研究に学びながら右の諸点の検討を試みることにしよう。なお、その評価については、次節で考察する。

(1) 切地・上支配の由来と展開

切地とは文字通り知行地の一定域が指定され、これが藩当局の直接管轄支配のもとにおかれることであるが、その由来は家臣の借銀返済法に求められる。元禄二年の家臣の私日記[36]によれば、「親類、家老中中太守、行家中憐愍之借銀、是頃年家士大窮因之故」という家臣財政の窮乏化のなかで、「銀一貫目所借者、知行其分渡十石干役所」と借銀一貫目につき、地米一〇石を藩庁管理下に置き、「領百石者各三貫目、上下皆随比数」と、物成一〇〇石につき三貫目、つまり地米三石の割合での切地による借銀返済が定められた。このようにいわば知行地を担保とした借銀返済制度に切地の由来を求めることができる。ところでこの借銀は、先の日記によれば「其法課城下町人之富者令出銀、其数随分限有増減」というごとく、城下町商人からの家中借銀を対象としたものであった。

しかし、このような商人借銀の返済にとどまらず、切地は上借銀＝藩当局からの借銀返済、さらに藩当局より賦課される出米・出銀やその滞米銀の納入についても実施されるようになる。倉町鍋島氏はすでに享保一二年八月、上借銀に対して切地を差出している[37]。出銀については、同じく倉町鍋島氏が享保一三年九月、一貫三〇〇目の切地差出しを切地方へ申請しており[38]、出米については翌一四年、横岳鍋島氏（家老、物成三、〇〇〇石）が、五部出米賦課に対し知行地の五部切地を差出している[39]。

なおここで指摘しておきたいことは、本来、切地による借銀返済、出米・出銀納入は、家臣（給人）が財政窮乏化のなかで自ら選択した返済手段であり藩当局が強制するものではなかったということである。ところが、享保飢饉後藩財政に占める出米の重要性が増大してくると変化がみられた。享保二〇年、元文元年に相次いで出米の切地差出しが定められたことは先述の通りである。この事実は享保飢饉以後の知行地荒廃化のなかで、藩権力が切地という手段で出米確保を企図していたことを示すものである。その方針は次の規定に明確に示される。

(寛保三年六月二六日)
一滞主之人、滞米并当御馳走米共ニ切地之事
　但落米三部三切副之勘定ニ而切地床可差出候事
一滞多有之人、当御馳走米加テ各方ハ知行高四部半、着座以下者四部切地之事
　但落米右同断切副之事
一右四部半并四部之上納残米有之者、明春相納候事(40)(後略)

出米の滞分および当該年の出米(御馳走米)ともに切地納めとし、その切地比率も各方(親類・親類同格・家老を指すのか)が知行高の四部半(四五%)、着座以下が四部とされた。「滞多有之人」の該当者が、家臣団中どの程度を占めたのかは判然としないものの、切地政策を媒介とした出米納入の徹底化と捉えることができよう。

以上のように、借銀返済や出米納入に際し、元禄期以降、知行地の一部を藩当局の直接管轄とする切地政策が採られ、享保飢饉以降は出米の滞納者に対して強制的な切地納入が規定されるに至った。ところで、享保飢饉以後になると、切地をもっても出米完納ができない家臣がでてきた。この場合、その家臣は自らの知行地の全てを藩側の管轄化におくこと、つまり知行地の上支配を申請することになる。元文元年の姉川鍋島氏の場合をみてみよう。

(元文元年七月二〇日)
一当暮現米五部御出米被差上候付而者、御切地を以可被差上哉、又者皆以　御上御支配可被相頼哉と鍋島左太夫殿、原次郎兵衛殿、中野弥太夫殿被相招、何茂御出有之候(中略)
附五部御出米於被差上者、去秋御出米御不足弐百五拾石打加、且又春落并明田畠等有之候者、何之通　御上

御支配不被相願候て者被為叶間敷と御吟味之上、従　其身瓜様御願書御当役帯刀様江被相当、差出可然由ニ而御案詞相調候也(41)

つまり、現米五部出米に際し知行地の一部を切地とするか、知行地の全てを「御上御支配」とするかについて審議された。その結果、今年度は去年の出米不足分二五〇石を加えて出米しなければならないものの春落や明田畠等があり、知行地よりの収納米はむしろ減少するため、「御上御支配」を藩当局へ申請することが決定されている。

知行地の全てが藩の直接管轄になるという意味での上支配の初出は、必ずしも明らかではないものの(42)、享保飢饉の二年後にあたる享保一九年六月の請役所触達には次のような規定がみられる。

(享保一九年六月一三日)
自然大分之春落等申付置、何分相心得候而も部高之出米差上候而は、何之道相続不相叶人之儀ハ、知行不残御上支配相願候ハハ其通被仰付、其人江は御吟味之上不及飢分飯料被差出候事(43)

「大分之春落」や「部高之出米」の納入により財政的に困窮した家臣が上支配を申請し、それに対して「不及飢分飯料」が支給されていたことが解る。さらに、元文三年八月、倉町鍋島氏は次のような「口上覚」を請役所に提出している。

(元文三年八月七日)
口上覚

私知行所近年損毛打続、百姓共至極及零落罷在候末、明田之儀も数拾町ニ罷成候付而、当春相応之成下ヶ等申付候得共、自分之介抱不及手、残明田過分有之、其上当夏毎度之洪水ニ而痛田多、旁以極難之参懸り御座候、依之当秋出米之義自分ゟ相納候義迷惑至極奉存候得者、当年之知行所不残　御上御支配被仰付被下度奉願候、此段節々宣被相達可被下儀頼入存候、以上(44)

数十町の明田を伴った知行地の荒廃化、「成下ヶ」(物成率の引下げ)による農民救済に限界があること等が訴えられている。出米納入に際する上支配申請については「毎度相続候儀、迷惑至極奉存候」とあり、元文三年以前より数ヶ年申請されていたことが知られる。以上より、上支配は元禄期よりみられた切地の発展形態として、享保飢饉以後の知行地の荒廃化および出米制度の強化を背景として開始されたものとすることができよう。

いずれにしても、かかる経緯のなかで制度的展開をみせた切地および上支配下における知行地支配の実態について、以下に検討を加えることにしよう。

(2)　知行地支配の実態

(a)　切地・上支配の決定

借銀返済ないし出米未納分の充当のため、給人が知行地の切地を藩当局に申請しそれが認められた場合、問題となるのは知行地のうちどの部分を切地とするのか、つまり切地床の決定である。藩当局は当然のことながら損毛地を回避する。享保一四年八月の「今度切地請取様之覚」(45)には以下の如く定められている。

(享保一四年八月)
一苗不立田地之事
一苗植付不物《ママ》立皆否ニ而苗不立同前之田地之事
右今度切地石高地床之内、右田地差除残地床之分受取候事
（中略）
一切地床、毛上五部以上之損毛と相見候而も、先ッ地床請取可申事
但右切地斗五部以上之損毛と相見へ自分所務之所、毛上不相知候条、惣知行廻シ次第追而御吟味可有之由候、右損毛在所請取申を見及之趣、書付急度差出候様、地床請取之役人へ申達候事

一切地床皆否之在所と相見へ候ハハ、地床請取ニ不及見之趣書付差出申候様、地床受取之役人へ申達候事

つまり、苗植付が不能な土地を対象外とし、切地床が決定した後も、切地床のみに五部（五〇％）以上の損毛が発生した場合および「皆否」の場合は、切地床の決定を御破算とし改めて選定するとしている。

一方、知行地農民層の切地に対する認識は忌避であった。その理由は後述するように切地となった場合、成定等の落米率が蔵入並の低率に押さえられたこと、また、「御切地と相懸りたる義者、跡方滞御座候科代之様ニ相聞え候」(46)と、切地化が一種の「科代」の如く意識されたからであった。したがって切地床の決定は藩当局と知行地農民の間に位置する給人にとって、かなり困難な問題と思われる。その際、種々の調整を果したのが、知行地支配の実務にあたっていた郷方役（給人の陪臣）と考えられるが、詳細は後考に期したい。(47)

切地床の決定後、地床の引渡しとなる。これは切地方より検者目付が知行地の郷方役人のもとへ派遣され、同役人立会のもとに「本帳」が引渡された。(48)「本帳」とは切地床対象地（村）の年貢収納関係帳簿であったと思われる。これより、年貢収納にかかわる諸権限が藩当局に移管されたと評価できよう。したがって、地床の引渡しは年貢収納時期にあたる七・八月に実施され、翌年二〜三月中に差返されることになる。つまり切地とは、年貢収納期間に限定されていたのである。

切地をもっても出米完納ができないかそのような可能性があると判断される場合、上支配となった。これも切地同様、給人側の申請制で、(49)期間は年貢収納期間とされた。(50)

このように、切地・上支配の決定に関しては、給人・郷方役人および知行地農民の間で種々の調整がなされるにしても、原則として給人からの申請制であり、年貢収納期間に限定されていたことを確認しておきたい。

(b)　支配・訴訟機構

切地・上支配ともに年貢収納期間に限定されていたため、支配・訴訟機構は給人が通常編成している知行地支配機構がベースとなり、その上に、藩当局による役方・訴訟機構が接続されるという形態であった。この点について、まず知行地支配機構の検討から始めよう。(51)

図4は納富鍋島氏、倉町鍋島氏の家臣日記を素材に知行地支配機構を模式化したものである。まず給人は自らの陪臣を詰役と郷方役に編成する。(52)詰役とは佐賀城下の家臣（給人）屋敷に文字通り詰める役である。彼らは給人の家政的な事務を取り仕切るとともに、藩役所との交渉、(53)知行地担当の郷方役との連絡等、知行地支配に関する藩当局・給人・郷方役の各意向を集約し、とくに屋敷詰役の筆頭者は用人・当役とも呼ばれ、給人の対外的意思決定にかかわる重要な役であった。一方、郷方とは知行地支配の実務を担当する役方のことである。その職掌は、物成徴収、物成勘定、知行地村への法度渡し、損毛・水損による荒廃化の検分、さらに知行地百姓による各種の訴訟手続きの起案等、いわば知行地支配の要であった（次章参照）。役方の名称は給人によりまた時期により変化がみられるものの、陪臣による役方編成が佐賀屋敷詰役と郷方役の二元的編成をとることは、知行方役人を編成するいずれの給人の場合も同様であったと考えられる。ここには兵農分離を遂げた近世家臣による知行地支配の特質の一端が示されているのである。(54)例えば神代鍋島家は「巻」と「第」という二タイプの家臣日記を有し、(55)前者が知行地の郷方役、後者が佐賀屋敷詰役により作成されたものである。陪臣による知行方役人の二元的編成に基づいた記録が作成されていることは興味深い。

知行地百姓からなる庄屋・村役は、郷方役のもとにあってその下知に従うとともに、惣百姓からの種々の要求は庄屋・村役を通じて郷方役へ上申される。庄屋は給人が命じ、それ以外の村役は惣百姓より候補者を選出し、これに基

図4　知行地支配機構

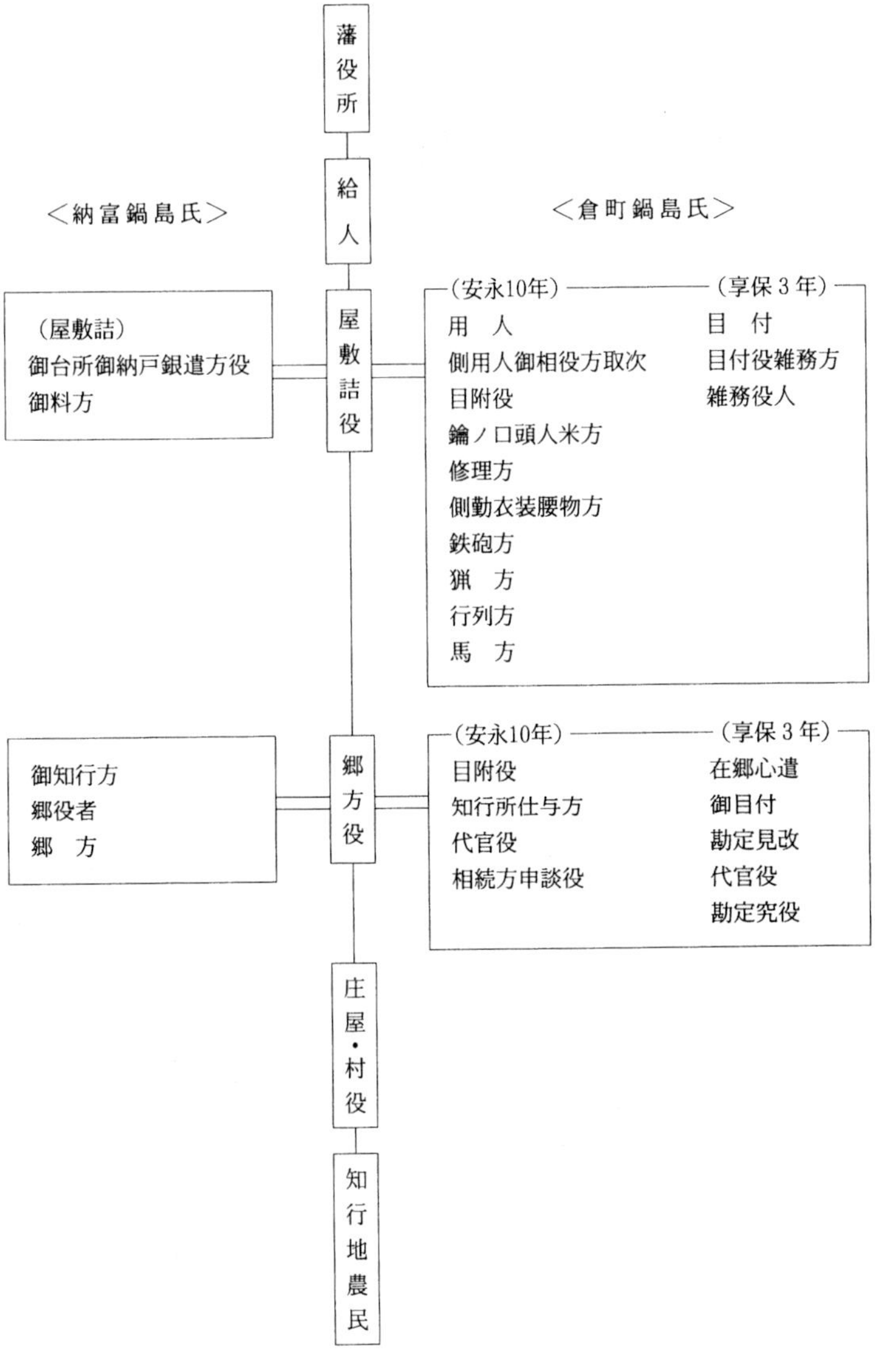

註）屋敷詰役・郷方役については、倉町鍋島氏・納富鍋島氏の場合を例示した。倉町鍋島氏は、両役の交代期（９月）に、役方名簿が作成され、家臣日記に記載されるため、概要が把握しやすい。納富鍋島氏は、まとまった役方名簿がみられないため、家臣日記の記事（享保期以降）より再構成したものである。

づき給人が決定していたと思われる。(56)

(享保二〇年九月二一日)

一今日郷方役幷御私領六ヶ村庄屋村役　御屋敷差寄、毎歳之通御物成取立其外之儀申渡候事(57)

この史料によれば、毎年郷方役と知行地村の庄屋・村役が給人屋敷へ呼ばれ、物成取立てその外の申渡しが伝えられたことが知られる。恐らく実際の知行地運営にあたっては、郷方役と庄屋・村役の日常的な接触・談合がなされたものと考えられる。

以上が知行地支配機構の概要である。これが切地あるいは上支配の場合、支配・訴訟機構は図5のように変化した。切地あるいは上支配となる場合、知行地は知行懸代官（切地の場合は切地代官）の支配下となる。宝暦四年の倉町鍋島氏の場合、次の史料の如くである。

一当秋御知行所懸り代官荒木藤右衛門へ御使被仰付、早田儀左衛門相勤、左之通口上書相認持参(宝暦四年八月一六日)

鍋島主税使

今程弥御堅固御座候半と珍重存候、当秋切地代官被相勤由承候、御苦労存候、然者私知行所近年　上御支配差上候ハハ、別而零落在所ニ而御役内御無法《ママ》可罷成と存候、万端宣敷御取斗頼入存候、此段旁々申述使申付候、以上(58)

当時、知行懸代官であった荒木藤右衛門の詳細は不明であるが、寛保二年段階では鍋島十太夫組に属し切米三〇石、長柄鑓足軽与頭であった。(59)この荒木に対し倉町鍋島氏は、元〆役居付という屋敷詰役にあった早田儀左衛門(60)を使者とし、知行地の切地にあたり「万端宣敷御取斗頼入存候」と、知行地支配を自ら依頼している。

大庄屋も関与してくる。

図5　切地・上支配時の知行地支配機構

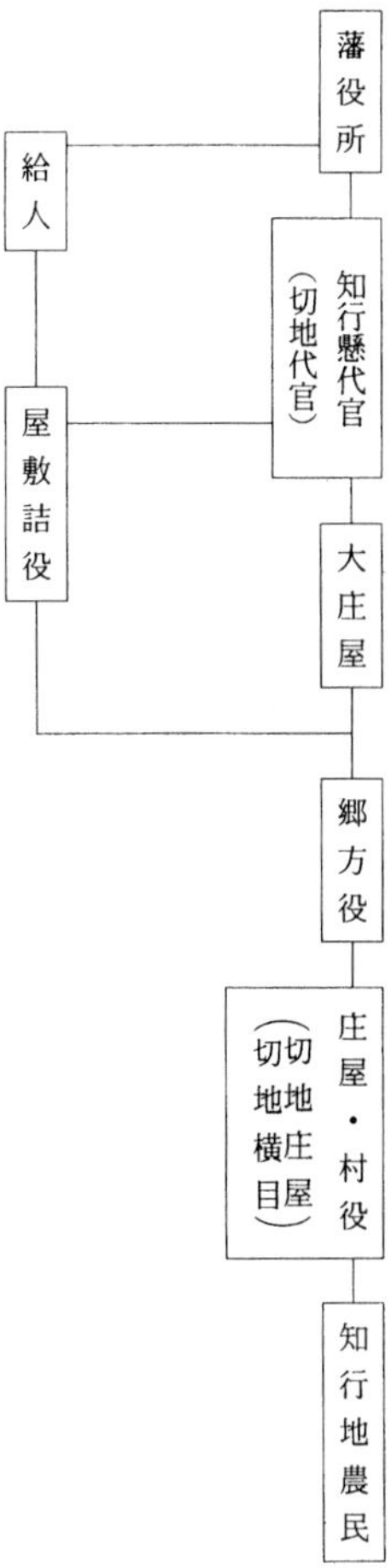

（宝暦四年閏二月二二日）
一前ニ有之候郷方ゟ願書筋々差出候処、御知行所之義、上御支配内ニ付、郷方ゟ大庄屋点合を以、代官筋へ差出
候様ニと有之、右之願書今日内記様御方ゟ差戻候也(61)

上支配中であれば郷方よりの願書が大庄屋の点合（承認）を得て、代官筋へ提出されることが知られる。さらに知行地村役の代官見立についても原則は「大庄屋筋を以申付」、「委細懸り代官石井茂右衛門へ可相談」と、知行懸代官、大庄屋に決定権があったのである。(62) しかし、実際には従来の知行地庄屋・村役が切地・上支配時においても、いわば兼任されている。(63) したがって、知行地庄屋役については次のように認識されている。

（宝暦一三年九月三日）
一三日千布村庄屋平八へ仰渡
右之者義、庄屋役相続相勤、御上御私扨又惣百姓之手当宣実躰ニ役儀相勤候由相聞候、依之居肩被召替御歩行
通ニ被召成御切米弐石被為拝領候、庄屋役居付其方一人ニ被仰付候也

庄屋
平八

右之通記候ニ而庄右衛門・夘右衛門より申渡候也(64)

すなわち、倉町鍋島氏の知行地（佐嘉郡上佐嘉郷千布村）の庄屋役について、「御上御私扨又惣百姓之手当宣」と、知行地の庄屋役を勤めることが同時に「御上」の役をも果たすことと認識されている。このような知行地庄屋役をめぐる認識は、切地・上支配という新しい知行形態の発生に伴うものであろうか。

以上のように、切地・上支配となった場合でも給人が編成していた知行地支配機構をベースとしていた。このため知行地からの訴訟・要求も知行地庄屋・村役から郷方役を経て、さらに屋敷詰役を通じ上申されるのである(65)。例えば寛延三年一一月、上支配中の倉町鍋島氏より知行地千布村の春落一部増の申請が出された時は、

庄屋　孫八　　　　　　　　　　倉町鍋島氏の副書
　　　　　　　　　　　　　　　　　↓
村横目　郡兵衛・次右衛門・左兵衛　➡　江原甚兵衛（郷方役）(66)　➡　石井甚五左衛門（屋敷詰役）(67)　➡　請役所
惣百姓中

という如くである。

切地・上支配といえども、所与の知行地支配機構にいわば寄生した形態であったといえ、このことは切地・上支配が、給人知行制を前提としていたことを示しているのである。

(c)　検見と落米

切地・上支配のいずれの場合も、給人による単年度ごとの申請制であり、その期間も原則として物成収納期間にあたる七・八月より翌年の二・三月までと限定されていた。このため、切地・上支配にあたっては、知行懸代官・大庄屋の管轄下になるものの、給人の独自編成による知行地支配機構（屋敷詰役、郷方役、庄屋・村役）をそのベースにしていた。しかし、藩当局よりみれば切地の対象地は荒廃地を除外したものとされ、また当該地の損毛率が高い場合は、地床の決定を御破算にし新たに選定するというように（先述）、年貢増徴の意図まではなかったにしても、(68)借銀・出米の代償にあたる収納は確保されねばならなかった。また年貢収納をめぐり、農民にとっての最大関心事は、検見による落米率であった。佐賀藩における徴租法については先述したように、地米高として定められた定免制であり、毎年、検見により決まった落米が控除され年貢収納高が決定していた。したがって切地・上支配の際には、検見による落米率が知行地をめぐる一つの重要な問題となるのである。

知行地では、本来給人が独自に検見を実施し落米率を定めていた。

（享保五年八月六日）
一向嶋村一通ﾘ見分仕、武富近右衛門・宮地安左衛門罷出、此間見分ニハ相替殊外田作能相成候、只今之通ニ候ハヽ、多分落米三部位共ニ而可有之由、尤庄屋千左衛門ゟも御上検見被相願候儀迷惑仕候由、内證吉武浅右衛門迄咄出候由、依之上検見被相願候儀扣候事(69)

史料中、武富・宮地は郷方役であろう。彼らの立会のもとに、「此間見分ニハ相替殊外田作能相成」との記述よりすれば、知行地村の検見が少なくとも二回以上実施されていると思われる。しかもそれが上検見、つまり藩当局管轄下に行われる検見申請の有無の判断とされる。すなわち知行地の場合、上検見（損毛が大きい場合に申請）ではなく給人が自らの知行方役人（郷方役等）を通じて検見が実施されていたのである。なお、庄屋が上検見を「迷惑」としていることは注目しておこう。

これに対し、享保飢饉後にはその方針に変化がみられる。例えば享保二〇年二月一八日、納富鍋島氏の郷方役（秋山孫右衛門）は給人屋敷へ赴き、知行地三ヶ村（三根郡下津毛村・神埼郡城原村・姉川村）の春落を願い出た。これに対し納富鍋島氏は「御上御蔵入之畢竟も可有之付而、願之通ニハ不被仰付」と申請を却下している。[70]このような検見ないし落米をめぐる変化の背景には、蔵入地における検見方針の強化と知行地の切地・上支配政策があった。そこで蔵入地の検見について触れておこう。

宝永六年の落米規定によれば、「落米之儀、村中無滞様支配仕候（中略）、落米員数小百姓迄不存候ヘハ、後日出入有之旨候条、会所頭人ゟ以検者、村々小百姓共可相究候」[71]とされていたものが、享保一八年には、①田植え時期に「畝分帳面」を蔵方役へ差し出すこと、②「不作之所」が発生した場合は庄屋・村役吟味の上、（村方で下検見を実施し、その際作成した）[72]「検見帳」を蔵方へ提出すること、③それを受け、蔵入頭人の差図で検者が派遣されること等に改められた。[73]ここで重要なことは「畝分帳」と「検見帳」の二帳簿が作成されたことである。では、二帳簿は何のために作成されるのであろうか。次の史料をみてみよう。

（元文二年閏二月二八日）
一城原村検見帳、畝歩帳と相違所有之候付而、当年之儀科代文銀十五匁庄屋江被相懸候、尤明年ゟ右相違有之候ハヽ、定り之通被仰付之由、今日庄屋次八召呼書付ニ而申渡候也[74]

（元文二年二月二日）
一下津毛村検見帳、畝分と相違付而、為科代文銀十五匁庄屋江被相懸候、当年之儀科銀右之通被仰付、明年ゟ違目有之候ハヽ、定り之通可被仰付由、書付を今日庄や権右衛門へ申付候事[75]

右史料は、「納富鍋島家日記」からの引用で城原・下津毛両村とも同氏の知行地である。したがって、第一に落米決定に関する畝分（歩）帳・検見帳の二帳簿制が、蔵入地のみならず納富鍋島氏の知行地にも適用されていたこと[76]が知られる。第二に、二帳簿制が庄屋の落米をめぐるいわば不正摘発にあったことが分かる。

それでは庄屋不正の理由は何であろうか。検見は村方での下検見から始められる。

（延享四年四月一五日）
一検見相願候郷内之儀、一村ニて庄屋・村役・頭百姓偖又検見願之田主立会能致吟味合懸無相違、下検見相済候
上、早速検者方江注進之事[77]

このように村方で予め実施する下検見は、旧来からの慣例と思われ、蔵入地・知行地を問わなかったと考えられる。この下検見の際に作成されるのが検見帳であるわけで、庄屋の不正はむしろ惣百姓の意向の反影と捉えられ、落米率の問題が介在していた。とくに知行地の場合、本来給人独自で決定していたが（これを「自分支配」という）、元文元年八月、次のように改められた。

（元文元年八月一四日）
一当秋御上御支配之給々、田地為居付新ニ春落相増扨又成定等之儀申付有之候共、無構去秋之通其村之春落御蔵
入ニ准シ目安ニ可被相立事
一当切地給々之儀、当春田作為居付自分ニ春落成定等申付有之候共無御構候、夫共ニ田作居付として春落成定等
申付置候ハヽ、自分引合可有之候事[78]

方針はいたって明確である。上支配・切地のいずれの場合も、「自分」に定めた春落・成定を破棄し蔵入並、あるいは「自分引合」つまり給人自らの責任で落米の補填（これを「間米」という）するよう規定された。例えば寛延三年の倉町鍋島氏の場合、「御自分御支配之節ハ、春落三部半ゟ四部迄御上御支配ニ相成候ニ付而、隣村揓《ママ》春落二部六合」[79]とするように、給人の「自分支配」から切地・上支配となった場合、その落米率の低下は著しかった。しかも、出米（御馳走米）が滞っている給人に対して漸次、切地が強制されるとともに[80]、「大損毛」の知行地に対する上検見が義務づけられ、上検見を申請しない知行地の落米は認められなくなったのである。[81]

以上のような経緯により、本来給人が有していた落米決定権を藩当局は条件つきながら（切地・上支配ないし大損毛時）制限するに至ったのである。

(d)　相続米の支給

知行が上支配となった場合、給人は従来通りの年貢徴収を行うことができず、一定の相続米が支給される。その率は物成や切米に対して一〇〇石以上は二部、以下は二部半というのが一般的であった。なお、相続米支給の開始は享保飢饉以後の上支配制度の成立時点であると考えられる(82)。

ところでここで指摘しておきたいことは相続米の支給方法についてである。当初（享保期末～安永四年）、その支給は給人自らの知行地からなされていた。その際、まず「相続米村割」が知行懸代官の管轄下で実施され、各知行地村から支給される相続米が白米・赤米別に決定されていた(83)。実際の支給法は次の如くである。

（寛延二年九月二六日）
一当秋知行所御上支配ニ付、懸り下代小林龍左衛門近日千布罷越居、赤懸り口郷蔵納仕候、御相続米赤方之儀比日筈相渡千布へ筈入仕置候へ共、代官下代ゟ郷蔵納仕候上ニ而相払可申（中略）御台所御用差支候故、南里次兵衛被仰付、江原甚兵衛申談、当月中御筈入白赤皆納仕候様ニと御座候得共、前断之通ニ付、庄屋・村役も致難趣ニ候、惣代跡方懸下代へハ御屋敷ゟ御酒肴なと被下候(84)（後略）

（寛延二年一〇月二五日）
一廿五日、当秋御相続米白方一通、今日代官ゟ当筈差出被申候、右筈千布懸り下代小林龍左衛門千布罷越居候付、南里次兵衛罷越米納方之儀申談候也(85)

つまり、当該年度分の相続米が赤米・白米のそれぞれについて代官（知行懸代官）発行の「当筈」に基づき自らの知行地より収納された。知行地に対する「相続米村割」は、給人側からすれば自らの知行地にもかかわらず上支配のため相続米収納地が代官管轄下にて指定されることを意味する。しかし、なお給人は「当秋御知行所御支配御願ニ付而ハ御願被成候由、扨又御相続米之儀、皆以御知行所村々江割筈有之候様、御願被成候事(86)」として、自らの知行地からの相続米支給を望んでいる。上支配の相続米渡しとはいえ、ここには給人が知行地との密接な関係を志向していたことが窺える。

ところが、藩当局は安永四年八月、相続米規定を次のように改めた。

一相続米之儀、勤ハ二部半、休息ハ弐部ニ可被相定候事（安永四年八月二八日）

一上御支配相願候人々之儀、相続米唯今迄ハ其給々ゟ被相渡来候得共、当秋之儀ハ他之郷村ゟ筈入を以可被相渡候事(87)

まず、支給率の基準を物成高から役方への就任の有無に変更した。これは鍋島治茂による藩政改革の一環として同年九月二九日に実施された行政整理と職制改革(88)の前提として捉られる。そして知行制の面でさらに注目されるのは、相続米支給について、給人自らの「給々ゟ被相渡来」という方式が改編され、「当秋之儀ハ他之郷村ゟ筈入を以可被相渡」と、相続米支給を通じた知行地との関係が断たれたことである。

治茂による中期藩政改革(89)の過程で、知行制は再び転換期を迎えようとしているのである。

第四節　知行地支配の特質

地方知行が堅持されるとはいえ、知行地支配の村落レベルにおける実態は、庄屋史料を初め地方史料が稀少な佐賀藩において、その分析は極めて困難である。このような史料的制約を補う意味で、前節では家臣日記を素材に考察を加えた。もっとも、家臣日記は屋敷詰役・郷方役等が記録したいわば領主側の史料であり、その分析には自ずと限界がある。したがって、切地・上支配の実態究明について必ずしも完全を期したとは言い難い。しかし、中期知行制をめぐる諸々の問題を孕んでいると思われるため、改めて本節で論点を整理し、その評価をめぐって考察することにしよう。

第一に家臣知行地が切地ないし上支配となることは、いわば藩権力による公的機能の発動であったということである。佐賀藩の場合、このことは特に重要である。すなわち、親類・親類同格層は大配分と称され、自らの知行地を「私領」と観念し、家老の場合もその傾向が強い(90)。この点は佐賀藩体制の成立過程ないし権力構造との問題とかかわり(91)、また近世領主制の観点からも興味深い。城島正祥氏は大配分領を、特に「自治領」と規定される(92)。このような給人知行地が具体的な地床を伴ったものであることは言うまでもなく、知行地と蔵入地ないし知行地相互に境公事（境界争い）さえみられた(93)。また知行地村の火事につき、庄屋より提出された、焼失竃名が、

（村名）	（蔵入・配分の別）	（小名）	（給人名）	（百姓名）
堤村	御配分	切通	生野織部百姓	平蔵(94)

と記されるように、給知百姓の所属関係を示す場合、居住村名、蔵入地・配分地の区分、小名等とともに給人名が並記される。つまり、給人の知行地支配は実態を伴ったものであったことを再説しておこう。このように、佐賀藩知行制ないし領主制が独自の性格を有する故に、藩権力が家臣知行地に対し、公的機能の発動をもっていわゆる「上」支配とした意味は重要なのである。

第二に、その「上」支配は藩財政の健全化のために強行された出米完納を目的としていたことである。とくに享保飢饉後の藩財政は極度に悪化していた。享保一七年の蔵入年貢収納高は、地米高一二九、八九〇石余に対して、僅かに二三、五五九石余（一八・一％）にとどまっている。これは享保一〇年の年貢収入七〇、四七三石余より約五万石

も少なく、その三分の一にも満たない。(95)また享保二〇年の米収入予算高は合米一三〇、五五〇石余であるものの、このうち四三％にあたる五六、一三六石余が落米として予定されている。しかも、銀収入として計上された銀四六九貫三四〇匁から銀支出の合銀一、二〇〇貫九六七匁余を引いた銀七四一貫六二七匁余が赤字として計上されている。(96)家臣への出米はこのような享保飢饉後の藩財政の危機的状況のなかで強制され、その完納手段が切地・上支配であったのである。

第三に、切地・上支配ともに知行地の蔵入地化を本質的には志向していなかったということである。確かに落米率は蔵入並の低率に押さえられてはいたが、それは出米高確保の目的以外の何ものでもなかった。したがって、切地・上支配は給人からの申請制を原則とする。長期間の切地・上支配でも一年更新制か予め年限が決められており、藩側から切地を強制する場合も、出米滞納者に限定されていた。藩当局による切地・上支配の意図はこのように明快であった。

第四に、切地・上支配が知行地の蔵入地化へと展開しなかった理由である。この点に関してはその評価が難しいものの、藩当局の立場からは、二つの問題が介在していたといえよう。まず基本的に給人が勧農機能を有していたということである。次の史料をみてみよう。

当年飢饉付而、（天和元年四月一一日）御領中下々令困窮之由及餓死者も可有之旨被思召候、配分地之儀者其所之領主無油断、下々不及難儀様念を入其心遣可仕候、且又兼而如被仰付置候領主非儀之仕置無之様、弥相嗜可申付候、若邪之儀有之段於被聞召者不届ニ可被思召候（後略）(97)

飢饉時における配分地（知行地）の「心遣」を領主（給人）の義務と規定している。これは飢饉時のみの特例というよりは、領主（給人）による知行地「心遣」という原則を、飢饉時において再確認したものと捉えられる。この「心遣」

の具体的内容は、いわゆる給人知行権の問題とも絡んでくる。家臣日記には給人による種籾・救済米等の貸与の記事がしばしばみられ、「心遣」の内容は経済的救済を中心としたいわば勧農機能と考えることができよう。このため、給人知行地の蔵入地化は給人による勧農機能を藩当局が補償しなければならなかったのである。いまひとつの理由は家臣の役方就任の問題である。とくに上支配の場合、物成高の一部の相続米渡しとなるかわりに役方就任が免除された。(98)これは藩政運営に支障をきたすとともに、(99)御恩と奉公を基軸とした封建的主従制原理から逸脱するものであろう。切地・上支配政策がとられても、給人の申請制・一年更新制を原則とし、全面的な知行制度改革＝蔵入地化に帰結しなかったのは以上の二つの問題があったといえよう。

第五に給人層の切地・上支配さらには知行制そのものに対する認識である。この点について倉町鍋島氏を素材に考えてみよう。同氏は享保飢饉前後より知行地の明田畠化が進みその経営は著しく困難になっていた。その窮状は「私知行所千布村兼而損毛在所ニ候処、凶年以来猶又百姓共至極及零落明田畠過分ニ有之、右之内年々春落成定等を以過半居付置候得共、残明田畠数十町何分ニも居付之手前之手段無之」(100)と藩当局へ訴えられる。給人の知行地に対する春落・成定等の施策には自ずと限界があったことが知られる。そこで同氏は寛保元年秋、「御地走米并跡滞為納方地米七百三拾石余、作地ゟ切地ニ而差上」(101)と、当年の御馳走米（出米）および旧来の滞米について、切地差出しを決定した。切地・上支配の場合、落米率が蔵入地並とされ、「自分支配」の場合より低率となるため、給人はその差額を知行地農民に「間米」として支給することもあった。いわば給人による勧農機能が留保されている。しかし、同氏の場合「間米自分ニ取せ候義不相叶ニ付、極々百姓共及迷惑」(102)という有様であった。そこで同氏は寛保二年春、「知行所不残御上御支配」を申請したもののそれは却下された。(103)このため、「御上御支配之義者不被相叶旨ニ候得者可奉願様無之、御上役者居付之立合被仰付於被下者、百姓共も納得仕過半居付ニ而も可有御座」(104)と、上支配が実現されないのであれば藩役人による「田居付之立合」、いわば勧農機能の代行を訴えている。しかもこれは「百姓共も納得」させるという支配の正当性の成否にもかかわっていたのである。そしてこの申請が却下されれば「外ニ参筋も無御座、源重（厳）無是非仕合ニ候得共、知行所不残差上申ゟ外無御座候(105)」とまで断言している。これには倉町鍋島氏による誇張があったにせよ給人に知行地差上げを覚悟させるほど給人財政の窮乏、知行地の疲弊化が進行していたのである。給人はむしろ切地・上支配を支持・期待する面を有していたといえよう。給人知行制が存続しながらも、知行制に対する観念は、戦国期ないし近世初期に比較すれば著しく変容していたと考えられる。このことは、単に給人知行権が藩権力により制限・形骸化されたという観点のみではなく、幕藩領主経済のなかに位置づけられた給人財政の窮乏化、飢饉によるその進行、およびそれに規定された給人層の知行に対する認識の変化という観点からも、知行制の検討が必要であることを教えてくれる。

第六に、知行地支配に直接あたっていた郷方役および知行地を核とした村落共同体の評価である。郷方役は給人の陪臣であるが、日常的には知行地村に居住していた場合が多く(106)、村方の事情に精通していた。したがって、春落・物成等年貢徴収に関する事柄に限らず、知行地農民層は村方に関する種々の訴訟・要求について庄屋・村役を通じて郷方役に談合した。それは切地・上支配の場合も同様である。知行地農民層はいわば知行地共同体としての諸要求の実現を郷方役に期したのである。明和元年三月、納富鍋島氏の知行地三根郡下津毛村農民は、「下津毛村百姓中・村横目甚六・庄屋権右衛門」の連名にて、郷方役吉田瀬十へ「口上之覚(107)」を提訴した。内容は、下村数ヶ村が藩当局に築堤普請の申請を出していることに対し、湿田化が促進されることを理由に下津毛村として築堤の差止めを願い出たものである。そして最後に要求が通らなければ知行地下津毛村の「数拾軒之百姓永々相続可仕様無御座、尤大庄屋筋江も差支候訳具ニ懸合置候得共、百姓躰末以ハ何分可相成哉、無十方難閣奉詫義御座候条、彼是之趣御慈恵を以、宣被為聞食、只今迄之通ニ而、永々村方相立候様被仰付被下候通、御筋々被仰達被下儀源重（厳）奉頼候」と記している。文字通り「百姓躰」である知行地農民層が自らの要求完徹を郷方役、さらに知行制の論理に期しているのである。かかる観点よりみれば、近世村落が一村村請制的原理のみに貫かれているとは言い難い。むしろ複数の小共同体の一つが知行地共同体なのである。

一（元文三年二月八日）姉川御知行百姓跡方村中給々打寄明神之祭相整候得共、凶年已後打絶、近年ハ給々一格〳〵ニ其領主ゟ祭料被差出祭仕之由、此御方ゟも何程成共祭料被仰付候ハハ御百姓中祭相調度旨相願候付而、当年為祭料八木壱斗可被下由(108)（後略）

これによれば、納富鍋島氏の知行地が含まれていた姉川村の明神祭が、①相給村にもかかわらず「給々打寄」、ひとつの「村」として執行されていたこと、つまり村請制的原理に貫かれていたこと、②しかし、凶年（享保飢饉か）以後中絶し、結局、知行地を単位として祭礼が復活したことが知られる。ここには給人知行地を核とした共同体、いわば知行地共同体の存在を想定することが可能であろう。この知行地共同体は、給人知行地が複数村にわたるいわゆる分散知行の場合でも、

一（宝暦二年八月二日）今日下津毛庄屋・村役、姉川江大風御見廻ニ罷出候事(109)

と、相互に結びつきを有し、検見願・雨乞願等、知行地村をめぐる全般にわたり、統一要求を行うことがしばしばみられる。郷方役は、このような知行地共同体（農民）と給人・藩当局（領主）とのいわば媒介項であった。階級的に領主層に属しながらも村方レベルで農民層と直接対峙する郷方役は、階級的に被支配者に属しながらも領主層の末端に位置づけられていた庄屋層と、知行地支配の面で相互補完的な役割を果していたのである。郷方役、庄屋・村役および知行地共同体の諸関係の分析が要請される所以はここにある。

以上、佐賀藩における知行地の切地・上支配政策の検討を中心に近世中期の知行制について考えてみた。史料的制約があり主として家老・着座等の上・中級家臣の日記を利用したため、分析の対象・方法が限定されざるを得なかった。しかし、給人知行制をめぐるいくつかの論点は提示できたのではないかと思う。それらについては今後の研究で問題の深化を図りたいが、就中、次の諸点は留意されよう。

第一に、給人知行制における勧農機能の問題である。この点について朝尾直弘氏は、日本の領主階級がその発生以来、領地経営の重要な属性としてきた勧農機能は、近世に至り個別給人領主レベルでは完全に無視され、土地生産性に重点をおいた大名領主単位の検地＝領知掌握がめざされたとする。そして、その機能は、郡奉行（上級権力）に集中されたという[110]。確かに損毛時、給人が藩当局に対し切地・上支配・上検見を申請するのは、勧農機能が最終的には給人を越えた上級領主に集中されていたことを示す。しかし、この勧農機能は、本来、生産物徴収機能に付随した属性とみるべきである。とすれば、大名権力が飢饉時における知行地の「心遣」を給人に確認した如く、基本的には給人側にあったとすることができよう。しかも、勧農とは狭義の経済的関係に止まらず、農民による各種の訴訟願い、雨乞、諸祭礼等の神事、正月・節句等の諸祝儀を初め、日常生活における給人と給知百姓の密接な関係を再生産させるものであろう。その意味で、給人による年貢徴収権といわば広義の勧農機能の実態・関係について分析する必要があろう。

第二に、知行地共同体の問題である。農民の日常生活の基盤となった共同体ないし実質地域的な単位として知行地共同体を想定する必要があろう。近世の村落共同体結合は、個別領主支配とセットにして考察されるべきで、むしろ両者の緊張関係を重視すべきであろう。知行地農民が、落米・水利普請・諸祭礼等、知行地共同体としての諸要求を藩当局に直接申請するよりも、自らが「百姓躰」なるが故に知行方役人に訴願するという、知行制の論理に期していた点は注目される。地方知行制下のいわゆる相給村落とはこのような知行地共同体＝小共同体が村請制原理を基軸に編成されたものを一つのタイプとして想定することができよう。

第三に、給人知行制と農民闘争との関連である。かつて秀村選三氏は「西南辺境型領国」という地域概念を設定され(111)、その構成要件として、藩権力の辺境的性格、地方知行の存続、郷士制度の存続、農民闘争の稀少性等を挙げられた。また、長野暹氏は特に佐賀藩について、給人知行制下において密度の高い諸施策・救恤が、農民層の不満を緩和し、一揆の発生を抑止したとされた(112)。いずれにしても、地方知行の存在が、農民闘争を顕在化させなかった主要な要因とされる。これに対して、丸山雍成氏は佐賀藩諫早一揆（寛延三年）の分析を通じ、①領民の巨大な潜在的エネルギーを無視することができないこと、②知行主と一般農民とが日常生活面で緊密な関係にあったこと、③領民の潜在的な力が上級の藩権力の政策基調にいかに作用したかという分析なしには、農民闘争の本質に迫れないこと等を指摘、地方知行と農民闘争の関係の再検討を提示されている(113)。以上の点については、まず、知行地支配のメカニズムに関する研究がさらに必要と思われる。特に本章では知行地の直接支配にあたる郷方役および庄屋層の存在に注目した。さらに村方レベルでの日常生活の実態究明が要請されよう。農民闘争の問題は基本的には領主対農民という関係で捉えるべきであろうが、現実の村方では給人、郷方役、庄屋・村役および知行地農民層（知行地共同体）という、複雑で多様な利害で結ばれた集団、人間関係が存在・拮抗していた。農民闘争と地方知行制の問題を考えるとき、村方レベルでのかかる日常的な深層の局面にまで分析のメスを入れる必要があろう。

以下、第二部・第三部において、本章で提起した諸問題の検討を中心に、知行地を拝領した家臣＝給人の領主的性格を考えてみたい（なお、近世の「給人」という場合、これから検討するような相対的に強い知行権を行使し得た階層と、いわば知行地に対する「上支配」が継続され、事実上の相続米＝蔵米支給化された階層に整理して考察する必要があろう。この点は一連の検討の後、改めて論じることにするが〔終章参照〕、指し当たり前者のタイプの「給人」を、領主的性格が強いという意味で「給人領主」と呼称する。これからの論述のなかで「給人」と呼ぶ場合、かかる「給人領主」タイプの「給人」を念頭においている)。第二部第五～七章では、給人領主およびその知行地支配が近世国家の秩序編成のなかで如何に位置づけられるのか、つまり、将軍・大名等の上位権力や民衆(村)との諸関係について検討を試みる。

註

(1) その代表的論者は金井圓(『藩制成立期の研究』〔吉川弘文館、一九七五年〕)、谷口澄夫(『岡山藩政史の研究』〔塙書房、一九六四年〕)の各氏である。また鈴木壽氏(『近世知行制の研究』〔日本学術振興会、一九七一年〕)も同様の観点に立つ。

(2) 例えば森山恒雄(「地方知行の一考察―肥後藩初期の給知百姓を中心に―」〔『社会経済史学』二六巻三号、同六号、一九六〇～一年〕他)、渡辺信夫(『幕藩体制確立期の商品流通』〔柏書房、一九六六年〕)、隼田嘉彦(「知行地の構成―広島藩における〝知行地戻し〟段階を中心に―」〔福尾教授退官記念事業会編『近世社会経済史論集』〈吉川弘文館、一九七二年〉所収〕他)等の各氏。

(3) 三鬼清一郎「豊臣政権の知行体系」(『日本史研究』一一八号、一九七一年)。

(4) 例えば今野真氏の秋田藩をめぐる一連の研究(その成果は「藩体制と知行制度」〔『歴史学研究・別冊特集』〈一九七九年〉〉に集約される)、また旗本知行については白川部達夫「『旗本知行と村落』覚書」(関東近世史研究会編『旗本知行と村落』〔文献出版、一九八六年〕所収)、岩田浩太郎「『集権的封建制』論の影響と問題点」(『関東近世史研究』一四号、一九八二年)等参照。

(5) 佐賀藩はいわゆる地方史料が少なく、例えば地方知行の実態究明の研究は、神代鍋島氏領に関する藤野保「佐賀藩における知行地の存在形態」(『歴史学研究』一九八号、一九五六年)、多久領に関する三木俊秋「佐賀藩における知行地の問題」(宮本又次『藩社会の研究』〔ミネルヴァ書房、一九六〇年〕所収)、納富鍋島氏の知行方役人について考察した池田史郎「佐賀藩配分地(知行地)の村役人について」(『日本歴史』三七一号、一九七九年)、小山家を対象にした長野暹「佐賀藩の幕末期における地方知行村に関する若干の考察」(『佐賀大学経済論集』一四巻三号、一九八二年)を除けばほとんどない(なお佐賀藩知行制の総体的問題については、加藤章「竜造寺体制の展開と知行構成の変質」〔『九州文化史研究所紀要』二六号、一九八一年〕、黒田安雄「佐賀藩初期の検地と知行政策」〔『同上』二五号、一九八〇年〕、同「佐賀藩における知行地の存在形態」〔『同上』二六号、一九八一年〕参照)。本章ではこのため、従来、充分利用されなかった「家臣日記」を利用する。本章で中心的に利用するのは、「納富鍋島家日記」(着座、物成六〇〇石)、「跟日記」(姉川鍋島氏、家老、物成二、〇二〇石五斗)、「倉町鍋島家日記」(家老、物成二、三〇〇石)、「神代鍋島家日記」(家老、物成二、二〇〇石五斗)等、着座ないし家老クラスの日記である(なお家臣団家格構成については、拙稿前掲「幕末期における佐賀藩家臣団の構造」〔『九州文化史研究所紀要』三一号、一九八六年〕参照)。このうち「神代鍋島家日記」は「神代鍋島家文書」(長崎県立長崎図書館蔵)所収。他はいずれも「鍋島文庫」(佐賀県立図書館寄託)所収。

(6)　本章で対象とする享保期前後の佐賀藩政に関しては、木原溥幸「佐賀藩における享保期について」(『歴史研究』〔香川大学〕一八号)、柴多一雄「享保期における佐賀藩政の展開」(『九州文化史研究所紀要』二八～二九号、一九八三～四年)参照。とくに柴多氏は、享保期を、藩主と三家・親類・親類同格層との対立が享保飢饉を背景に一挙に表面化した時期と捉え、統一的な農政が展開されなかったとする。この政治史的問題は、知行制の問題を考察する場合、示唆的である。

(7)　享保一八年一一月幕府提出の書上によれば、三支藩(小城・蓮池・鹿島の各藩)を含めた落米高は二五九、六八八石余であり、これは表高三五七、〇三六石余の七二・七%(「廻シ」高)に相当することになる(『佐賀県史』中巻、一九八頁)。しかし、この数値が佐賀藩徴租法の基本である地米高ではなく表高を基準としていること、しかも表高は年貢率を四公六民として作為してあること等より、実状を示したものとは言い難い。

(8)　「茂行公御代」享保(「諫早家文書」〔諫早市立図書館蔵〕所収)。

(9)　「(白石鍋島家)御記録」(「鍋島文庫」〔なお本章で引用する史料は特に註記する場合を除き、同文庫所収である〕所収)享保一七年六月二三日条。

(10)　柴多前掲「享保期における佐賀藩政の展開」(二)。

(11)　城島正祥「佐賀藩の人口統計」(『史学雑誌』八二編九～一〇号、一九七三年。註(92)文献に再録)。

(12)「凶年記」(『郷談随筆』所収)。
(13)「蓮池私領東西明田覚」(「請役所日記」〔「蓮池鍋島家文庫」〈佐賀県立図書館蔵〉所収〕享保一八年一二月条)。
(14)「倉町鍋島家日記」寛保三年二月二四日条。
(15)「跟日記」享保二一年二月一八日条。
(16)「同右」寛保三年二月二八日条。
(17)「同右」寛保三年四月一八日条。
(18)「御上御支配」(上支配)・「御切地」(切地)とは、知行地全部あるいは一部が藩の直接管轄地になることである。この上支配・切地については後に詳述する。
(19)地米制の問題については三木俊秋「佐賀藩多久領地米制の概観」(『史淵』四九輯、一九五一年)、松下志朗「佐賀藩の石高制と地米」(『経済学研究』〔九州大学〕四四巻四～六号合併号、一九七九年。後に同『幕藩制社会と石高制』〈塙書房、一九八四年〉に再録)、長野暹「佐賀藩徴租法に関する若干の考察」(『九州文化史研究所紀要』二五号、一九八〇年。なお、同『幕藩制社会の財政構造』〈大原新生社、一九八〇年〉参照)等をみよ。
(20)しかし、位付と斗代については全領統一されたものではなく、とくに大配分といわれる上層門閥家臣の知行地では独自に定められていた。
(21)「倉町鍋島家日記」寛保三年四月八日条。
(22)「同右」延享二年一月二九日条。
(23)(24)「同右」同年二月二〇日条。
(25)「検地三部献米地之概略」。
(26)本文表17参照。なお、享保一〇年の出米高一一、九四〇石余(「享保十年御物成幷銀御遣方大目安」)は、同二〇年には三五、二六六石余と、蔵入総収入一二一、〇〇四石余の二九%に相当するに至っている(「成富家文書」〔『佐賀県史料集成』二〇巻〕六八号御積目安)。
(27)柴多前掲「享保期における佐賀藩政の展開」㈡、二〇一頁。

（28）しかし、藩当局も享保飢饉以後の家中出米について、譲歩する側面も有した。すなわち、出米として赤米納入比率を高率で認めたことである。赤米は収量が必ずしも期待できないものの瘠薄な湿田に少肥料での植付が可能である。元文元年八月、これ以後の出米の納入比率について、白米八対赤米二が、七・五対二・五に変更されたのである（「倉町鍋島家日記」元文元年八月二〇日条）。
（29）「倉町鍋島家日記」享保八年九月二四日条。
（30）「跟日記」享保二〇年九月一四日条。
（31）木原前掲「佐賀藩における享保期について」二〇頁。
（32）「元禄三年代官共江相渡候手頭写」
（33）例えば、「倉町鍋島家日記」延享三年一一月九日、一〇日、一六日、一八日の各条。
（34）「跟日記」元文元年八月五日条。
（35）城島正祥「佐賀藩における知行地の切地と上支配・銀主支配」（『法制史研究』二三号、一九七四年。註（92）文献に再録）。
（36）「石田私史」元禄二年四月二〇日条。
（37）「倉町鍋島家日記」享保一二年八月一五日条。
（38）「同右」享保一二年九月二五日条。
（39）「横岳鍋島家御秘録」（「鍋島主水家文書」〈早稲田大学図書館蔵〉所収）享保一四年八月二三日条。
（40）「跟日記」寛保三年六月二六日条。
（41）「同右」元文元年七月二〇日条。
（42）なお、切地について、知行地の一部が「上支配」となるという意味で、「上支配」と呼称される場合がある。例えば、「此方私領佐嘉郡千布村本帳前之内ゟ凡直段三石宛ニ〆、地床差分候条、御上支配御取納有之」（「倉町鍋島家日記」享保一三年三月一四日条）の如くである。しかし、本書では知行地の全てが藩当局による直接管轄地となる場合に限り上支配と呼称することにする。
（43）「請役所触達」（「多久家御屋形日記」〔「多久家文書」〈多久歴史民俗資料館蔵〉所収〕）享保一九年六月一三日条。

(44)「倉町鍋島家日記」元文三年八月七日条。
(45)「同右」享保一四年八月二〇日条。
(46)「跟日記」寛保三年七月一八日条。
(47)なお、給人知行地は給人の台所用（いわば蔵入地）と陪臣への知行地に分かれる。給人は藩当局からの出米を陪臣知行地に転嫁していた。例えば神代鍋島氏の場合は次の如くである。

（宝暦八年七月二四日）
一請役所(藩役所)ゟ御家来(屋敷詰役)呼出有之、当秋各様方(藩家臣団)ゟ之御馳走米、御勤者弐部半、御休息者三部半之由御達有之候段申来候、且又、此御方御自分出米之儀前々ゟ古方滞有之人者四部、御勝手方へ壱部都而五部高之切地仕差出候様、今日当役(郷方役の筆頭者)ゟ御　家(神代鍋島氏の陪臣)へ申渡有之候事

（「神代鍋島家日記」巻一二、宝暦八年七月二四日条）

このため、地床の決定は知行地を有する陪臣の意向にも規定されていたことは留意しておくべきであろう。
(48)「倉町鍋島家日記」享保一三年八月一九日、二六日各条。
(49)「跟日記」寛保三年七月二七日条。
(50)「倉町鍋島家日記」元文二年二月七日条。もっとも、前年の損毛が著しく当該年の田居付への影響が明らかな場合には、田居付の前（二〜三月）に切地・上支配が申請される場合もある。
(51)しかし、陪臣を有する場合とそうでない場合にはその形態は自ずと相違してこよう。前者の場合、本文で述べるように陪臣を編成したかなり独自の機構をもっていたのに対し、後者の場合は知行地庄屋を任命する程度のものであったろう。なお分限帳の分析によれば、地方知行を受ける全ての家臣が軍役人数を負担するようになっていたものの（拙稿「佐賀藩家臣団の編成と構成」〈藤野保編『九州近世史研究叢書』第二巻〈国書刊行会、一九八四年〉〉、下層給人の場合、実際に恒常的に召抱えていたか疑問である。ちなみに薩摩藩の場合、知行三〇石以上の給人が陪臣を編成していたという。
(52)「倉町鍋島家日記」安永一〇年九月一九日条。本章では、陪臣よりなる詰役と郷方役を合わせ知行方役人と呼称する。
(53)また藩当局からの触達は、藩役所より屋敷詰役を通じて示達される。

(54) 佐賀藩における知行方役人の機能・性格およびその評価については第二部第五～六章参照。本文では概要のみを列記した。なおとくに、「倉町鍋島家日記」享保一二年一二月七日条、「納富鍋島家日記」享保二一年二月二日、五日条、延享四年九月一五日条、寛延二年六月二〇日条、「跟日記」享保二〇年九月一一日条等参照。
(55) 「神代鍋島家文書」所収。
(56) 「納富鍋島家日記」寛保元年六月六日条、延享四年二月二三日条。なお、「倉町鍋島家日記」文政五年九月三日条参照。
(57) 「倉町鍋島家日記」享保二〇年九月一一日条。
(58) 「同右」宝暦四年八月一六日条。
(59) 「寛保二年惣着到」
(60) 「倉町鍋島家日記」宝暦三年九月一二日条。
(61) 「同右」宝暦四年閏二月一二日条。
(62) 「同右」宝暦一〇年一〇月一七日条。
(63) 「同右」享保一三年一二月七日条。なお「同上」文政五年九月五日条参照。
(64) 「同右」宝暦一三年九月三日条。
(65) 「同右」享保一四年一〇月二六日条、「同上」寛延三年一一月二三日条。
(66) 「同右」延享三年九月一日条。
(67) 文書の伝達経路から屋敷詰役と特定できよう。なお「倉町鍋島家日記」延享三年九月一日条に石井茂四郎（傍定詰）がみえ、この人物と関係があったものと思われる。
(68) 柴多前掲「享保期における佐賀藩政の展開」(二)、二〇七頁註(18)参照。
(69) 「倉町鍋島家日記」享保五年八月六日条。
(70) 「納富鍋島家日記」享保二〇年二月一八日条。
(71) 「定」（宝永六年「御印帳御手頭」所収）。
(72) 「検見方御手頭写」（延享四年四月一五日）参照。

(73)「享保一八年代官手頭」。
(74)「納富鍋島家日記」元文二年閏一一月二八日条。
(75)「同右」元文二年一二月二日条。
(76)佐賀藩では親類・親類同格の知行地は大配分、それ以外は小配分と称され大配分の知行地支配は極めて強かった(城島氏は「自治領」と呼ばれる)。但し、各家臣知行地、とくに家老クラスのそれが大配分・小配分のいずれに属するかについては変動があった(例えば、「鍋島主水家日記」享保一七年九月八日・二一日条参照)。なお、畝分帳・検見帳の使用は納富鍋島氏に限らず小配分には一般的にみられたと考えられる。
(77)「検見方御手頭」(延享四年四月一五日)。
(78)「跟日記」元文元年八月一四日条。
(79)「倉町鍋島家日記」寛延三年一一月二三日条。
(80)「跟日記」元文元年七月二六日、寛保三年六月二六日、「倉町鍋島家日記」延享二年八月一〇日の各条。
(81)「同右」寛保三年六月二六日条。
(82)享保一九年六月の請役所触達(註(43)参照)で、「不及飢分飯米」と称されるものが相続米にあたると思われる。
(83)「納富鍋島家日記」明和元年九月一七日・二九日条。
(84)「倉町鍋島家日記」寛延三年九月二六日条。
(85)「同右」寛延三年一〇月二五日条。
(86)「跟日記」安永二年九月一四日条。
(87)「納富鍋島家日記」安永四年八月二八日条。
(88)「泰国院様御年譜地取」安永四年九月二九日条。
(89)藤野保編『続佐賀藩の総合研究』(吉川弘文館、一九八七年)第二章「藩政改革の展開」参照。
(90)家老の家臣日記には自らの知行地を「私領」と記す場合が多くみられる。
(91)拙稿「成立期佐賀藩における家臣団編成の原理と構造」(『九州史学』七六号、一九八五年)。

(92)　城島正祥『佐賀藩の制度と財政』（文献出版、一九八〇年）。
(93)　「(仮題）詰頭人記録」（「鍋島主水家文書」所収）貞享四年九月五日条、「納富鍋島家日記」享保一七年六月五日条。
(94)　「納富鍋島家日記」延享三年七月一一日条（但し四月一三日条に折込み）。
(95)　柴多前掲「享保期における佐賀藩政の展開」(二)、一九四頁。
(96)　「同右」二〇一～四頁。
(97)　「光茂公譜考補」二巻、天和元年四月一一日条。
(98)　「倉町鍋島家日記」元文元年閏一一月条。
(99)　役方により相違すると思われるが、家臣（給人）の陪臣がその下役として配属される運営形態がみられた。その場合、藩役方は「御役」、陪臣による下役配属は「内役」とよばれる（「神代鍋島家日記」巻四、寛延四年四月一日条）。ひとりの給人が相続米渡しで役方御役免除となった場合、その陪臣による数人の下役（内役）も補充されないことになる。
(100)～(105)　「倉町鍋島家日記」寛保三年二月二四日条。
(106)　拙稿前掲「幕末期における佐賀藩家臣団の構造」表(11)参照。
(107)　「納富鍋島家日記」明和元年三月五日条。
(108)　「同右」元文三年一一月八日条。
(109)　「同右」宝暦二年八月一一日条。
(110)　朝尾直弘「『公儀』と幕藩領主制」（歴史学研究会・日本史研究会編『講座日本歴史』五〔東京大学出版会、一九八五年〕）五九～六一頁。
(111)　「幕末期西南辺境領国における流通構造の特質―試論―」（宮本又次編『商品流通史の史的研究』ミネルヴァ書房、一九六七年）。
(112)　長野前掲「佐賀藩の幕末期における地方知行村に関する若干の考察」。
(113)　丸山雍成「佐賀藩諫早一揆の歴史的意義」（同編『幕藩制下の政治と社会』〔文献出版、一九八三年〕所収）三九八頁。

第五章　知行地における行政的意思の決定

近世社会における知行制度の有していた意義について、領主支配の観点から積極的な評価を与える論著が少しづつ上梓されている。旗本領については関東近世史研究会編『旗本知行と村落』(1)・若林淳之『旗本領の研究』(2)・川村優『旗本知行所の研究』(3)、また藩士知行についてはジョン・F・モリス『近世日本知行制の研究』(4)等がある。これらの論著はいずれも、旗本・藩家臣（給人）が領主としていかに村落支配を実現していたのかについて具体的に分析した労作であり、地方知行と蔵米知行が基本的には物成渡しという点で同質であるとした鈴木壽『近世知行制の研究』(5)に代表される近世知行制の通説的理解に一定の修正をせまるものと思われる。しかし、翻って上記論著を通読して気になるのは、旗本・給人による領主支配の現実性を強調するためか、総じて旗本・給人領主対農民という一元的構図で村落支配の性格が論じられていることである。もとよりこの認識は幕藩領主支配のなかに旗本・給人を位置づけるという意味において正当であろう。しかし、いうまでもなく知行地支配は給人が個人的・人格的に実現していたのではなく、自らの陪臣ないし農民を役方編成し具体的な支配業務・政策を遂行することにより初めて可能となるが、いわばかかる領主支配の構造究明という観点からいえば、未だ充分とはいえないであろう。このような研究史的状況のなかで、本章では給人領主制(6)における領主支配の構造究明の一環として、特に、給人領主制が幕藩制的形態を整えたと思われる近世中期、知行地における行政的意思・政策がいかなる過程で決定されたのかを考察したい。

ところで、ここで検討の対象とする佐賀藩神代《こうじろ》鍋島氏(7)が作成した知行地の日記(8)には、陪臣（給人の家来）による

「吟味」の記事が多数みられる。吟味には複数の意味があるが、(9) 日記中では、調査し審議することを指す。そして、この吟味事項の分析を行えば、調査・審議の対象が知行地の行政的意思ないし政策決定に関していたことが知られる。以下、神代鍋島氏の日記を手掛かりに、知行地に対する行政的意思＝政策決定に陪臣がいかなる機能を有していたのかについてみていくことにしたい。

第一節　吟味の形態

本節では、吟味について、開催日・構成者・開催場等を基準にその形態について検討・整理しておこう。

(1)　月次寄合吟味

月次寄合吟味とは、月次寄合（会）の席で行われる吟味である。(10) 神代鍋島氏は佐賀城下に屋敷、神代知行地に役所を設けそれぞれに陪臣による詰役（役人）を配していたが、(11) このうち、知行地支配業務の中核である役所で毎月、朔日と一五日に実施されるいわば定例会合(12)が月次寄合であり、正式には月次役所寄合と呼ばれる。(13) 月次寄合の開始時期については不詳であるが、日記による初見は寛延三年一二月一日である。但し「今日例之通寄合帳判形有之候事」という記述より、これ以前よりすでにあったことは明らかである。寄合の構成者については天明三年に次のように明記された。

（天明三年二月二五日条）
一年寄中幷中通役所寄合出席之儀、直代之者ハ不及願、幼小ニ而直代前髪取願相澄候上、相願候而出席仕候例も有之、是迄区々ニ有之ニ付、已後之儀ハ直代之者ハ前髪取之上、何月朔日十五日ゟ寄合出席仕候段申上候義ニ

而、不及願、部屋住候儀ハ時々相願候通被仰出候事[14]

すなわち、従前あいまいであったものを規定したもので、①前髪取を終えた（成人の）年寄中・中通、②部屋住については随時申し出により許可となっている。年寄中・中通は、陪臣団編成中、惣侍・小給・足軽等の上に位置する最上層家臣[15]で、特に年寄中は家格でいえば親類・家老にあたる。[16]なお、この寄合には知行地役所の統轄者である頭人[17]の出席が不可欠であり、不快ないし佐賀登り（城下の給人屋敷登り）等で頭人不在の場合は、寄合が中止されていた。[18]

以上の頭人・年寄中・中通からなる寄合構成者は「月次寄会有之、何茂判形相整、吟味有之候者[19]」と、出席を確認した上で吟味を始める。月二回の定例会合ではあるものの、吟味案件がない場合もあった。それは月次寄合吟味とは別に、日常的には随時、吟味が行われていたからである。

(2) 不時吟味

その吟味を不時吟味と仮称するが、「当秋米御立直段、今日不時寄合吟味之上、百弐拾五匁ニ被相極候事[20]」（圏点引用者。以下同じ）という表現によったもので、要するに毎月朔日・十五日の月次寄合の場以外で、時を定めず随時行われる吟味の総称である。「今日御年寄中役所出座、当暮ゟ佐嘉御屋敷詰御合力、扨又当所切米取出米部高等之吟味有之候事[21]」のごとく、出米部高増[22]や村町よりの献銀[23]、給人領主家族の婚姻費用等[24]、重要と思われる案件については、月次寄合吟味同様、年寄中が出座する場合があるものの、むしろこの吟味の特徴は「地方役扨又四ヶ村庄屋共召寄、日勤之役者中打込遂吟味[25]」と、月次寄合吟味の構成者である年寄中の出席を必ずしも必要とするものではなかったことである。すなわち、月次寄合吟味のごとく構成者を限定するものではなく、その中心は「日勤之役者」＝役所詰の陪臣であり、臨時に地方役、村町の庄屋・咾が参会した。したがって「寄合判形」、つまり出席者確認の押印も実施されなかった。むしろ知行地経営の諸問題に役所詰の陪臣が臨機応変に対応することが、この吟味の主眼であったと思われる。

一役所出勤（弘化五年三月）之儀、是之通（迄脱カ）、朝飯後、早々ゟ正八ッ時迠、役々出勤之事

一諸吟味扨又銀穀出入之儀、右出勤中可被相整事

付、退座後、俄ニ吟味事無之而不叶儀出来候ハヽ、役所罷出、役々出勤申遣、吟味可有之事[26]

右の史料によれば、幕末期においては不時吟味が役所出勤者による吟味として定着、緊急事項に対応できるようなシステムとなっていたことが知られる。

(3)　組内吟味

陪臣団は組頭を中心に組編成されていたが[27]、組内部の問題は組内で吟味された。寛政二年二月、御船手の石橋儀左衛門・貞松関左衛門が「近キ比、於御船蔵辺、不審之儀有之」際は、「仲ヶ間中も打寄、色々教諭等相加候得共、一躰不行跡之趣相聞」えたが、大寄親（大組頭）宅にて船手頭・組扱出席の上、「於組内遂吟味、已後行跡相直、万端勤方相続筋屹度相慎候様」と吟味がなされている[28]。また寛政六年一二月には「御勝手方御家中へ差出被置候年賦御取立数年御免〆（マヽ）被置、当節之儀ハ御取立有之候通候処、御家中之儀、去々子暮（寛政四年）、大凶作之末、至而困窮半ニ而、当暮打追御馳走米諸返上人々滞有之」ため、「組々遂吟味」た結果、「当年之儀も被差延」ということに決定し、知行地役所に申請されている[29]。このように組に編成されていた陪臣団は知行地において独自に吟味の場を設け、自らを規制しまた利害を主張した。この点は、本藩家臣団の組（与）編成と共通する原則である[30]。

(4) 裁許吟味

これは、知行地領民および小給・足軽等の下層陪臣の犯罪者に対する吟味である。例えば、

一月次寄合有之、御吟味叓伊尻村金左衛門、旧冬御屋敷ニ而致盗候末、手形ニ相成候付、下吟味有之、居村払ニ吟味相決、出席之人々印形被相整候事[31]（寛政三年二月一五日）

のごとく、月次寄合のなかで吟味されることもあるが、むしろ犯罪人を糺して裁許をなす場合、月次寄合ではなく頭人宅において年寄中立会の上なされた。次の事例はその典型である。

一今日例之通御寄合有之、吟味事ハ無之事、（天明八年二月一日）

一今日御年寄中、御頭人八兵衛殿御宅ニ而、盗人徳兵衛被相糺候末、御裁許御吟味有之候事[32]

このような意味で、裁許吟味は不時吟味の一種とも捉えられようが、後者が役所詰の陪臣役人によってなされていたのに対し、前者は頭人宅にて年寄中立会が一般的であり、この点で相違する。また裁許吟味の結果は必ずしも本藩の裁判機関である評定所へ届けられたわけではなく、給人領主制における刑罰（裁判）権を考察する上で極めて重要な問題である。

しかし、裁許吟味については以上のことを指摘するに止め、これを含めた刑罰権の問題として、次章で検討しよう。それではこれまでみた知行地陪臣による諸吟味において、いかなることが審議の対象とされたのであろうか。次節で整理することにしよう。

第二節　吟味の内容

知行地陪臣による吟味の対象は多岐にわたっており、このことは給人知行権の広範な内容を示すものである。

第一に農業生産に関することである。年貢徴収の支配義務を担当する陪臣役人にとって、この吟味は極めて重要である。具体的にはまず否地の認定である。これはすなわち年貢上納量の低下を招くが、陪臣役人は、

一十一月廿四日（延享三年一一月二四日）、西村六条山谷田否願ニ付、橋本喜兵衛、嶋内九右衛門・中野千五左衛門被致見分候上、御吟味有之、願之通弐畝拾五歩、年々賦ニ被仰付也(33)

のごとく、村方からの田否願いに対し検分実施後、吟味の上認めている。日記には田否願およびその認定の記事が多くみられるが、それらは、右にみたような陪臣役人の吟味を通じて個々に判断されていたと思われる。また、耕作人の選定についても庄屋の上申を吟味の上認めている。例えば宝暦六年秋、佐藤源次兵衛（陪臣）の知行田を耕作していた西村里の百姓源右衛門に「無調法」があり、高地収公の上追放された際、庄屋兵部衛門が推薦した百姓源八は月次寄合吟味の結果、承認されている(34)。

第二に、開作・水利普請に関することである。寛政四年二月、古部村庄屋が「近年内証不繰合」により田畠を人手へ渡したとして、「御山小松枯候跡を畠開ニ相願」った。地方見分の上、「重々吟味」の結果「松枯候へ者、畠ニ相成候得者、御物成り相懸ル支ニ候者、御免被成候方ニ而可有之と吟味相決(35)」した。松枯による土地の放置よりも畠化した年貢収納という結論を得ている。農業生産の条件となり知行地領民の利害に大きく影響する水利普請についても、吟味の対象である。安永七年一一月には築堤の吟味が「近年東田原旱損」につき、「堤築所有之間敷御吟味候処、忠

田上古賀三右衛門前両所間可被相築」という結果になった。(36) ここでは築堤場所が問題になっている。普請に必要な大量の土砂供給に関しても、それが田畠をつぶして（「田下」）獲得する場合は、やはり「田下」場所の選定をめぐり吟味がなされる。

（寛政一〇年三月六日）
一六条谷鷹胸下通川端之田坪、近年打続之洪水ニ而数段及大破、作出なと皆以流失いたし、普請方手附候様無之趣ニ付而、先月より折々地方役人被致見分候へ共、近辺ニ相応之土取場も無之、何連田下いたし、右土を以普請可相整方ニ而可有之と被申達候付、今日役中何も罷越見分有之処、鷹むね之尾尻、深江長右衛門・橋本十郎兵衛・佐藤赤庵（ママ）田、偖又近藤仁兵衛上り地、此四ヶ所より田下いたし、作り土被差出方ニ而可有之吟味相決、右之人々江相談有之(37)（後略）

洪水により流失した作出（堤防）を地方役人が見分したものの、近辺に相応の土砂供給地がないため、「何連田下いたし、右土を以普請方可相整」という見分報告をうけ、役所詰の役中が再度見分し、陪臣の上り地等の選定を吟味している。また水利法についても吟味対象となる。宝暦二年伊古村が「兼而水堅ク年々田植付難叶」きため、畠化し粟作したが、悪い水利条件の中では生産性があがらなかったため、「去朔日（宝暦二年五月一日）吟味之節、田一間〳〵ニ井を掘せ、くり水ニ相用見候様可然と相決」と井掘とすることにし、村方に掘懸りを命じている。(38)

以上のように、農業生産とかかわる開作・水利普請に関しても、知行地陪臣役人が独自に吟味し、行政的決定を下していた。

第三に、知行地領民に対する経済的救済に関することである。知行地村・町の庄屋・別当より介抱願いが、救済の必要な人数附・年附を記載した帳面を添え、役所へ提出される。これに対し吟味がなされ、一人前の大麦・米の支給量が決定される。(39) 年に二回以上請願される場合、二回目以降は支給対象を厳密に決定するため竃見分が実施されるこ

図6　神代鍋島領の村方役人

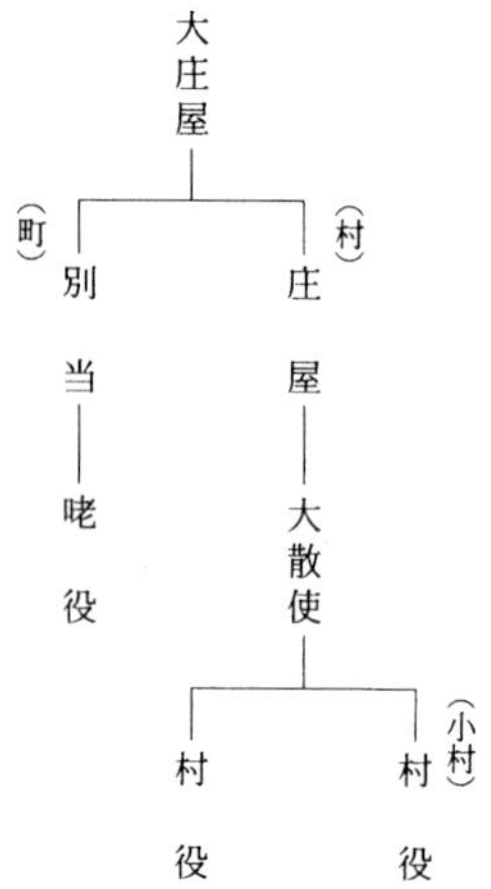

ともあった。例えば寛政九年の場合、二月一四日に知行地四ヶ村町より「極難者介抱願」が差出され、一人前大麦二升、惣人数四五四人への支給が、吟味により決定したが、これでは不足した西村・伊古村・古部村の三ヶ村から、一ヶ月も経ない三月一一日に、「右三ヶ村ゟ極難者介抱願再度差出」たため、「竃見分」が実施され、その情況把握を踏まえ、総計米二石四斗余、大麦四石九斗余が援助されている。かかる知行地領民に対する介抱＝経済的援助措置も、給人領主の認可を得ることなく、知行方陪臣独自の吟味による判断によってなされている。(40)

第四に村方役人の任免である。神代鍋島領における村方役人組織の詳細はなお不明な点もあるが、日記によれば、知行地四ヶ村を管轄する大庄屋、各知行村の庄屋・大散使、さらに村内の小村単位に置かれた村役、また町の別当・咾役より構成されていたと考えられる（図6参照）。知行地陪臣役人に任免権が認められているのは、このうち大散使・村役・町咾であり、庄屋・別当は給人領主の認可が必要であり、大庄屋の任免権は本藩請役所にあったようである。村役の交代吟味は次のごとくである。

（寛政三年一一月一一日）
一東村里村役谷善右衛門、楠高村役善七、役方御断申上候由ニ而、庄や岡屋衛門相願候ニ付、御吟味有之候処、
両人共ニ数年ニ相成、御免被成方ニ而可有旨御吟味相決候事
附右代堀内渋右衛門・楠高市兵衛右之者共相応之者共之由、庄屋ゟ書出候ニ付、右之者共へ被仰付候、善右衛門・善七両人江者酒代として鳥目六百文ツツ被下候事(41)

つまり、東村内の小村である里村と楠高村の村役両人の役方断りの申請を東村庄屋が役所に願い出た。役所では吟味の上承認している。あわせて代役について庄屋が書き出し、これについても許可している。しかし、村役申請が認められない場合もある。東村の大散使喜左衛門と楠高村役滝右衛門は、天明六年より役方断りを申請していたが、翌七年一二月八日「相応之代人無之ニ付而、御吟味之上、両人之者共、一代役ニ被　仰付」と、頭人帆足八兵衛より申し渡されている。(42) 陪臣による村方役任免の吟味が形式的なものではなかったことが知られる。町咾の変更についても別当より申請、役所で吟味される。(43) なお、庄屋・村役・別当等の村方役人とは別に、小物成切地方斗手という役方が設定されている。これは知行地内の小物成地ないし、陪臣知行地の切地(44)の年貢収納の実務にあたったが、農民から選定されるこの役方の任免も、陪臣役人の吟味により決定された。(45)

第五に商品流通に関することである。大坂・江戸を中核とした全国市場と城下町を中心とした藩領域市場が連動し、幕藩制的市場編成が確立していた近世中期において、知行地を単位として給人がどの程度局地的な商品流通を掌握していたかは明らかではなく、むしろ藩当局による藩領域市場編成ないし農民的小商品生産・流通の台頭による領主的掌握の困難性により、給人による流通掌握（政策）を否定するのが通説のように思われる。(46) というよりも、かかる問題については、いわゆる給人知行権形骸化論のなかでほとんど考察が加えられていないというのが実情であろう。(47) しかし翻って本章で分析している知行地の日記によれば、陪臣役人が吟味によって商品流通に関するいくつかの問題を審議・決定していることが知られる。まず穀留についてである。

（宝暦五年五月二三日）
一先比ゟ永々雨天ニ而、佐嘉其外水損候由、佐嘉請役所江茂近々御届有之、当秋之程無心元趣御吟味有之半ニ而、神代之儀、只今迠者田方無別条由ニ候得共、参候程不定ニ付、同前当役（頭人）初、役々其了簡仕候様、今度今村小左衛門ニ而、被　仰越、即吟味之上御私領中穀留触達有之、四ヶ村庄屋町役共、今日役所召寄、穀物類何辺ニ而

も他領出不仕相囲候様、懇ニ申達有之候事(48)

これによれば、水損被害の対応策の審議が、佐賀の屋敷詰役（今村）を通じて、当役以下の知行地陪臣役人に命じられ、吟味の結果、「御私領中穀留」つまり神代知行地からの穀物他出が禁止され、庄屋・町役へ示達されている。穀留は藩レベルではしばしば行われるが、佐賀藩においては知行地レベルで実施されている。また、米の上納・売米によって成立している領主経済にとって関心が高かった米の「御立直」についても、

(寛政七年一二月一五日)
一月次之通御寄会有之、御立直御吟味相成、先般ゟ一両度御払米有之、一表ニ付百四拾弐三匁位ニ御売米ニ相成候故、右ニ相准、百弐拾目ニ被相決候事(49)

のごとく、払米の売米値にもとづき、月次寄合吟味にて決定している。米価と連動する酒値段については、本藩請役所が指示したが、しかし、一方では藩領域内での地域差も認め、本藩の「交易調方」への報告を義務づけることにより知行地において独自に定めることが許されている。(50)

このように佐賀藩では、給人領主が一定度、商品流通を掌握していたと考えられるが、その背景には「今般諸売買之品、諸色値段被相立趣、佐嘉表ゟ被申来候、当所之義も御自分ゟ品によって直段被相立」(51)と、藩の物価・流通政策の方針として、領内市場の実情に即応して柔軟な対応をとっていたためであろう。そして知行地では、当該地の実情に精通した役所詰の陪臣役人が吟味・決定していたといえよう。

第六に寺社家に関することである。具体的には、住職・神職の相続、知行地内奉加、あるいは寺社家に執行依頼する諸祈願等についてである。(52)

第七に、下層陪臣特に足軽の取立に関してである。言うまでもなく陪臣は給人の家来であり、給人領主と主従関係を結んでいる。したがって、取立＝主従関係の成立については給人領主の専権事項であるが、しかし、農民・大工の

一時的な取立は、その人物について情報を有していた知行地陪臣の吟味に委ねられていた。例えば宝暦二年一一月、佐賀屋敷詰となっていた大工の足軽格取立(53)あるいは、同一三年山留役在任中の百姓の一代限の足軽取立(54)等はその例である。

第八に自らの主家である給人領主家に関することである。安永六年「檀那様」（鍋島茂真）の前髪取について佐賀屋敷詰の井手作左衛門が神代へ下り、「年寄中其外被相談」、吟味の結果、「檀那様御前髪取御願被成度候末、御頭ニ茂無之候得共、御直代之儀ニ茂幼少之形ニ而ハ家内在所之取〆ニ茂事軽不都合之段、支所無御座候ハヽ、右之通奉願度家来共申談候(55)」という結論に達した。すなわち、自らの主君にあたる檀那＝給人領主が「幼少之形」では、神代家内、つまり陪臣団統制や在所支配に支障をきたすので、「家来」（具体的には年寄中と思われる）が申し談じ、前髪取＝成人の儀を上申したのである。陪臣による「家内在所之取〆」という認識の背景には、領主と陪臣が主従関係を結びながら知行地支配を実現するという、いわば神代鍋島家＝「御家」の論理があったのではないだろうか。したがって神代鍋島家の当主（檀那）、つまり給人領主の問題についても、例えば縁談をめぐっては、

（天明八年六月一五日）
一月次寄合有之候事

一先頃佐嘉ゟ申来居候　檀那様御再縁之義、年寄中初、諸役人中出席、御縁談之仰組之義、何之通ニ而可有之哉之趣、吟味有之候処、未御若年之御方様ニ者御座候得とも、外ニ御相応之御方無之候得者、被仰組方ニ而可有之旨吟味相〆候事(56)

と、いわば陪臣の吟味にその決定権があったとさえ評価できよう。

以上、知行地の陪臣役人による吟味の対象事項について八項目に整理した。その内容は多岐にわたっているが、一〜六の領内支配、七の陪臣団、八の給人領主家というかたちで捉えることも可能であろう。そして、月次寄合吟味の

内容が五〜八にあったのに対し、農業生産およびその基盤である開作・水利普請、農民への経済的援助等については、不時吟味でなされていたことが指摘できる（傍注の日付参照）。このことは、農業生産にかかわる行政支配が、いわば通常の役所業務として随時対応できるシステムを給人領主制が有していたことを示すものであり、封建領主としての給人領主権の基本が年貢徴収権(57)であったことと相即する問題であろう。

第三節　吟味の性格

(1)　行政的意思決定のパターン

これまでに知行地陪臣による吟味を、その形態と内容について検討・整理してきた。これより、その吟味が知行地支配に極めて重要な役割を有していたことが理解される。しかし、当然のことながら知行地陪臣の吟味のみで知行地支配が成立していたのではない。前節でも触れた通り、城下の給人や屋敷詰役人（陪臣）、あるいは本藩の請役所等との関係のなかで、行政的意思が決定される場合もある。そこで本項では、知行地に対する行政的意思決定のパターンを検討し、そのなかで、知行地吟味が果たした機能について考察することにする。

第一は、上級権力の法令・指示が知行地において吟味されることなく陪臣団・知行地領民に伝達されるパターンである。上級権力とは、幕府・藩を指す。これらの法令・指示の知行地領民への伝達経路についてここで詳論することはできないが、一般的には本藩より給人を通じて知行地の年寄中へ伝達される。知行地陪臣団は役所（御館）へ召集されその旨が読聞かされる。一方、知行地領民には、大庄屋宅あるいは役所に庄屋・村役等の村方役人が集められ指示された。しかし、いずれの場合もその内容が知行地において吟味・再検討されることはなく、行政的意思はすでに

「御上」（幕府・藩）により決定され、知行地陪臣による吟味の余地はないのである。

第二は、それとは逆に知行地陪臣が独自に決定するパターンである。すでに検討した不時吟味で審議される農業生産やその基盤としての開作・水利普請、経済的援助に関する吟味はこのパターンの典型である。農民から選定される村役・大散使・町役等の村方役人や小物成方切地方斗手の任免、さらに農民・大工等の足軽格取立等も、陪臣の吟味により決定されていた。このように領主支配の基本となる農業政策は、知行地に居住し農民層と日常的に直接対峙・接触していた陪臣役人の責任において、事実上決定されていたのである。また、組内吟味された案件が月次寄合で吟味され、承認されることもあった。例えば、

（寛政七年一二月一五日）
一月次御寄会有之候、当暮御勝手方年賦之義、御家中大差支ニ付、又々御述（延）へ被下候様、四組扱ゟ罷出、付役抔迠右相願候ニ付、御吟味有之候、当暮亦々返上被差述候義ニ相決候事(58)

のごとく、勝手方より借銀していた家中（陪臣）の経済状態が改善せず、その返済延期が組内にて吟味されたようで、組扱より月次寄合の吟味へ上申、認可されている。

第三は、給人・城下屋敷陪臣より知行地陪臣に吟味が指示されるパターンである。宝暦二年二月の減少仕組は次のような経緯で示達された。

（宝暦二年二月一五日）
一今日例之通寄合判形有之、尤先日佐嘉御屋敷詰中申談、減少仕組達　御耳、弥其通被仰出、神代ニ而も右仕組急度致吟味、夫々手当有之候様、先日忠左衛門其外被罷下候節被　仰付置候処、先日ゟ何角ニ而吟味取懸り無之、今日は何茂寄合出座ニ付、此節忠左衛門ゟ被申談候叓(59)

つまり、佐賀屋敷詰陪臣が減少仕組について審議し、給人自らの承認を得て神代知行地にもその仕組の吟味が、佐賀に登っていた当役（円城寺忠左衛門）を通じ指示された。本来ならばこれを受け、役所詰の陪臣役人が不時吟味の上、

減少仕組の具体的方法が審議されるはずであったが、陪臣役人の対応が鈍いため当役が寄合日に、改めて出座メンバーに申し談じた。この事例より減少仕組＝施政方針の具体法の吟味が指示されたことが知られるが、一方で知行地陪臣の対応をみると給人個人ないし屋敷詰陪臣と知行地役所詰陪臣との間で立場の相違があったことが推察される。この点、本藩から賦課される出米をめぐるやりとりから、両者の関係が一層明らかとなる。

（延享三年一二月）
一御出米十二月十日比ハ何辺御皆納不遊候而ハ不相叶候間、無延引被相納候様ニと治部右衛門殿ゟ千左衛門殿江中来候付而、役中御吟味有之、於佐嘉御借銀被成、御買入ニ而被相納候様ニ為相談、小船ゟ井手次右衛門十一月十三日佐嘉罷登候事(60)

本来、出米が給人に賦課される場合、知行地の年貢米から藩庫へ納められるべきものであった。この事例によれば、佐賀屋敷の頭人（帆足治部右衛門）より知行地役所の頭人（円城寺千左衛門）に、藩庫上納が延引につき完納が命じられたものの、知行地での役中（役所詰陪臣）吟味では、佐賀で借銀をし、これをもとに買入れた米を出米にあてるよう、逆に上申している。第一のパターンでは幕藩法令の指示に対し、知行地陪臣が吟味・再検討することはなかったが、給人領主ないし佐賀屋敷詰陪臣の指示に対しては、消極的対応をとるか、それを吟味し知行地陪臣役人としての立場を主張することがあった。いずれにしても、上意下達的に知行地での行政的意思が決定されるのではなく、むしろ、知行地陪臣に吟味が指示されることは、彼らが給人領主支配を支えていた、いわば行政集団であったことを示していよう。

第四は、知行地での吟味が給人ないし佐賀屋敷の承認を必要とするパターンである。例えば知行地庄屋の交代は、これにあたる。

（寛政六年六月一九日）
西村庄屋慶右衛門儀、病身ニ有之、只今之通ニ候てハ、役方相勤不申候ニ付、庄屋役引取候願差出、村役中ゟ者

副願ニ〆、伊古村庄屋六左衛門三男三作と申者、右之跡役被仰付被下候様願出候ニ付、御家老中河崎六郎左衛門・中村九郎右衛門、扨又日勤役中吟味有之、只今之通ニ而ハ、役方をも相勤不申候条、其通被仰付方ニ而可有之と吟味相〆、追々江口三左衛門罷登候ニ付、御伺ニ相成筈候事(61)

神代西村庄屋により、病身を理由とした交代願と村役中による跡役の副願が申請、家老（年寄中か）・日勤役中の吟味を経て承認され、これが給人＝佐賀屋敷へ伺われている。先述のように、大散使・村役、町咾役等、村・町方役人の任免権は知行地陪臣役人にあったが、庄屋・別当についても、村方・町方による人選を知行地役所で吟味し、事実上の承認事項として任免権者の給人へ上申されたと思われる。

伺が出された場合、給人・佐賀屋敷側の対応はどうであったろうか。この点については日記による限り、拒否の事例はほとんどない。その理由は第一に、知行地支配行政にあたっては、知行地に居住した陪臣役人がいわゆる兵農分離を遂げた近世家臣の典型としての給人よりも知行地の事情に精通しており、その吟味内容について給人側に修正・拒否し得る材料がなかったためであろう。第二は、給人の陪臣といえども、知行地の狭い世界のなかのみで行政的判断を下していたのではなく、広く幕藩制社会の枠組みのなかで、知行地行政を位置づけていたためであろう。次の史料をみてみよう。

（寛政一〇年二月一二日）
一先達而士黒村乙名只右衛門と申者、大庄屋甚右衛門方へ罷越、訳ハ庄木谷二俣大杉壱本所望仕度、重畳被申談候付、其段大庄やより役所申達、於　役所茂色々申談候処、当夏初　檀那様ニも長崎御供被仰蒙、偖又、若殿様初而御入部付而ハ、乍御父子様轟木御越御勤被遊候御行列道具其外色々莫太之御物入有之、急ニ脇方御借銀之筋も出来兼、付役なとも十方ニ暮居候半ニ候へハ、いつれ御売払ニ可相成方ニ而可有之付、何も吟味相決、伺ニ相成候処、其通被仰上候付、先方へも其段申遣(62)（後略）

神代鍋島氏はいわゆる給人山を持っている。時期は明らかにできないものの、近世前期より植林政策を展開しており、領主財政の主要な財源となりまた知行地領民からの介抱願に対して山木の売払の利益をこれに充当したりしている。したがって山林管理は神代氏にとって主要な業務であり、日記に散見する山林関係の記事によれば、管理実務は陪臣役人が担当していた。右史料によれば隣藩島原藩士黒村乙名の杉買取の申し出が大庄屋より役所へ報告され、ここで吟味されている。吟味の過程で、幕府より課される役として佐賀藩が福岡藩と隔年交代で務めていた長崎警備や、同様に幕府の役である参勤交代に伴う藩主父子（鍋島治茂・斉直）の出迎え行列の出費が懸念され、「いつれ御売払ニ可相成方ニ而可有之付、何も吟味相決、伺ニ相成」ったのである。これに対し給人は「其通被仰上」と認可している

図7　行政的意思決定と吟味

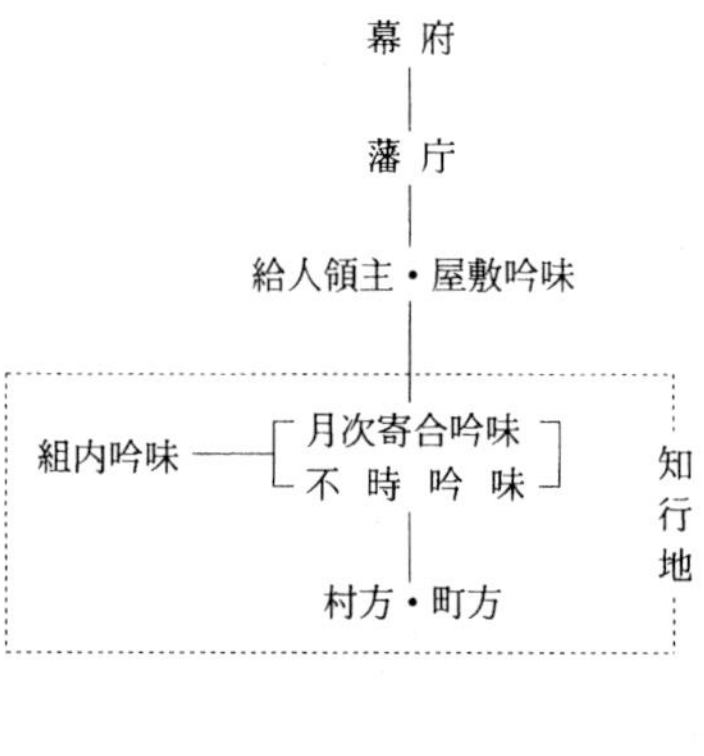

このように、在地に精通ししかも幕藩制の枠組みを見据えた知行地陪臣役人の立案に対し、給人は再検討・拒否することはなかったのである。

以上、知行地における行政的意思決定のパターンについて検討したが、これを整理すれば図7のようになる。知行地支配をめぐる行政的意思は、幕藩法令の枠内で、知行地陪臣役人の月次寄合吟味と不時吟味により、基本的には決定されていたと結論づけることができよう。

(2)　領主家規制

知行地の陪臣役人による吟味は、給人領主制の特質を考える上でいまひとつ重要な性格・機能を有していた。それは給人領主家を規制するということである。この点、安永七年と寛政一〇年に問題となった領主家をめぐる縁談と知行地下りを素材として、具体的に検討しておこう。

安永七年、神代鍋島氏当主茂真の娘於岩と倉町鍋島氏当主主税（物成二、〇二〇石余、家老）との縁談が、倉町鍋島氏より申し入れられた。これに対し神代知行地の陪臣役人は吟味を遂げ、その結果次のように態度を表明している。

（安永七年二月一四日）
一筆致啓達候、於岩様を主税様江御縁談被成度、彼御家来共奉存儀候、併彼御方近年極々御差閊御物成一通茂近年上御支配ニ相成居、中々近十年之内御自分御支配相成間敷候、然者御入輿被成候而も反的ゟ御難儀被遊儀候、御婚礼御仕成等者如何様ニ茂御省略之御申談可有之候、覚樹院様御時分御内一通年中六拾石余之御入方ニ而候、然者極々御差支之砌、右之仕成と候而者決而不相叶候条、右高之半分、又者三ヶ壱位ニ而も御入輿之年ゟ替、御里ゟ被差上候通ニ候て、未以御操合茂有之節者不及夫ニ儀候、前断之通一向御当テ無之儀御約束斗有之候而、致其節何角及御相談候而ハ不可然義ニ付、先以御内々承合候由彼御家来御厨伝八より久保九郎兵衛迠相咄候、依之御母子様江茂申上候処、御縁之儀者別而幸被　思召候、相談筋之儀者　幾重ニ茂宜申談候様　御かゝ様被　仰出、爰許役人中相談候処、爰元ニ而吟味可相決様無之候得共、いつれ何程成共、被遣方ニ而可有之候条、其段者追而可中承候(63)（後略）

すなわち、①近年、倉町鍋島家の財政状況が極めて悪く、知行地を上支配としてその管轄権が藩に移譲されており、最近一〇年間知行地の「御自分御支配」がなかった(64)、②したがって於岩が婚姻した場合、婚礼仕成は節減するにしても、その後は覚樹院が年間六〇石余の費用が必要であったことを勘案すれば、今回その半分、三分の一としても「御里」＝神代鍋島家での負担は必至であり、財政捻出が困難である、③給人領主家（「御母子様」・「御かゝ様」）は、この婚姻に積極的である、④したがって、この件に関しては知行地陪臣役人（「爰許役人中」）の吟味決定事項ではないものの、婚姻した場合、いずれ苦しい給人財政のなかからの費用捻出は避けられないため、予め右の財政見通しを上申する、というものである。給人領主家の婚姻については、その費用捻出は当然のことながら、給人財政の基盤である知行地年貢が充当されるわけで、知行地の負担ともなる。近年、上支配が続き財政事情が神代鍋島家より悪化していたと思われる倉町鍋島家が婚姻相手であるため、知行地陪臣役人は直截に上申したのである。寛政二年一一月の於皆と鍋島左大夫（物成六〇〇石・着座）との縁談に際しても、「此御方年来之御差支ニ付而ハ、大分之義ニ而、殊ニ末御子様方御数人様被成御座候ヘハ、其通有之候而ハ、此御方御立不被遊、右之御内談者決而被相叶間敷と吟味相〆り、御屋敷御懸合」(65)、ここでは窮迫した財政状況を理由に陪臣役人が婚姻にはっきり反対を表明している。

寛政一〇年一月、佐賀屋敷より当主茂真夫妻が神代知行地へ下ることが知行地陪臣へ伝達された。同夫妻の知行地下りについて陪臣役人は「打寄吟味」の結果、次のような結論を得た。

（寛政一〇年一月一八日）
一昨日檀那様・御上様御下被遊候旨申来候付、今日打寄吟味有之者、神代之義年来右一躰及困窮候処、近年打続キ之洪水ニ而田畠道橋等数ヶ所及大破、普請方なと、去秋より農隙無之、一向手附等も無之事ニて候ヘハ、いつれ当春中ニハ大損所斗リ成リとも一通ニ普請方不相整候半而ハ、又々洪水体之義出来いたし候而ハ、弥ヶ上大損毛ニ可相成、しかれ共、御上様ニハ御初入之義ニ而一通之御手数等ハ無之而ハ、不敬之支ニも候ヘハ、万端ニ付、夫使なとも弥相増可申、勿論被仰出候趣も御館御修理方ニも及不申、万御手数茂御省略御初地入之御規式等無之候様由来居候ヘとも、夫レ共下として不敬ニ可罷有様無之、乍去御雑費之義ハ格別、第一夫使ニ〆候而ハ、百姓中先キ〳〵秋ニ至リ農業之支ニも相成候而ハ、右一躰之衰微ニも可相成候ヘハ、何卒御上様ニ者当秋至候迄、御下被遊候義、御猶予被成下度、尤、檀那様ニハ、久々御下リ不被遊義ニ而候ヘハ、願ハ叺度《ママ》なりとも御下被遊、一躰之模様なと御覧被成下度、下を以も乍憚幸千万之義も候ヘハ、前断之趣被為聞召啓　御上様ニハ、一先ツ御猶予被成下候様御歎申上ル方ニ而可有之(66)（後略）

これを要約・整理すれば、①神代知行地が連年、経済的に困窮している、②その上、近年連続した洪水により田畠・道・橋が大破し、その普請を行わねば再び洪水がおこる、③ところが普請を担当すべき農民は去年秋より「農隙」がなく、実施されていない、④一方、茂真夫人（「御上様」）は知行地への「御初入」のため「一通之御手数」がなければ「不敬」であり領民による夫役は増加する、⑤もちろん万手数の省略、御館修理や「初地入之御規式」の不必要が指示されているが、多少の雑費、夫役は不可欠であり、その場合「農業之支」、農民の「衰微」になることは必至である、⑥以上の諸事情により、茂真夫人の「御初入」は当秋まで猶予して欲しい、⑦但し、茂真は久々の知行地下りのため歓迎する、ということになる。給人領主家、いわば主君家に対する「不敬」を懸念しながらも、知行地農民の負担を考慮し、茂真夫人の知行地「御初入」の延期を上申しているのである。給人領主制の根幹をなす知行地支配・給人財政の有様を見据えた、領主に対する、陪臣役人としての率直な見解が示されているといえよう。

以上の検討により知行地陪臣役人による吟味が給人領主そのものを強く規制していることが理解される。しかし、それは城下給人と知行地陪臣団が対立していたからではなく、陪臣はむしろ次の三点の理由から、結果的に規制することになったと推察される。

第一に、知行地陪臣が年貢徴収とともに、これを基礎とする給人財政を事実上運営していたからである。すなわち、

（寛政九年一二月晦日）
一当秋御蔵方上納村方より納方御定之通皆納無之付、御台所御操合ニも差閊ニ付、先月〆代官筋々稠敷被相達候末（ママ）、納方段々及延引、勿論累年大一躰困窮之上、当暮ニ至リ、猶又必止と差支何分ニも皆納不相叶(67)（後略）

と、年貢徴収業務と、台所御繰合は連動していた。そして、「大目安」・「米銀積方帳」・「諸役中目安」・「諸役払方目

安」等、財政関係帳簿の勘案・作成は知行地役所でなされ、(68) 佐賀屋敷へは知行地より「飛船出船、御台所用物積越（中略）、今日渡海便ニ而文箱到着、御台所諸用御遣料反的差支居候ニ付、急度仕送有之候様申来」(69)と、仕送られている。いわば財務管理は知行地陪臣役人によってなされていたため、特に財政やその前提となる農政の観点から、給人領主家の動向がチェックされているのである。

第二に、農民との日常的な対峙・接触により農村事情を考慮にいれた行政判断をしていたためである。先掲した寛政一〇年一月の給人＝茂真夫妻の知行地下りに際し、「農隙」が無いこと、あるいは「百姓中先キ〳〵秋ニ至り農業之障」等を理由に、結局、茂真夫人の知行地「御初入」を拒否したのは、過重負担による農村疲弊、さらには農民の反給人闘争を抑止する目的があったとも考えられる。事実、知行制度をとる佐賀藩においては、近世期ほとんど農民一揆は発生しなかったといわれるが、(70) その理由の一端は、かかる陪臣役人を通した知行地支配のメカニズムと関係があったのではないだろうか。

第三に、藩家臣における陪臣層の位置づけの問題である。藩主直臣については「御家」観念を基軸に藩主を相対化する政治構造があったと理解するが、(71) 給人の家来＝陪臣（特に年寄中のような上層家臣）にとって、藩主と家臣と同様の関係、すなわち給人領主家を基軸とした「御家」観念があり、自らの所属集団としての給人領主家の存続を第一義とし、その意味で給人に対し結果的に規制を加えるという政治的関係ないし主従関係が成立していたのではないだろうか。給人領主家の断絶・召放ちは陪臣自らの所属集団の解体であるといえよう。

給人領主支配の構造を考察する一環として、知行地の陪臣役人に対する「吟味」について、形態・内容・性格という諸側面より検討してきた。そこで結論的にいえることは、陪臣による「吟味」が知行地の行政的意志決定に極めて重要な機能を有していたことである。知行地運営は事実上、知行地「役所」詰である陪臣役人層の責務においてなされていたと評価することも可能であり、むしろ、それは城下居住の給人領主そのものを規制する役割さえ果たしていた。陪臣にとってその帰属集団である給人領主家は、知行地運営を基礎としており、知行地農民に負担となるような領主の動向は陪臣によってチェックされていたのである。

近世幕藩制下の封建的土地所有は、将軍－大名を頂点としヒエラルキッシュに編成されていたが、近世中期の財政窮乏に象徴される幕藩領主制の動揺のなかで、反権力闘争を仰止したとも考えられる給人領主制下、知行地陪臣を通じた支配のメカニズムについては、さらに検討を重ねる必要があろう。

註

（1）文献出版、一九八六年。

（2）吉川弘文館、一九八七年。

（3）思文閣出版、一九八八年。

（4）清文堂、一九八八年。

（5）日本学術振興会、一九七一年。

（6）領主的性格の強い給人知行地支配をさして、給人領主制といっているが、その性格をめぐっては序章および終章を参照。

（7）同氏は近世鍋島佐賀藩の基礎を築いた鍋島直茂の兄信房が、肥前鹿島より島原半島北部の高来《たかき》郡神代《こうじろ》地方に移ったことに始まる。中世以降、神代地方は在地領主神代氏の所領であったが、同氏が天正一二年、島津氏により滅亡、天正一五年以降鍋島氏領となり、その後慶長一三年、信房の知行地となったのである（長崎県国見町編『国見町郷土誌』一九八四年、国見町）。神代鍋島氏の家格は家老大配分格である。知行地は東神代村（現長崎県南高来郡国見町）八四〇石余（地米高）、西神代村（同町）六七五石余、伊古村（同郡瑞穂町）二一六石余、小部村（同町）三一七石余の四ヶ所からなり、佐賀藩領の飛地を形成する。このうち、西神代村には給人領主の館（役所）が置かれ、その周辺部に神代氏家臣（藩主との関係からは陪臣）が居住、いわば小城下町的景観を呈しており、この地域は特に神代町とも呼ばれる。さらに同氏は延宝四年、肥前神埼郡（現佐賀県神埼郡）に下神代《こうたい》村二四〇石余、上神代《こうたい》村五九石余等を加増され、近世後期の物成高は二、五〇五石（「大小配分石高帳」〔「鍋島文庫」所収〕）。なお本章で対象とするのは、島原半島北部の神代地方《こうじろ》四ヶ村知行地である。明和四年の「御家中配分寺社石高帳」（「神代鍋島家文書」〔長崎県立長崎図書館蔵〕所収）によれば、家臣（陪臣）二三七名を召抱えていた。陪臣団成立についての詳細は不明であるが、佐賀より臣従したもの（譜代）、鍋島氏の前の大名領主である竜造寺氏の旧臣、中世の在地領主神代氏の遺臣、他藩からの取立て、さらに当知行地において神代鍋島氏の財政窮乏に伴い取立てた登用家臣等より形成されたと考えられる。構成は家老四、家老同格二、着座七七、先侍三〇、足軽一〇四、船手二〇名等である。なお第三部第一〇章第一節も参照。

（8）神代鍋島氏は他の上層家臣同様、「日記」を多く残しているが、特に注目されるのは、同氏の場合「巻」と「第」という二種類の日記を有していることである。巻は知行地関係の記事が中心で神代知行地に設置されていた役所詰の陪臣が作成したものと思われ、「第」は佐賀城下における給人領主の動向が記載内容の中心をなすため、佐賀（城下）屋敷詰の陪臣が記したものと考えられる。したがって、日記とはいうものの、給人が個人的に記録したものではなく、いわば公的な業務記録である。本章ではこのうち、知行地関係の記事を主とする巻の日記を素材とする。

（9）日本大辞典刊行会編『日本国語大辞典』（小学館、縮刷版、一九八六年、三巻）では「吟味（ぎんみ）」について、①詩歌を吟じて、その趣をあじわうこと、②物事をよく調べること、③罪状を調べただすこと、④監督すること、とする。

（10）但し、日記のなかでこのように表現されるのではない。月次寄合の席上で実施する吟味をこのように仮称しパターン化する。

（11）例えば、宝暦元年九月一日よりの佐賀屋敷詰には、頭人を筆頭に、御式台番、御目附御内心遣、孫四郎様御側、御目附銀渡、檀那様御側、御納戸、御右筆、郡方取次、檀那様御側銀渡、手習稽古、御台所役、御料理方、家具方、また神代諸役者には、頭人を筆頭に、郡代、御勝手方、相談役、御目附、御武具方、請役所附、御勝手方附役、山方役、四ヶ村代官、切地方、樹木方、地方、御船方等があった。

(12) なお、藩主死去による「御隠便中」(「神代鍋島家日記」〔「神代鍋島家文書」所収、以下「日記」と略称〕巻三四、安永九年二月一五日条)や、八朔(「日記」巻四四、寛政二年八月一日以降)のような年中行事等、特別な事情がある場合は実施されない。

(13) 「日記」巻三三、安永八年一一月一日条。なお、役所月次寄合ともいう(「日記」巻四三、寛政元年一一月一五日条)。

(14) 「同右」巻三七、天明三年二月二五日条。

(15) 「同右」巻五、寛延四年閏六月八日条。

(16) 「同右」巻一一、宝暦七年三月一一日条。

(17) 頭(当)役とも。階層的には年寄中より選任される。

(18) なお、寛政一〇年当時の頭人帆足八兵衛が長病にて寄合が長期実施されなかったため、「御上」(給人か)より当役の差次(代役)が派遣され、特例として寄合が実施されている(「日記」巻五二、寛政一〇年六月一五日条)。この事実は知行地運営に寄合が重要な機能を果たしていたことを証左する。

(19) 「日記」巻五二、寛政一〇年四月一五日条。

(20) 「同右」巻五一、寛政八年一一月二四日条。

(21) 「同右」巻六、宝暦二年八月八日条。

(22) ほかに「日記」巻六、宝暦二年七月三日条。

(23) 「同右」巻六、宝暦二年九月一九日条。

(24) 「同右」巻六、宝暦二年一二月二七日条。

(25) 「日記」巻三五、天明二年九月二日条。なお、この時の吟味は御上検見(本藩による知行地検見)申請についてである。

(26) 「諸手数条々」(「諸手数御規則帳」、弘化元年三月、「神代鍋島家文書」所収)。

(27) 拙稿「幕末期における佐賀藩家臣団の構造」(『九州文化史研究所紀要』三一号、一九八六年)参照。

(28) 「日記」巻四四、寛政二年二月一〇日条。

(29) 「同右」巻四八、寛政六年一二月一三日条。

(30) 第一部第三章第三節(2)「与私」の機能参照。
(31)「日記」巻四五、寛政三年二月一五日条。
(32)「同右」巻四二、天明八年二月一日条。
(33)「同右」巻三、延享三年一一月二四日条。
(34)「同右」巻一〇、宝暦六年閏一一月一五日条。
(35)「同右」巻四六、寛政四年二月一七日条。
(36)「同右」巻三二、安永七年一一月一六日条。
(37)「同右」巻五二、寛政一〇年三月六日条。
(38)「同右」巻六、宝暦二年五月三日条。
(39)「同右」巻四九、寛政七年三月一六日条。
(40)「同右」巻五一、寛政九年二月一四日、三月一一～一二日条。
(41)「同右」巻四五、寛政三年一一月一一日条。
(42)「同右」巻四一、天明七年一二月八日条。
(43)「同右」巻五二、寛政一〇年二月九日条。
(44) 給人領主の知行地は、その一部が陪臣へ知行地として与えられ、領主知行地は領主直轄地（蔵入地）と陪臣知行地よりなる。切地とは陪臣知行地の一部について、その管轄権が知行主より給人領主側に移管された土地を指す。いわば一時的に蔵入地化した陪臣知行地である。なお本藩の切地政策については前章参照。
(45)「日記」巻四二、天明八年八月一九日条。
(46) 安岡重明「幕藩制の市場構造」（『岩波講座日本歴史』一〇巻、岩波書店、一九七五年）、新保博・長谷川彰「商品生産・流通のダイナミクス」（『日本経済史』一巻、岩波書店、一九八八年）等。
(47) なお、渡辺信夫『幕藩制確立期の商品流通』（柏書房、一九六六年）は、近世初期についてであるが、この問題について論じた、唯一まとまったものである。

(48)「日記」巻九、宝暦五年五月二三日条。
(49)「同右」巻四九、寛政七年一一月一五日条。
(50)「同右」巻四五、寛政三年一二月七日条。
(51)「同右」巻四四、寛政二年七月七日条。
(52)この点については第三部第九章参照。
(53)「日記」巻六、宝暦二年一一月一五日条。
(54)「同右」巻一七、宝暦一三年一二月晦日条。
(55)「同右」巻三一、安永六年四月一四日条。
(56)「同右」巻四二、天明八年六月一五日条。
(57)朝尾直弘「『公儀』と幕藩領主制」(『講座日本歴史』五巻、東京大学出版会、一九八五年)、モリス前掲『近世日本知行制の研究』第一章二節「封建領主について」、第九章「地方知行制下における給人領主のあり方」参照。
(58)「日記」巻四九、寛政七年一二月一五日条。
(59)「同右」巻四、宝暦二年二月一五日条。
(60)「同右」巻三、延享三年一一月一三〜一七日間の記事。
(61)「同右」巻四八、寛政六年六月一九日条。
(62)「同右」巻五二、寛政一〇年三月一二日条。
(63)「同右」巻三二、安永七年二月一四日条。
(64)倉町鍋島氏知行地の上支配については前章参照。
(65)「日記」巻四四、寛政二年一一月一五日条。
(66)「同右」巻五二、寛政一〇年一月一八日条。
(67)「同右」巻五一、寛政九年一二月晦日条。
(68)例えば寛政六年の場合、それぞれ一月二六日、三月四日、六月二日、一二月一一日に作成あるいは監査(「中聞」)が実施される。

(69)「日記」巻三七、天明三年四月二九日条。
(70) 長野暹「藩制と民衆支配に関する若干の問題」(『日本史研究』一九九号、一九七九年)。
(71) 第一部第一章、笠谷和比古『主君「押込」の構造―近世大名と家臣団―』(平凡社、一九八八年)、同『近世武家社会の政治構造』(吉川弘文館、一九九三年)。

第六章　給人刑罰権

本章は国家ないし領主支配の性格を考える上で主要な問題である刑罰権をめぐり、特に近世地方知行制下の給人について検討することを課題とする。ここでいう刑罰権とは、現行刑法でいう「罪刑法定主義」(1)に基づき行使されるものではなく、また「罪責追求者（検察官）をして同時に裁判官たらしめようとする裁判方式」(2)という如く、近代法の立場からすれば極めて不完全なものではあるが、犯罪容疑で捕えられた被疑者を一定の手続を踏まえ、その意味では行使主体の〝恣意〟が程度の差はあるにしても排除されるなか取調べ、その罪状を明らかにし、その上で然るべき刑罰を決定・執行する権限、という如く定義しておきたいと思う。つまり取調べと処罰という二つの構成要件から成り立つものと考える。

ところで、給人が自らの知行地領民に対し刑罰権を有したか否かについては、例えば加賀藩(3)・阿波藩(4)・岡山藩(5)・松本藩(6)等では近世初期より禁止され、尾張藩(7)・仙台藩(8)等においても近世中期以降制限されるようになったといわれる。しかし、この問題に関し各論者は「成敗権」「仕置権」「自分仕置権」「裁断」「司法権」「裁判権」「刑罰権」「裁判・刑罰権」等、多様な表現を明確な定義もなさないまま用いているのが実情のようである。したがって給人刑罰権が各藩で禁止・制限されたとしても、〝恣意〟を排除した取調べを欠いた処罰がその対象になったと捉えるべき場合もあるのではなかろうか。

本書で分析対象としている佐賀藩においても、

一配分所（知行地＝引用者註）百姓等、若不届候而生害ニ申付候ハて不叶儀於有之ハ、其段鍋島若狭守（鍋島茂綱）・多久美作守（多久茂辰）・諫早豊前守（諫早茂敬）へ申届、右三人以指図其咎ニ可申付事(9)（寛永二〇年二月二二日）

とされ、近世初期より制限が加えられたことが知られる。しかしこの制限策は、

一不依蔵入・配分所、百姓ニ代官・領主、又者庄屋・散使・別当として、無理非道仕懸候儀、其外百姓申出儀、可承事(10)（寛永一九年六月六日）

という如く、「無理非道」＝〝恣意〟行為の大名権力による排除が前提になっていると思われる。集権的権力編成の確立を企図する幕府・大名＝近世国家により、一給人の〝恣意〟的な刑罰権行使は禁止されるのである。しかしこのことは、近世国家支配の枠組に適合的な刑罰権の行使であれば認知される、ということでもあろうか。

以上のような観点に立ち、かつ従来の研究が主として法令中心に行われ、やや性急な結論を出してきた傾向が強いという認識のもと、本章では知行地支配の諸問題が記録された給人＝神代鍋島氏の「日記」(11)を素材として、掲げた課題について考察を試みたい。そこでまず、行使の実態をめぐりその手続の検証から始めることにしよう。なお「日記」の存在形態から分析時期は延享期以降であるものの、近世中期はいわゆる給人知行権が大名権力との関係で近世的形態を備えていた時期である、という理解に立っていることを付言しておく。

第一節　刑罰権の行使手続

神代鍋島氏は知行地内での、しかも知行地の人別に属する領民の盗、博奕、給人に対する不正（年貢米納入の不正、給人山からの盗木等）、暴力（打擲・喧嘩および殺人）、不義密通等、広範な〝犯罪〟(12)行為に対し、諸々の手続を経て刑罰

権を行使するが、それはおよそ⑴覚知と捕縛、⑵糺、⑶下吟味、⑷裁許、⑸執行、⑹赦免、という如く形式化されている。以下、これに従い行使手続を暫くみていきたい。なお、長文になるが理解を助けるため、事例（寛政五年）を示し、これを中心に他の例も踏まえながら手続を追っていくことにする（事例史料上の⑴〜⑹等は該当する行使手続を表わしている）。

(2)

〔事例〕(13)

（寛政五年三月七日）
一今日五品判（半）兵衛比日平方食之允わら・唐芋盗候付而、西村庄屋ニ而調有之候事

口書　　　　西村百姓 半兵衛

㋑私儀去春ゟ当春迄所々致盗候義及顕然、其始終被相糺、左ニ申上候、某儀年来極難之上、去秋無類之大凶作ニ而、甚難義ニ迫、他借之相談等仕来候得共、前断之年柄ニ而少々調達も出来立不申、殊家内数人之子共斗ニ而何分ニも養育不相叶、依之近比心外千万ニ相心得候得共

㋺（略。各所での盗行為）

㋩内証何分ニ差支貧苦ニ迫候共、右躰之所業仕様無之、旧冬以来段々御介抱をも被渡下不飢及通之御手当有之儀候所、物種子等を盗取候者言語同断（ママ）不届至極之旨被差詰、一向申啓無御座候、右を以ハ何分厳敷蒙御咎候共、可仕様無御座候、比段相違不申上候、已上

丑三月七日　　　　半兵衛

井手作左衛門殿（御目附）

（他四名略）

(3)
（同年三月一四日）
一西村百姓半兵衛、先日調有之候末、今日御直究有之候処、前ニ申出候通相違無之段申出候事

附り、相澄候上ニ而下吟味有之、永籠舎と吟味相決候事

(4)
（同年三月一八日）
一盗人半兵衛口書併又御裁許之下吟味為御披露、明日之出船ゟ今村八郎右衛門罷登筈ニ候

(4)
（同年三月二七日）
一今日比日之町船帰舟、今村八郎右衛門御用相澄罷下候、此節盗人半兵衛御裁許　仰渡持下候ニ付而、即仰渡有之候事

付り（略）

仰渡

西村百姓盗人
半兵衛

右之者令盗候末、及露顕被相糺候処、兼而貧窮之上、去秋凶作ニ而猶又差支、家内養育不相成、勿論一向他借之道も差塞、更致方無之様を以、所々蒔付之種類を竊盗取、其外彼是と及七度も令盗段、申出候、当年一統極難ニ付而ハ、段々厚御支配をも被　仰付候半而候得者、何分差上候共、致方も可有之候処、其御恩沢之程をも令忘却、就中人命ニ懸り候大切之苗床を荒、言語道断之所業ニ候、右ニ付而ハ、重其咎可被　仰付候得共、御憐愍を以永籠舎被　仰付者也、

丑三月

右之通可被申渡候、已上

手形覚

(5)
我々一類与合半兵衛義、重キ無調法有之、永籠舎被　仰付候ハヽ、入籠内食用万端其外疎之義無之様心遣可仕旨

奉畏候、自然不念之儀も御座候節ハ、我々越度可被仰付候、已上

丑三月廿七日

井手作左衛門

（三名略）

一類 左五衛門

（三名略）

与合中

(6)

一当三月盗いたし候西村百姓半兵衛、永籠舎被　仰付置候処、献寿院様七年御忌被対　御法事、御免有之候事（同年七月一六日）

仰渡

西村百姓 半兵衛

右之者致盗永籠舎被　仰付、再々悪業之趣申出、御上御姦敷罷成、惣而重其咎被　仰付筈之処、御宥免を以、右之通被　仰付置候得共、此節格別被対献寿院様御法事ニ被成御免候也、

丑七月十六日

右之通可被申渡候、已上

右之仰渡之趣奉承知候、已上

一類 藤兵衛

貞右衛門

(1) 覚知と捕縛

給人による犯罪発生の覚知は、事例には記されないがおよそ二つの方法があった。第一に庄屋からの申達である。

例えば村民同士の暴力行為への対応をめぐり、村内での「打擲」という「無法之仕業」を「庄屋・村役ともより内々ニ而ハ手当行届かた」いため給人へ申達[14]されるというような場合である。[15]その際「警固役」が当事者＝被疑者を「縄下タ」にしたが、足軽が被疑者の「搦置」＝捕縛行為に携わっていることが他の例より知られ、[16]この「警固役」も足軽であったと思われる。足軽は神代鍋島氏の家臣（大名よりみれば陪臣。本章では以下陪臣と呼称）階層の一つ[17]であるが、給人は彼らを捕縛行為に利用していたのである。また村内での盗[18]・博奕[19]等の申達が庄屋よりなされることもあった。

　第二は給人の知行地役人（陪臣）が見分・見廻して覚知する方法である。役人見分による年貢米納入不正の発覚[20]や給人山[21]からの盗木跡を山方役が発見後、下山留が「探索」し犯人を特定する場合等[22]がこれにあたる。時により「原村市兵衛義、去ル十三日夜（宝暦一一年二月）、奥ニ而木を盗持出候を、山留共見当り候[23]」と、犯行現場を偶然取り押さえることもあったが、博奕などは「下目附」の「見廻」で犯行が「見咎」「見当り」、その場で犯人が「召捕」られることもある。[24]「下目附」とは足軽が就く役[25]で、給人による犯罪の覚知・捕縛に際し、やはり陪臣の足軽層が実動的機能を担っていたことが知られる。

(2)　糺

　糺とは被疑者および事件・犯罪関係者に対する取調べを通じて被疑者の罪状を明らかにし、「口書」「地調手形」と称される、いわば自白調書を作成することである。事例に「西村庄屋ニ而調有」とあるように、被疑者が所属する村の庄屋宅においてなされるが[26]、庄屋の他に目付・究役[27]、管轄の役人[28]、さらには役所詰役人等[29]、役方に就いている陪臣が「立会」った。なお被疑者が複数名でその人別所属が知行地内であっても複数村にわたる場合は、神代知行地に一名おかれていた大庄屋宅で糺が行われる。[30]糺の目的が被疑者の自白を得ることにあるのはいうまでもないが、得られない場合もある。例えば給人山からの盗木現場を発見した山方役・下山留が「探索」の結果、被疑者を捕縛、盗木が島原藩領で売却されたことを聞き込み、被疑者を糺したものの犯行の自白に至らなかったため、まず供述通り「手形」がとられた(31)。その一方で下目附による事件関係者（盗木の売却先とされる島原藩領商人）への裏付捜査を行い、その上で改めて糺し被疑者より自白の供述を得、口書を作成している(32)。ところがその自白内容が犯行現場の状況と異なる場合にはさらに追及される(33)。このように庄屋宅での糺は被疑者の自白、そしてこれが給人側の認識による犯罪行為と合致するまで続けられる。その過程で「申口一々不差詰、今日厳敷被糺、拷問被相掛(34)」「西村於庄屋夘助被相糺候処（中略）御不審所多々有之ニ付而稠敷拷問(35)」「夘助於大庄屋被相糺候得共、一向不差詰ニ付、一両度稠敷拷問(36)」と、庄屋・大庄屋宅での糺に際し、拷問が被疑者にかけられることもあった。拷問は大名の刑罰権行使機関である評定所において、「容易之拷問甚以不可然候、兼而可存其旨候、自然不得止事覃拷問之沙汰候節者、時々請役所□《宿カ》老可任指図事(37)」とむしろ制限されていた。この規定は直接、知行地での給人による刑罰権行使を規制したものではないが、影響力がなかったとは考え難い。しかし評定所では制限されていた拷問が知行地の庄屋・大庄屋宅での糺においてみられる事実は、給人の刑罰権の性格を考える上で注目されよう。

　このように厳しい糺により、罪状の「申出」「白状」＝自白を得るのだが、その際被疑者の別件が判明(38)、あるいは共犯者が発覚することもあった(39)。逆に「甚助儀者御不審相晴候付、御用無之段、一類組合へ申渡、差帰シ(40)」と容疑が晴れる場合もあった。また糺に際し犯行現場に「居合候者共(41)」や被疑者の一類・五人組も糺の対象となる。

　犯罪行為を自白した被疑者は自白調書（「口書」「地調手形」）を目附をはじめとする知行地役人宛に提出する。事例の(2)部分に「口書」とあるのがそれである。その形式はおよそ㋑犯罪の動機、㋺犯罪の経緯、㋩「御咎」＝刑への服従義務確認からなっていた（前掲事例の記号標記㋑～㋩参照）。さらに被疑者の一類・五人組、場合によっては庄屋等より、被疑者が犯罪行為に及ぶいわば注意・監督義務を各々の立場で怠ったことを認め、自らは直接犯罪に関与していないことを記した「手形覚」(42)を提出することもみられる。

(3) 下吟味

庄屋宅での糺により作成された自白調書は、上層陪臣の年寄（家老）立会の上、知行地支配の実質的な統括責任者である頭役（当）（年寄より選任）宅において「今日御頭役内蔵允於御宅、先頃地調手形相澄居候者共、年寄中御立会ニ而被相調候処、手形面ニ相違無之」(43)と、再度確認がなされる。事例には「直究」(44)とあるが、その目的は実質的には庄屋を中心になされた糺を通じて作成される自白調書の不正の有無を、頭役・年寄＝給人側がチェックすることにあった。この確認＝「直究」により被疑者の罪状は認定され、それに対する刑が直究後の「下吟味」(45)で決定する。下吟味の場所は直究の直後であれば頭役宅、後日の場合は役所でなされることもあった。下吟味にあたっては、

（天明四年閏一月四日）
追放　古部村百姓　良八

御私領佐嘉御城下不参様　古部村百姓良八番人　辰次郎

御呵捨

右之通下吟味相〆候事(46)

辰正月三日

という様式の文書が作成された。下吟味による刑の決定がいかなる判断基準でなされたか興味深い問題であるが、「平間村於十蔵宅、博奕仕候者共、今夜当役於千左衛門宅、年寄中立会御調有之、御咎当等之義ハ、先達而御上ゟ巨細ニ被仰達置候次第被仰付方ニ而可有之」(47)とある如く、その原則が幕藩法に準拠したものであったことは疑いない。

しかしここで留意すべきことは、頭役・年寄という給人の陪臣レベルで刑が決定していることであり、その決定の根拠となる自白調書が庄屋を中心とした糺（もちろん頭役・年寄による罪状の認定＝直究があるが）によって作成されていたということである。神代鍋島氏の刑罰権行使において、知行地での手続は極めて重要なのである。

(4) 裁許

糺による自白調書および下吟味で決定した刑は「盗人半兵衛口書偖又御裁許之下吟味為御披露」（事例）と城下の給人へ披露される。事例では判然としないが、城下の給人屋敷で作成された「日記」と付き合わせた左記の例[48]によれば、

山之上村夘助等三人は寛政八年八月、知行地内の「所々」で盗をはたらき島原藩領へ出奔していたところ、捕縛され、糺の上自白の「口書」が作成された。彼らの「口書」は一二月九日給人へ「御披露」のため城下給人屋敷へ送られた。これに対し城下屋敷では、

> （寛政八年）
> 先達而致盗出奔仕候山之上村夘助・関兵衛・仁右衛門、偖又右之者共一類四人被相糺、先使御目附小川長兵衛口書持参申上、今日右　御裁許被仰出候事

と対応した。

披露された知行地からの吟味内容に基づき、給人が「御裁許」をなしたことが知られる。給人が知行地へ「御下」[49]、つまり知行地へ赴いている時は知行地の館（役所に併設）にて「東村博奕之者共手形、今昼於（館の）御居間被聞召、御裁許、下吟味之通被　仰出、今般御渡相済候」[50]と、その場で裁許される。このように知行地での糺・下吟味を通じ決定した刑は給人の「御裁許」により確定する。

下吟味決定の刑と裁許にて確定する刑は、後者により減刑[51]ないし「半之允御咎当之儀、下吟味蟄居ニ申上候得共、以下〳〵(ママ)之者へ者蟄居と申□(手カ)当、上筋之御手当ニも無之[52]」と「上筋」（大名か）の刑罰体系との齟齬による修正等がなされることもあるが、かかる例は稀で両者の相違はほとんどみられず、事例でも「永籠舎」で一致する。つまり、自白調書に基づいた下吟味による刑の決定を給人が変更なく裁許＝確定するのが原則であったといえよう。

給人の裁許は知行地に持下られ庄屋宅[53]にて被疑者に「仰渡」される。被疑者は庄屋宅で厳しい糺をうけ、再び庄屋宅で刑に服すべき罪人としての「仰渡」をうけるのである。

(5)　執　行

糺から裁許の間、被疑者はその犯罪の軽重により「縄下タ」の有無を伴いながら一類・五人組へ預[54]、あるいは「居籠所」への入牢等[55]により身体が拘束された。裁許により確定する刑は呵、過料、労役[56]、閉戸、一類・五人組への預、籠舎、居屋・高（田畑）の没収、村ないし私領（知行地）追放、さらには生害等、軽重様々なものがあった。このうち籠舎、生害、私領追放について若干指摘しておこう。

事例に掲げた「西村百姓盗人半兵衛」は永籠舎となっている。神代鍋島氏が知行地内に牢屋を有していたことは、「(西神代村内)油手江居籠者共置所、牢屋新ニ相建候儀、最前調相澄居候[57]」（明和二年）とあることから知られるが、これ以前における「居籠者」の収容施設の有無については管見の限り明らかではない。しかし、給人が自らの知行地内に独自の被疑者・罪人の収容施設を有していた事実は注目されよう。もっとも入牢中の食費等については罪人の一類・五人組の負担とされた。

佐賀藩では近世中期においても上層給人[58]が生害権を保持していたことは、編纂記録[59]より窺えるが、実際に行使可能な刑であったことは神代鍋島氏「日記」の次の記事[60]より明らかとなる。

(宝暦八年四月一七日)＝究(糺)・直究
一先月十五日夜、西村百姓太次右衛門大酒之条、親子及口論、右を取鎮候前田三右衛門を太次右衛門義早々徳右衛門と見違、斧ニ而三右衛門を打悩(ママ)、其末相調候一通之究、先日相澄候を、今晩当役於忠左衛門宅、年寄中・御目付・究方又付役抔立合、申口承有之候処、最前申出候ニ少も相違無之事

(同年四月一八日)＝下僉議(下吟味)
一今晩於役所年寄中・御目付立会、百姓太次右衛門親子、御科当下僉議有之候事

但、徳右衛門義、親太次右衛門へ手向不孝之働之末ゟ、徳右衛門を見違へ、三右衛門を打殺候、太次右衛門義、人を殺候科難遁ニ付而者、親子共ニ死罪無拠趣ニ吟味相決、近日御目付井手次右衛門佐嘉罷越達御耳候筈之事

(同年四月二五日)＝裁許
西村百姓太次右衛門・同子徳右衛門、科下僉議之趣差当り、尤之吟味ニ候、下僉議之通両人共ニ生害可被仰付候

(略)

過失とはいえ殺人の被疑者に対し、究(糺)、直究、下僉議(下吟味)という、所定の手続に基づき知行地にて「死罪」が決定し、これを給人も認めている。このように文字通り極刑＝生害(死罪)であっても、〝恣意〟が排除された手続を踏むことにより、給人独自に決定・執行することができるのである。もっとも、この生害刑は執行されず、藩主の神代知行地への「御成御祝」の際赦免されており[61]、管見の限り「日記」にも生害の例は稀である。

したがって給人が執行する刑罰のうち実質的に最も重いのは私領＝知行地追放である。これは「神代御私領并神埼御私領追放[62]」の如く、まさに神代鍋島氏知行地からの追放刑である。知行地はもとより大名からの拝領地であり大名領の一部だが、給人および知行地領民の両者にとって、「私領」が蔵入地や他の給人知行地とは相違する、特別な領域と認識されていたことが、私領追放が刑として実質的効力を有していたことより窺える[63]。なお追放者の「居付手形」

らであろう。

が居付先から知行地へ送られ、これは知行地役所を通じて城下の給人屋敷へ報告される。[64] 追放者についても本来の知行地領民として給人は掌握しようとしているのである。それは刑罰権行使の最終手続としての赦免を想定していたか

(6) 赦　免

事例の西村百姓半兵衛は刑確定の四ヵ月後、神代鍋島氏九代当主茂真の妻・献寿院[65]の七回忌法事に際し赦免となった。このような給人の「家」構成者の法事や追善供養[66]・安産[67]・病気治癒祈願等[68]、慶弔行事に際し罪人が赦免になる例は極めて多く、むしろ「日記」をみる限りにおいてそのほとんどの罪人が赦免（減刑）されている。近世では、犯罪に対する刑罰権と恩赦権は結合していたとされるが、[69] その原理を給人＝神代鍋島氏の刑罰権行使においても認めることができるのである。

以上の如く神代鍋島氏は知行地内での、かつ知行地の人別に属する犯罪被疑者に対し、大名権力の介入なしに、一定の手続を踏むことにより罪科に処し、これを赦免する権限、すなわち刑罰権を有していたのである。それではかかる権限は、村との関係、あるいは上位権力（幕府・大名）の刑罰権との関係においていかに位置づけ評価することができるのであろうか。

第二節　給人刑罰権の性格

(1) 村との関係

給人による犯罪覚知の方法に自らの陪臣を用いる場合と同時に庄屋の申達があったことは先述の通りである。しかし、庄屋は村内部で発生した犯罪・事件をどの程度申達したのであろうか。つまり村内の犯罪は庄屋および村構成者の間でどのように処理され、それが給人刑罰権と如何に関わっているのかという問題である。(70)これは村が有する村民への吟味ないし制裁権、(71)あるいは村と給人による犯罪についての認識の相違、つまり前者の場合は村落共同体の秩序の破壊行為がその前提となるであろうし、後者の場合は給人の〝利益〟の侵害あるいは上位権力による禁令等がその基準となろうし、さらに当時の両者の倫理観の有様とも関連するであろうから、現実にはかなり複雑な様相を呈していたと思われる。したがってここで立入った議論をする用意はないのであるが、さしあたり次の三点のことを指摘しておきたい。

第一に庄屋の申達は、村の吟味・制裁権を越える事件・犯罪についてなされることである。先述した暴力行為の申達もそうであったが、次の例でも、

一(寛政九年二月六日)古部村百姓庄七・貞八両人自作之粟并多葉粉を去ル七月已来伐倒者候ニ付而、村中重畳吟味いたし候処、同村与次右衛門と申者江不審相懸候而、内分村代官・庄や(古部村庄屋カ)取調有之候へ共、一向不申出、何レ共未決無之ニ付而、筋々を以、右御裁許相願、今夜西村於庄や、右与次右衛門御調ニ被成候処、不残及白状、別紙手形差出候事

付り、まつ以、一類与合へ被相預置候事(72)

とあり、㋑犯罪に対する被疑者特定の吟味、㋺被疑者に対する取調べが村でなされ、これにより自白が得られない場合に、給人の「御裁許」つまり刑罰権の行使が申請されるのである。因みにこの後、被疑者与次右衛門は一節でみた所定の手続を経て私領追放の「仰渡」をうけている。(73)

第二に庄屋の立場である。近世村落における庄屋(名主)は「領主制の末端代行者としての性格と村の代表者とし

ての性格を併せ持つ」[74]とされるが、その複雑な性格は知行地における給人の刑罰権行使に際しても顕われる。すなわち給人の警察機構といえる下目附により捕縛された被疑者（博奕）をめぐり、「伊古村百姓長兵衛・与左衛門・要兵衛八丁分ニ而博奕仕、下目付共参召とらへ、一類中相願置候末、庄屋共ゟ重畳内証ニ而相澄候様相談付、内々於役所吟味之末、此節之義、年始早々之義付而、内分ニ而相澄候」[75]（天明七年一月一八日）と、「庄屋共」より「内澄」の処分が知行地の役所詰役人（陪臣）に「相談」された。これに対し役人は「吟味」の上、この犯罪を「内分」つまり給人の刑罰権行使の対象としないとしている。このように庄屋は給人側より直接覚知された犯罪であっても、いわば村方の立場より「内澄」を願い出る場合があった。ところが、この博奕の村内での発生については「尤庄屋共ゟ以後、右躰之義有之節、越度可被仰付旨、手形差出候事」[76]と、庄屋の責務において犯罪を抑止することが命じられているのである。このことは給人側による庄屋を介したいわば村制裁権の吸収とでも評価できるものではないだろうか。それは庄屋が申達した被疑者はいうまでもなく、給人が自らの陪臣＝警察機構を通じて捕縛した被疑者であっても、必ず庄屋宅にて糺がなされ、時として拷問による自白さえみられたことからも指摘できよう。庄屋宅での糺には目付・究役という給人の陪臣が加わるものの、あくまでも庄屋に責任を転嫁する形で、被疑者は庄屋宅にて厳しい糺をうけ自白を迫られるのである。そして罪人としての刑の「仰渡」もやはり庄屋宅でなされた。給人は庄屋を通じて村の制裁権を吸収・利用し、自らの刑罰権行使を可能ならしめていたのである。[77]

第三に犯罪認識をめぐる給人と村との関係である。給人側の犯罪認識からすれば、村での全ての事件を覚知する必要はなく、むしろそれらは村の吟味・制裁権に委ねればよい。しかし給人自らの〝利益〟を侵害する〝犯罪〟については知行地の警察機構による覚知・捕縛をなすことはもとより、例えば「近年所々櫨実をちきり□を伐、芋・唐芋を掘、野菜類を盗、諸人之煩ニ相成候者有之候、自今以後右躰之仕業見当り訴出候者へハ、銭壱〆文ツヽ被下候間、百姓ハ庄屋、町方ハ別当へ相違、右銭可被請候[78]」という如く、領民の経済的「煩」となり、そしてそのことは給人による生産物収奪を劫かすことになるわけで、かかる「盗」行為には、褒賞制度を利用し庄屋・別当（町方役）を通じた「訴出」を奨励したりした。しかし、同様の「盗」行為であっても、例えば給人への先納銭上納を免れた農民が「盗」にあったような場合、「当夏村方百姓相応〳〵、上ゟ先納被仰付、右之者へも庄屋ゟ申付有之候処、差出候所持銭無之由ニ而、少茂不差出、然処、盗ニ逢候而段々顕躰候趣ニ付而、不宜心底[79]」と、「盗」は給人により〝犯罪〟行為と認識されず、むしろ「盗」にあったことより銭所持が「顕躰」になったとして、先納金未上納について「仰付」＝罪科に処せられた。このように、給人刑罰権は村との犯罪認識の相違を前提に、支配者＝領主の立場から被支配者＝被収奪者に対して行使されるという基本的性格を有しているのである。

(2)　上位権力の刑罰権との関係

給人の刑罰権はこれまでみてきたように、知行地内で発生しかつ被疑者の人別が知行地に所属している場合に行使される限定的なもの[80]であり、刑確定＝裁許の基準も幕藩法ないし大名の刑罰体系に準拠したものであった。そもそも大名が幕府のいわゆる自分仕置令によりその刑罰権が保障された如く[81]、給人もまた大名の認知[82]の上に刑罰権を行使していたわけで、かかる給人刑罰権の性格は上位権力との関係で限定的とならざるを得なかった。しかも給人が独自に刑罰に処した罪人が赦免される機会は、給人の「家」構成者の慶弔行事に限られていたのではなかった。

（寛政七年一二月二七日）
別紙書載之者共相咎被置候得共、今般　日峯社大明神尊号位請相済候御祝、且明年道政様[83]・洞春院様[84]二十五年御法事、偖又　御上様[85]御着帯御平産御祈願旁重事柄ニ被相対、非常之大赦之以　御意内、唯今究懸り之者たり共、其外一統咎人書載之通、被成　御免候[86]

すなわち、この記事によれば「非常之大赦」が法事や平産祈願という給人の「家」構成者の慶弔のみならず、佐賀藩成立期の当主鍋島直茂を祀った日峯社が「大明神尊号位」を請けるという、大名家の〝慶事〟も契機となっていたことが知られる。このように給人刑罰権行使対象の罪人は大名行事[87]、さらに将軍家の行事[88]に際しても赦免される。かかる赦免権の重層的保持は、給人刑罰権が結局は上位権力に認知されていたという性格、そして最も基本的には将軍が大名に、大名が給人（家臣）に領地・知行地を宛行うという、近世国家ないし領主制の構造を反映したものとみるべきであろう。

それでは、給人の刑罰権は上位権力が本来行使すべき刑罰権の代執行、すなわち刑罰権の分与による行使と規定してもよいものであろうか。ここではそれにいささか躊躇させられる側面も併有していたことを紹介しておきたい。

次の記事[89]（天明四～七年）は幕領長崎で神代鍋島氏知行地領民が罪（盗）を犯した時のものである。

神代鍋島氏知行地古部村の徳助は天明四年冬、幕領長崎にて盗をはたらき長崎奉行所に「居籠」の上、「擲放払」となった。さらに天明五年三月、「佐嘉表ゟ御捕相成、於評定所被相糺」と佐賀藩の刑罰執行機関の評定所にて、一類・五人組の者と共に糺され、同年五月二四日徳助は「一ヶ年徒罪」[90]とされた。ところが翌年七月、徒罪刑を終えた徳助は、神代知行地に「差下」となり次のように仰渡された。

御自分ゟ之仰渡

仰渡

古部村
徳助

右之者難儀ニ迫り、去々冬比袖迄（乞）等之躰ニ而長崎罷越、於彼地令盗従
御奉行被召捕、御載（裁）許相澄候末、従　御国御捕ニ相成御免之上、去年徒罪被　仰付置候処、今般被差免候、於

御私領ニ日料等御稼候ハヽ、凌方茂有之処、極難之者乍申、往来等も所持不仕、場所柄江狼狽（籍カ）前断之次第、不
届至極之者候、因茲御私領被相払也
午七月

これによれば、幕領長崎で罪を犯した者が長崎奉行所で処罰され、大名による刑に服した上、さらに給人が刑罰権を行使（「御自分ゟ之仰渡」）している。この場合、給人が幕府（長崎奉行所）・大名の刑罰権を代執行しているのではないことは明らかであろう。知行地にての「凌方」があるにもかかわらず往来手形の所持もなく幕領という「場所柄」も弁えない「不届至極之者」として処罰しているのであり、その背景に盗という行為そのものよりも、むしろ給人＝神代鍋島氏の名誉が毀損されたとでもいうべき認識がみられる。それは知行地領民が佐賀城下で罪を犯し評定所での取調べによる「御上御裁許」をうけた時も同様であった。

安永二年（安永二年）三月、神代尾上村の百姓弾（段とも）蔵次男新助は城下白山町堤久右衛門へ「下人」奉公していたが、肥後への差送り金銭を盗み、評定所で糺の後、「居籠」の裁許をうけた。さらに「神代者、至佐嘉表、右之次第　御名ニも相懸り、不軽義ニ而」という理由から、給人の「御自分御裁許」として「追籠」とされた(91)。

ここでも大名による刑罰とは別に、給人独自の刑罰が行使された。その根拠は明快で、いわば〝神代の御名〟に関わる行為への「御自分御裁許」というものであったのである。

　このように知行地外で発生した犯罪で、かつ所管の上級権力による処罰がなされた後でも、給人のいわば「家」の名誉を毀損する行為として、つまりこの意味において給人の認識からは、それは〝犯罪〟なのであり、「御自分御裁許」＝給人刑罰権行使の対象となるのである。

表18　刑罰権の行使手続きの比較

幕　　府	大　名（伊達氏）	給　人（神代鍋島氏）
犯罪の探知	尋問を中心とする捜査	犯罪の覚知と捕縛(1)
犯罪事実の認定	本人の喚問による起訴事実の確認	庄屋宅での被疑者に対する糺(2)
刑罰の決定	評議による断獄	頭役宅での下吟味による刑の決定(3)
裁判の終了（判決の告知）	判決宣告	給人による裁許＝刑の確定と庄屋宅での刑の仰渡(4)

註）　幕府は平松義郎『近世刑事訴訟法の研究』（創文社、1960年）の「幕府刑事訴訟法」より、大名は毛利一憲「近世刑事裁判の諸手続－仙台評定所『官令』による詮議・評定の考察－」（『北見大学論集』21、1989年）より各々作成。なお給人欄の(1)〜(4)は本章一節で検証した手続項目を指す。

給人刑罰権に関し検討してきたが、事例紹介の域を出るものではなかった。しかし「日記」を分析対象としたことにより、刑罰権をある程度構造的に捉えることができたのではないだろうか。この点をめぐり最後に二つの見通しを指摘しておきたい。

第一に、給人の刑罰権行使の手続と行使範囲についてである。表18は幕府・大名（伊達氏）および給人（神代鍋島氏）の行使手続を整理し比較したものである。幕府・大名の場合、実際にはより複雑な過程を経るが、基本的には給人の行使手続が幕府・大名のパターンと同じであったことが知られよう。それはいわば犯罪の摘発、罪状の認定、刑の決定、刑の告知という四段階より構成されているのである(92)。また、給人刑罰権の場合、行使範囲は自らの知行地内で発生した犯罪で、しかも知行地人別に所属している関係者のみに限定されていたが、その限りにおいては独自に糺し生害も含む刑の確定・執行が可能であった。これに対し旗本の場合、「自己の知行の人別に属する者、もしくは無宿だけで他の領地支配の人別を含まない」犯罪については、知行所内外を問わず幕府に奉行所吟味を願うことなく吟味ができ、刑の確定・執行も、知行所払以下の刑罰については独自の判断で行使が可能であった(93)。給人と旗本の刑罰権はそれぞれにバリエーションが想定され相互の比較は軽々に成し難いが、①知行地人別への所属が行使の基準となっていること、②かなりの刑罰の確定・執行が独自に可能であったこと等の点で類似性が指摘できよう。いずれにしても行使手続きやその範囲において、給人刑罰権は幕府・大名・旗本等と同質の原理を有していたと捉えることができるのであり、必ずしも上位権力（とくに大名権力）と対立的な存在ではなく、いわば近世国家支配の枠組のなかで行使されていたのである。

第二に給人の犯罪認識ないし刑罰権行使の論理をめぐってである。給人は幕府・大名・旗本等と通有する、形式化したシステムのなかで、その〝恣意〟が排除された刑罰権行使の形態をとっていたといえるが、しかしそれは現行刑法でいう罪刑法定主義に基づいたものではなく、そもそも知行地内で発生した全ての〝事件〟を給人が〝犯罪〟として覚知・認識しているわけでもなかった。事件の多くは村の吟味・制裁権に委ねられていたといえよう。しかし一方で給人は自らの陪臣を用いて犯罪の覚知、被疑者の捕縛をなし、庄屋による犯罪の申達に応じ、また褒賞制度を利用して犯罪の「訴出」を奨励し、幕府・大名等上位権力より科された刑を終えた者に対しても、重ねて「御自分御裁許」をなした。このような事例より給人による犯罪認識を検出すれば、①上位権力から禁じられた行為（盗・博奕等）、②給人の経済的基盤を却やかす行為（年貢納入の不正、盗木等）、③給人の「家」の名誉を毀損する行為（幕領・城下等での、上位権力の裁許にかかる犯罪）という如く整理できよう。①は近世国家の構成者として、②は生産物収奪者として、③は武家社会の「家」の当主として、それぞれに容認し難かったのである。給人による刑罰権行使の論理は、このように国家支配の代執行的側面（①）と同時に、いわば自らの領主的〝利益〟の侵害を除去する側面（②③）とを併有していたのであり、その領主的〝利益〟の過度の追求＝〝恣意〟行為は、幕府・大名・旗本と通有する行使形式、つまり近世国家支配の枠組のなかで行使される限りにおいて抑止されていたといえるのである。

本来、刑罰権は国家権力に裏づけられたものであるが、近世における給人刑罰権はいわば国家的性格と領主的性格を本章で検証したような形で併せ持っていたのである。

もとより本章は限られた素材分析にすぎず、その対象も上層給人であり、以上のような見通しについては、異論も少なくないであろう。しかし、国家（幕府・大名）および民衆との関係のなかで給人＝領主権力が刑罰権を行使するいくつかの問題については明らかにできたと思う。

近世国家と領主と民衆の諸関係の本質を考察する上で、給人地方知行制は貴重な手掛りを与えてくれるのである。

註

（1）我妻栄『法学概論』（有斐閣、一九七四年）二八三～二八六頁。
（2）水林彪「近世の法と裁判」（木村尚三郎他編『中世史講座・中世の法と権力』〈学生社、一九八五年〉）一六六頁。
（3）藏並省自『加賀藩政改革史の研究』（世界書院、一九七三年）三七～三八頁。
（4）石躍胤央「藩制の成立と構造」（深谷克己他編『講座日本近世史1　幕藩制国家の成立』〈有斐閣、一九八一年〉）二五七～二五八頁。
（5）谷口澄夫『岡山藩政史の研究』（塙書房、一九六三年）一〇九～一一〇頁。
（6）鈴木壽『近世知行制の研究』（日本学術振興会、一九七一年）五六三～五六四頁。
（7）林薫一「地頭領知権の一考察」（同編『尾張藩家臣団の研究』〈名著出版、一九七五年〉）三一五～三一六頁。
（8）J・F・モリス『近世日本知行制の研究』（清文堂、一九八八年）一五〇～一五二頁、および同「幕府法・藩法・給人の法―仙台藩の給人自分仕置一件―」（渡辺信夫編『近代日本の民衆文化と政治』〈河出書房新社、一九九二年〉）。
（9）「（鍋島勝茂）覚書」（「多久家ニ有之候書物写」〈「鍋島文庫」〈佐賀県立図書館寄託〉所収〉）。
（10）「多久家文書」（『佐賀県史料集成』第八巻）二八二号鍋島勝茂覚書。
（11）同氏は物成高二、五〇五石の家老であり、佐賀藩では上層家臣といえる。知行地は肥前高来郡神代《こうじろ》地方および神埼郡にあった。高来郡西神代村に同氏の「役所」がおかれ、神代鍋島氏の家臣が詰めて知行地支配の実務を担当していた。ここで「日記」（いわば支配業務日記）が作成された（「巻」と呼称）。一方、佐賀城下にも屋敷があり同氏の家臣が詰め「日記」（「第」）が記された。「巻」は延享三年以降、「第」は寛政五年以降、ともに幕末期まで多少の欠年があるものの現存している（前章参照)。

(12) 厳密な意味で個々の事例が現行刑法における刑事罰の対象となる犯罪といえるかの検討はここではしないし、あまり意味もないであろう。要は給人が「御咎」に処すべきと認識する行為であり、その本質は漸次明らかにされよう。

(13) 「神代鍋島家日記」(「神代鍋島家文書」〈長崎県立長崎図書館蔵〉所収。以下「日記」と略称) 巻四七、寛政五年三月七日、一四日、一八日、二七日、七月一六日各条。

(14) 実際には知行地役所詰の役人へ報告。

(15) 「日記」巻四四、寛政二年七月一日条。

(16) 「同右」巻二五、明和八年二月一日、巻四九、寛政七年二月一九日、巻五一、寛政九年四月七日各条。

(17) 神代鍋島氏の陪臣団は、明和七年「御家中配分寺社石高」(「神代鍋島家文書」所収) によれば、家老四、家老同格二、着座七七、先侍三〇、足軽一〇四、船手二〇等、二三七名よりなる。

(18) 「日記」巻五、寛延四年八月二六日条。

(19) 「同右」巻五〇、寛政八年一一月一〇日条。

(20) 「同右」巻一〇、宝暦六年九月五日条。

(21) 第三部第一〇章および長崎県国見町編『国見町郷土誌』(同町、一九八四年) 二六七〜二六八頁参照。

(22) 「日記」巻二三、明和六年七月二六日条。

(23) 「同右」巻一五、宝暦一一年二月二二日条。

(24) 「同右」巻一〇、宝暦六年一二月六日、巻一五、宝暦一一年六月二二日、巻四五、寛政三年六月四日各条。

(25) 明和七年「御家中配分寺社石高」、「日記」巻四二、天明八年一〇月一八日条。

(26) 但し、自白が得られなければ他村の庄屋宅あるいは大庄屋宅で重ねて糺されることもある。

(27) 「日記」巻一二、宝暦八年三月一九日条。

(28) 例えば給人山からの盗木の場合は山方。

(29)(30) 「日記」巻四九、寛政七年九月晦日条。

(31)「同右」巻二三、明和六年七月二八日条。
(32)「同右」巻二三、明和六年八月四日条。
(33)「同右」巻二三、明和六年八月七日条。
(34) 博奕・盗の被疑者古部村百姓良八に対する糺（「日記」巻三八、天明四年一月晦日条）。
(35)(36) 年貢米盗の被疑者山之上村百姓夘助に対する糺（「日記」巻五一、寛政九年五月一七〜一八日条）。
(37)「光徳院殿御代被相渡候御副書、乗輪院殿仰書出」（「評定所記録」一（「小城鍋島文庫」〈佐賀大学附属図書館蔵〉所収））。
(38) 西小路百姓久八は盗の容疑で糺されていたが、その過程で博奕についても供述（「日記」巻五、寛延四年八月二六日条）。
(39) 古部村百姓覚兵衛による盗木に、同村百姓喜代蔵が共犯（「日記」巻四九、寛政七年九月晦日条）。
(40) 古部村百姓甚助の盗木容疑（「日記」巻四九、寛政七年九月晦日条）。
(41) 西村百姓太次右衛門の打擲行為（「日記」巻一二、宝暦八年三月二五日条）。
(42)「日記」巻一三、宝暦九年一一月二七日条。
(43)「同右」巻四九、寛政七年一〇月七日条。
(44) 他にも「日記」巻一六、宝暦一二年三月二七日条。
(45)「御咎当下吟味」（「日記」巻二七、安永二年七月三日）、「御科当下吟味」（巻三八、天明四年閏一月四日）、「御科当下僉議」（巻一二、宝暦八年三月一九日）等の呼称があった。
(46)「日記」巻三八、天明四年閏一月四日条。
(47)「同右」巻三八、天明四年三月一日条。
(48)「同右」巻五〇、寛政八年一〇月一九日、一一月七日、一六日、一二月九日、「日記」第四、寛政八年一二月一二日条。
(49) 第三部第一一章参照。
(50)「日記」巻三八、天明四年一一月一一日条。なおこの時、給人（鍋島茂真）は一一月三日〜一七日の間、知行地に滞在した。
(51)「同右」巻三八、天明四年閏一月四日条。知行地「追放」より「永籠舎」へ減刑。
(52)「同右」巻五九、文化二年一一月七日条。

(53)「同右」巻五、寛延四年九月二〇日、巻九、宝暦五年一〇月一〇日、巻三八、天明四年閏一月一一日、巻五〇、寛政八年一二月一四日各条。
(54)「同右」巻四九、寛政七年一〇月一日条。
(55)「同右」巻三八、天明四年一月二九日条。
(56)例えば盗木に対し松木三、〇〇〇本植立(「日記」巻一七、宝暦一三年一月二四日条)。
(57)「日記」巻一九、明和二年七月一九日条。
(58)「大配分」「大配分格」と称される階層。
(59)「泰国院様御年譜地取」(「鍋島文庫」所収)天明三年五月晦日条。
(60)「日記」巻一二、宝暦八年四月一七日、一八日、二五日各条。
(61)「同右」巻一三、宝暦九年五月六日条。
(62)「同右」巻三、延享三年一〇月一七日条。
(63)高柳真三「追放刑」(同『江戸時代の罪と刑罰抄説』〈有斐閣、一九八八年〉)一〇七〜一〇八頁参照。もっとも旗本の相給知行地では、追放刑が実際には「どうやら特定の狭い範囲への立ち入りを禁止する効果を生じたにとどまった」のが実情という指摘もある(井ヶ田良治「相給知行所の追放刑」〈平松義郎博士追悼論文集委員会編『法と刑罰の歴史的考察』〈名古屋大学出版会〉一九八七年〉)。
(64)「日記」巻二五、明和八年四月一四日条。
(65)天明七年七月三日死去(「御家老系図」〈「鍋島文庫」所収〉)。
(66)「日記」巻二六、明和九年九月七日条。
(67)「同右」巻四九、寛政七年一二月二七日、「日記」第三、同年一二月二六日各条。
(68)「同右」巻三八、天明四年三月一日条。
(69)高柳真三「江戸時代の赦律について」(前掲註(63)同『江戸時代の罪と刑罰抄説』)三三〇〜三三一頁、平松義郎『近世刑事訴訟法の研究』(創文社、一九六〇年)一〇二三頁。

(70)　前田正治「領主法上の刑罰権と村制裁権との関係」(法制史学会編『刑罰と国家権力』創文社、一九六〇年)、大出由紀子「近世村法と領主権」(『名古屋大学法政論集』一八～一九号、一九六一～六二年)は、領主法・村法の分析から領主と村の関係を論じた。
(71)　小野武夫『日本村落史概説』(岩波書店、一九三六年)二八一～二九七頁、落合延孝「近世村落における火事・盗みの検断権と神判の機能」(『歴史評論』四四二号、一九八七年)、水本邦彦「公儀の裁判と集団の掟」(朝尾直弘他編『日本の社会史　裁判と規範』〈岩波書店、一九八七年〉)等参照。
(72)　「日記」巻五一、寛政九年一二月六日条。
(73)　「同右」巻五一、寛政九年一二月九日、一九日、「日記」第五、寛政九年一二月一七日条。
(74)　木村礎『村の語る日本の歴史　近世編②』(そしえて、一九八三年)四三頁。
(75)(76)　「日記」巻四一、天明七年一月一八日条。
(77)　もちろん、庄屋による村内での処理困難な事件・犯罪の申達をめぐっては、村からみれば給人刑罰権の利用による村秩序の維持という側面も考慮されねばならないし、かかる刑罰・裁判権を通じた村による領主権力の捉え返しという問題提起はすでになされている(前掲註(71)水本「公儀の裁判と集団の掟」三〇二～三一一頁)。しかし本章では近世領主支配のメカニズム解明という観点より「《民衆の世界》の検断をとりこみ利用する形で、権力の専制的な検断が成り立っていたというべきであろうか」(塚田孝「近世の刑罰」〈前掲註(71)『日本の社会史　裁判と規範』〉一二六頁)という見通しに学びたい。
(78)　「日記」巻二六、明和九年八月二二日条。
(79)　「同右」巻五、寛延四年九月二八日条。
(80)　知行地内での犯罪行為であっても、知行地外の人別所属者が加わっている場合、行使対象は自らの知行地領民に限定される(「日記」巻三一、安永六年一一月二六日、巻四五、寛政三年六月四日条)。
(81)　前掲註(69)平松『近世刑事訴訟法の研究』三～二〇頁。
(82)　註(59)に同じ。
(83)　神代鍋島家八代当主茂興。明和九年死去(「御家老系図」)。

(84) 茂興の妻。明和九年死去（「御家老系図」）。
(85) 一〇代当主茂體妻は翌寛政八年二月、男子出産（「御家老系図」）。
(86) 「日記」巻四九、寛政七年一二月二七日条。
(87) 他に五代藩主鍋島宗茂の死去（「日記」巻八、宝暦四年一二月二日条）や三回忌（「日記」巻一〇、宝暦六年一一月二二日条）、また先述した藩主の知行地「御成御祝」（「日記」巻一三、宝暦九年五月六日条）等の例がある。
(88) 例えば徳川吉宗の三回忌（「日記」巻七、宝暦三年六月二一日条）。
(89) 「日記」巻三九、天明五年三月一二日、一六日、一八日、五月二四日、二九日、六月二六日、巻四〇、天明六年八月五日各条。
(90) 佐賀藩の徒罪刑については池田史郎「佐賀藩の刑法改正—徒罪方の設定—」（『史林』五一巻六号、一九六三年）参照。
(91) 「日記」巻二七、安永二年閏三月二七日、二九日、四月一日、七日各条。
(92) もちろん、広義には執行・赦免が加わる。
(93) 前掲註(69)平松『近世刑事訴訟法の研究』二四五〜三〇四頁参照。

第七章　巡見使・大名・給人領主

本章の目的は藩領内の給人知行地における巡見使迎接の事例を紹介し、給人による知行地支配＝給人領主制をめぐるささやかな知見を提示することにある。

いわゆる近世地方知行をめぐる従来の研究は、給人を大名ないし知行地領民との関係に即して、給人知行権や給人財政が大名領主権および大名財政に包摂され、もって、給人と農民との諸関係は事実上否定され、年貢徴収権は給人が有するものの収取率は藩定でしかも物成渡を基本とするようになるというシェーマが通説化しているといえよう。しかしかかるシェーマを、集権化されつつもなお多様な地域差を内包していた近世社会において、一律にあてはめることには無理があると思われ、特に東北ないし西南地域には様々な形態の相違が認められるものの地方知行が幕末期まで存在する。(1)このような事実が近世領主支配ないし国家支配のシステムのなかで如何に位置づけられまた機能していたのかという観点は近世史研究にとって重要な問題のひとつであろう。(2)そのような意味で将軍代替り毎に実施されるいわば国家的儀礼の性格を有していたと目される諸国巡見使(3)（以下、本章では巡見使と呼称）派遣に際し、大名領内の自らの知行地において給人が如何に対応＝迎接したのかの検討は、将軍―大名―給人という近世領主制の構造を具体的に解明する上で、ひとつの素材を提供してくれるのではなかろうか。もっとも管見の限り巡見使研究の側からも藩政史・知行制研究の側からも、かかる視角からの仕事がないため、右の如き課題設定の有効性については甚だ心許無いが、鍋島佐賀藩を対象としながら、いささかの検討を加えてみたいと思う。(4)

第一節　巡見使迎接の形式

幕府による巡見使迎接法令の確立は寛文七年とされ、その基本理念は諸大名の迎接準備過剰による領民への負担過重の回避であったといわれる(5)。しかし大名領内における具体的迎接方法を指示している訳ではなく、むしろその点は個別大名の裁量に委ねられているのが実状であったと思われる。

佐賀藩の場合、寛文七年に先立つ慶安五年に「上使衆往来之時之仕組(6)」が定められており、そこでは人夫・小荷駄は上使の申し出より多めにすること（六・七条）を初めとして、道橋の修理・掃除（八・一二条）、宿町での水打と行燈・松明の差出し（九〜一一条）、本陣宿々の用意・置物・旅籠・売物（一三・一四・一七条）、宿泊所での食事（一五〜一八条）、畳（二三〜二八条）、手拭懸（三五条）、手水鉢（三六条）、こたつ（三七〜三八条）、雪隠（三九条）、風呂（四二〜四三条）、茶道具（四四条）等、上使（巡見使）迎接の具体的方法が詳細かつ過重に規定されている。他大名領においても共通した傾向が指摘できようが、寛文七年の幕府規定の理念とはむしろ相反する性格が窺え、幕令公布後も、大名側の基本的姿勢は、形式的にはともかく、実質的には変化はなかったと思われる。ところでこの「仕組」のなかでいまひとつ注目されることは、

一所々郡代付居候而、万事不手問様ニ可仕候、但付居候儀不相知様忍可罷在候（下略）（五条）

一紀伊守（小城鍋島）・甲斐守（蓮池鍋島）・刑部太夫（鹿島鍋島）・若狭守（武雄鍋島）・美作守（多久）・豊前守（諫早）知行中を御通之刻、其領主〱ゟ無手問様ニ可申付事

（「付」略）（三〇条）

というような迎接に際するいわば大名領国内における責任分担が明記されていることである。郡代は郡毎に全般的な

差配をすべきとされるものの、特に知行地通過の際には、その知行主＝「領主」に「無手間」ことが申し付けられていた。このように佐賀藩では、慶安段階に幕府上使の迎接に際して給人が自らの知行地において一定の役割を果すことが義務付けられていたといえるが、かかる原則はその後の巡見使の迎接においても同様であった。(7)

以下、給人側で作成された記録＝「日記」類の分析を通じて給人知行地における迎接の形式について検討することにしよう。

(1)　大名からの通達

幕府から大名へ巡見使派遣が伝えられると、まず請役所（藩政運営の統轄部局）管轄下に巡見方役所（宝暦以降は会所巡見方）が設置され、これが大名家としての巡見使迎接の責任部局となる。(8)この巡見方役所より巡見使下向が領内に通達、以下の如き法令が「御家中端々迠大形なく(9)」示達された。

一今度御巡見之上使御下向御領内御通路之節、御泊宿其外於道路、上使御家来衆下々ニ至而茂、無礼無作法仕間鋪事

一右御通之節、見物として罷出申候儀、堅停止之事

一於御泊宿喧嘩口論其外無沙汰之義無之様、其所〆リ存之者ゟ念を入心遣可仕候事

　付御泊之宿之義ハ不及沙汰、御通筋迠火用心無疎様弥念を入候事

一御尋之義共於有之ハ有躰可申上事

一御通筋幷於御泊宿御家来下々迠用事被申聞候節、無遅滞可相調、尤自分ニ難叶義ハ其所心遣之人江早速申達可任差圖事、

右之趣相背者於有之ハ、得と相知候いふとも、稠敷其科可被　仰付候、此段下々ニ至迄、筋々懇ニ可被申触候、以上、

酉六月七日

一御領中下々迄悪黨ハ不及沙汰、御無礼法外之者有之ハ、曲事可被　仰付候旨兼而被　仰出筋々申渡置候、然者今度御巡見上使近々御通路之砌候条、右之趣猶以入念可被申付候、兼而騒□□敷者、又ハ□を申躰之者其外異風之者ハ、所之妨ニ茂相成不宜段右躰之者於有之ハ、其一類組合共令吟味候義無之様被致心遣候、勿論内々不及手者ハ急度筋々可申遣、右之趣掛々支配役として下々迄能得其意候様、懇可被申聞候、此上若緩大形之義有之候ハヽ、親類組合之義者不及沙汰、依品者、其支配頭無調法ニ茂可相成候条、被得其意、筋々急度可被申達候、以上(10)

前半は領民への示達法令であり後半は「掛々支配役」、具体的には郡代・代官および給人領主等、家臣層を対象とした示達法令と考えられる。領民への示達内容は巡見使一行に対する無礼無作法や見物の禁止、宿泊所での喧嘩・口論への心遣、尋問に対する答弁姿勢、巡見使節の用事への迅速な対応等、迎接に際する一般的留意事項が示され、「掛々支配役」は「下々迄能得其意候様、懇可被申聞」きとされた。したがって、その徹底化が図られない場合は「其支配頭無調法」ともなるのである。以上のように規定された法令は、「掛々支配役」の構成者である給人領主を通じて知行地にも「右両條佐嘉より申来、御私領《知行地》中相触」と伝えられ(11)、具体的には「御巡見使御通路ニ付而、私領中町人・百姓致迄、無礼無作法之儀等無之相鎮候様、諸村御目付・下代・庄屋、御屋敷被召出被　仰渡(12)」の如く、村方役人を介し申し触れられる。またこれとは別に、火用心・大酒・謡・乱舞の禁止等、給人独自に知行地に対し留意事項が申し渡されることもあった(13)。

このように巡見使下向に際する大名からの示達法令は給人の責任において村方役人を介し、知行地にも徹底化されたのである。

(2) 巡見方役者の選定

給人側で巡見使の案内（手引）役を初め「所々差越心遣人[14]」、宿泊地の「本陣亭主[15]」、「宿心遣人[16]」等、知行地で巡見使迎接の実務にあたる〝巡見方役者〟を決定し、各担当役者の名簿は巡見方役所ないしその統轄部局である請役所・会所等まで届出なければならなかった[17]。

しかし巡見方役者の決定に際しては知行地で「吟味」がなされ[18]、申し渡しも知行地の役所[19]で行われており、その裁量は給人側、特に知行地支配の実務にあたっていた陪臣層に委ねられていたといえる[20]。巡見使通過の日程が近づくと「御通路之日限之儀者、前邊御聞合銘々請取之場所無迦被相部、役々相談御心遣可有之[21]」と、巡見方役者としての心構えが給人側より徹底される。もっとも巡見使下向前の見分としてあるいは下向時に際し、知行地に派遣される本藩役人との関係は、「今般御巡見使御通路ニ而、當地御越候義、遠路御苦労存候所、就万端御不如意ニ可有御座候、御用之儀者申付置候間、無御用捨可被仰聞候[22]」と、あくまでも知行地側から任命された巡見方役者は本藩役人の指揮・命令系統下にあった。

(3) 大名派遣役人による知行地見分

巡見使の下向に先立ち、大名は領内の道筋見分[23]のため役人[24]を知行地に対しても派遣する。その具体的内容は宿々の本陣見分[25]、道・橋・土取場等の見分[26]、私領（知行地）費地見分[27]、諸飾見分等[28]、文字通りの「私領《（知行地）》方見分[29]」であった。

その際、知行地側からは地方役・大庄屋あるいは巡見方役者が立ち会い[30]、道・橋・郡境石等の損所の補修、高札の書替、宿飾の整備等が巡見方役者より上申され[31]、あるいは大名派遣役人の指摘をうけ、迎接の体制が整えられていった。

(4)　費用負担

巡見使迎接の諸費用はどのように負担されていたのであろうか。まず寛政元年の史料[32]より引用する。

賄方私領方存相分候一通之事

一賄方之儀、湯江・多良・成瀬・寺井四ヶ所者目附役者罷越、上ゟ被相調候、諫早・濱・牛津之儀者其所之私領方一手限相調候様被仰付候付、御道路相済候上ニ而御二頭分宛之入具銀、帳面を以申乞候、其内諫早之儀者湯江ニ而御一頭私領方ゟ相調候筈ニ付、右差引御一頭分之入具被差出候（後略）

私領内御泊之所々江器物拵銀被相渡候事

一諫早・湯江・濱・牛津四ヶ所御泊賄方用器物之儀、御一頭分宛ハ跡方之通其所々私領方ゟ相調候、殊御二頭分宛　上ゟ被相整候器物之儀、延享年迠者繰越之仕組候得共、其通ニ而者間違之儀而已有之、甚差支候趣ニ而宝暦年者御合力銀被差出、御三頭分共其所々私領方ゟ相調候通相成候付、此節も其通被仰付候（後略）

すなわち、宿泊関係費用は各宿備えの「器物拵銀」も含め、知行地内に宿泊地が設定されている場合、大名蔵入より全額負担する場所と大名蔵入と給人領主が折半とされる場所があった。また折半の場合でも、大名と給人の負担割合は前者が高かったようである。ところが巡見使迎接に際する大名蔵入負担額を記したと思われる「巡見方ニ付而銀米御入方凡[33]」によれば、寛政元年の負担総額は銀五三七貫六〇〇目、米五五四石八斗とされ、その費目のうち「御船方扨亦御本陣〳〵御道具等代銀并諸役々之御合力路銀駄賃其外渡方」および「修理方渡　御本陣飾入具其外」の両者で銀四四八貫、米一一八石となる。特に銀高は八三％が宿泊関係費用で占められていたことになる。[34]

このように大名蔵入からの負担は宿泊関係費用に限定されていたといえ、巡見使の休憩所となる食物茶屋・水茶屋の置物[35]を初め、諸飾、知行地側の巡見方役者の出仕費用[36]、橋修築資財[37]（費用）、知行地内番所修築費[38]および知行地内での川留等緊急時の巡見使長期滞在宿泊費[39]等は給人領主側の負担であった。[40]しかし「御上使之義者至而大切之事柄不束之儀等有之候而ハ決而不相叶、幾篇吟味仕候而も自力ニ而ハ何分ニも難相整[41]」という如く、「自力」での財政負担が困難な場合、「大切之事柄」であるが故、拝借銀米が大名に願い出られる場合もあった。

要するに、迎接にあたって幕府の理念とは裏はらに大名側が巡見使の個人的な好感を得んがために重視したと思われる宿泊費用について大名蔵入の負担ないし給人側との折半とされる以外は、巡見使が通過する知行地の給人領主による「自力」負担が原則とされていたのである。

(5) 情報収集

したがって給人領主は他大名の財政負担[42]を初めとする巡見使に関わる情報を町別当・商人を通じて[43]、あるいは陪臣等を直接派遣[44]して収集し、それらは知行地における迎接準備に役立てられると同時に、情報の全てではなかったようであるが「佐嘉御役方[45]」（藩庁）へも報告された。

(6) 給人領主の知行地「御下」

巡見使の下向日程が差し迫ると「巡見上使其元御通路、来ル廿五六日比之由、巡見方ゟ以相達有之候、依之担那様御下[46]」と、巡見方役所より通過予定が知らされた給人領主は知行地へ「御下」、すなわち自ら赴いた。[47]知行地では本陣等の見分[48]、大名派遣役人の接待[49]、場合によっては巡見使との面談等[50]、種々の迎接の「御心遣[51]」をなした。この知行地への「御下」は、「被蒙　仰御下被遊[52]」あるいは「担那様御事、右為御心遣《巡見使への心遣》御役目を以其許《知行地》御越[53]」の如く、大名の指示によりなされたいわば「御役目」と認識されていた。巡見使通過後、給人領主は城下へ戻り「拙者儀巡見使私領内御通路無滞相澄、今朝諌早出船、只今帰宅仕候[54]」と、帰宅＝城下への帰還を報告し、無事に知行地での巡見使迎接の「御役目」を終えたことを伝えねばならなかった。

以上みてきた巡見使迎接の形式より特徴的な点を指摘すれば、大名が給人領主に対して人的・財政的負担を求めていること、大名の派遣役人が知行地（「私領」）の直接見分を行っていること、給人領主側は大名からの負担・見分等を受容していること等である。このように整理すれば、巡見使派遣という将軍のいわば「御威光」を背景として大名が給人知行地に権力的対応をなしているという評価がなされそうだが、冒頭に指摘しておいたような巡見使迎接に際する給人領主の役割が大きい点が「日記」類の分析からも確認された訳で、このことが如何なる意味を有するのか考慮する必要があろう。つまり巡見使の迎接は巡見使（そしてその背景には将軍）と大名との関係のみならず、あるいはその関係のなかに包含されているともみなされるが、大名領内の給人領主にとっても、積極的または大名の基本姿勢がそうである如く過剰に対応せざるを得ない意味を持っていたのではなかろうか。この点について、巡見使、大名、給人領主の相互の認識ないし関係の検討を通じて考えてみたい。

第二節　巡見使・大名・給人領主

(1)　巡見使の認識

幕府は大名の統治行為の独自性を認めていたといわれ、その所領形態（家臣に対する知行宛行形態）に対しても同様の認識であったといえる。もちろん巡見使下向に際し「長濱橋邊ニ而御小姓ゟ此所者御家老之御領内歟と相尋ニ付、肥前守殿（鍋島氏）領分家老鍋島弥平左衛門殿（神代鍋島氏）知行所にて御座候段申上候事(55)」、「醫王寺村引移り候付、従是醫王寺村と申上候処、當所誰レカ領内かと御尋ニ付、家老多久長門殿知行所と申上候(56)」、「福母境ニ而長門殿知行所是迠ニ而、是ゟ御蔵入ニ而福母村と申上候、御蔵入トハ肥前守様領分かと御尋ニ付、左様ニ御座候段申上候(57)」等、その所領形態について「爰元蔵入ニ而候哉、又ハ何之領分候哉(58)」の如く、大名蔵入か家臣知行地かの別が問われはする。

そこでむしろ巡見使にとって重要なことは、知行地を宛行われた家臣＝給人および大名による所領に対する統治の有り方であった。

一兵庫殿（諫早氏）慈悲ニ有之候哉、且又下々悦申候哉、御尋ニ付、成程御慈悲ニ御座候故、下々迠悦申事御座候、慈悲と申候得者、何之通共ニ候哉と御尋ニ付、難渋之者江者合力米杯被仰付、病身之者江者御施薬米杯被仰付義御座候、
　将又前方大損毛之節者
　殿様ゟも御合力等被仰付由申上候
一代官者何と中人相勤候哉と御尋ニ付、高柳丈右衛門と申上候、兵庫殿家来歟と御尋付、其通之由申上候
一右役人何之捌ニ而候哉と被相尋候付、結構成捌方ニ而下々相悦申儀御座候由申上候

すなわち右の史料(59)によれば、①給人領主の知行地領民に対する「慈悲」の有無、②「慈悲」の内容、③大名の知行地

領民に対する「御合力」、④知行地支配役人の「捌」の是非等が問題にされているのである。給人領主は「慈悲」による支配を行わねばならず、ために知行地支配役人は「結構成捌」が要求され、大名はかかる給人ないし知行地領民を「御合力」する必要があったといえよう。

以上のような要件が満たされていれば、巡見使（将軍）は大名家臣による知行地支配（給人領主支配）を、近世的領主支配に適合的な形態として容認していたのである。

(2)　大名の認識

一方、大名にとって巡見使の下向とは「巡見使之儀国家ニ掛り重き儀候条、聊疎略之儀無之[60]」というように、「国家」＝藩の重要な問題であった。「諸国巡見　上使ニ付隣国御仕成之様子聞合[61]」として、迎接法をめぐる他大名への問い合わせ[62]がなされ、つまりは「巡見使之儀者諸国一統被入御念候御仕成[63]」なのである。したがって領国内においては給人領主による知行地差配も含め、その迎接にあたっては「右仕組之一通、請持之役々立入心遣専要[64]」が求められた。近世中後期の巡見使派遣に形式化した側面が認められるとしても、幕府との関係において「国家」＝藩の存廃に関わる「重き儀」であることには、幕藩制という近世における国家的枠組が崩れない限り変わらないのである。

(3)　給人領主の認識

給人領主にとって、巡見使下向に際する「御下」も含めた迎接が、江戸勤と同様に将軍制につながる重要な勤・役目と認識されていたことは、「江戸表別而御首尾能御勤被成、御太慶被成候、然者今般御巡見　上使神代御通路ニ付而ハ、別而御心遣被思召、惣而者跡方之通御下[65]」と、給人側の「日記」に記されていることからも理解される。またその勤は「上ゟ別而被入御念[66]」ることであり「殊ニ御請役所其外表向之勤[67]」という如く、給人領主にとっては知行地支配とは別の次元の特別な性格を有していたのである。この勤を遂行するにあたり、例えば諫早氏は自らの家老層（大名からみれば陪臣）に対し次のような「手頭」（宝暦一一年四月八日）を示達している。[68]

手頭

當夏巡見使御領内通路ニ付而者段々被入御念儀候、自然懈怠之儀有之而者　御国家ニ相懸儀ニ而聊以（ママ）大切之儀候間、其方杯昼夜無間断心遣可然候、當時蔵方差支之時節候処、我等心遣之場所餘多之儀候へハ、萬端難相調可有之と別而氣之毒存候、夫共ニ間遠等無之、尖ニ不相整候而不叶儀候条、何茂其心得尤ニ候、第一役懸り之もの共不依上下不熟ニ有之通ニ相聞、甚以不可然候、其通ニ有之候てハ猶又不調はう根元候間、諸役者以下〳〵迠□一致尽粉骨相勤候様、懇ニ可申聞者也

すなわち、①巡見使が「御領内」通過の際に（自らの知行地においても）「懈怠」があれば「御国家」＝藩に関わることである、②したがって間断のない「心遣」が必要である、③現在、「蔵方」（この場合諫早氏の財政）が窮乏しかつ心遣の場所が多く調い難いものの、「不相整候而ハ不叶儀」であることを心得ておくこと、④不熟なき様諸役者が一致粉骨を尽くして勤めること、要するに給人領主側が総力を挙げて迎接することが示されている。特に自らの知行地での「懈怠」＝不都合が「国家」＝藩の存続に関わるとする認識は注目する必要があろう。

そもそも知行地は給人にとって拝領地であり、それに対する「慈悲」による支配は大名への、また大名に領地を宛行う将軍への奉公と観念され、その奉公を通じて、形式的には拝領地であるものの実際には経済的のみならず精神生活[69]の面からも給人領主の「家」の基盤である知行地に対する領主支配が実現し得るのである。

給人領主は大名からの通達というよりも、むしろ「慈悲」を演出するために、巡見使に対する不慮の事態を招くよ

うな行為、例えば知行地における無礼・無作法・見物・大酒等は禁止されねばならなかった。巡見方役者の選任にあたっても、巡見使に不都合を与えないよう万全を尽くすべく、知行地陪臣（知行方役人）の「吟味」により決定されるのである。大名派遣役人による知行地見分は、「懈怠」のチェックとして給人側の巡見方役者も参加し、むしろ後者から事前見分に基づいて不都合な点が上申されることもあった。迎接費用のうち宿泊関係のかなりの割合が大名蔵入から負担されていたことは、大名の巡見使への過剰な迎接指向の問題として捉えられ、それ以外の迎接費用負担は、大名蔵入に拝借銀米を申し入れることがあったにしても、基本的には給人領主による「自力」と給人自ら認識していた。したがって迎接費用を初め巡見使に関する諸情報を、別当・商人・陪臣等給人独自の経路を通じて収集し、これは大名へも伝えられた。このようななかで給人領主自ら知行地へ赴く（「御下」）ことは、江戸勤と同様に大名から課される「御勤」であると同時に、自らの「家」の基盤である知行地に対するいわば領主的支配の永続を期する給人領主にとって、大名および巡見使（そして将軍）への主体的な責務と認識されていたことであろう。巡見使通過に際する不都合の発生、つまり給人領主の「慈悲」と大名の「御合力」という、領主支配の基本的要件が失われることは、大名家の危機でありそれは取りも直さず給人領主「家」の存続の否定につながる。ともかく給人は巡見使の迎接に際し「御国家」に関わるような知行地での「懈怠」は自らの責務において回避せねばならなかったのである。

このため、例えば「御家之手扣」(70)の如く給人領主は巡見使迎接に際し、領主「家」独自の記録を作成・保持していた。「国廻扣帳」・「留書」等種々に呼称されていた記録類には、「地方一通之儀（略）御詮議之趣」など知行地＝給人側による迎接をめぐる具体的審議事項、「御案内之者共江跡方御巡見度毎従私領方、別段申含事」など巡見使案内者（主として村方役）への給人側よりの申含事項、さらに「御上使御下向之節、御尋事有之御答」など巡見使の尋問に対する回答等、要するに「御巡見御通路之節之様紲」という如き迎接全般にわたる内容が記され、これらは大名側よりの「右留書写御用有之候条、可被差出」という要求に応じ提出されもした[71]。

また、巡見使通過の前後にその無事（迎接に不都合が生じないように）の祈願として、祈禱や参籠等も知行地毎に執行される。

（宝永七年七月一七日、諫早氏）
一今度国廻上使御通首尾能相澄候様ニ平作寺・花厳寺江御祈禱被相勤候様ニと御座候、為料銀金子百疋宛両寺へ
被遣候也[72]

（天明九年六月晦日、神代鍋島氏）
一御巡見上使當所御通路ニ付而、無御別条御通行相済候様ニ熊野社江役所日勤之役者郡代伊藤杢左衛門巡見方江
里口藤七兵衛、右之人類一日参籠有之候事[73]

（宝暦一一年九月六日、神代鍋島氏）
一先頃巡見使御通路ニ付而、右懸り合役中熊野社江参籠之願相懸居候、右成就参籠今日有之候事[74]

諫早氏の如く知行地の祈願寺に祈禱依頼する場合や神代鍋島氏のように知行方役人や巡見方役者が知行地内の神社に参籠し、通過後願懸成就の参籠を行う場合などがあった。また、「御下」の間に給人領主自ら知行地内の神社へ参籠することもある[75]。さらに通過後には、

（宝暦一一年八月二二日、神代鍋島氏）
一今般御巡見　上使御通路ニ付而、所々心遣大儀仕候付而、役者人数以書付達　御耳候処、都合一統ニ御酒拝領之
上、左之通御褒美被　下候事[76]（下略）

の如く、巡見方役者へ酒拝領、褒美（金銀子）下賜がなされ、領主から直接「御詞」を伴う場合もあった[77]。

以上のように、拝領地であるものの自らの「家」の経済的・精神的基盤である知行地支配を永続させるためには、巡見使迎接に際して「懈怠」があってはならず、迎接に関する記録を〝家の手扣〟として保持し万全を期すとともに、迎接前後には祈禱寺を通じてあるいは巡見方役者の神社参籠、時には領主自ら知行地内の神社参詣という、より直接的な宗教行為によって迎接の無事を祈願し、「心遣大儀」の巡見方役者には酒を振舞い、金銀子を下賜し、「御詞」を

かけ「大儀」を労うのである。

給人領主にとって巡見使の迎接は大名から課される「御勤」であるものの、それは将軍および大名から近世「領主」としての文字通り、〝資質〟が問われる場なのである。

極めて雑駁な記述に終始したが、幕府巡見使下向を国家的儀礼と捉え、これを通じて近世領主制の構造の一端を給人領主に視点を据えながら検討してきた。もちろん、将軍＝幕府の立場からみた大名領国内の所領形態に関する認識の問題等、さらに踏み込んだ検証が必要であるが、一方で給人の立場からすれば、自らの「家」の存続と上位権力（将軍・大名）に対する勤・役、さらに知行地支配＝領主制の問題等が相互に関連していたことを改めて指摘しておきたい。給人が「御家之手扣」といわれるような「家」単位で勤・役＝巡見使迎接に関する記録を作成し、その遂行にあたって祈禱・参籠等の宗教行為をなす如き意味を如何に捉えるのか。そこには、勤・役に対する、いわば主体的な自覚が想定され、これは上位権力者（大名さらには将軍）に対する奉公・忠誠ないし主従観によると同時に、領主としての「懈怠」の回避により「家」の基盤である知行地の支配維持を給人が指向するというような、領主的欲求とでも呼べるものを看取し得るのではないだろうか。もちろん、例えば「おのれが当時領して居る知行といへども、全く君のたまものなれば、たとへ身に罪はなく共、只今にも返せとの、御意あらば、畏り奉と言ひ差上ねば成らぬ道理」(78)という文言に象徴される如き〝知行〟に対する観念は、近世家臣が共有するものであったろうし、かかる観念が成立していた背景には近世における集権的国家・領主システムないしそれに起因する主従観があったと思われる。しかし、その観念はいわば理念的なものであり近世期の封建家臣＝給人にとって、拝領地＝知行地が実態的側面においてさらに深層の部分において如何なる意味を有していたのかは改めて検討する必要があるように思われる。

いずれにしてもこのような問題は給人＝領主による支配意識＝民政観とも関わるものであり、拝領地に対する認識ないし領主としての支配意識という観点から大名・旗本とも通有する、近世日本における国家と領主の基本的問題を投げかけてくれる。

註

（1） 例えば今野真「藩体制と知行制度」（『歴史学研究・別冊特集』一九七九年）、ジョン・F・モリス『近世日本知行制度の研究』（清文堂、一九八八年）、秀村選三「幕末期西南辺境領国における流通構造の特質―試論―」（宮本又次編『商品流通史の史的研究』ミネルヴァ書房、一九六七年）等参照。

（2） 筆者はかかる観点から第二・三部において検討している。

（3） もちろん、幕府による大名監察制度としては、諸国巡見使の先行形態と考えられる諸国廻り上使や個別大名監察の国目付がある。後者については本章で素材とする鍋島佐賀藩への派遣は管見の限りなかったと思われる（なお、善積美恵子「江戸幕府の監察制度―国目付を中心に―」〔『日本歴史』二四四号、一九六八年〕参照）。また諸国廻り上使との関係については、本章で意図する如き史料が見い出せないため後考にまちたい（なお監察される大名側から考察した成果に、しらが康義「『藩政史料にみる『諸国国廻り上使』―寛永一〇年（一六三三）の幕府巡見使―」〔瀧沢武雄編『論集中近世の史料と方法』東京堂出版、一九九一年〕がある）が、本章ではむしろ、近世中期以降のいわば形式化・儀礼化された諸国巡見使との関係に注目したい。すなわち、諸国巡見使制度の形成・展開およびその意義については種々の議論があり、特に近世中後期における実質（監察）機能の有無、形式化・儀礼化を認めた上でのその度合いおよび要因の解明、儀礼化されつつも代替り毎に派遣される意味等をめぐって論が展開されているといえよう（諸国巡見使をめぐっては例えば瀧沢武雄「巡見使の制度について」〔『史観』六五・六六・六七合併号、一九六二年〕、同「巡見使についての一考察―弘前藩日記による研究―」〔『早稲田大学高等学院研究年誌』七号、一九六二年〕、板沢武雄「諸国巡見使とその実際」〔『日本歴史』一六三号、一九六二年〕、山崎真一郎「江戸幕府の巡見使について」〔『滝川博士還暦記念論文集』日本史篇、一九六二年〕、馬場憲一「諸国巡見使制度について」(『法政史学』二四号、一九七二年)、大舘右喜「江戸幕府の諸国・御料巡見使について」(『徳川林政史研究所研究紀要』昭和四八年度、一九七四年)、播磨定男「巡見使の巡遣をめぐって」(『徳山大学論叢』四号、一九七四年)、大平多仁照広「江戸幕府の諸国巡見使の監察報告—『九州土地大概』について—」(『日本歴史』三一四号、一九七四年)、大平祐一「江戸幕府巡見使考」(服藤弘司他編『法と権力の史的考察』創文社、一九七七年)、誉田宏「諸国巡見使の研究」(『福島県歴史資料館研究紀要』一号、一九七九年)、小宮木代良「幕藩体制と巡見使—九州地域を中心にして—」㈠㈡(『九州史学』七七〜八号、一九八三年)、水戸政満「巡見使と巡見案内手引—近世中期に南山城を訪れた巡見使と農民—」(『立命館史学』一二号、一九九一年)等の研究がある)。本章での諸国巡見使に関する見解は近世以降の形式化・儀礼化を認め、その上で「新将軍が幕府の主宰者として天下を支配していくことの形式的表現」(瀧沢前掲「巡見使の制度について」八六頁)あるいは「藩政監察という形による新将軍との臣従関係の確認行為」(大平前掲「江戸幕府巡見使考」五九四頁)という指摘に学びながら、巡見使派遣に、本来、国家的儀礼の本質が備わっていたとする立場から、「監察」機能の実質的意味はともかく、中期以降においても一定の意義を有していたとみることにしたい。

(4) 検討の対象とする時期は本章で主として利用する史料(給人の「日記」)の関係上、宝永七年、享保元年、延享二年、宝暦一〇年および天明八年(いずれも巡見使派遣が決定された年次で、実際の派遣年次とはズレる)である。しかし、この時期は派遣の形式化が進んだといわれ、むしろ国家儀礼的性格は強まったと考えられる(註(3)参照)。

(5) 小宮前掲「幕藩体制と巡見使」㈦一〇頁。なお法令(高柳真三他編『御觸書寛保集成』(岩波書店、一九三四年)一二九四)は「国主、領主、御代官」宛の「覚」七ヶ条および迎接の指針ともいえる「覚」五ヶ条からなる。

(6) 「鳥ノ子御帳」六(「鍋島文庫」(佐賀県立図書館寄託)所収)。

(7) もっともこれらの知行主は支藩主(小城鍋島＝二万九三〇〇石余(物成高、以下同じ)、蓮池鍋島＝二万一〇〇〇石余、鹿島鍋島＝八、〇〇〇石)ないし親類同格(武雄鍋島＝八、六〇〇石余、多久＝八、六〇〇石余、諫早＝一万四〇〇石余)と称される、いわば大身家臣であり、中小知行主をも含めた給人一般に関する規定ではないことは留意する必要がある。しかし現実には例えば神代鍋島氏(家老、二、二〇五石)の如く、先の法令で規定されない給人知行地においても、巡見使の通路にあたる場合は当該給人による迎接がなされていた。とはいえ同氏とて上層給人であり、中小給人による対応をめぐっては今後の課題である（なお物成高は「泰盛院様御印帳」〔明暦二年、「鍋島文庫」所収〕による）。

（8）例えば「日記」（「諫早家文庫」〈長崎県立長崎図書館蔵〉一九―一五―三三五）所収。なお「諫早家文庫」所収の「日記」を本章では「諫早日記」と仮称する。また同一年次でも、作成地が知行地の諫早〔現長崎県諫早市〕、城下の佐賀、参勤交代中の江戸等と推定される、異なるものが並存する。したがって「諫早日記」については史料整理番号を付記する）延享三年五月一六日条、「日記」（「神代鍋島家文書」〔長崎県立長崎図書館蔵〕所収。以下同文書所収の「日記」は「神代日記」と仮称する）巻一四、宝暦一一年五月二一日条、「神代日記」巻四二、天明八年九月一五日条等。

（9）～（11）「御屋形日記」（「多久家文書」〔多久市立歴史民俗資料館蔵〕所収）享保二年五月二六日条。

（12）「諫早日記」（「諫早家文書」一九―一五―三九二）宝暦一一年五月二八日条。

（13）「神代日記」巻一五、宝暦一一年五月一〇日、巻四三、天明九年四月二四日各条。

（14）「諫早日記」（「諫早家文書」一九―一五―一五二）宝永七年一月一五日条。

（15）「同右」（一九―一五―三三三）延享三年五月一七日条。

（16）「同右」（一九―一五―一五二）宝永七年六月一三日条。

（17）「同右」（一九―一五―三三三）延享三年五月一七日、「御屋形日記」宝暦一〇年一〇月二〇日、「同上」天明八年一二月一二日、「同上」天明九年一月一八日各条。

（18）註(15)参照。

（19）呼称は「役所」（多久氏・神代鍋島氏）、「会所」（諫早氏）等の違いがみられるものの、給人の陪臣が詰め知行地支配の実務にあたる。

（20）なお知行地における行政的意思決定＝「吟味」の実態については第五章参照。

（21）「諫早日記」（一九―一五―三九二）宝暦一一年四月九日条。

（22）「神代日記」巻一五、宝暦一一年六月二日条。

（23）「同右」巻四二、天明八年一一月一七～八日各条。

（24）「巡見方役人」（「神代日記」巻四二、天明八年一一月一八日条）、「巡見方上役」（「御屋形日記」天明八年一一月六日条）

等と呼称される。

(25)「諫早日記」(一九—一五—一五二) 宝永七年一月一五日、二八日各条。
(26)「神代日記」巻一五、宝暦一一年一月一六日、二三日各条。
(27)「御屋形日記」宝暦一一年三月二〇日条。
(28)「神代日記」巻一五、宝暦一一年五月一九日条。
(29)「御屋形日記」天明八年一一月六日条。
(30)「神代日記」巻一五、宝暦一一年一月一六日、二三日各条。
(31) したがってあらかじめ「上使御通筋西・東・伊古・古部村迄、当役其外見分有之事」(「神代日記」巻一五、宝暦一一年五月二〇日条) と、知行地役人 (史料中の「当役」とは神代鍋島氏の知行地支配のいわば管轄責任者で、神代鍋島氏の上層陪臣〔「家老」〕が就任。なお第五章参照) が知行地内を見分することもあった。
(32)「賄方之部」(「寛政元酉巡見録・御蔵方・十」〔「鍋島文庫」所収〕)。
(33)「泰国院様御年譜地取」(「鍋島文庫」所収) 寛政元年五月三日条。
(34) ちなみに同史料には宝暦一一年の巡見使迎接費用も総額のみであるが記され、銀三九三貫二七六匁三分五厘、米七〇六石九斗四升六合五勺とされる。これと比較すれば寛政元年巡見使の場合、銀高で三六％増、逆に米高で一二％減となっている。
(35)「神代日記」巻一五、宝暦一一年一月一六日条。
(36)「諫早日記」(一九—一五—五〇九) 天明八年一一月八日条。
(37)「神代日記」巻四三、天明九年二月二八日条。
(38)「諫早日記」(一九—一五—五一一) 天明九年四月一六日条。
(39)「賄方之部」(「寛政元酉巡見録・御蔵方・十」)。
(40) このような巡見使迎接費用の給人負担は、例えば諫早氏に関する次の史料にみられる如く、西日本に対し特に深刻な影響を及ぼしたといわれる享保飢饉以後強まったと思われる。

「一五月三日今般巡見　上使陣早(ママ諫カ)筋御通路付而者、嶋原境ゟ濱境迄、諸整支大□(捻カ)之義ニ而難被及御手、以前者　上使其外御

扱料御米三百石ッヽ年々被差出候處、享保年中大凶年ニ付被相省、其後宝暦十年一ヶ年被相渡（後略）」（「泰国院様御年譜地取」天明八年五月三日条）

すなわち、諫早領は巡見使のみならず長崎奉行等の幕府上使の通路でもあり、その迎接費用として享保飢饉以前は毎年米三〇〇石が大名蔵入より支給されていたものの、それ以後は（巡見使が下向した）宝暦一〇年のみであったという。なお給人領主側が迎接に支出した総額を示す史料は管見の限り明らかにし得ない。

(41)「諫早日記」（一九—一五—五〇九）天明八年一一月八日条。

(42) 例えば諫早氏は延享三年の巡見使下向に際して「今度御巡見使御通路ニ付、對馬御取賄銀六百貫目之御積之由、五嶋同弐百貫目、大村百貫目御入方之由、沙汰有之由、喜六申候事」（「諫早日記」〔一九—一五—三三三〕延享三年五月一七日条）と、対馬藩・五島藩・大村藩等隣藩の情報を収集している。

(43) やはり延享三年、諫早氏は大村藩の町別当より諫早領別当へ伝達された情報および平戸領へ商売のため赴いた商人の「申談候趣」を入手している（「諫早日記」〔一九—一五—三三三〕延享三年六月一日条）。

(44) 註(43)に示した大村藩町別当からの情報確認のため陪臣二名が大村・平戸へ派遣されている（「諫早日記」〔一九—一五—三三三〕延享三年六月四日条）。

(45)「諫早日記」（一九—一五—三三三）延享三年六月一日条。

(46)「神代日記」巻一五、宝暦一一年五月一三日条。

(47) なお給人領主が知行地へ赴くという「御下」行為は佐賀藩において一般的にみられた。その形式と意義については第三部第一一章で改めて論じるが、通例は大名への「御勤」の解除による「御暇」を賜わることで自らの知行地へ「御下」することができた。これに対し巡見使下向の際の「御下」は、むしろ大名からの指示によるもので「御下」がいわば「御役目」・「御勤」としてなされるところが対照的である。

(48)「諫早日記」（一九—一五—一五二）宝永七年七月一日条。

(49)「同右」（一九—一五—三三九）宝暦一一年五月二四日条。

(50)「同右」（一九—一五—一五二）宝永七年七月一八日条。

(51)「神代日記」巻一五、宝暦一一年五月一九日条。
(52)「諫早日記」(一九―一五―五一一)天明九年五月二一日条。
(53)「神代日記」巻九五、天保九年六月一七日条。なおこの引用は天保九年巡見使下向に際するものである。
(54)「諫早日記」(一九―一五―三三六)延享三年七月一一日条。
(55)「神代」(「寛政元酉巡見録・御蔵方・廿二」)。
(56)(57)「多久」(「同右・廿四」)。
(58)「主膳様御宿亭主傳并別当庄屋江御尋之一通」(「寛政元酉巡見録・御蔵方・廿四」)。
(59)「主膳様御宿ニ而御用人衆両人ゟ御尋」(「寛政元酉巡見録・御蔵方・廿二」)。
(60)「寛政元酉巡見録・御蔵方・三」。
(61)「同右・廿一」。
(62)例えば天明八年の巡見使下向に際し、佐賀藩は福岡・久留米・柳川・熊本藩等の「隣国」への「聞合」をしている(「寛政元酉巡見録・御蔵方・廿一」)。
(63)「寛政元酉巡見録・御蔵方・十」。
(64)「同右・三」。
(65)「神代日記」巻一五、宝暦一一年五月二五日条。
(66)(67)「御屋形日記」宝暦一〇年一〇月二〇日条。
(68)「諫早日記」(一九―一五―三九二)宝暦一一年四月九日条。
(69)例えば神代鍋島氏の知行地には「家」の菩提寺・祈禱寺・神社等が存在し、祖先祭祀、厄入祈禱や葬儀の如き通過儀礼等、「家」の相続に関する諸儀礼が執行される(第三部第八章および第一〇章参照)。一方、給人ないしその家族は知行地への「御下」に際し、それらの諸寺社・山伏等を訪れ酒食・遊興(碁等)をなす如く、知行地は「休息」「遊行」の場でもあった(第三部第一一章参照)。
(70)「倉町鍋島家日記」(「鍋島文庫」所収)延享二年八月一一日条。

(71) 以上、「諫早日記」(一九―一五―一五二)宝永七年一月二六日、「同右」(一九―一五―三二七)延享二年一二月二四日、「神代日記」巻四二、天明八年一月二七日各条。なおこれらの記録類については「日記」上で確認されるものの、現物は未見。
(72) 「諫早日記」(一九―一五―一五二)宝永七年一月一五日条。
(73) 「神代日記」巻四三、天明九年六月晦日条。
(74) 「同右」巻一五、宝暦一一年九月六日条。
(75) 「諫早日記」(一九―一五―三九二)宝暦一一年四月九日条。
(76) 「神代日記」巻一五、宝暦一一年六月二三日条。
(77) 「諫早日記」(一九―一五―三三五)延享三年七月二三日条。
(78) 近藤斉『近世以降武家家訓の研究』(風間書房、一九七五年)資料篇二一五頁の「羽太家訓」(寛政七年成立)。同家訓の作者羽太正養は幕臣で、寛政七年当時千俵高(『同上』解説篇、二五〇頁)。

第三部　給人領主の儀礼支配

第八章　給人領主家の「死」をめぐる儀礼

第二部での給人領主制に関する検討により、給人の知行地支配＝領主制と上位権力（幕府・大名）との関係さらに給人自らの「家」の存続、という三つの問題が相互に連関していることが次第に明らかになってきたと考える。本章では給人領主家の「死」をめぐる儀礼を検討することを通じて、これらの問題の連関構造の究明に迫りたい。

ところで、人の「死」[1]とは単に個人のみに生じた事件ではなくて、社会的存在としての個人を見舞った重大事であり、社会にとってその「死」はその社会の構成部分たる一成員の喪失を意味する。[2]しかも、その死者が生前、社会において役割が大きいほど、社会の体系の混乱も大きく、[3]いわば「死」によってもたらされる混乱は、その死者の社会的存在の大きさに比例する。[4]とすれば、給人領主（ないしその親族）の「死」は、武家領主、近世的にいえば幕藩領主という「社会」のなかで、あるいは自らの陪臣との主従的な「社会」、さらに支配対象である領民を中心とした地域「社会」（知行地）で如何なる意味を有していたのかに関する検討は、[5]前記の課題究明の好個の素材となろう。このように、給人領主（ないしその親族）の「死」を捉えようとする場合、単に葬送・埋葬、いわゆる葬式儀礼のみの分析からは的確な考察はできないように思われる。[6]すなわち給人の「死」に関する諸行為・事象の構造的な分析が必要となろう。したがって本章では狭義の葬式儀礼のみならず、「死」にいたるような病気の回復祈願、死者の親族の慎みである服忌、陪臣や知行地領民に対する慎みの強制である穏便、そして葬礼、これらの一連の諸行為・事象を『死』をめぐる儀礼」と捉えそれらの関係を明らかにした上で課題に迫りたい。[7]

第一節　儀礼の形式

(1)　回復祈願

久しい間合戦がない近世中期の武士ないしその親族にとって、「死」への一般的契機は病気であり、(8)重く治癒が困難と想定された時、様々なかたちで回復祈願がなされた。佐賀藩の給人領主の場合、その基本は城下で祈禱・諸社への祈願がなされると同時に「於諫早御祈願所中、重御祈禱被　仰付」の如く知行地（諫早）所在の祈願所の寺社に祈禱が指示され、知行地陪臣も願文を奉納するものであった。(9)給人やその家族は通常は在城下であるものの、その回復祈願が祈願所を通じて知行地でもされていたことは注目に値しようが、むしろ知行地の庄屋や陪臣による自発的な祈願さえみられた。多久家の当主茂堯が「大病」の際、

（明和六年八月六日）
一御私領中庄屋共ゟ今般　御前大病ニ付、御願書差上候御願文之品左之通

一高野社中臣祓百座之事

一若宮八幡社絵馬殺生料之事

右之趣ニ御願相懸り、御願書差上候、尤御本小庄屋惣代三人ニ而御屋敷罷下差上筈ニ候、日限之儀ハ来八日被相極候也(10)

の如く庄屋層が知行地内の神社（高野社・若宮八幡社）に願掛けし、その願書が城下の多久氏の屋敷まで庄屋惣代により届けられている例や、神代鍋島家当主茂體の妻が「疱瘡」になった時、陪臣が独自の判断で知行地の寺社家に「軽安」祈禱を命じるとともに、陪臣自身も「申談」の上、「大日尊三七日参り」をしている例(11)等はその典型である。こ

のように給人領主ないしその親族の病気の回復祈願は城下のみならず知行地においてもなされていたのである。その際祈願できる場は明確に区分されていたようで、給人領主家に直接属する階層（当主＝領主およびその親族）は、城下・知行地のいずれにおいても祈願しているのに対し、陪臣・庄屋層は知行地での祈願に限定されていた。[12] このことは知行地に在住する陪臣・庄屋層が城下の寺社で祈願することになんらかの制限が加えられていたとも考えられるが、結果的には知行地での回復祈願の回数が多くなるわけで、給人領主家としては知行地での祈願にむしろ期待する側面があったともいえよう。従って、実際に回復祈願の執行をなす知行地の寺社家は、[13] その効果なく給人領主が「死」に臨んだ場合は、「遠慮」「用捨」「退院」「隠居」すなわちその地位の返上を願い出なければならなかった。[14] このようにいわば最初の「死」の儀礼から知行地は給人にとって重要な意味を有していた。

(2) 服　　忌

その回復祈願の甲斐無く、給人や親族が死ぬと藩庁へ報告され「定式之服忌」を請けた。[15] 服忌とは本来、喪に服する服喪と、穢れを忌む忌引のことで近親者に死者がでた時などに、穢れが発生したとして近親者との関係に応じて喪に服する日数や穢れがなくなるまで謹慎する忌引の日数を定めたものである。[16] その際「定式」の基準は、特に綱吉政権期に改訂を繰り返しながら制度化されていった幕府法に準拠し[17]「従江戸申来」たもので、大名のみならず給人領主[18]も幕府服忌令ないしその改訂版を編集・所持しており、[19] 給人領主＝家臣側はそれに基づき大名に「服忌」を申請する建て前となっていた。つまり「定式」とは将軍を頂点とする武家社会における基準であり大名のみならず給人領主であってもこれに従っていたといえる。したがって幕府服忌令の本質的な主旨は将軍に喪中の穢れを近づけないことにより将軍の神聖さを保ちその権威を高らしめることにあったと思われる。[20] しかし実際には幕府服忌令に正確に従わなければならないのは将軍と直接主従関係にあるもののみとされており[21]、大名家臣の服忌規定は幕府準拠というものの、藩庁にて「急ニ御吟味被成[22]」あるいは「御用繁有之御用差支[23]」という如く服忌による一時的な職務離脱により支障をきたすような場合に、「忌」が大名より差し免じられたことが物語るように、江戸詰め等の場合を除いては将軍に対してというよりもむしろ家臣が直接的に主従関係を結ぶ大名に対し穢れを近づけないために忌むという観念が強かったと思われる。それは服忌を請けた家臣が「忌」の期間、登城を禁じられたことからも窺われる。大名家臣＝給人領主の服忌は幕法準拠という点からすれば、形式的には将軍に穢れを近づけないという目的があったといえようが、大名・家臣関係を象徴的に規定する役割をも担わされていたのであった。

いずれにしてもかかる服忌令は、上位権力者の立場から（つまり将軍が大名にまた大名が家臣にという如く）「死」の穢れ（もちろん血・産に対する穢れも含む）を近づけないことを強制するものであったといえよう。そして服忌の期間を通じ、死者の穢れや服喪者は漸次浄化されるのである[24]。

(3)　穏　便

宝暦一一年一〇月五日、佐賀藩主重茂の妻が江戸にて亡くなった。彼女は仙台藩主伊達宗村の娘で重茂のもとへ入輿していたが、その母は紀伊徳川家宗直の息女利根姫で徳川吉宗の養女として宗村のもとに降嫁していた[25]。伊達家から嫁いだもののかかる徳川氏との関係から、彼女の「死」に際し、鍋島家（重茂）は「公方様定式之御服忌」を請けるとともに、幕府は「松平信濃守妻死去ニ付、普請は相止に不及、鳴物は今日より三日停止候事」といわゆる鳴物停止令を発した[26]。幕府の鳴物停止令は全国一円へ通達されるところに大きな特徴があり、この時も短期間ではあるものの江戸の大名・留守居を通じ全国的規模で触れられた[27]。ところで当の佐賀藩では

一御前様（略）御逝去候段申来候、依之即より御領中御穏便被仰付候条、謡・乱舞・鳴物・作事・触賣等相止、町
屋者見世蔀立置候事
一今日より御領中殺生禁断被仰付候事
一下々迠月代仕間敷事[28]

と、鳴物に加え謡・乱舞・作事・触賣・店商売等の禁止、殺生禁断、月代禁止等、幕令よりも広範な規制が期間も長く触れられている。[29]すなわち鍋島家は幕令とは別に「穏便」なるものを領内に課しているのである。このような大名による穏便は必ずしも幕府の鳴物停止令に応じて出されたのではなく、いわば大名独自に触れられた。文化二年一月一〇日、佐賀藩主鍋島治茂が亡くなった時は幕府より服忌を請けるものの鳴物停止令は触れられなかった。しかし、大名独自の「御穏便」が藩領内や江戸・京都・大坂詰めの藩家臣にまで達せられた。[30]

以上のような幕府と大名における服忌と鳴物停止令と穏便との関係は、大名とその家臣＝給人領主との間においても指摘できる。

例えば宝暦五年九月二一日、白石鍋島家の直愈（元文三年穏居、龍徹）が死んだ時、藩庁（請役所）が「同日請役所より触達左之通　徹龍殿死去ニ付而、今より明後廿三日迄、日数三日御領中御穏便被　仰付候条、謡・乱舞・鳴物等相止候様、筋々可相達旨候、已上」[31]と謡・乱舞・鳴物等の音を規制する三日間の「穏便」、これは幕府の鳴物停止令の大名バージョンとでも呼べるものだが、それを藩領内一円に課した。ところがこれとは別に

御自分御隠便触達左之通
徹龍様御病気御養生不被為、今晩九時過被遊御逝去候、依之即より御穏便被仰付候
一謡・乱舞・鳴物・作事等相止、御私領町家ハ不及沙汰、其外町宿罷在御家中見世蔀立置候事

一御家中侍又御私領下々迄、月代仕間敷候事
右之通被　仰付候条、筋々懇可被相達候[32]

の如く、「私領」=白石鍋島家の知行地における謡・乱舞・鳴物や作事の禁止のほか、知行地内の商売や知行地外の町・宿における陪臣による商売禁止、[33]陪臣や知行地領民の月代禁止等、より広範な内容の「御自分穏便」を陪臣や知行地領民に触れていたのである（この時の期間は明かでないが、「御自分穏便」の後述するような原則からすれば、三日間より長かったことは確実である）。重茂の妻のように徳川家に縁の深い者の「死」に際し大名家に入っていても幕府が鳴物停止令を触れた如く、藩庁による穏便が藩領全域に課されるのは、藩主に血縁がある者ないし上層家臣の「死」に際してであるが、[34]藩庁から穏便が課されない場合であっても、「定式之服忌」を請けると給人領主は陪臣・知行地に穏便を触れた。すなわち「御自分穏便」を課すのである。

「公方様定式之服忌」が上位権力者に穢れを近づけないために将軍から大名に、また大名から給人領主に、いわば上から強制されるのに対し、服忌を請けた下位権力者は自らの支配領域へ鳴物停止令の有無にかかわらず「御自分穏便」を独自に強制するのである。

それでは「御自分穏便」の実態は如何なるものか、給人領主の穏便についてみてみよう。給人や親族が死ぬと藩庁へ報告され「定式之服忌」を請けると同時に「穏便之次第」が知行地や城下等の陪臣、知行地の領民へ知らされた。[35]この穏便は幕府の全国規模での鳴物停止令ないし大名の領域一円に対する穏便のいわば給人領主バージョンなのであるが、その内容・期間の決定は給人側で行われた。その基準は先例主義とでもよべるものであった。先例の根拠は幕府令やそれに基づいたと考えられる大名の規定、すなわち、本来は上位権力者の規定に求められたと思われる。穏便の主たる内容である謡・乱舞・鳴物・作事（普請）・店商売等の〝音〟に対する規制が幕府の鳴物停止令と同じであ

ることはそれを物語っていよう。しかし給人領主の「家」構成者の「死」をめぐる儀礼は穏便も含めその都度記録が作成され、漸次、「家」の記録に基づき穏便の内容・期間等も決定されるようになってきたと思われる。

例えば明和五年一二月一二日諫早家前当主茂成の妻が亡くなった際、当初「霊龍院様（茂成）之節扣写」をもって穏便を触れることが諫早家陪臣より提案されたが、結局茂成の先々代の当主茂行の妻（昭徳院）の先例に従うことになり「其節之扣相調、其旱竟触達」が知行地諫早へ指示された。(36) 扣＝記録に基づき穏便実施内容について議されている。また文化一〇年一一月八日、神代鍋島家当主茂體の後妻が亡くなった時は「爰元（城下佐賀の神代鍋島氏屋敷）御日記等御焼失相成候付而者、跡方類例不相分、就而者御穏便其外難相極候条、即御地当又御日記等被相調子、霊仙院様（茂體前妻）御死去之節、旱竟御取調子可被差越」と、日記（城下屋敷で作成されたもの）焼失のため穏便が決定できないとし、知行地で作成・保管されている日記等により先例を調査するよう陪臣に命じている。(37)

穏便の内容・期間は先例に基づくとはいっても、「家」によりまた亡くなった者により様々であるが、給人本人ないし穏居者の場合を整理すればおおよそ次のようなことが指摘できる（表19参照）。①内容は謡・乱舞・鳴物等、直接〝音〟に関するものを始め、作事（普請）・店・振賣（触賣）・桶細工・鍛冶・油〆（絞油）・綿打ち・臼踏み等、生業活動に伴い〝音〟を生ずるものが禁止されるほか、殺生禁断が命じられ月代・武芸・徘徊・遊山等が制限される等、広範囲にわたっている、②穏便の期間の基準は、亡くなった者に対して「服忌」を請ける給人本人または給人本人が亡くなった場合はその家督相続者に懸かる「忌」の期間である（ほとんどは四九日間）、③謡・乱舞・鳴物・作事等、「音」に関するもののうち生業活動に直接影響を及ぼさないものは、「忌」の全期間慎みが求められる、④「音」を発しても生業活動に関するものは「忌」の期間のうち、七日、一四日（ふたなのか）、二一日（みなのか）の如く、短い。但し七日間を基準にしない場合もある。⑤殺生禁断も同様であるが、生業に関係ないと思われる「遊猟」（陪臣による

表19　給人領主（ないし隠居者）が死亡した場合の穏便

死　　者	死亡年月日	穏　便　内　容
多久茂文(多久氏)	正徳元年8月29日	謡・乱舞・鳴物・作事その外相止。町屋見せ（店）閉、振売不仕。
諫早行孝(諫早氏)	宝暦3年8月4日	（藩による領中穏便あり＝日数3日）謡・乱舞・作事相止。9月22日忌明。
鍋島直愈（白石鍋島氏）	宝暦5年9月21日	（藩による領中穏便あり＝日数3日）謡・乱舞・鳴物・作事相止。御私領（知行地）町家・御家中見世（店）は蔀立置。家中下々まで月代禁止。11月13日忌明。
諫早茂行(諫早氏)	明和2年6月5日	殺生禁断。7月13日忌御免。7月23日（四十九日）。
鍋島直石（白石鍋島氏）	明和3年8月13日	（藩による領中穏便あり）町方見世閉め、から油しぼり（8月25日まで）、作事（9月3日まで）。家中私領（知行地）下々まで月代禁止（9月1日まで）。
諫早茂成(諫早氏)	明和6年3月20日	（藩による領中穏便あり）5月12日忌明。月代御免。
多久茂堯（多久氏）	明和6年8月6日	殺生禁断。月代・謡・乱舞・鳴物禁止。私領（知行地）中町宿見世・振売・油〆・鍛冶・桶屋細工等は三七日《みなのか》。9月26日より穏便差許し。但し、殺生禁断・遊山は禁止。
鍋島道政（神代鍋島氏）	明和9年5月24日	謡・乱舞・鳴物・作事禁止。桶屋細工相止（三七日《みなのか》）、見世は蔀おろし（同）、触売禁止（同）。百姓・町人月代（6月27日まで）。7月12日（四十九日）。7月14日穏便明け、家中月代許し。
鍋島茂真（神代鍋島氏）	安永3年6月23日（江戸にて）	謡・乱舞・鳴物停止。作事・見せ・油〆・桶屋禁止。百姓・町人月代禁止。
鍋島敬茂（倉町鍋島氏）	天明2年2月1日	店閉（2月21日まで）、月代忌明（2月27日まで）。
多久茂孝（多久氏）	文化12年2月18日	穏便50日。謡・乱舞・鳴物・作事（三七日《みなのか》）・町方店（二七日《ふたなのか》）・振売（同）・綿打・油〆（二七日《ふたなのか》）・鍛冶・桶詰・殺生禁断。家中月代（30日）。扶持の外の月代（三七日《みなのか》）。学寮会講釈（30日）、同書生出入（二七日《ふたなのか》）。遊猟（1周忌）。
諫早茂圖（諫早氏）	文化12年7月22日	（藩による領中穏便あり＝日数2日）謡・乱舞・鳴物・作事等。家中月代禁止。殺生禁断（10日）。
神代茂體（神代鍋島氏）	文政5年4月12日	穏便につき、謡・乱舞・鳴物止。下々月代（35日）・家中月代（49日）。作事（35日）。桶屋細工・殺生禁断・油〆・振売・町屋其外店等は三七日《みなのか》。但し、百ケ日まで惣家中は小謡その外遊山等禁止。
多久茂鄰（多久氏）	文政10年5月14日	穏便につき、謡・乱舞・鳴物止。殺生禁断・綿打・油〆・鍛冶・桶屋止。作事止。町方蔀、振売不仕。
鍋島茂堯（神代鍋島氏）	天保8年1月11日（江戸にて）（2月2日報告着）	謡・乱舞・鳴物・作事禁止。桶屋細工（二七日《ふたなのか》）・店（同）・殺生禁断（同）・油〆（同）・振売（同）。庄屋・別当より百姓・町人の月代（30日）、家中月代禁止。
多久茂澄（多久氏）	天保14年1月6日	謡・乱舞・鳴物は50日停止。作事（30日）。店・臼・油〆・市立・振売・鍛冶・桶屋・綿打等は三七日《みなのか》。家中下々月代（50日）。殺生禁断（二七日《ふたなのか》）。遊猟3年忌まで。魚類は1周忌まで。学寮書生出入30日。会釈講50日。武芸50日。

典拠）「御記録」（白石鍋島氏）、「御屋形日記」（多久氏）・「役所日記」（同）・「諫早日記」・「神代日記」・「倉町日記」等により作成。

註）1）穏便内容で、「止」「相止」「禁止」等の文言がない場合でも、その内容が「穏便」＝事実上の禁止をうけたことを示す。

2）穏便内容・期間については、「記録」・「日記」により、記載の精粗が認められるため、必ずしも穏便の実態を厳密に構成したものとはなっていない。したがって、個別穏便の内容・期間については、他事例も勘案する必要があろう。

ものか）の禁止が一年忌・三年忌等、長期にわたる場合があった、⑥月代の禁止は陪臣（被官以上）の場合「忌」の全期間ないしそれ未満、「百姓・町人」等知行地領民（庄屋や町方役人である別当を含む）はさらにその一部の期間とされた、⑦このような内容は、期間の長短はあるものの誰の穏便に際してもほぼ共通にその慎みが求められるが、武芸・徘徊・遊山の制限はかかる定常性はない。なお、給人の妻、子供、母等の「死」に伴う穏便については、内容の簡略性や「忌」に応じた期間の短縮性はあるものの、〝音〟に関するものや月代禁止・殺生禁断が内容の中心であり、亡くなった者に対して給人に懸かる「忌」の日数が穏便期間の基準となることなどの点から、同様の傾向が指摘できる（表20）。

以上を要すると「定式之服忌」のうち「忌」の期間中、給人領主が独自に陪臣・知行地領民に対し慎みを求めたのである。もっとも生業活動を伴うものは短期間であり、月代の如く陪臣と知行地領民との間に差がみられるものもあったが、穏便の原則は文字どおりの忌中の慎みであった。これを大名（ないしその隠居者）の「死」に際する穏便と比較すると、期間・内容ともに忌中の慎みでほぼ同等であることが注目される（表21）。さらに給人領主家に入った大名の血縁者や上層給人の「死」に際し大名は全領域に穏便を課す場合があったが、それよりも給人領主が別に知行地に課す「御自分穏便」の方が、長期間で内容も広範であった。このようにみるならば大名と同等ないしそれ以上の穏便を知行地に課す給人領主の知行地認識は如何なるものであるのか、あるいは陪臣や知行地領民にとって大名の「死」と給人領主の「死」、大名の穏便と給人領主の「御自分穏便」、それぞれどちらがより直接的な意味を有していたか、という如き問題を考えさせられる。給人の「家」の行事である葬礼（葬儀・葬送）形態の検討は、かかる問題を解く一つのヒントを与えてくれよう。

表20　給人領主の妻（および娘・養子）が死亡した場合の穏便

死　　者	死亡年月日	穏　便　内　容
松崎俊英 （神代鍋島氏出身 松崎茂安養子）	宝暦3年6月26日	神代鍋島氏当主（茂興）忌10日。私領（神代鍋島氏知行地）5日間穏便。謡・乱舞・鳴物禁止。家中月代禁止。
鍋島敬意の妻 （倉町鍋島氏）	宝暦4年10月12日	倉町鍋島氏当主（恒廣）、「伯母の御忌」。当主・家中は三七日《みなのか》の忌。月代禁止。
於長 （神代鍋島氏出身 松崎茂親嫁）	明和2年5月1日	謡・乱舞（35日）。作事（三七日《みなのか》）。家中月代（20日）、村町方月代（15日）。殺生禁断7日。
諫早茂成の妻 （諫早氏）	明和5年12月12日	謡・乱舞・遊山禁止。から臼踏（二七日《ふたなのか》）。綿打（同）・桶詰（同）・鍛冶（同）・油〆（同）・ふり売（同）・諸色商売（同）。作事（35日）・徘徊（35日）。見世蔀（店閉、三七日《みなのか》）。家中月代忌明（1月3日まで）。殺生禁断（鱗の殺生、7日）。
鍋島道政の妻 （神代鍋島氏）	明和9年1月2日	見世（三七日《みなのか》）・桶屋細工（同）・油〆（同）。作事禁止。百姓町人月代（35日）、家中月代（49日）。
鍋島茂真の妻 （同　上）	天明7年7月3日	百姓町人月代（35日）、家中月代（50日）。
鍋島茂體の前妻 （同　上）	天明7年10月10日	神代鍋島氏当主（茂體）忌日数20日。家中月代（20日）、百姓町人月代（二七日《ふたなのか》）。四十九日の慎しみ。
鍋島周熈の前妻 （納富鍋島氏）	寛政11年4月25日	作事（7日）・商売方（5日）、月代（三七日《みなのか》）。
鍋島茂體の後妻 （神代鍋島氏）	文化10年11月8日	神代鍋島氏当主（茂體）忌20日。家中月代（20日）。触売（二七日《ふたなのか》）・店（同）・作事（同）。殺生禁断（七日）。
鍋島周熈の後妻 （納富鍋島氏）	文化11年8月2日	作事（7日）・商売方（5日）、家来月代（三七日《みなのか》）。百姓月代（二七日《ふたなのか》）。
鍋島道昭の妻 （白石鍋島氏）	文化13年4月10日	穏便20日につき、謡・乱舞・鳴物など相止。殺生禁断（5日）、作事（7日）、見世（7日）。家中月代（20日）、私領（白石鍋島氏の知行地）下々（7日）。
鍋島直賢の妻 （同　上）	天保5年8月11日	謡・乱舞・鳴物禁止（9月10日まで、30日）、殺生禁断（8月15日まで、5日）、私領（知行地）や市中（城下町ヵ）の店（8月20日まで、10日）、作事（同）、家中月代（30日）、私領その他の月代（10日）。
鍋島敬文の妻 （倉町鍋島氏）	天保6年3月27日	倉町鍋島氏当主（敬文）忌（三七日《みなのか》）。私領（倉町鍋島氏知行地）中穏便（20日）。家中・私領月代（三七日《みなのか》）。宿屋（7日）・店（同）・作事（同）。

註）「御記録」・「諫早日記」・「神代日記」・「倉町日記」・「納富日記」等により作成。なお、表19の註参照。

表21　大名が死亡した場合の穏便

死　　者	死亡年月日	穏　　便　　内　　容
鍋　島　綱　茂	宝永3年12月2日	下々迠月代（50日）、殺生禁断（二七日《ふたなのか》）。
鍋　島　吉　茂	享保15年3月18日	穏便（50日）、謡・乱舞・遊山等（50日以後も不差免）。見世（三七日《みなのか》）・振売（同）・綿打（同）・桶詰（同）・鍛冶細工（同）・からうす踏（同）・油しめ（同）・作事（50日）。殺生禁断（二七日《ふたなのか》）。詰中（家中）月代（50日）。下々月代（5月2日より。42日間）。
鍋　島　宗　茂	宝暦4年11月25	穏便（50日）。謡・乱舞・鳴物・小歌・遊山等（50日以後も禁止。とくに小路方通のものは、歌謡禁止）。見世（12月17日より差免＝21日間＝三七日《みなのか》）・綿打（同）・桶詰（同）・鍛冶細工（同）・油〆（同）・振売（同）・から臼踏（同）。作事（50日）。殺生禁断（12月10日より差免＝14日間＝二七日《ふたなのか》、尤、鳥獣は不差免）。下々迠月代（50日）。
鍋　島　宗　教	安永9年2月2日	穏便（50日）。謡・乱舞・鳴物等相止。町屋の見世（2月23日より差免＝21日間＝三七日《みなのか》）。綿打（同）・桶詰（同）・鍛冶細工（同）・唐臼踏（同）・油〆（同）・振売（同）。作事（50日）。殺生禁断。家中下々迠月代禁止（3月2日より差免＝21日＝三七日《みなのか》）。
鍋　島　重　茂	明和7年閏6月10日	50日忌。（穏便内容は不詳）
鍋　島　治　茂	文化2年1月12日	穏便（3月2日まで＝50日）。謡・乱舞・鳴物等禁止。見世（2月4日より差免＝21日＝三七日《みなのか》）。綿打（同）・桶詰（同）・鍛冶細工（同）・から臼踏（同）・油〆（同）・振売（同）。作事禁止。殺生禁断（1月26日まで＝14日＝二七日《ふたなのか》、但し鳥獣の類は猶不差免）。下々迠月代。
鍋　島　斉　直	天保10年1月28日（江戸にて）	御領中停止（2月13日より4月12日まで）。謡・乱舞・鳴物禁止。綿打（三七日《みなのか》）・桶詰（同）・鍛冶細工（同）・から臼踏（同）・油〆（同）・見世(同)・触売（同）。作事（50日過、4月4日より）。殺生禁断（3月1日より差免、但し、鳥獣の類は許さず）。下々迠月代（開忌より50日、4月13日より差免）。

註）「諫早日記」・「法性院様御逝去付而萬扣」（「鍋島文庫」所収。法性院は宗茂）・「納富日記」・「倉町日記」・「御記録」・「治茂公御年譜」（「鍋島文庫」所収）・「泰国院様御年譜地取」（同。泰国院は治茂）、「泰国院様御逝去録」（同）、「魏松院様御逝去録」（同。魏松院は斉直）等により作成。

綱茂以前の藩主および重茂については不詳。斉直後の藩主は明治以降に死亡するため省略。

(4)　葬　礼

穏便は「死」の儀礼の体系のなかでは鎮魂儀礼としての性格を有すると考えられるが、給人の城下屋敷や知行地が穏便という状況のもとで行われる一連の葬礼に関わる諸行為は死体処理と鎮魂のふたつの要素から成り立つ儀礼である(38)。葬礼の中心的な場は菩提寺であるが、佐賀藩の給人領主の菩提寺は知行地に設定される場合がほとんどであった(39)。したがって葬式・中陰の日程をはじめとする葬礼に関する計画は知行地の役所詰めの陪臣が立案し城下の給人に報告されて追加・修正をうけ実施された。例えば明和五年一二月諫早家当主茂成の妻が亡くなった際、四九日間の「御葬送之一通」が「此跡之扣写帳面を以」って知行地陪臣が立案、これが知行地役所の総括責任者（当役）の名前で佐賀屋敷へ報告され、「当役方ゟ伺来候付、仰出之意味致付紙、跡々旱竟を以、万端無間違吟味を以取整之候様申越候事」と給人の意向を踏まえた執行の指示がなされている(40)。また天明七年一〇月神代鍋島家当主茂體の妻の死去にあたっても「於其許（知行地）ニ御葬式偖又御中陰仕与書被差越、達　御耳、其内差図之廉々付紙被　仰付、此節差越申候」と知行地で作成された葬式・中陰の「仕与書」が城下屋敷の給人へ上覧されこれに対する指示が知行地陪臣へ伝えられた(41)。城下屋敷で検討されたうち重要なことは大名家さらには将軍家の吉凶行事との関係であったろう。特に上位権力者の「家」の慶事（婚姻・誕生日等）と給人の「家」の葬礼が重なることは避けられた。このため知行地で立案され城下屋敷で検討された葬礼・中陰日程は藩庁（請役所）への届出ねばならなかった(42)。この点の調整が不備であれば「御上障日」につき日程変更という場合さえあった(43)。したがって葬礼日程等が知行地ではなく直接城下の給人屋敷で決定されることもあった。しかしその際でも知行地へ報告されており(44)、知行地の事情を勘案の上、陪臣が変更を求めた場合もあったであろう(45)。以上のように葬礼はその中心的な場である知行地と大名・将軍＝「御上」との諸関係のなかで実施されるのである。

給人ないしその親族の「死」・葬儀にあたっては「何レも御寺罷越、堪忍仕候様御城下住居御家来、扨又御私領中其外一統共、将又伊万里・有田・大河内御被官中江も前以相触置候事」[46]と、城下・知行地（「私領」）やその他に住する陪臣は言うに及ばず、場合によっては大庄屋・庄屋等の知行地の村役人層も含め「惣々罷出」[48]が通知された。知行地の一般領民の葬儀参列の事例は給人の「日記」にも見当たらないが、城下の給人屋敷へ「下津毛・城原（いずれも知行地）より庄屋・村役・百性為御悔罷出候」[49]と知行地領民の代表者が悔やみに伺うことはあった。もっともこれは自発的というよりも、給人側より「御私領（知行地）村々」に「御機嫌相伺候様触状差出」[50]された、いわば強制の結果であろう。

むしろ領民たちは、「御葬式御日限」にあわせた「諸事御手配」の指示[51]のもと、陪臣とともに種々の準備過程で葬礼参加を余儀なくされた。葬礼用諸道具の城下屋敷と知行地・菩提寺との運搬に伴う「夫丸」徴発、野菜等の供物や葬儀に際する縄・竹・菰等の飾物の提供・準備、葬儀当日の食事の仕出しなどが庄屋・別当（町方役人）を通じて村方・町方に依頼[52]されると同時に、特に大工は「諸出来物多御手大工之義ハ不残其外御私領罷在候大工」[53]の如く文字どおり全員動員され、竹木の伐採・葬礼諸道具の製作・菩提寺の修理等を担当した。[54]

一方、城下屋敷の死者は、菩提寺住持が「御経誦讀」（「通夜之念仏」）するなか親族・近縁者・陪臣たちの焼香をうけ、行水・剃髪（「御冠剃刀」）の後、入棺、棺台におかれ、「御悔やみ」に参った者の焼香をうける。[55]一両日中に出棺、行列をくんで「御尊骸御下」[56]、つまり死者は知行地に赴く。出棺・行列は城下屋敷よりなされ、城下内の穢れの通行となるため、その日時・道順はとくに大名にとって「支」（支障）がないか調査の上決定された。当日、城下屋敷詰めの陪臣をはじめ大名直臣ではあるものの給人と同一「与私」[57]に属する「出入侍・手明鑓」、さらに親類同格・家老・

着座等の上層家臣（つまり給人領主層）の陪臣たちが城下の数カ所に「辻固」するなか[58]、死者は知行地へと「御下」する。その「行列」の供人数は僧衆・伴僧を中心に侍・歩行・足軽等の陪臣、道具持・夫丸等の領民などからなり総勢百名前後におよんだ[59]。

「行列」に伴われた死者は陪臣による知行地境での出迎えをうけ[60]、「行列」のまま菩提寺へ入寺する。入寺は「惣御家中麻上下着用[61]」と正装した知行地陪臣全員が「御家中各々堪忍[62]」するなか行われた。死者は陪臣たちの勤番のもと暫く寺に安置され、陪臣や庄屋・別当等知行地役人の焼香・「御機嫌伺」をうけた[63]。もっとも陪臣についてはその全てが焼香できたわけではなく、歩行・足軽・被官等の下層陪臣は制限が設けられていた[64]。死者を悔やむ焼香の場であっても階層秩序が厳存していた。

葬儀の前に死者の法号が選定されねばならない。これには菩提寺の住持があたるが、給人の妻の場合、出身「家」の知行地の寺がつける場合もあった[65]。選定で重要なことは「御上御先祖様方御名御支無御座」法号を決定することで、特に「御上法名」の文字に差し障らないことが留意され、取りあえず城下の寺で仮法号をつけ、知行地の菩提寺が考えたいくつかの候補名が藩主「御側」に内談されることもあった[66]。

死者の入寺がすみ法号も決定すると葬礼の中心をなす葬儀・葬送が菩提寺で行われる。それに先立ち給人領主（給人本人が亡くなった場合にはその家督者）は知行地での葬儀を届け出、これに参列するために自らも知行地へ「御下」することを藩庁へ願い出た[67]。給人領主といえども勝手に知行地へ赴くことはできなかったのである[68]。なお、本来、藩主が上府・長崎行（佐賀藩は福岡藩と隔年交代で長崎整備を担当）等により留守の場合、知行地「御下」はできなかったが、葬儀にあたっては「格別」とされていた[69]。知行地での葬儀の特殊な意味が看取される。

葬儀・葬送は中陰の間に執り行われる。中陰とは「死」から次の「生」をうける間で転じて死後四九日間をいうが[70]、

「日記」によれば特に三〜七日程度の「中陰」日が設定され、この間に行われている。知行地諸寺院[71]あるいは菩提寺と関係がある領内諸寺院が交代で諷経・納経するなか、菩提寺住持（場合によっては菩提寺の本寺の僧）が引導をわたし葬儀の参列者が焼香する。但し葬儀の場で焼香できるのは親族・近縁者および大名直臣の代香者に限られていた。葬儀終了後、死者は葬所・墓所へ送られる。葬送である。葬儀・葬送の間は、死者の入寺の際と同様、陪臣や大庄屋・庄屋・村役等は「御寺堪忍」[72]あるいは「御葬送御道筋」に「堪忍」[73]というように、葬儀の場である菩提寺あるいは葬送の道筋に控えておかなければならなかった。死者は土葬されるか火葬（野焼き）の上納骨され[74]、卒都婆が立てられた。[75]葬儀の日、「堪忍」し控えていた陪臣たちは葬所ではじめて焼香し死者といわば最後の別れをする。[76]

一連の葬礼行事の後、葬儀の諸準備・執行（引導・諷経等）・「堪忍」などを通じ葬礼に参加した陪臣・庄屋等の村役・知行地領民・諸寺院に対し、給人より酒・鳥目の下賜がなされた。[77]給人領主の「家」の行事・死者の通過儀礼に際し「御葬式役目」[78]を果たした知行地構成者に給人は〝慰労〟を示すのである。と同時に「科人」「無調法」者に対する赦免も行われた。[79]給人領主は自ら刑罰権を行使した罪人に対し「家」構成者の「死」にあたって彼らを許した。[80]葬礼への「役目」がひとつの強制であるとすれば慰労と赦免は礼意の表現であったといえよう。

その後、三五日・四九日・百ヵ日・一周忌・三年忌等の法事・年忌は知行地の菩提寺で実施され、場合によっては「一日御私領中殺生禁断、科人御免」[81]と穏便・赦免が実施されたり、給人領主が葬儀同様、自ら知行地に赴くこともあった。[82]死者は「家」の先祖として祖霊化するのである。

第二節　儀礼の特質

(1)「上」・「公」優先の論理

給人領主の「死」の儀礼の特質として第一にあげられるのは将軍（幕府）・大名等の「御上」＝上位権力ないしそれから課されるいわば公役を優先する論理が一貫していることである。そもそも近世武家社会の服忌令は、上位権力者が下位者に（つまり将軍が大名に、大名が家臣＝給人に）対し穢れを近づけないことを強制するのが本質的な主旨であるという見通しは先述したが、葬礼についても、「御上御日柄」(83)との関係、特に「御上御歳日」(84)・「御上誕生日」(85)等のいわば「御上祝日」(86)は避けねばならず、「上筋御支」(87)とならないよう配慮されていた。従って給人領主側で事前に葬礼の計画を立案する際もこの点が留意され、調整がうまくいかない場合は、葬礼日程の変更が余儀なくされた。甚だしい場合には「命日」が変えられることさえあった。(88)このようにみるならば、服忌とともに葬礼に際しても上位権力（大名）に対し穢れを近づけないよう細心の注意が払われていたといえよう。とくに穢れの通行となる死者の城下屋敷からの出棺・行列の日時・道順は、大名にとって「支」（支障）がないか調査の上決定されたことは先述の通りであった。

ところで、この穢れを一方で上位権力者（大名）が操作していたことも指摘される。すなわち忌中であっても、藩庁にて「御吟味」の必要が生じ、(89)また「御用」繁多につき支障がでるような場合、つまり藩政運営に差し障る状況では、「忌」が「御免」となり公役へ復帰した。このような事情は幕府との関係でも同様で、例えば長崎奉行の領内通行に際し「御出勤不被成候而ハ御不都合」なため給人領主の「忌」が「御免」となる場合もあった。(90)服忌令が上位権力者に対して穢れを近づけないことをその本質として有していたとすれば、「忌」の「御免」は穢れを上位権力者（大名）がコントロールしていたことを意味するわけで、穢れ観念が古代・中世のように絶対的な影響力を社会に及ぼしていたのではないことが知られる。[91][92]

公役遂行にあたっては、給人領主が陪臣や知行地領民に課した「御自分穏便」が解除されることもあった。佐賀藩では家臣＝給人が藩の「御役」＝公役に就いた場合、その陪臣も実務を担当したが（「内役」と呼ばれる）、給人が忌中の場合、その陪臣の穏便が解除（例えば月代の差免）され「内役」＝公役を遂行するのである。[93] また長崎奉行や藩主の知行地通行に際し、「御用御肴物」に「間違」がおこるとして殺生禁断の解除（つまり新鮮な食事の供与）あるいは徴用された夫丸の月代差免等は、知行地領民に課されていた穏便の解除である。[94]

以上のように「御上」に対し穢れを近づけないよう細心の注意が払われ、「忌」の「御免」さらには給人による「御自分穏便」の解除を通じて公役（大名の給人に対する「御役」、陪臣による「内役」、領民による「御上」の迎接）を遂行していた。

しかし、ここで注意すべきことは以上のようないわば「上」・「公」の優先の論理には一定の留保条件があったことである。すなわち給人の「忌」の「御免」はいわば緊急避難的になされたものであり、穏便の解除を伴う公役遂行についても、例えば陪臣の場合は、その都度、解除の必要の有無ないし遂行方法が藩庁に問われており、[95] 領民の場合も穏便の解除は一時的なものであった。総じて給人領主の「死」の儀礼に際する「上」・「公」優先の論理は「馬究方之儀、上御役所之儀ニ候得ハ、御用ニ罷出候時々月代そり候而罷出候様、左無之節者、長髪可罷在旨申達候」[96] という如く、給人側からみれば臨時的なものであり公役遂行後は「死」の儀礼秩序に復するのである。

(2)「家」の儀礼

「死」の儀礼の第二の特質は、それが「家」の儀礼として展開されることである。藩主が逼塞させられるという佐賀藩にとって「國初已来未曽有之大辱」[97]の原因となったいわゆるフェートン号事件がおこった翌文化六年二月、長崎に程近い諫早地域に知行地を有し、佐賀藩の長崎警備に重要な役割を担っていた諫早氏の当主敬輝が亡くなった。これに当たり「御忌中ニ付長崎其外被差出置候御家来早速引拂候様被仰付方ニ可有之哉、佐嘉御尋込相成」と諫早氏の「忌中」のため陪臣団の長崎警備からの引き払いが藩庁に申請された。これに対し藩庁側は「御番方御役ニ相懸、全御私之義ニ無之、御忌中之儀者乍憚御内輪之事」として許可しなかった。[98]ここでは「御番方」=「長崎警備」が「私」事ではない、いわば公役と位置づけられており、「忌中」=「死」の儀礼は「内輪」のこととされた。フェートン号事件直後という状況のなかでの藩庁側の過敏な表現とも解されるが、ここでいう「内輪」とは如何なることであろうか。

さらにこのような事例がある。明和五年一二月一二日、同じ諫早氏の当主茂成の妻が亡くなった。本来であれば服忌・穏便は四九日とされるはずであったが、「忌明」は正月三日（後、七日に延長）に短縮された。その上で「御登城年頭之御礼可被仰上由、両御門松等も七日ニ被相立、諫早御屋敷之儀も其通、御家中も夫々准候様」と、藩庁より登城・年頭挨拶が指示、これに伴い正月飾りが城下・知行地の諫早氏屋敷に立てられ、陪臣もこれに従うよう諫早氏より達せられた。このような諫早氏の「死」の儀礼に対する大名側からの変更指示の背景には、「御上誕生日」と「元日」という文字どおりの「御上御祝日」と重なるという、前項で指摘したような「上」・「公」優先の論理があった。ところが諫早氏の対応は登城・年頭の挨拶の指示には従い正月飾りも実施するものの、「尤表向斗右之通ニ而、年始御祝之御手数者、来三月十五日ニ万端相整候様被　仰出候、且又　四面宮年始御代参茂三月十五日ニ被仰付候旨被　仰出、右之段當役方申越候事」とされた[99]。つまり表向きには年始祝いをするものの、実際には知行地での穏便が継続されていたと思われ三月に知行地の神社参宮（但し代参）も含め実施するというものであった。いわば「表」と「内輪」が使い分けられ大名側＝「上」の意向が相対化されているのである。前項で述べたように、穏便の一時的な解除により公役を遂行するものの、その後は再び「死」の儀礼秩序に復するのは、以上みたような「内輪」の論理が背景にあったと思われる。

では「死」の儀礼の展開のなかで、かかる「上」・「公」をも相対化する「内輪」の論理ないし意識は何に由来するのであろうか。そこで注目されるのは「死」の儀礼が給人領主の「家」[100]の儀礼として行われていることである。すなわち「死」の儀礼は菩提寺における年忌法要として引き継がれるとともに、年中行事として先祖施餓鬼・七夕・盆等、いわゆる祖霊迎えの儀礼として定着していく[101]。「死」の儀礼を終えた死者（給人ないしその親族）は年忌を重ね、いわゆるトブライアゲの後、「家」の先祖＝祖霊となるのである[102]。通過儀礼のひとつである「死」の儀礼は「家」の儀礼なのである。「上」に穢れを近づけないと同時に死者の鎮魂のため給人自らは服忌をうけ慎み、陪臣や知行地領民に対しても「御自分穏便」を課して慎みを強制し、彼ら（陪臣・領民）をも動員して周到な準備をなし丁重な葬礼を行った。やがて先祖となって「家」を守ることになる死者を送る「死」の儀礼は、たとえ「上」・「公」の論理＝都合が存在したとしても、ないがしろにはできないのであって、ここに「内輪」の論理・意識が生ずると言えるのではなかろうか。「表向き」には「上」・「公」を優先させつつも、「内輪」では「死」の儀礼を通じ精神世界における「家」の永続を優先させるのである。

そこで改めて給人領主の「家」の儀礼として「死」の儀礼をみると、陪臣や知行地領民が様々に関わっていることが指摘される。すなわち、給人ないしその家族の病気の回復祈願をいわば自発的に陪臣・領民（その代表者である庄屋＝

村役人）が行ったこと、給人領主が「家」の記録に基づき幕府・大名＝上位権力者の鳴物停止令や穏便とは別に文字どおり独自の「御自分穏便」を陪臣・知行地領民に課したこと、(103) 葬礼の準備に彼らが動員され、その当日、寺や葬送道順での「堪忍」を強いられたことなどである。年中行事としての祖霊迎えに際しても諸準備は陪臣によってなされていた。(104) 彼らには葬礼後、鳥目・酒の下賜、科人の赦免を通じいわば礼意がつくされたが、しかし死者と血縁者・親族＝服喪者との関係が陪臣や領民に対しても強制されたわけで、かかる「死」の儀礼を通じて給人領主の「家」の秩序に彼らも包摂されていたのである。

(3)　儀礼と知行地

第三の特色は「死」の儀礼の主舞台が知行地であったことである。病気の回復祈願は知行地でもなされ、その甲斐なく亡くなった場合は知行地に穏便がかけられ、死者はその知行地へ「御下」し葬礼が営まれた。もっとも事例としては多くないが、葬礼が知行地陪臣の「堪忍」の上、城下の寺で執り行われることもあった。それは「暑中」による死体の腐敗防止、(105) あるいは近縁者の焼香を考慮したもので、(106) このような場合、遺体・遺骨が城下の寺に埋葬されても(107)知行地へ分骨され位牌が知行地へ「御下」した。(108) 位牌は霊の依り代である。(109) 江戸詰中に死んだ者でも江戸より領国へ戻り知行地へ赴いた。(110) 江戸での「死」に際し知行地菩提寺での埋葬を遺言した場合さえあった。(111) いずれにしても、死者はその形態は様々だが（遺体・遺骨・分骨・位牌等）、城下から、場合によっては江戸からでも知行地に赴いたのである。それでは死者はなぜ知行地に赴き葬られるのであろうか。

そこで問題になるのが死者は死後何処にいくのかという死生観の問題であろう。これについてはやや大仰な言い方であるが、世界的にみても「地下の国」「天上の他界」、つまり生者とは「別の世界」にいってしまうという考えと、生家の屋根・位牌・遺骨・墓等、生者の近くに住むとし、いわば死者と生者のつながりを強調する考え方が並存しているとされる。[112] このような互いに矛盾した考え方は同一民族間でも混在している場合が多いといい、[113] 日本においてもこの点ははっきりしておらず、[114]「家から十万億土も彼方へ一直線に旅だつ。埋葬場は立ち寄るだけ」という通念がある一方、[115]「魂になってもなお生涯の地に留まる」という信仰もあったといわれる。[116] このような生者と死者の居住空間の分離と共住という異なった対立する考え方が発生した背景については、起源の差か歴史的発展段階の差か定説がないとされるが、[117] 本章で問題にしている給人＝武士の世界では死者との共住観念が強かったと思われる。例えば中世[118]では「家を守護する氏神や氏寺が鎮座し、先祖代々の霊魂のやどる墓地」は武士の居館・屋敷の付近にあり、墓地を重んじた武士は所領と墓地をいわば一体視していたという。[119] また中世武士の菩提所は創設当初から先祖祭場としての性格を内包していたともいう。[120] 近世においては領地・知行地を離れた菩提寺設定もみられるようになるが、他方で知行地に有するものもあり、[121] 大名は転封を重ねたものも含め自らの領地に菩提寺・墓所を設けている場合が多かった。[122] このようにみるならば、もちろん中世・近世という時代差、大名・旗本・給人等の階層差を踏まえた慎重な言い方が要求されようが、領地・知行地を有する武士においては、その所領内で死者さらには先祖と共存する、あるいはそこまでいかなくても知行地の墓所＝祭場を通じて彼ら（死者・先祖）と交流する、そのような観念を有していたと指摘することが可能ではなかろうか。

翻って佐賀藩給人領主の「日記」には「御存生中ハ夫々被召仕候者も有之、今更ニ者御平生之義僧侶ニ相任候事共ニ而、我等ニ相成者迚ハ、其儘難差置候（略）永末相守候様、住僧江可申達」[123]とある。給人や家臣（陪臣）が召し仕えることができない死者の「平生」は知行地菩提寺の住僧が末永く守るという認識は死者との知行地での共住観念を示すものであろう。菩提寺の住僧にはしたがって「御家来出之僧ニ而御座候得者御家中も同然之義ニ而出家仕居候」[124]と陪臣が就き、死者への「平生」の奉公ないし守護が命じられたのである。(125)いうまでもなく知行地は上位権力者（大名）からの拝領地である。しかしそれは年貢を徴収する場であると同時に、給人領主の「家」の死者＝先祖たちが眠る場、ないし盆等の祖霊迎えに際してはその死者たちと交流する場でもあり、給人領主にとって経済的のみならず精神生活の上でも「家」を再生産・相続する基盤なのである。江戸詰をも課された「旅宿」者(126)＝城下居住者であるからこそ、給人領主＝近世武士さらにはその死者にとって精神的に最も安定した場が知行地なのであろうか。

最後にかかる知行地に対する給人領主の認識をめぐり、「死」の儀礼に際しての祭礼に関する二つの対照的事例を紹介しておきたい。

（正徳元年九月一日、多久氏当主茂文の死去に際して）

一就御仕合（八月二七日死去）、御領中神事浮立等申儀、一惣相止首尾ニ而可有之哉之段、代官（多久氏陪臣で知行地役人）相浦党左衛門御頭方被相調候付、御僉議申上被得御［　］（内意カ）候処、今御仕合ニ付而ハ、御家中迠も忌相懸ニ候、惣而忌之儀ハ神道ゟ嫌被申儀ニて候ヘハ、御領中之神社祭之儀、御忌中ニハ不宜候、神叓料米之儀も従　上被指出所之儀者不申及、無左候而も御領中ニ出来合之穀物之儀ニ候ヘハ、従　上之御祭候、然処御忌中ニ供物御酒等指上候儀ハ、不入儀ニ候、殊更指上候而も御頂戴不相叶候、右之首尾ニ候故、一切御私領中諸神祭禮被相延、御忌晴候てゟ恒例之祭禮被　仰付儀候、得其意村方ヘハ当代官、御扶持人ヘハ　御屋形ゟ筋々相達可然由、杢之允殿相触候事

一山口村大神宮十五日祭禮、右者御蔵入出合相調儀ニ候ヘハ、御忌中ニても神事祭禮相調首尾ニ付相調様(127)

（明和六年九月五日、多久氏当主茂文の死去に際して）

一山口太神宮神事能之儀、氏子共御私領外下山口村ニ相懸居申事候ヘハ、能興行有之由之事

附り、祭礼御供米之儀ハ御忌被相晴候而ゟ、御神納可被成由、且又御私領氏子共ハ社参之儀宜間敷由被仰出候(128)

この多久氏の事例では、「御家中迠も忌相懸道理」「惣而忌之儀ハ神道ゟ嫌被申儀ニて候」なので、「御領中」つまりこの場合は知行地と解釈されるが、知行地内での祭礼は「御忌中」すなわち領主家の忌中には宜くない、なぜなら神事料を「上」＝多久氏＝給人領主より差し出している場合は言うまでもなく、そうでない祭も結局「御領中ニ出来合之穀物」を差し出しているので「従　上之御祭」、つまり給人の祭である。したがって、領主の忌中に供物・酒を祭に供える必要はなく、また差し上げても、忌中の領主の物つまりは穢がついた物を出すことになるので、忌中を嫌う神はこれを受け取らない。このような事情なので、「御私領中諸神祭礼」は延期し、忌が晴れてから恒例の祭礼は許可する。但し、知行地内の神社でも「御蔵入出合」ような、氏子が蔵入地にまたがる場合は祭礼が実施される。しかしその場合でも供物や知行地氏子の社参は禁ずる、というものである。以上のことより、①知行地内の生産物が「上」＝給人領主のものであること（もしこの「上」が大名を指すのであれば「山口村大神宮」の祭礼も中止されるはずである）、②その生産物を供える知行地内の祭礼は全て給人の「御祭」であること、③知行地内の生産物にも給人の「家」の穢れがかかること、というような給人領主の認識を想定することが可能であろう。給人領主にとって知行地は文字どおりの「私領」なのである。

このように給人の「御祭」と認識された知行地の祭礼は将軍（家治）の死去に際する鳴物停止の期間(129)でも、

（天明六年一〇月一二日、倉町鍋島氏の事例）

一住吉村神事ハ御穏便中ニ候へ共、相整候、依之今晩明晩御代参、郷役（倉町鍋島氏陪臣の知行地役人）ゟ相勤候、神連竹之儀者、霜月御祭之節相立候筈也、右神事内證承合候様、脇々も密ニ有之筈ニ付而也(130)

の如く、給人領主（倉町鍋島氏）の「内證承合」という内々の承認のもと、「脇々も密ニ」実施される場合もあった。佐賀藩では多久氏・倉町鍋島氏に限らず給人領主が知行地の祭礼に代参者をたて供物を神納していた。(131)これは領民の氏神（鎮守）信仰を取り込むいわば心意統治の一環と評価され、祭礼の中心的な場となる知行地神社の修築が給人領主の管掌で行われることもあった。(132)このように知行地の祭礼は給人の「御祭」であり、給人の死去にはそれが停止される一方、将軍の死去であっても「密ニ」実施されたのである。

かかる祭礼をめぐる二つの対応をみることにより、給人領主が知行地の生産物さえも「忌」＝「死」の儀礼秩序に包み込み、他方で将軍の「死」さえ知行地では相対化してしまう、そのようないわば知行地を拠り所にした論理を看取することができよう。知行地は給人領主にとって、陪臣・領民・生産物・祭礼等などを「内輪」＝「家」の秩序に包摂した「私領」なのであった。給人領主家の死者（先祖）たちはそのような知行地に眠るのである。

「家族」・「家」・「社会」の諸関係を社会人類学的方法より考察した立場から「ある集団に視点を据えて観察するならば、この集団の外側には社会的制約の空間が、他方集団の内側には集団の自律的空間、換言すれば外側の制約が相対的に解除される空間が、それぞれ見出される」(133)という指摘は、本章でみてきた給人領主家の「死」の儀礼に関する検討にとっては極めて示唆的である。知行地＝「私領」で展開される儀礼は「家」の儀礼として「上」・「公」（将軍・大名）の論理が優先されつつもそれを相対化する「内輪」の論理を有していたからである。もちろんこれは絶対的なものではない。給人領主は大名の家臣としてあくまでも「御家」のなかに包摂され、その上ではじめて存在し得たのである。したがって前章でみた如く幕府巡見使の迎接に際しては自らの知行地での「懈怠」による大名家そのものの廃絶の回避が認識されていたのである。大名家の改易は給人領主自らの存立基盤の消滅でもあった。しかし、そもそも武士の「家」は単に血統の存続ばかりでなく、その根底に知行封禄があり、とくに中世では「家の重んぜられるのは主としてそれに伴ふ領土のため」[134]であった。かかる武士社会の伝統性の上に、近世では各社会階層における「パイ」の固定化の時代であり[135]、武士階層とて世禄制が定着していくなか同様であったわけで、「家」の相続は固定化された知行の相続により可能であったといえよう。つまり給人領主にとって「家」相続の基盤が知行地であり、知行の固定化のなかで、むしろ「私領」観念は強まっていったとも思われる。知行地の生産物を神納するが故に知行地祭礼を給人の「御祭」とする多久氏の事例はこのような点で興味深い。

いずれにしても給人領主の知行地認識は単に拝領地としての性格にとどまらないものがあったといえ、それは領民による「領主」認識とも関わってこよう。本章でみたような給人領主ないしその親族の通過儀礼＝「家」の儀礼がいわば陪臣・知行地領民まで包摂した強化儀礼化する、そのような支配の実態をめぐり以下九～一一章で検討することにしよう。

註

（1）もちろんここでいう「人」とは例えば絶海の孤島に住む「ロビンソン・クルーソー」ではなく、他の「人」とともに社会生活を営む「人」である。

（2）佐々木宏幹「祭礼の宗教的意味に関する一考察」（『教化研修』一五号、一九六二年）二八頁。

（3）吉田禎吾『宗教人類学』（東京大学出版会、一九八三年）一八一頁。

（4）山本幸司『穢と大祓』（平凡社、一九九二年）七八頁。

（5）もちろんこれらの「社会」は相互に別個の存在ではない。

（6）もちろん一般的には「死」の儀礼とは葬送・埋葬儀礼と捉えられているが（例えばP・メカトーフ、R・ハンティントン著、池上良正他訳『死の儀礼―葬送習俗の人類学的研究―』〈未来社、一九八五年〉）、本章でみるような政治的支配者を構成する階層については、より多角的な分析が必要ではなかろうか。

（7）なお、ここで付言しておきたいことはこれらの諸行為を「儀礼」概念でとらえることの当否についてである。「儀礼」の概念的定義を行うことは筆者にとって手に余ることであるが、その基本は形式性と宗教性の二つの要素から成り立つものと考えられているようである（J・カズヌーブ、宇波彰訳『儀礼』〈三一書房、一九七三年〉とくに第一部第三章「儀礼の本質と機能」、青木保他編『儀礼』〈東京大学出版会、一九八八年〉とくに、「はじめに」および清水昭俊「儀礼の外延」、宮家準『宗教民族学』〈東京大学出版会、一九八九年〉とくに第五章「宗教儀礼」、村武精一他編『文化人類学』〈有斐閣、一九九一年〉とくに佐々木宏幹「シャーマン・祭司・儀礼」等参照）。本章でみる給人の「死」に関する諸行為は一節「儀礼の形式」でみる如く、形式化されており、もとより宗教は「死」の問題から始まる（柳川啓一『祭と儀礼の宗教学』〈筑摩書房、一九八七年〉二〇〇頁）。このような観点にたてば、本章で分析対象とする形式化された「死」に関わる諸行為・事象を「儀礼」概念で構造的にみることも意味あることであろう。本章でいう穏便とある意味で同性質（もちろんまったく同じという訳ではない。本文参照）を有していた幕府の鳴物停止令と服忌との関係をめぐって「幕藩制的な主従関係において行われる儀礼としての服忌や、家族・近親間で行われる服忌―本来的意味における服忌―と、『鳴物停止令』の志向する規制とは必ずしも同一とはいえない」（中川学「江戸幕府『鳴物停止令』の展開とその特質」〈『歴史』七九輯、一九九二年〉六五頁）という指摘があるが、以上のような視角からすれば、その異質性を追求するとともにその連関構造を問うことも重要ではなかろうか。

（8）もちろん、戦闘士であることを基本とする武士である以上、戦さないし喧嘩を想定した死を常に念頭におくべきという考え方は存在した。例えば第一部第二章で検討した『葉隠』はその代表であろうし、山鹿素行の士道論的立場も「死」の問題について考えている（相良亨「武士と死」〈田村芳朗他編『日本における生と死の思想　日本人の精神史入門』〈有斐閣、一九七七年〉〉）。しかし、現実問題として戦さ・喧嘩等で「死」を迎える武士は近世では稀である。

（9）「諫早日記」（「諫早家文庫」〈長崎県立長崎図書館蔵〉所収、一九一一五―六五三〈なお諫早氏の日記には知行地の諫早、城下佐賀および江戸で作成されたものがあり、同一年次にこれら複数の日記がみられる場合があるため、このような架蔵番号を示す」。諫早氏の佐賀藩における家格は親類同格、物成高一万四、〇〇〇石）文化一二年七月一七日・二〇日各条。諫早氏の祈願所は真言宗系の平仙寺・荘厳寺等の寺院のほか召し抱えの山伏があたる。

(10)「御屋形日記」（「多久家文書」〔多久市立歴史民俗資料館蔵〕所収。多久氏は親類同格、物成高八、六九三石）明和六年八月六日条。

(11)「神代鍋島家日記」（「神代鍋島家文書」〔長崎県立長崎図書館蔵〕所収、以下「神代日記」と略称。神代鍋島氏は家老、物成高二、五〇五石）巻六八、文化一〇年一〇月二九日、晦日、一一月二日各条。

(12) 天保六年三月、倉町鍋島家の当主敬文妻の「疱瘡」再発に際しては城下の鳩森稲荷社・八幡社・松原社、知行地の金立社・住吉社・敷山社に願掛けがされたが、給人の家族は代参を含めいずれにおいても祈願行為をなしているものの、「郷役」とよばれる知行地の地方支配に関わる陪臣のみならず城下の給人屋敷詰めの陪臣（「内外詰中」）も知行地の神社での祈願であった（「倉町鍋島家日記」〔「鍋島文庫」〈佐賀県立図書館寄託〉所収、以下「倉町日記」と略称。倉町鍋島氏は家老、物成高一、九〇〇石）天保六年三月二五日・二七日各条）。

(13) 神代鍋島氏は註(9)の諫早氏同様、真言宗系の祈禱寺長栄寺と山伏・神職を抱えていた。

(14)「諫早日記」（一九―一五―三六〇）宝暦三年八月一四日、「御屋形日記」明和六年八月六日、二〇日、「役所日記」（「多久家文書」所収）天保一四年一月九日、一〇日各条。なお、地位の返上願いがだされても、給人側は「只今之通相勤被申　御家御長久御安全之御祈禱相勤被申候様被仰出」（「諫早日記」（一九―一五―三六〇）宝暦三年八月一四日条）の如く、それを認めなかった場合が多い。これは返上願いそのものが形式化しており、このこと自体が「死」の儀礼の一環をなしていたともいえようか。

(15)「納富日記」（「鍋島文庫」所収。納富鍋島氏は着座、物成高六〇〇石）元文元年一二月九日、「松雄院様御葬送扣」（「鍋島文庫」所収、倉町氏当主敬武死去の際の記録）天明二年二月一日、「倉町日記」天保六年三月二七日各条。

(16) 岡田重精「服忌考」（『皇学館大学紀要』一五号、一九七七年）、高埜利彦『元禄・享保の時代』（集英社、一九九二年）一四三～六頁。

(17) 最初、貞享元年に発布され、その後、同三年、元禄元年、同四～六年とたびたび追加補充がなされた。

(18)　鍋島氏は元禄六年、元文元年に幕府より出された服忌令およびその追加・増補の写しである「服忌令」という標題史料や「服忌令撰註分釋」を有している（「鍋島文庫」所収）。
(19)　例えば多久氏の「服忌令」（「多久家文書」所収）は、元禄六年、元文三年、安永七年、天明八年の幕府服忌令改訂版を編集したものである。
(20)　林由紀子「江戸幕府服忌令の内容と解釈」（平松義郎博士追悼論文集編集委員会編『法と刑罰の歴史的考察』名古屋大学出版会、一九八七年）。なお高埜氏は特に綱吉政権期に制度化される服忌令をめぐり、武に頼って上昇を図ろうとする武士の論理が、服忌令の浸透に照応した、死や血を嫌う考え方の浸透とともに消えていかざるをえなかったとし、服忌令が社会の価値観の変化に与えた影響を評価する（高埜前掲書一四六～五〇頁）。
(21)　林前掲論文。
(22)　「神代日記」巻二六、明和九年一月二四日条。
(23)　「同右」巻九二、天保六年一月二五日条。
(24)　岡田前掲論文。これは死者はその穢れの除去すなわち浄化の後、崇拝の対象とされるとするJ・カズヌーブの説（前掲『儀礼』二八〇頁）によったものである。
(25)　『寛政重修諸家譜』第十二、三四〇頁、「御家続記」（「鍋島文庫」所収）。
(26)　『御觸書天明集成』六七一号、六七三号、「重茂公御年譜」（「鍋島文庫」所収）宝暦一一年一一月六日条。
(27)　例えば「高鍋藩　続本藩実録」（上）宝暦一一年一一月一七日条（『宮崎県史料』第三巻）参照。
(28)　「神代日記」巻一五、宝暦一一年一〇月二〇日条。
(29)　「同右」巻一五、宝暦一一年一〇月二八日条。触賣・店商売・作事は七日間禁止。それ以外の禁止期間は不詳だが、後述する諸事例からすれば二七日（ふたなのか）から三七日（みなのか）程度続いたと思われる。
(30)　「泰国院様御逝去録」（「鍋島文庫」所収）、「泰国院様御年譜地取」（同上）文化二年一月一二日条、「納富日記」同日条。
(31)　「（白石鍋島氏）御記録」（「鍋島文庫」所収。白石鍋島氏は親類、物成高八、一一〇石）宝暦五年九月二一日条。
(32)　「御記録」宝暦五年九月二一日条。

(33) 佐賀藩では、知行地外に居住し農業や商売に従事する給人の陪臣が一般的にみられる。拙稿「幕末期における佐賀藩家臣団の構造」(『九州文化史研究所紀要』三一号、一九八六年)参照。

(34) 例えば諫早家の場合、当主茂行の妻は佐賀藩支藩である蓮池藩出身でその死去に際し二日間の「御領中御穏便」(「諫早日記」〔一九―一五―三二八〕延享二年八月六日)とされ、また行孝死去につき請役所より三日間の「御領中穏便」で、謡・乱舞・作事等が相止められ(「諫早日記」〔一九―一五―三六〇〕宝暦三年八月四日)、さらに隠居の茂圖の死去にあたっては請役所より「二日間御領中穏便、謡・乱舞・鳴物等禁止」(「諫早日記」〔一九―一五―六五三〕文化一二年七月一二日条)された。このように藩庁(請役所)による穏便は、後述する「御自分穏便」に比べると、短期間で二～三日程度である。

(35) 「御屋形日記」文政一〇年五月一四日、「役所日記」(多久)天保一四年一月九日、「神代日記」巻二六、明和九年五月二四日、「同右」巻七八、文政五年四月一四日各条。

(36) 「諫早日記」(一九―一五―四二五)、明和五年一二月一二日条。

(37) 「神代日記」巻六八、文化一〇年一一月八日条。

(38) 藤井正雄編著『仏教の儀礼』(東京書籍、一九八三年)九八頁。

(39) 本章でみる白石鍋島氏の浄蔭寺、諫早氏の天祐寺、多久市の圓通寺、神代鍋島氏の常春寺、倉町鍋島氏の浄圓寺等は知行地に所在した。また城下等にあって知行地所在でない場合も、葬礼に際しては知行地の陪臣や領民が関与した(城下の宗龍寺を菩提寺とする納富鍋島氏がこれにあたる、本文参照)。

(40) 「諫早日記」(一九―一五―四二五)明和五年一二月一七日条。

(41) 「神代日記」巻四一、天明七年一〇月一二日、一〇月二一日各条。

(42) 「御記録」明和三年八月一六日条。

(43) 「諫早日記」(一九―一五―三六〇)宝暦三年八月二三日条。

(44) 「同右」(一九―一五―四二六)明和六年三月二七日条。

(45) 知行地陪臣の「吟味」により領主側の意向が変更される場合さえあったことは、第二部第五章参照。

(46) 「倉町日記」天保六年四月四日条。

(47)　ここでいう伊万里・有田・大河内等はいわゆる有田焼・伊万里焼の生産地。焼物職人や商人は「被官」（陪臣）として給人領主と主従関係を結び、実質的な政治・経済的保護を給人に求めていた（拙稿前掲論文参照）。
(48)　「御屋形日記」文化一二年二月二六日条。
(49)　「納富日記」安永一〇年一月二一日条。
(50)　「倉町日記」天保六年三月二七日条。
(51)　「神代日記」巻七八、文政五年四月一四日条。
(52)　「倉町日記」宝暦四年一〇月一六日、「納富日記」寛政一一年五月一日、「同上」文化一一年八月二日、「御屋形日記」明和六年八月九日、「神代日記」巻九二、天保六年一月二〇日各条。
(53)　「蘭山様御卒去ゟ御葬送御中陰御周忌并御石碑御建立方其外扣」（「多久家文書」所収、蘭山は多久家当主茂孝）文化一二年二月条。
(54)　「神代日記」巻二六、明和九年一月三日、「同上」巻四七、天明七年七月四日、「同上」巻九二、天保六年一月二〇日、「御屋形日記」明和六年八月九日各条。
(55)　「倉町日記」宝暦四年一〇月一二日、一三日、「同上」天明二年二月一日、「松雄院御葬送扣」天明二年二月一日、「倉町日記」天保六年三月二八日、「同上」天保六年三月二八日、「納富日記」文化一一年八月四日各条。
(56)　「諫早日記」（一九―一五―三二五）寛保三年六月一一日条。
(57)　給人領主は家臣団編成中の「与私」の大与頭や「備」を編成する階層である。なお第一部第三章、拙稿前掲論文および拙稿「佐賀藩家臣団の編成と構成」（藤野保編『九州近世史研究叢書』（国書刊行会、一九八四年）第二巻）等参照。
(58)　「倉町日記」天保六年三月二九日条。
(59)　もちろん「家」の別、亡くなった者等、種々の条件で異なったが、例えば明和六年多久家当主茂堯の時は一一〇名（「御屋形日記」明和六年八月九日条）、天保六年倉町鍋島家当主敬文妻の時は八〇名（「倉町日記」天保六年三月二九日条）である。
(60)　「諫早日記」（一九―一五―三二九）延享二年八月九日条。

(61)「神代日記」巻九二、天保六年一月一七日条。

(62)「蘭山様御卒去ゟ御葬送御中陰御周忌并御石御建立方其外万扣」文化一二年二月、「神代日記」巻七八、文政五年四月一七日条。

(63)「神代日記」巻九二、天保六年一月一七日条。

(64)例えば歩行は勝手次第で足軽以下は禁止（「御屋形日記」文化一二年二月二六日条）、あるいは歩行・足軽・被官は組の代表者の焼香（「同右」文政一〇年五月一四日条）という具合である。

(65)「諫早日記」一九―一五―三二九、延享二年八月六日条。

(66)「同右」（一九―一五―三六〇）宝暦三年八月四日、一六日、二三日、「同上」（一九―一五―四二六）明和六年三月二七日各条。

(67)「同右」（一九―一五―六五三）文化一二年七月二三日条。

(68)第一一章。

(69)「日記」（「多久家文書」所収）明和六年八月一一日条。

(70)中村元『佛教語大辞典』東京書籍、一九八一年。

(71)真言宗（長栄寺）・一向宗（教圓寺・正覚寺）・浄土宗（光明寺）・山伏等が勤める神代鍋島氏の事例（「神代日記」巻二六、明和六年六月一八日、巻二八、安永三年八月一三日、巻四一、天明七年七月二八日、巻六八、文化一〇年一一月二五日、巻七八、文政五年四月二八日各条）によれば宗派は問われなかったようである。

(72)「倉町日記」天保六年四月四日条。

(73)「蘭山様御卒去ゟ御葬送御中陰御周忌并御石碑御建立方其外万扣」文化一二年二月二五日条。

(74)火葬の場合、火屋が建てられ野焼き・骨拾い後暫く菩提寺に安置され納骨されることもあった（「松雄院様御葬送扣」天明二年二月一日、「神代日記」巻二六、明和九年一月三日、五日、六日各条）。また、城下近在の寺院で野焼き後「御遺骨」（「神代日記」巻二六、明和九年六月二〇日条）、「御骨體様」（「同上」巻七八、文政五年四月一七日条）として知行地菩提寺に「御下」することもある。なお、土葬・火葬の別は基本的には給人領主の「家」の裁量に委ねられていたようで、一つの

「家」でも変化している。例えば神代鍋島家では安永三年死去の茂真代まで土葬とされたが、それ以後火葬・土葬（文政五年）さらに火葬（天保八年）と度々変化している（「同上」巻七八、文政五年四月一四日、巻九四、天保八年二月二日各条）。

(75) 「神代日記」巻二六、明和九年六月二〇日、巻二八、安永三年八月一三日、巻九二、天保六年二月九日各条。

(76) 「同右」巻二八、安永三年八月一三日、巻七八、文政五年四月二七日。

(77) 「倉町日記」天明二年二月二四日、「同右」天保六年四月六日、「神代日記」巻四一、天明七年一〇月二七日、一二月二二日各条。

(78) 「神代日記」巻九二、天保六年一月二〇日条。

(79) 例えば多久家当主茂堯の死去に際し赦免された科人は陪臣九名、百姓六名、下人他三名であった（「御屋形日記」明和六年一〇月一日条）。

(80) 給人の刑罰権と赦免をめぐっては第二部第六章参照。

(81) 「蘭山様御卒去ゟ御葬送御中陰御周忌并御石碑御建立方其外万扣」文化一三年二月一八日条、多久家当主茂孝一周忌に際するもの。

(82) 「神代日記」巻二七、安永二年一月二二日、「松雄院様御葬送扣」天明二年二月晦日各条。

(83) 「松雄院御葬送扣」天明二年二月四日条。

(84) 「倉町日記」明和九年六月一三日条。

(85) 「諫早日記」（一九―一五―四二五）明和五年一二月二一日条。

(86) 「倉町日記」宝暦四年一〇月一二日条。

(87) 「同右」天保六年三月晦日条。

(88) 「諫早日記」（一九―一五―四二六）明和六年三月二六日条。

(89) 「神代日記」巻二六、明和九年一月二四日条。

(90) 「諫早日記」（一九―一五―六六二）文化一三年九月一八日条。

(91) 山本前掲書。

(92) 黒田日出男「こもる・つつむ・かくす」(朝尾直弘他編『日本の社会史』第八巻、岩波書店、一九八七年)。
(93) 「倉町日記」天保六年三月二七日、二八日、「同上」明和九年六月九日各条。
(94) 「諫早日記」(一九―一五―四一一)明和二年六月一五日、「御屋形日記」明和六年八月二六日各条。
(95) 「諫早日記」(一九―一五―三二五)寛保三年六月一〇日、「同上」(一九―一五―四一一)明和二年六月一五日、「御記録」宝暦八年七月一八日、「同上」文化一三年四月一〇日各条。
(96) 「松雄院御葬送扣」天明二年二月一四日条。
(97) 「古賀穀堂日乗抄録」(佐賀県立図書館所収)文化五年九月四日条。穀堂は古賀精里の長子で佐賀藩校弘学館教授。
(98) 「諫早日記」(一九―一五―六一一)文化六年二月二日条。
(99) 以上、「諫早日記」(一九―一五―四二五)明和五年一二月一二日、一七日、二一日、二三日、二五日各条。
(100) 日本社会に固有の社会制度としての「家」については、歴史的変遷、階層性、それらを踏まえた本質論等をめぐって歴史学・社会学・民俗学・人類学等、多様な視角から考察が蓄積されている。そのような研究状況をここで整理することはできないが、近世の武家階層に限定しさし当たって指摘しておきたいことは、①朱子学の導入により家父長制的秩序が確立したこと、②世禄制の形成＝知行封禄の固定化のなかで血縁・親族関係を中心とした「家」の永続性が希求されねばならなかったこと、③大名家等において形成された「御家」観念にみられる如き家臣・陪臣等の非親族が「家」のなかに組み入れられたこと、などである。
(101) 給人領主家における年中行事としての祖霊迎えについては第一〇章参照。
(102) 柳田國男『先祖の話』(『柳田國男全集・文庫版』一三巻、筑摩書房、一九九〇年)一三〇～三頁、前田卓『祖先崇拝の研究』(一九六五年、青山書院)八七頁。もちろんこのような見方は民俗学の成果に基づいたものであるが、武家社会においても「御菩提所(略)御先祖様方　御位牌御魂屋」(「諫早日記」〔一九―一五―二五四〕享保一五年四月二七日条)という表現に示されるように通有する観念と思われる。給人の日記には三三年忌(「御記録」文化一三年五月一九日条)、五〇年忌(「諫早日記」〔一九―一五―三二八〕延享二年七月一〇日条)、百年忌(「諫早日記」〔一九―一五―一六五〕一〇月二八日条)という事例もある。

(103)「御自分穏便」をめぐって、幕府の鳴物停止令のいわば給人領主バージョンという評価は先述した。鳴物停止令については近世の「権威的・権力的秩序を認識し、かつ認識させられる機会」（藤田覚「国政に対する朝廷の存在」〔辻達也編『日本の近世』第二巻、一九九一年〕三一七頁）であり、当初は「『天下静謐』―政治・社会秩序が維持された状態―をもたらすため、武士および民衆に静謐と慎みを命じた法令」であったものが、漸次「将軍家の『御威光』を高めるための権威支配装置」（中川前掲論文、五一〜二頁）という性格も有するようになったとの解釈がある。これは、秩序だった社会の再生産の目的を強調する機能主義的還元論、あるいは威信を得るための手段に帰する一種の心理主義的な還元論（小泉潤二「儀礼と解釈学」〔前掲青木他編『儀礼』所収〕）といえ、儀礼（もちろん鳴物停止令を儀礼として捉えられるかは異論があろうが）解釈の一般的考え方であろう。ただ、幕府の鳴物停止令や大名の穏便と似た給人領主の穏便には、その単なる模倣ではなく今少し複雑な性格があるように思われる（これは鳴物停止令と大名の穏便との関係についてもいえよう）。つまり知行地に大名の穏便と同等ないしそれ以上の内容と期間の穏便を給人領主が独自にだすのは（「御自分穏便」）、給人自らの「家」の文字どおりの独自性の表現であったことである。いわば「御自分」＝「内輪」の論理の大名に対する主張が穏便には込められていた。その上で「家」秩序への陪臣・領民の取り込みがなされようとした。ここでは鳴物停止令と比較してかかる観点を強調しておきたい。

(104)　第一〇章。

(105)「諫早日記」（一九―一五―三二九）延享二年八月六日条。

(106)「神代日記」巻九二、天保六年一月二五日条。

(107)給人領主は知行地の菩提寺のほか城下ないし近辺にそれに準ずる寺を持つ場合があった。例えば、白石鍋島氏の本行寺、神代鍋島氏の高伝寺、多久氏の慶誾寺、諫早氏の大興寺等。

(108)「諫早日記」（一九―一五―三二九）延享二年八月六日、一〇日、「御屋形日記」文政一〇年五月一八日、一九日、六月二二日、「神代日記」巻二六、明和九年五月二八日各条。

(109)岩城隆利「供養具の意味について」（藤井正雄編『仏教民俗学大系』四、名著出版、一九八八年）他。

(110)例えば安永三年六月二三日、神代鍋島家当主茂真が江戸で死んだ際、大名鍋島家の江戸での準菩提寺（正式の菩提寺は佐賀高伝寺）である賢宗寺（同寺と鍋島氏との関係は「勝茂公譜考補」四〔「鍋島文庫」所収〕参照）で野焼き後、遺骨が佐賀高伝寺入寺をへて知行地に下った（「神代日記」巻二八、安永三年七月一〇日より八月七日各条）。また、同じ神代家当主茂堯（天保八年一月一一日死去）も、賢宗寺に石碑が建てられ、領国に向かい、高伝寺をへて知行地に赴いている（「神代日記」巻九四、天保八年二月二日より三月三日各条）。

(111) 例えば鍋島直知（佐賀支藩小城藩主）の事例であるが、幕府へ願い出て許された（「小城鹿島死去之留」〔「鍋島文庫」所収〕文化元年三月）。

(112) 前田前掲書三九～四四頁。

(113) A・ファン・ヘネップ、綾部恒雄他訳『通過儀礼』（弘文堂、一九七七年）一二六頁。

(114) 柳川前掲書二〇四頁。

(115) 井之口章次「総論」（同編『葬送墓制研究集成』第二巻〔名著出版、一九七九年〕一三頁。

(116) 柳田國男「魂の行くえ」（前掲『柳田國男全集・文庫版』一三巻）七一一頁。

(117) 森謙一『墓と葬送の社会史』（講談社、一九九三年）五六～七三頁。

(118) 石井進「中世イエ社会の成立」（竹村卓二編『日本民族社会の形成と発展』山川出版社、一九八六年）二四六頁。

(119) 奥田真啓「武士の氏寺の研究」（『社会経済史学』一一巻一～二号、一九四一年）。

(120) 竹田聴洲『民俗佛教と祖先信仰』（東京大学出版会、一九七一年）一一六頁～二九頁。

(121) 例えば武蔵国の旗本の場合、菩提所が知行地との関係で成立すること、知行地の移動に伴い菩提所も移動すること、しかし漸次、江戸の寺に菩提所を移動する旗本が増加したこと等が明らかにされている（兼子順「北武蔵における大名・旗本の菩提寺の成立と移動」〔『埼玉県史研究』二二号、一九八八年〕）。しかし知行地より江戸へ移動しなかった場合も全体の三分の一みられ、移動しない理由ははっきりしないが、むしろこの点が旗本研究の上で重要と指摘される（「同上」三九～四〇頁）。

(122) 竹田前掲書一三二～五頁、木村礎他編『藩史大事典』一～七巻（雄山閣、一九八八～九〇年）「藩主一覧」の「戒名と菩提所」の項。

(123)「御屋形日記」文政一〇年六月九日条。
(124)「諫早日記」（一九―一五―四二五）明和六年六月（日付なし）条、諫早家菩提寺天祐寺の住職花嶽の場合。
(125) もっとも、菩提寺住職が全て陪臣出身とは限らないが、山伏については「当所山伏之義者惣躰家来侍山伏に申し付け被置、内輪ニ而者侍同様之格合ニ古来ゟ致来居」（「神代日記」巻六八、文化一〇年一一月二六日条）という例もある。総じて給人領主の「死」に際しては陪臣が「法躰願」（「同上」巻六八、文化一〇年一一月一七日、巻九四、天保八年三月三日各条）をしており、陪臣に出自する菩提寺住僧もかかる経緯によるものであろうが、留意すべきは給人領主が陪臣出身の僧・山伏に限らず知行地内の宗教者を「御家中寺院山伏」（「蘭山様御卒去ゟ御葬送御中陰御周忌并御石碑御建立方其外万扣」文化一二年二月二五日条）「御扶持山伏御扶持寺」（多久「役所日記」天保一三年一二月二九日条）の如く、いわば家臣化していることである。彼らは「死」の儀礼にあたっても、病気の回復祈願をし、菩提寺とともに葬儀の諷経・納経をなしていた。このような給人と知行地宗教者との関係についてはこれまで十分な検討がなされてきたとは言い難く、第九～一一章ではかかる問題をめぐって検討している。
(126) 荻生徂來『政談』（辻達也校註、岩波書店、一九八七年）六九頁。
(127)「御屋形日記」正徳元年九月一日条。
(128)「同右」明和六年九月五日条。
(129)『御觸書天明集成』一四二五・一四四九・一四七六各号。
(130)「倉町日記」天明六年一〇月一二日条。
(131) 第一〇章。
(132) 第九章。
(133) 清水昭俊『家・身体・社会』（弘文堂、一九八七年）三九頁。
(134) 津田左右吉『文学に現はれたる我が国民思想の研究』（六）（岩波文庫版、一九七八年）一八一頁。
(135) 藪田貫「比較史としての日本近世」（『歴史評論』五一五号、一九九三年）八二頁。

第九章　給人領主と農耕祈願

本章以下では、民意の占有＝心意統治に関する観点からさらに「給人領主」像をめぐり考察を深めるものである。本章では、主に給人領主制の宗教（祭祀）儀礼にかかわる側面について、特に雨乞・虫除等の農耕的な災害除祈願（除災祈願）の検討を通じ考えてみたい。周知のように、近世知行制に関しては一九五〇年代以降、いわゆる藩政（制）史研究の隆盛のなかで、地方知行の消滅ないし形骸化を藩体制確立のメルクマールとするシューマが提出され、これをめぐって、実際には幕末期までみられる地方知行の評価について諸説が出されている。(1)しかし、地方知行（給人知行）を中世的遺制として消極的に評価する論者、ないし近世的知行制として一定度の評価を与える論者のいずれの場合も、分析の主眼はもっぱら給人と農民の法制的・経済的関係におかれていた。

ところで、本章が対象とする佐賀藩には給人の「日記」（実際には陪臣が記載）類が多数残っている。日記の記事は多様であるが、それらの中に、知行地での宗教（祭祀）儀礼に関する内容が多数含まれていることに気づく。「祭が宗教と政治と社会との連結子となる」(2)という観点に立てば、給人の日記に宗教ないし祭祀儀礼が記されることは、近世の知行地支配にとって、宗教・祭祀儀式が重要な意味を有していたことを物語っていよう。法制的・経済的観点とともに、いわば民意の占有ともかかわる宗教・祭祀儀礼の問題を、知行制研究に組み入れる必要があるのではないだろうか。

本章の問題関心は、およそ以上のようなものであるが、以下の論述は佐賀藩神代鍋島領（第二部第五章註（7）および次章第一節参照）を素材とした事例紹介とその若干の意義づけである。

第一節　領主祈願のパターン

雨乞・虫除・風除等の農耕にかかわる諸祈願は、共同祈願の形態を通例とする。これは水利、耕地の存在形態、秣場の利用、小農経営等、所与の条件に規定され、近世における農業労働そのものが共同作業をその主要かつ基本的な属性としていたこと、および多数の参加者による祈願達成の可能性が期待されていたことによる。(3)ところで、後掲表22は、宝暦七年の神代鍋島領における農耕祈願を日記に基づいて一覧化したものである。

大半は、雨乞祈願であるが、その形態は共同祈願とはいえ、多様であったことが知られる。特に注目されることは、村方執行の祈願とともに、「御上」・「御家中」・「役所」・「御勝手方」等、いわゆる給人領主側が執行した共同祈願が繰り返し実施されていることである。そこで本節では、給人領主の日記（知行地の陪臣記載）を通じて、知行地村で行われる除災的な農耕共同祈願の諸形態を分析・パターン化し、給人領主による祈願執行の具体相についてみることにしよう。

なお、領主祈願について、ここではその特徴に基づき、便宜的に(1)村方型・(2)注進方・(3)依頼型・(4)領主型・(5)合同型・(6)寺社家自分型の六パターンに分類しておく。但し、厳密な意味での領主執行のパターンは、(2)・(3)・(4)である。これを一括して領主型と捉えることも可能であり、そのように読み替えていただいても結構である。

(1)　村　方　型

村方型とは、村方執行を特徴とし、各村の氏神社等に参籠・祈願するパターンで近世農村社会における最も一般的な形態である。(4)表22に示した宝暦七年八月一〇日の事例(5)がこれにあたる。このパターンは例年であれば田植期を前にした四〜五月にみられ、宝暦五年五月には「近日打続之旱ニ付、田懸り之用水難儀ニ付、村々為雨乞、今日者掛り之宮々ニ而参籠」(6)が行われた。この村方型のいまひとつの特色は、知行地数ケ村の舫、すなわち共同で実施される場合があったことである。表22の八月一日条がその例である。宝暦一四年七月には、「先日段々村方雨乞願掛いたし候得共、未降雨無之ニ付、於長栄寺品々願掛仕候処、押々願掛ニ而、今日太神宮稲荷社江為成就、千座祓四ケ村舫ニ而執行有之候事」(7)と、各知行地村単位での雨乞祈願の効果があがらないため、「四ケ村舫」にて千座祓が執行されている。また、知行地数村が地域信仰の厚い領外の寺社へ願懸参詣・参籠する場合もあった。(8)このような知行地数ケ村の舫祈願の存在は、知行地であるということを前提とした各村間の結びつきの強さを示すとともに、知行地村に対する給人領主支配の強固さを物語るものであろう。それは表22にみる如く、給人領主執行による諸祈願が多数存在することからも推察されよう。このように、村方型は文字通り村方執行の祈願であるにもかかわらず、給人領主支配という政治的条件に規定されていた。

(2) 注進型

注進型とは、干損・虫害・風損等、田畠の被害ないしその可能性が村方より知行地の役所へ注進され、これに対して給人領主側が祈願を執行するパターンである。例えば宝暦六年夏、神代鍋島領の伊古、古部両村は「虫気」により田方が「見懸悪敷」状態になったことを役所へ注進した。これに対し知行地役所の地方役が目附立会の上、見分をなし状況報告、役所にて吟味された結果、七月一六日「一刻も田方成熟之御祈禱被相頼方ニ而可有之」(9)と決定した。同

表22　神代知行地四ヶ村の諸祈願（宝暦７年）

月・日	祈願内容・執行者	祈願者
5・10	五穀成熟・御家門為御安全、大般若経三十五部	長栄寺
5・22	雨乞、仁王経五十部宛読誦、御家中参籠	玉林坊は弁才天へ、覚円坊は八幡宮へ祈念
5・24	雨乞、長浜にて法華五部読誦	常春寺
5・25	雨乞、五ヶ村百姓中、三岳へ参詣	
5・26	雨乞として熊野権現社へ御家中参籠	亀川伊豆
6・1	膳所川へ読経、役中も罷越	覚円坊
6・11	雨乞として血脈流の修法。御上・御家中舫	光明寺
6・11	自分より雨乞祈禱	長栄寺・覚円坊・亀川伊豆
6・13	雨乞として、長栄寺観世音へ家中参籠	
6・15	雨乞祈願で、御上・御家中・村町より、浮立興業願	亀川伊豆
6・18	雨乞として、浮立三十三囃の願懸。屋敷を通じて会所へ申請	神代神社
6・19	雨乞として、熊野権現社へ大般若経五部転読。神道修法。役中残らず堪忍	長栄寺・神主亀川伊豆
6・晦日	雨乞立願成就の浮立興業につき、御館にて仕組	
7・1	雨乞として、浮立興業	
7・3	雨乞として、仁王経読踊（須賀弁財天）、三十三番相撲	依頼により、玉林坊鬮引
7・5	村方より雨乞依頼を受け、八幡宮での踊願懸	覚円坊鬮引
7・6	須賀弁財天の祈禱結願。役中参詣	玉林坊
7・9	三十三番相撲願成就（勝手方より依頼）	玉林坊
7・16	雨乞祈願（四ヶ村町踊、また権現社において三十三番相撲）が「御病気」のため中止	
8・1	熊野権限へ雨乞願、三十三番相撲成就。四ヶ町村より	
8・3	雨乞踊興業（浮立）	
8・10	四ヶ村宗廟に百姓中参籠願懸	
8・19	雨乞として「自分」から熊野権限へ三十三番の相撲立願。今日成就	亀川伊豆

註）「神代鍋島家日記」巻11、宝暦７年各条より作成。

月二五日には、長栄寺、常春寺（知行地の寺社については後掲表23参照）へ金光明経執行が依頼され、[10]翌二六日「御上・御家中」（役所詰の役人および家臣）が参詣の上実施、二七日には祈禱守と幡が一村宛長栄寺より配付、[11]祈禱護摩灰が水口へ流され、悪虫除の修法が営まれた。[12]なお、祈願料（護摩執行料）銭二貫文は役所が寺納する。このように、注進型は村方へのいわば救済措置の一環として実施されるといえよう。

(3) 依頼型

依頼型は、村方より役所執行による祈願が直接申請されるものである。表22では七月五日の事例がこのパターンにあたる。この時「今日迄も降雨之気通不相見ニ付、村方ゟ節々を以、先比以来、雨乞致尽、此上者於村中も了簡無御座候上、於役所雨乞立願吟味有之度旨、相願候」とあるように、依頼型は村方による祈願の効果があがらない場合にいわば最終手段として給人領主に願い出られるという性格を有する。宝暦二年七月に雨乞浮立踊[13]が役所に申請された際も、「先日ゟ段々雨乞有之候得共、潤無之田畠共太分之痛ニ成、尤村方も懸り〳〵ニ者相応之御祈禱参籠等ハ仕候得共、少も其詮無之、乍此上者、何之通ニも右願等被相附、其内浮立願被相懸方ニ而可有之と申達候ニ付、於役所吟味有之[14]」と、同様の背景が述べられている。このように、知行地領民が農耕祈願執行を役所＝給人領主に依頼するのは、領民の生産・生活基般の安定化が、給人領主の責務であるという観念が神代鍋島氏（およびその陪臣）と知行地領民との間に存し、相互に了解していたことを示すものであろう。しかし、このような観念は神代鍋島領に限ったことではなく、近世社会において、より普遍的な原理であったと思われる。いわば、領民の生産・生活基盤の安定化は領主の具備すべき要件であり、かかる要件をみたした給人は、給人領主として将軍・大名とともに幕藩領主層を構成するものであったと考える。

(4) 領主型

領主型とは、注進型・依頼型同様に給人側が執行する祈願であるが、村方からの田畠状況の注進や祈願依頼による、いわば受動的執行の注進型や依頼型との違いは、給人側が村方の実情を勘案してむしろ自発的に執行する点にある。この意味で給人の領主的性格がより鮮明な祈願パターンといえる。宝暦五年五月の場合は、次のような経緯により領主型祈願がなされた。すなわち、繰り返し執行される村方での雨乞立願に対し、給人領主側でも吟味がなされ、「御上茂御祈禱有之」との結論に基づき、山伏覚円坊（後述）の指示に従い、当役（神代役所の統括者）を初めとする役人（陪臣）が能野神社に参籠、仁王読誦が執行されたのである。(15)

なお、給人領主が執行するにしても、そこには(ⅰ)御上執行、(ⅱ)御家中舫、(ⅲ)御上・御家中舫という三つのタイプがあった。これらの区別についてはなお不明な点があるが、日記の記事より整理すれば以下のように考えられる。(ⅰ)御上執行とは、祈願料が給人財政から支出され、神代役所詰の役人が主として参籠する。これに対し、(ⅱ)御家中舫とは、給人の家中、すなわち陪臣団が執行するものである。祈願料は家中舫で経済的負担を伴う。これは、給人財政負担の軽減化の意味もあったと思われる。宝暦一〇年六月の雨乞祈願は、御上執行と家中執行が交互に実施されている。

（宝暦一〇年六月六日）
一連日大旱ニ付、為雨乞今日於権現社長栄寺相頼、大般若経五部修業有之候、伴僧六人、玉林坊・覚円坊被参、扨又、神主亀川出雲儀も出勤、此節昼者宮ニ而素麺、晩者御館ニ而吸物一肴三口ニ而、御酒一汁三菜料理差出候、先日長栄寺ニ而之御祈禱者御上ゟ御執行、此度者御家中舫ニ而相頼候事
付、御本尊御布施銭三匁、神前へ同三匁、導師へ同拾匁、伴僧、山伏中へ同六匁つつ、（亀川＝神職）出雲へ同五匁、御供

燈明料ニ二匁、神酒壱升相供候、此節御家中不残参籠有之候事(16)

雨乞を長栄寺に依頼し、権現社において大般若経五部修業が行われたが、前回の祈願が「御上ゟ御執行」であったのに対し、今回は「御家中舫」とされ、導師・伴僧・山伏（玉林坊・覚円坊）・神主への昼食・夕食・御礼および布施銭、供物の提供が家中＝陪臣団の負担となり、すべての家中が参籠したことが知られる。(iii)御上・御家中舫とは祈願費用を給人財政と家中（陪臣）財政から共同で賄うもので、いわば給人領主が総体として執行する意味があり、(i)御上執行ないし(ii)御家中舫でも効果があがらない場合に実施される。表22の宝暦七年六月一一日の事例がこれに当たる。「数十日大旱魃ニ付而、神社・仏閣江色々雨乞有之候得共、其印無之」と、繰り返される雨乞執行にもかかわらず、祈願達成に至らないため、血脈流の修法が光明寺へ依頼され、この際の出家衆への食事や布施・入具は「御上御家中舫」で調えられた。いわば(4)領主型の最終手段といえる。

(5) 合同型

合同型とは、村方と給人領主とが合同で執行するパターンである。寛延四年四月、知行地四ヶ所は「打続旱魃ニ付而田方植付不相叶段訴出」したのに対し、給人領主側は長栄寺へ依頼し雨乞祈願をしたが、この時「於村方ハ、所々宗廟社江参籠」と村方でも祈願を行っている。(17)また、宝暦一二年五月には、

（宝暦一二年五月一五日）
一為雨乞、八幡宮江惣御家中一日参籠、弁財天江ハ四ヶ村庄屋・村役中参籠有之候

一数日降雨無之付而、当役内蔵允初、役者中ニ岳参詣、四村ゟハ海嶋祈願相懸候事(18)

と給人領主側から惣家中と役者中、また四ヶ村から庄屋・村役中等が、同時に雨乞祈願を実施している。これは雨乞の"場"が相違するものの、領主側と村方が同時吟味して祈願執行されたものと思われる。このような領主と村方の

合同性が顕著になるのは、雨乞浮立踊の場合である。表22の宝暦七年六月一五日の事例がこれにあたる。数度の雨乞にもかかわらず効果がないため、「御上・御家中村方熟談之上」浮立興業の鬮引が、大庄屋を通じて神職へ依頼された。[19] 安永六年七月にも「先頃ゟ之旱魃、今以潤雨無之候故、御祈願懸等有之候得共、降雨無之ニ付今日四ケ村庄屋、村役共召呼、吟味之上」神職の鬮引後、浮立踊執行が決定した。[20] このように給人領主側と村方側とが合議し、神職の鬮で正式に決定した雨乞浮立願は、その執行申請が佐賀城下にある給人屋敷を通じて藩当局（会所）へ提出され、許可後、知行地（神代）の給人館（御館）にて、「笠張、太鼓飾、其外仕組」の準備がなされる。[21] その後、雨乞踊が興業されるが、その様子を日記には次のよう記してある。すなわち、未明七ッ時頃より四ケ村の庄屋・町別当が浮立の踊手を給人の御館に召し連れ、ここで行列が整えられる。出浮は六ッ時頃で熊野権現より打ち始め、知行地の神社・仏閣を終日廻って、晩暮六ッ時頃終了する。その際、郡方・代官・浮立方心遣および神職が同行する。[22] なお、明和八年七月一八日の事例[23]によれば、浮立踊が廻る神社、仏閣は九ケ所（一三庭）、浮立踊の構成は、笛・太鼓・かね《（鉦）》打・囃・踊手および領主側の心遣も含め、総勢四〇六名と大規模なものであった。

以上の如く、合同型は給人領主側と村方が合同吟味・執行するパターンであり、近世知行制下の領主と領民の関係がいわば地域共同体的性格を有していたことを物語っているといえよう。

(6)　寺社家自分型

寺社家自分型とは、知行地内の寺僧・神職・山伏等が、村方や領主の依頼によるのではなく自発的に祈願を執行するパターンである。表22では八月一九日の事例がこれに当たる。神職亀川伊豆は旱魃に際し「自分ニ熊野権現へ為雨乞三十三番之相撲立願相懸」け、そのことを役所へ報告している。但し、「役筋者何之構ニも不及」と、役所から祈願料が支払われたわけでない。[24]「三ケ寺社家自分雨乞祈禱執行被致候ニ付而、為御挨拶、御酒拝領被仰付候事、常春寺・長栄寺・玉林坊・亀川出雲・宮崎河内、御館罷出」[25]（安永六年七月）と、酒拝領がなされる場合もあったが、むしろ、無報酬で寺社家が祈願執行することは、日常的には給人領主の管轄下にあった寺社家の従属性を示すものといえよう。

以上、神代鍋島領の農耕的除災共同祈願の実相を分析し、六パターンに分類した。実際の祈願に際しては表22にある通り、これらのパターンがいくつか並行し、また複合して繰り返される。それでは次に領主祈願に不可欠であり、無報酬にて自発的な祈願さえした知行地の寺僧・神職・山伏等は、給人領主といかなる関係にあるのであろうか。この点について次節でみることにしよう。

第二節　給人領主と寺社家

戦国時代の後半期から幕藩制成立期にかけての約一世紀半、特にその後半期には大小武士や庶民が所在に寺院を開創することが多かったといわれる。これは、僧侶を初めとする山伏・神職等各宗教家にみられた回国行脚の生態が廃されその定着化が進行（ないしはその強制）していたことと軌を一にしていた。[26]本書で対象としている肥前地域でも同様であり、例えば佐賀藩では承応四年五月に、

（承応四年五月一〇日）
一諸寺諸社并山伏住持を相定、又ハ同宿を付、相抱候時者、人之由来を能相究、無縁之人、扨又粉敷候者を不依
僧俗不被拘置様ニ其許〳〵ニ堅可申渡事[27]

という法令が出され、幕藩制初期に僧・神職・山伏等の定着化が進行していたことが窺える。このような経緯を通じ、神代鍋島領では宝暦・明和期、表23に一覧化したような寺院・神社および山伏・神職が存在したが、このなかには、

表23　神代知行地四ケ村の寺社家（宝暦～明和頃）

村	名　称	物　成・敷　地	備　考
東神代村	四面社	物成1石4斗余。敷地6反3畝	往古より有来。慶長元年再興。氏子あり
	妙見社	敷地3反2畝	宝永2年再興。氏子なし。社人亀川出雲
	慈恩寺	切米3石。敷地1反余	
	二ノ宮	敷地3畝	
	御天王	敷地2畝	
	筏観音	敷地4畝余	
	本覚寺	物成4石。敷地1反3畝余	
	李木天神	敷地1畝余	
	八王薬師	敷地1畝余	
西神代村	権現社	物成1石3斗余。敷地7反3畝	寛永17年建立。氏子なし
	太神宮	敷地2畝余	延享4年再興。長栄寺支配・亀川出雲心遣、氏子なし
	稲荷社	敷地2畝余	延享5年、神代鍋島氏建立。宮司長栄寺
	八幡宮	物成1石。敷地6反8畝	氏子・社人なし。宮司は山伏覚円坊
	天満宮	敷地1畝	氏子・社人なし
	彦山権現		山伏玉林坊坊内に勧請
	長栄寺	物成8石6斗余。隠居切米1石。敷地1町4畝余	元和7年神代鍋島氏の祈願寺として開山
	常春寺	物成10石、外切米10石。敷地1町2反8畝余	元禄6年開基。神代鍋島氏の菩提寺
	光明寺	物成2石余。敷地4反2畝余	寛永の頃再興
	教円寺	物成1斗余、敷地1反余	
	大乗山神	敷地5畝余	
伊古村	権現社	物成1石1斗余。敷地1反5畝	社人なし。氏子伊古村中
	不動	敷地1反7畝	
	天神	敷地1畝	
	宝池寺	敷地7畝余	
古部村	権現社	物成8斗余。敷地4反3畝	社人は宮崎河内。氏子古部村中
	山覚寺	敷地3畝	
神宮	亀川（出雲）	物成3斗	
	宮崎（河内）	物成3斗余	
山伏	玉林坊	物成3石余。役米9升は居屋敷	
	覚円坊		

註）「神代鍋島家日記」巻14、宝暦10年3月6日条、「御家中配分寺社石高」（明和7年9月、「神代鍋島家文書」所収）、「寺院明細調帳、南高来郡」明治8年（長崎県立長崎図書館蔵）等より作成。

給人領主側がその成立・再興ないし定着に関与したものがあった。

長栄寺は、真言宗で元和七年神代鍋島家当主茂顕により、いわゆる祈禱寺として開創されたものである。光明寺は浄土宗で、当初極楽寺と称し諫早慶厳寺の末寺であった。しかし荒廃が著しかったようで、寛永年間京都知恩院の僧称春が再興を願い出て神代鍋島氏により許可された。常春寺は元禄六年二月、同氏の当主鍋島崇就が、本藩主鍋島氏の菩提寺である高伝寺一一世堪然梁重の弟子心海盛堪を請持し開山したものである。(28)

これら三ケ寺は山伏の覚円坊・玉林坊、神職の亀川氏・宮崎氏とともに給人領主と密接な関係を有し、基本的には本藩の寺社方支配ではあるものの、実質的・日常的にはむしろ給人領主の管轄下にあった。その顕著な例は、これら寺社家の隠居・相続が給人領主の承認のもとになされたことである。例えば天明五年神職亀川出雲の隠居願は

(天明五年八月二九日)
一社人亀川出雲義、近年痛身相成候ニ付而、書付を以隠居相願候処、被達　御耳、出雲義格別之伝授等も仕罷有、一躰病身之由ニ者候得共、今暫隠居被差留、勤方難相叶節者、悴出羽申談候様思召候趣之書付被差返候事(29)

と、給人領主に承認が求められた。ところがこの願いは不許可となっており、承認が形式的な報告ではなかったことが知られる。給人領主が寺院の住持を自ら選定する場合もあった。安永九年三月、長栄寺住持大智法院の病死に際し、当初蓮池町成就院の快定法印を招致しようとしたが、「去冬御殿様御病気御平癒御祈禱被　仰付候処、間遠」があったとの理由で断念、結局、東古賀正善院の文鏡法院に決まった。(30)このように給人領主は寺社家の隠居・相続にかかわったが、このため寺社家の後継者が「(給人の)御社参節、覚円坊悴初而御目見仕候事、亀川悴儀右同断、御目見仕候事」(31)と、給人に御目見することは、後継者としての地位を給人が認めることを意味し、いわば重要な儀式であった。

以上のことは、寺社家が年頭祝儀として給人の御館に参上(32)したり、また通常佐賀城下居住の給人が知行地入部(「御下」)の際に御館に出向き祝儀を述べる(33)等の事実とも勘案すれば、知行地の寺院・神職・山伏等が給人領主と極め

て密接な関係にあったことが明らかとなろう。そしてこれらの寺社家、すなわち給人領主が成立・再興にかかわった長栄寺・光明寺・常春寺の三ケ寺に山伏の覚円坊・玉林坊、神職の亀川氏・宮崎氏を加えた七寺社家が、領主祈願に際して依頼を受けていたことは、前節で随時触れたことであり、宝暦七年の諸祈願を一覧化した表22からも知られる。具体的な祈願方法は、日記の記載のみからは詳述することができず、民俗学的調査等が必要であるが、日記によればおよそ次のような段取りで実施される。

①まず注進型・依頼型・領主型のいずれの場合も、「旱魃ニ付而、日増田畠相損、其上、虫相見候段、村方ゟも段々訴出候ニ付而、年寄中又頭立候役者立会吟味之上左之通今日立願御祈禱頼込」[34]と、陪臣団の年寄中・役者が祈願の実施について吟味した。合同型の場合、この吟味に村方役人層が加わる。その際、(i)御上執行、(ii)御家中舫あるいは(iii)御上御家中舫（第一節の「領主型」参照）のいずれの方法で執行するかが決定されたと思われる。なお、本藩の許可が必要な雨乞浮立踊を除いては、通常城下居住である給人自身への報告はなされず、陪臣独自で決定しているところに、兵農分離をとげた近世社会における給人領主制の特質の一端が示されていよう（第二部第五章参照）。②給人領主側は吟味の結果祈願執行が決定すれば、寺社家に祈願を依頼する。③依頼された寺社家（一ケ所あるいは数ケ所）は鬮を引き祈願法を占う。④祈願法は多様である。家中参籠と経典読誦（仁王経・金光明経・大般若経・法華経等）が一般的であるが、写経、血脈流し、相撲興行、浮立踊等もなされる。⑤祈願の〝場〟は、通例寺・神社であるが、特に寺僧・山伏が神社で祈願し、家中（陪臣）参籠という形式が多い。これは近世社会に一般的にみられた神仏習合の形態が神代鍋島領にもあったからである。神仏習合は(i)神社が寺院を抱き込む、(ii)神社と寺院が同化する、(iii)寺院が神社を抱き込むの三型があったといわれる。[35]神代鍋島領の場合(iii)型が見られ、例えば長栄寺は太神宮（西神代）・稲荷宮（同）をその管轄下においており、また山伏覚円坊は八幡宮（同）、玉林坊は彦山権現社のそれぞれ宮司であっ

た。(36) 但し寺僧・山伏が神社で祈願執行する場合、必ずしも管轄下ないし宮司を務める神社に限定されていたわけではない。なお、雨乞の場合は海浜・池等でも実施される。⑥結願後、祈禱守・幡等が村方へ配付される場合もある。⑦寺社家および祈願参加者に執行後、飲食振舞いが御館においてなされる場合がある（特に浮立踊）。⑧飲食振舞いを初め祈願諸費用は給人領主側（御上執行・御家中舫・御上御家中舫の相違はあるが）が負担する。

以上が、日記から窺える祈願方法の基本形態である。

第三節　領主祈願の意義

(1) 心意統治

給人領主が農耕的除災祈願に関与ないし執行する形態はこれまでみてきたように多様であるが、それでは、農業経営に直接従事していたわけではない給人領主は、なぜ農耕祈願を執行するのであろうか。次の史料は佐賀藩で親類同格と呼ばれる上層家臣多久家（物成高八、六四〇石）に伝来した知行地日記の一節であるが、その内容は領主祈願の本質の一端を教えてくれる。

（宝暦七年七月三日）
伺覚

御私領中累年打続之不作ニ而大損毛有之（中略）下々之義者至極零落仕及潰候者間々有之、耕作方相続不相叶、行懸御斗右ニ付而ハ差立候五穀豊穣之御祈禱なと被　仰付置度義御座候、依之及吟味候處、御上下御相続之根元ニ候（中略）御祈願所ニ付而於桐野山、差立候修法被　仰付候通有御座度候、然者右修法旦入具等何之次第ニ而可有之欤、守玄院へ先以内證承合候処（中略）入具方之義凡壱ケ月ニ米壱石弐斗つつ渡切に〆相渡候ハハ、夫を以

万事可相調趣ニ御座候、当御時節柄ニ付而ハ、纔之義も出筋ニ相懸候義者被相背義共ニ候へ共、前條之通、御上下御相続方根元之義ニ而差立候御祈禱等被　仰付候ハヽ、下々迄悦、耕作方猶又出精可仕哉之御斗旁ニ付而ハ、右御祈禱被　仰付度義御座候(37)（後略）

この伺覚は、多久知行地の家臣（藩主との関係では陪臣）が、祈願所設置とその経費捻出について当主多久氏に申し出たものである。

ここでは以下のようなことが指摘されている。①「累年打続之不作」とあるように、宝暦中期には不作による損毛がいわば慢性化していたこと。これは多久領に限ったことではなくいわゆる享保飢饉以後の佐賀藩全域についていえる(38)。②かかる状況下にあって五穀豊穣の祈禱が「御上下御相続之根元」であること、③領主財政は「纔之義も出筋ニ相懸候儀者被相背」と極めて深刻な状況にあったこと、④しかし、「御上下御相続之根元」である農耕祈願の執行は「下々迄悦、耕作方猶又出精可仕」ため是非必要なこと、すなわち、農民の生産意欲の維持・向上こそが祈願執行の目的であることが言明されており、いわば給人領主の農民に対する心意統治そのものなのである。

それでは給人領主はなぜ農民に対する心意的な支配を必要としたのか。これは近世期の地方知行・給人知行制の評価にかかわる重要な問題であるが、良好な知行地経営こそが藩主への奉公の基礎をなすものであり、給人の責務と考えられていたからであろう。給人の責務としての知行地経営を円滑ならしめるため、給人領主自らが農民のために農耕祈願を執行し生産意欲の維持・向上を図るという心意統治が必要なのである。この点に関し、佐賀藩では知行地の支配形態に藩政中期以降二つのタイプがみられるようになる。すなわち、知行地を自らの責務において経営する本来の支配形態を「御自分支配」と称した。これに対し、知行地経営が困難になれば知行地の一部ないし全部を蔵入地並の本藩管轄地とし、給人は本来の物成高の二割前後を相続米として支給され、知行地支配に一時的に関与しないという「切地」ないし「上支配」と呼ばれる制度が、藩政中期以降になるとみられるようになる。(39) 例えば、神代鍋島氏と同じ家老格である倉町鍋島氏（物成高二、三〇〇石）は、しばしば「上支配」・「切地」を藩当局に申請していた。(40) ところが同氏も「御自分支配」に際しては

一去秋(宝暦一二年五月七日)ゟ御私領御自分御支配ニ被差返候付、当年之儀百姓共堅固ニ有之順作仕候様、明八日郷方御目付下川武兵衛宅ニ而、大般若執行被仰付候、尤、入具料として銭弐枚御台所被仰付候と今日相渡候也(41)

というように「百姓共堅固」と「順作」を知行地役人（陪臣）の郷方目付宅にて自ら執行して祈願した。祈願料は給人領主が負担している。知行地の「御自分御支配」は、すなわち知行地経営の責務を伴うものであった。それ故、給人領主は自らの知行地のため祈願したのである。神代鍋島氏も、毎年五月には「五穀成熟」と「御家門為御安全」を長栄寺において祈願する（前掲表22の場合五月一〇日）。

しかも藩財政そのものの窮乏化は給人財政に出米強制という形で転化されるため、給人領主による農耕祈願は藩当局と給人との関係の上からも極めて現実的かつ深刻な問題であった。

一当年(宝暦二年八月三日)作方の義、田畠共ニ大概之出米ニ而最早此上ニハ風一段之義候ヘ者、風除候祈禱有之可然と昨日御吟味相〆リ候、尤四ケ村庄屋町別当召呼申聞せ候ニ而、御祈禱之義何之通ニも吟味次第被相願候通申談有之候事(42)

文字通り、出米は知行地の生産物から供出されるわけで、自然災害に伴う生産高の低下＝損毛は、その供出に支障をきたす。このため「御上御家中四ケ村町舫」という領主と知行地農民による共同祈願（合同型）がなされるのであり、農民層は、「何茂幸至極奉存」たのである。

確かに給人領主側に「先頃ゟ打続旱ニ而、村方ゟも所々ニ而雨乞仕候共、其印も無之、気之毒千万之義ニ候而、今日須賀社・弁財天役所ゟ参籠(43)」あるいは「此(比カ)日ゟ旱魃ニ而、御私領村々田作用水無之、植付不相叶次第御座候、右之通

ニ而者段々時節後ニ相成気毒之義斗、為雨乞於高野社」[44]の如く、領主的慈悲ないし撫民思想もあった。しかし、給人領主にとっては知行地疲幣による経営の困難、出米未納による知行地の減知・没収こそ回避されるべき最優先課題であった。農民の生産意欲の維持・向上はそのためのいわば勧農手段であったといえよう。そしてその本質は、給人領主自らの執行祈願により、知行地農民に対する慈悲・撫民思想を強調し、給人領主をいわば〝首長〟とした知行地共同体観を農民層に認識させるためのものであったと捉えることができよう。いわば領主執行による農耕祈願は、勧農の宗教儀礼的表現なのである。

給人領主はかかる本質を有する祈願を執行するに際し、以下のような形式を踏まえた。

第一に、家臣のみならず知行地農民に祈願の〝場〟への参拝を催促した。祈願が共同でなされる場合、その祈願参加の範囲は即ち、共同体の範囲でもある。給人領主は春に執行する五穀成熟の祈願に際して次のように令した。

(明和七年六月一〇日)
一毎歳之通五穀成熟御祈禱大般若三十五部於長栄寺今日ゟ開白有之候ニ付而、御祈禱銭拾貫文被差上候、尤御頭人初諸役中開白ゟ結願迄三日之間、不差明様堪忍有之候事

一右修行ニ付而、御家中初、村方・町方ゟ参詣仕候様役所ゟ相触候事[45]

参詣催促は五穀成熟の春祭にとどまらない。虫除・雨乞の領主執行の除災祈願に際しても、例えば「田方ニ虫入有之所ニ（中略）今日ゟ一七日之御祈禱於長栄寺修行有之候、右御祈禱内御家中村々不残参詣、悪虫退散之祈念可仕旨触達」[46]の如く、農民層への触達がなされた。もちろん農民が自発的に参詣する場合もあったであろうが、むしろ「御頭人始、出仕中御籠并庄屋・村役者勿論致参詣、其外諸村一家壱人勝手次第参詣仕候様被　仰付」[47]と、いわば強制力を伴うものであろう。

第二に、給人領主は知行地農民の氏神（鎮守）信仰を取り込んだ形で祈禱を執行した。農耕祈願は生産儀礼の一種

であり、生産者農民の集合的・共同体意識を前提としなければ農民に対する心意統治の効果は期待できないであろう。その集合的意識の習俗・慣行の核をなすのがいわば氏神信仰であったといえよう。明和五年六月の雨乞に際しては、神職亀川に依頼され、知行地四ケ村の各氏神社へ神職亀川が代参するとともに、家中惣代が三七日間の執行期間中、四ケ村氏神に日参、神職亀川も同伴し中臣祓・三千座執行が立願された。(48)また宝暦六年八月の光明寺に依頼された雨乞でも、百万遍の後、「四ケ村氏神〳〵ニ而、念拂相勤、田ノ中不残念拂ニ而、虫追」(49)と四ケ村氏神社での念仏が実施されている。もちろん、全ての領主祈願にこの形式がとられたわけでなく、むしろ農民が独自にはなし難った領主祈禱寺（長栄寺）による執行などが領主祈願の本質を示したものと考えられる。しかし、領主階級の諸儀礼が被支配者層の習俗・民俗等を踏まえ形成されていたという観点に立つ時、(50)給人領主が知行地村民の日常生活のいわば精神的な核となる氏神信仰を媒介として心意統治の実現を図ろうとしていたことは、注目しておく必要があろう。

第三に祈願執行の諸費用は、これを給人領主が負担した。その額面は祈禱内容により幅があるものの、重要なことは、給人領主が負担するという儀礼的形式であったと思われる。例えば、多久領萩野村は宝暦一二年の旱魃に際し、「村中ニ而氏神江重畳雨乞相調候而も其験茂無之」った。このため「御上ゟ御祈禱被仰付被下欤、又者弁財天沖神参相調候入具銭弐百匁被差出被下欤」(51)いう要求を給人領主多久氏に願出ている。知行地村としては、村方レベルでの祈願効果が得られないため、領主に執行ないし費用提供を依頼するわけであり、その額面の高低にかかわらず、費用負担の行為そのものが心意統治の重要な要素であったと思われる。祈願費用には執行依頼者（寺僧・神職・山伏）や参加者（雨乞浮立の踊手・噺等）の御館での共同飲食費用が含まれるのが通例であり、「参加者の間の社会的統一観を強める」(52)という共同飲食を給人領主が提供するという意味においても、祈禱費用の領主負担は心意統治の要件であったと考えられる。(53)

以上のように、勧農の宗教儀礼的表現と捉えられる給人領主執行による農耕祈願は、領民に対する参詣の催促、氏神信仰の取り込み、祈願費用の領主負担という形式を踏まえながら、繰り返し行われた。そしてこのような勧農儀礼の本質は、領主的慈悲・撫民思想の強調と領主を〝首長〟とした知行地共同体観の再生産に外ならなかったのである。

(2)　領主と祭礼

給人領主は雨乞・虫除等いわば非日常的な除災を目的とした農耕儀礼の領主祈願によって、知行地農民に対する心意統治を実現しようとしたが、これは給人領主が自らの支配領域（知行地村）における日常的な宗教・祭祀組織ないし儀礼に直接・間接的に関与していたことと合わせ考察する必要があろう。従来、近世の村方祭礼に関する研究は概して農村社会の構造的特質の問題とからめて考えられるため、これを領主支配の問題と関連して考察されることはなかったといえよう。ところが本章で素材としている給人の日記には、村方祭礼に給人が関与していたことを物語る事例が多く記されている。それによれば給人領主と祭礼の関係についておよそ以下の三点が指摘できる。

第一に、村方祭礼が給人領主にとっていわば公的儀礼であったということである。

（天明四年九月二九日）
一祭禮ニ付、今日出勤無候事
一祭禮ニ付、例年之通熊野権現社江御夫婦様御代参、御蔵方両人今朝早天被相勤候事
付り、白麻料壱包充、御神納有之候事(54)

すなわち、右の史料によれば①祭礼に際し「出勤無」つまり知行地役所の公的業務が休業となること、②「御夫婦様」＝給人領主が代参者を派遣すること、③代参者が「御蔵方」＝陪臣役人であったこと、④給人より「白麻料」＝供物が神納されること等が知られる。おそらく本来は給人が領主支配の諸業務を村方祭礼に集中させ、自ら参詣して供物を神

納するという儀礼形式であったのであろう。いずれにしても村方祭礼は給人領主にとって領域支配にかかわる重要な公的儀礼であり、給人領主は知行地村の各氏神社の祭礼に細く対応していた(55)。

第二に、祭礼の中心的な〝場〟となる知行地寺社の修築が給人領主の管掌であったことである。

(宝暦二年九月一日)
一於在家新構庵宝小堂候儀、(寺社奉行・同付役)其方共迠無其届、自分之構営可停止之、但、親類家老共知行内之儀ハ地頭心次第差免候上、宮庵宝候儀不苦候(56)(後略)

一般の給人家臣(いわゆる小配分)とは相違し、親類・家老(大配分)つまり給人領主の知行地では、本藩の寺社奉行に届けることなく小規模な小堂・宮庵等の構営が認められていた。また、社殿等の修理は給人領主の責務であったと思われる。例えば宝暦五年四月、西神代村の熊野権現社「破家」に対する建立は、「当所氏神中ゟ寄進」が申請され、これが給人領主側で吟味された。その際「建立方心遣」を陪臣二名が務めている(57)。また、明和五年、神代鍋島氏の知行地伊古村の権現社が破損した際には、①給人領主による社殿修理が「御上修理、御時節柄不被及御手ニ候」と(恐らく財政窮乏のため)困難である、②これに対し今田(有力農民カ)が「建立仕度旨」を申請した、③給人領主側はこれを「吟味」し許可した、④但し、修築に必要な竹木は給人が提供する、⑤また、夫丸は「伊古村百姓中」が負担するという経緯で実現した(58)。いずれの事例も破損した神社修築を村方の氏子(有力農民)より給人領主側に申請させ、それを吟味して認可し陪臣の心遣あるいは資材提供を通じて監察・援助するという形式をとっており、基本的には給人領主に社殿の保全・管理の責務があったことが指摘されよう。このように給人領主は祭礼の〝場〟となる知行地寺社の修築を管掌する立場にあったのである。

第三に、村方の祭礼実施そのものを給人領主が管理していたことである。もちろん祭礼は農民の年中行事として定着、毎年実施されるが、損毛年には次のような措置がとられた。

(宝暦一二年九月一〇日)
一当年田畠大損毛ニ付而、村方至極差支、間ニ者押付ゟも御介抱等相願候趣ニ相聞候付、祭礼之儀何分ニ共仕候哉、四ケ村庄屋・別当召呼申談候処、家内限ニ祝互(マヽ)楽若不仕様致度段、庄屋共申候付、弥其通百姓町人共申付候様被相達候、右之通ニ候得ハ、猶以御家中より妻子たりとも一向可参様無之付、組々迠被相達其通触達有之候事[59]

すなわち、この宝暦一二年には干損によりすでに六月段階で神代知行地四ケ村二五九町七反のうち、「植付不相叶」が三町、「捨り」が四町八反、「白干」が二六町四反、「黒干」が三六町八反という被害が生じていた。[60] このような中、村方より「御介抱等相願」と経済的救済が申請された。これに対し給人領主は救済が申請されるような状況下での祭礼について四ケ村の村役を召集してその実施法を糺したのである。これは祭礼に伴う経済的負担の軽減という意図もあったであろうが、より重要なことは、給人領主が知行地領民の精神生活の中核的位置を占める村方祭礼実施をめぐって管理しているということであろう。しかもこのような祭礼に「猶以、御家中より妻子たりとも一向可参様無之」という文言より、通例は給人領主の家臣（陪臣）ないしその家族が一般領民とともに参詣・参加していたことが窺える。

以上のように村方祭礼は単に農民独自の年中行事なのではなく、給人領主にとっても、通常の支配業務に優先し（業務休業）、陪臣層も参加する公的儀礼なのであり（そしてこのことは、給人領主側・領民側双方にとっての娯楽という性格を帯びつつあった）、その祭礼の〝場〟＝神社の修築および祭礼実施は、これを基本的には給人領主が管掌していたのである。このようにみるならば、村方祭礼は給人領主を〝首長〟とした知行地の共同体観を領民側に認識させる〝場〟なのでもある。雨乞・虫除等、除災祈願が干損・虫害という非日常的状況のなかでの共同体観の再生産を果たす宗教的儀礼であるとすれば、年中行事としての村方祭礼は、日常的な状況のなかでのそれを再生産する宗教的儀礼と捉えることができるのであり、給人領主による心意統治＝民意の占有は両者によって実現されていたのである（知行地の年中行事については次章参照）。

以上、給人領主執行による雨乞・虫除等、除災に関する農耕祈願の事例紹介および意義について考察を加えてきた。最後に論点を整理し、問題点を明らかにしておこう。

第一に農民側が田畠損毛の注進ないし除災祈願執行を給人領主に申請したことである（注進型・依頼型）。特に農民側が繰り返し執行する祈願（村方型）の効果があがらない場合、給人領主に執行を依頼した。このことは、農民の力による自助効果の限界を「御上」＝給人領主の力により補完ないし超越することを農民側が期待していたこと、また給人領主にその義務があると農民側が認識していたことを示すものであろう。

第二に、農民側のかかる要求を給人領主が受容すると同時に、自らもまた自発的に執行し（領主型）、農民層と合同で執行（合同型）する場合さえあったということである。知行地支配（「御自分支配」）は良好な経営を実現せねばならず、これが藩主に対する給人の奉公であり、いわば責務と観念されていた。このため、知行地経営の基礎となる農業生産の経済的条件を給人が整備し（勧農。具体的には種籾の貸与、水利・池溝の保全・田畠の環境整備）[61]、一方ではかかる勧農の一環として生産意欲の維持・向上を図る必要があった。ここに給人領主は生産者農民に対する慈悲・撫民思想を強調し、あるいは農民自身が有する氏神信仰に代表される祈願料・共同飲食の提供は、知行地の共同体観を再生産し、心意統治の実現条件として作用した。給人領主はこのような形式を踏まえ雨乞・虫除等の災害除的な農耕儀礼あるいは農民の年中行事である村方祭礼の管掌をした。

第三に、給人領主はこのために、知行地の寺僧（寺院）・神職・（神社）・山伏等、民間の宗教者を自らの領域支配体制のなかに編成していた。寺院開基に関与し、神社を勧請し、あるいは寺院住職・神職・山伏の相続に関与し、また社殿等の修築は自らの管轄下においた。そして領主は祈願を依頼し、また、これら宗教者自ら知行地のために祈願する場合さえあった（寺社家自分型）。

このような、近世幕藩制下の給人領主による領域支配は、神仏事・農桑事・乃貢事に関する三ケ条を記すことを常例とした三ケ条吉書（武家吉書）に示される、中世在地領主の統治行為を想起させる。(62) すなわち、ここでいう三ケ条吉書は主として正月に在地領主と彼の支配領域の農民との間で、領政の政治始の儀として、両者で共に確認しその実行が誓約されたものである。神仏事は神仏の祭祀・勤行、寺社の修理であり、いわゆる神仏の興行・興隆、農桑事は池溝修築の語句に象徴される春の勧農、乃貢事は秋の勧農で収納である。その源流は古代の令制に国＝守の職務を「掌祠社・戸口・簿帳、字養百姓、観課農桑」(63) と定められているのに求められるといわれ、鎌倉・室町幕府にも同内容の吉書の儀があったという。三ケ条吉書の内容、すなわち神仏を祭祀してその威力を発揮させ、春の勧農により滞りなく農耕を開始させ、そして秋の勧農により乃貢を完納ならしめるという三要件は、古代以来、統治行為の中核であったのである。

近世期の給人領主による領域（知行地）支配はかかる古代以来の伝統的な統治行為の近世的形態として捉えることが可能であろう。給人領主により春季における知行地の五穀豊穣の祈願、村方祭礼への関与ないし寺社に対する修築・保全の管掌は三ケ条吉書にいう祭祀行為に当たり、また除災的な農耕祈願の領主執行は吉書における勧農行為ないしそれの祭祀（宗教）儀礼的表現と考えることができよう。近世期の給人領主制をかかる領主支配の伝統的有り方のなかで位置づけるとすれば、むしろ本来的な領主統治形態の原型を示すものであったと評価することが可能であろう。

ところが、近世以前、就中、中世の在地領主形態との比較において近世給人領主制が相違する点は以下の三点があげられよう。

第一に、給人領主制はそれのみで成立するのではなく上級権力の強固な規制のなかで初めて領主支配が貫徹し得たことである。ここでいう上級権力とは大名権力でありさらには将軍権力である。そしてこれら上級権力とともに給人領主もまた、総体として幕藩領主権力を構成していた。したがって、これまで論じてきた領主執行による祈願は給人執行の場合と本藩主執行の場合があり、いわば重層的な儀礼支配の構造を呈していた。本藩主執行は例えば「諸郷作水及難儀候故、雨乞立願其外於諸社御祈禱等被仰付（中略）右之通被尽　御手、其末去月廿八日九日降雨有之候ニ付而者、御領中大庄屋共為御礼、金立社参詣仕候様(64)」とあるように、蔵入地のみならず知行地を含めた包括的・全藩的な「御領中」を対象とし、またそれが可能であった。給人領主による祈願執行は、かかる意味では藩主による祈願執行の一部であり、それを補完する機能を有していたともいえよう。しかし、一方では藩主権力に対し、相対的自律性を給人領主が保持・志向したことも事実であり、知行地内の祈願祭礼の本藩への届出義務をめぐって、本藩がその義務を主張するのに対し、給人側は、「此方於私領為立願成就、能・浮立興行候節、跡方ゟ節々申達候格無之、一手ニ而相済来候(65)」あるいは「前々西目私領ニて茂願成就ニ致興行候節、筋々御願仕たる儀無御座候(66)」と、届出義務が本来なく、独自に祈願行為（能・浮立興行）を執行・実施していたと言明し、本藩側の主張と対立していた。このような、領主による祈願執行等の儀礼支配をめぐる藩当局と給人領主との重層的関係ないし構造は、近世領主制・知行制の問題として検討する必要があるのではないだろうか。

　第二は陪臣団の問題である。近世社会は兵農分離を編成原理のひとつとして成立している。給人領主個人は、通例、城下居住であり、知行地には役所・御館が置かれ、陪臣が日常的な支配業務に従事していた。したがって領主祈願についても、村方からの依頼はもちろん、給人領主側が自発的に執行する場合も、その実施は役所の陪臣（および村役）による吟味（合議）によって決定し、給人領主個人に直接報告されないことも多くあったと思われる。すなわち給人領主祈願とはいっても、実際には知行地の役所詰の陪臣と農民との合意に基づいて執行されていたのである。給人領主が召抱える陪臣の多くは知行地居住であり、[67]彼らは城下居住の給人よりも農村事情に精通していたわけで、彼ら陪臣層の判断により執行される領主祈願の意義は、中世在地領主の直接執行にかかるそれとは、相違するであろう。[68]

第三に給人財政と勧農形態の変化である。中世期には三ケ条吉書の事例からも春の勧農が経済的・現実的内容を伴って実施されていたと想定されるが、近世期、就中、中期以降ともなれば給人財政の窮乏化は極めて深刻となっており、知行地の「御自分支配」が不可能なため「上支配」・「切地」という、一時的な支配代行を藩当局に申請する給人も存在した。[69]これはもはや、給人が経済的な勧農機能を行使し得ないことを示していた。したがって給人による知行地の一時的な支配代行すなわち勧農機能の代行申請を藩当局が拒否した場合、給人は知行地の「御自分支配」の実現を図るため、実施が困難な経済的勧農から、宗教儀礼的勧農へと不可避的に勧農形態の比重を変化せざる得なかったのではないだろうか。

このように、近世期の給人領主制は祭祀（宗教儀礼・領主祈願）と勧農という古代以来の伝統的統治形態の原型を有しながらも、しかし、近世幕藩制の諸条件のなかで変容していた。

註

（1）鈴木壽氏の整理参照（「地方知行〈じかたちぎょう〉」〈国史大辞典編集委員会編『国史大辞典』第六巻〈吉川弘文館、一九八五年〉所収〉。また、J・F・モリス氏は領主制論の観点から総括されている（「地方知行制と研究史」〈『近世日本知行制の研究』〈清文堂、一九八八年〉所収〉）。

（2）薗田稔「祭—表象の構造—」（柳川啓一他編『日本祭祀研究集成・第2巻』名著出版、一九七八年所収、なお原文は田丸徳善他編『日本人の宗教』第二巻『儀礼の構造』〈佼正出版社、一九七二年〉所収）。

（3）福田アジオ・宮田登編『日本民俗学概論』吉川弘文館、一九八三年）四四〜五頁、八五〜六頁、一五七〜八頁参照。

(4) 除災祈願のうち雨乞については、高谷重夫『雨乞習俗の研究』(法政大学出版局、一九八二年)参照。同書は民俗学的観点に立った雨乞い習俗に関する詳細な研究である一方、「雨乞儀礼の史的展望」という章を設け古代・中世・近世における雨乞儀礼の概観が示されている。この中で、近世については「藩の手による雨乞祈願はこのような農業政策としての一面を持つものと思われ、多くの藩が自らの手で雨乞を行っている。(中略)しかし、近世の雨乞の主体は何よりも農民であった」(同書五一～二頁)との評価がなされている。この認識に基本的には賛同するが、私は藩(領主)と農民によって各々執行された雨乞(農耕)儀礼は別個のものではないと考える。その際、しらが康義氏の「国家が民衆の日常生活における習俗を規制することによって、民衆の心の支配を実現しようとした」(しらが「民衆思想史・民衆生活史研究と習俗」〔民衆史研究会編『民衆史を考える』〈校倉書房、一九八八年〉所収〕二五頁)という主張に基づいた村落の儀礼と宮中及び国家の儀礼の関連の追求という視点は重要であろう。しかし、しらが氏自身が認めるように、「農村と宮中乃至国家との隔たりは大きく(中略)宮中と農村との間に大名などの地域支配者を介在させて考察しなければならない」(同二六一頁)のであり、本章はこのような意味で大名領主よりさらに農民との接触が深かった給人領主と村方農民の具体的関係を農耕儀礼の側面から考察する意図をも有するものである。なお領主と雨乞という観点にも立ったものに井上攻「近世後期梶ヶ谷村周辺の雨乞」(『川崎市史研究』創刊号、一九九〇年)がある。

(5) 「神代鍋島家日記」(「神代鍋島文書」所収。なお、以下「日記」と略称)巻一一、宝暦七年八月一〇日条。

(6) 「日記」巻九、宝暦五年五月一一日条。

(7) 「日記」巻一八、宝暦一四年七月一日条。

(8) 安永九年七月の場合は、四ケ村町の各々四～五人の代表者による舫で、神職を頭取とした温泉山(雲仙岳)四面社への二夜三日の参籠および結願の際の四ケ村町惣参が行われた(「日記」巻三四、安永九年七月一九日条)。

(9) 「日記」巻一〇、宝暦六年七月六日条。

(10)～(12) 「同右」二五～七日条。

(13) 肥前地方の民俗神事芸能である浮立については山崎諭『肥前浮立をたずねて』(「肥前浮立」刊行会、一九七八年)参照。

(14) 「日記」巻六、宝暦二年七月八日条。

(15)「同右」巻九、宝暦五年五月一四日条。
(16)「同右」巻一四、宝暦一〇年六月六日条。
(17)「同右」巻五、寛延四年四月一八日条。
(18)「同右」巻一六、宝暦一二年五月一五日。
(19)「同右」巻一一、宝暦七年六月一五日条。
(20)「同右」巻三一、安永六年七月一四日条。
(21)「同右」巻一一、宝暦七年六月晦日条。
(22)「同右」七月一日条。
(23)「同右」巻二五、明和八年七月一八日条。
(24)「同右」巻一一、宝暦七年八月一九日条。
(25)「同右」巻三一、安永六年七月二一日条。
(26) 竹田聴洲『民俗佛教と祖先信仰』（東京大学出版会、一九七一年）、同「近世社会と仏教」（『岩波講座日本歴史』近世1〈岩波書店、一九七五年〉所収）、高埜利彦「江戸幕府と寺社」（歴史学研究会・日本史研究会編『講座日本歴史』近世1〈東京大学出版会、一九八五年〉所収）。
(27)「定」（「勝茂公光茂公遊出之類写」〔「鍋島文庫」所収〕）。
(28)「寺院明細調帳・南高来郡」明治八年（長崎県立長崎図書館蔵）。
(29)「日記」巻三九、天明五年八月二九日条。
(30)「同右」巻三四、安永九年三月二六日条。
(31)「同右」巻三一、安永六年二月晦日条。
(32) 第一〇章参照。
(33) 第一一章参照
(34)「日記」巻一四、宝暦一〇年六月七日条。

(35) 竹田前掲「近世社会と仏教」二七八頁。
(36)「日記」巻一四、宝暦一〇年三月六日条。
(37)「御屋形日記」(「多久家文書」〔多久市立歴史民俗資料館蔵〕所収)宝暦七年七月三日条。
(38)〜(39) 第二部第四章参照。
(40)「倉町鍋島家日記」(「鍋島文庫」所収)。
(41)「倉町鍋島家日記」宝暦一二年五月七日条。
(42)「日記」巻七、宝暦三年八月三日条。なお、出米・出銀をめぐる具体的藩財政および家臣の対応については、拙稿「財政危機の進行」(藤野保編『続佐賀藩の総合研究』〔吉川弘文館、一九八七年〕第三章第四節二項)参照。
(43)「日記」巻八、宝暦四年七月二三日条。
(44)「御屋形日記」宝暦一二年五月一三日条。
(45)「日記」巻二四、明和七年六月一〇日条。
(46)「同右」巻三六、天明二年七月一五日条。
(47)「役所日記」(「多久家文書」所収)寛政八年四月一一日条。
(48)「日記」巻二二、明和五年六月二五日条。
(49)「同右」巻一〇、宝暦六年八月四日条。
(50) 註(4)参照。
(51)「御屋形日記」宝暦一二年六月一一日条。
(52) 大林太良「儀礼」(前掲柳川啓一他編『日本祭祀研究集成・第2巻』所収。なお原文は大林太良編『儀礼』〔『現代のエスプリ』60号、至文堂、一九七八年〕所収)。
(53) 但し、共同飲食を伴う祈願費用の領主負担も、「近年西村権現ニ五穀成熟大般若長栄寺執行被到来候、跡方者役所仕出ニ而食用一通整来、料理之義者御館ニ而被差出候得共、当年格別之御減少之御時節ニ付、其時々上限ニ而相整候様ニと御手頭を以被仰付(中略)、跡方諸入方相調へ、凡積を以今日左之通被差上候事、一鳥目弐貫文、能米壱斗」(「日記」巻六、宝暦二年六月一〇日条）の如く、宝暦期頃には給人領主財政の窮乏化によりかなり困難になりつつあった。このため、一節で述べたように祈願費用が家中に転嫁されるようになったのであろう。

(54)「日記」巻三八、天明四年九月二九日条。
(55)例えば明和七年の場合、九月一〇日に古部権現社、一九日に四面社（東神代）・伊古社、二九日に熊野社（西神代）等、神代知行地四ヶ村の各氏神社に参詣している（「日記」巻二四、明和七年九月各条）。
(56)「御印帳・寺社方」（「宝暦一一年御印帳御手頭」〔「鍋島文庫」所収〕）。
(57)「日記」巻九、宝暦五年四月一五日条。
(58)「同右」巻二二、明和五年八月三日条、九月九日条。
(59)「同右」巻一六、宝暦一二年九月一〇日条。
(60)「同右」、六月晦日条。
(61)例えば畔払い。
(62)藤木久志「在地領主の勧農と民俗―『色部氏年中行事』ノート―」（『新潟史学』九号、一九七八年、後に同『戦国の作法―村の紛争解決―』〔平凡社、一九八七年〕に再録）、中野豈任『祝儀・吉書・呪符―中世村落の祈りと呪術―』（吉川弘文館、一九八八年）。
(63)「令義解」職員令。
(64)「日記」巻一六、宝暦一二年六月三日条。
(65)「(白石鍋島家）御記録」（「鍋島文庫」所収）寛延二年八月一二日条。
(66)「同右」一三日条。
(67)拙稿「幕末期における佐賀藩家臣団の構造」（『九州文化史研究所紀要』三一号、一九八六年）表⑾参照。
(68)陪臣の吟味については、第二部第五章参照。
(69)第二部第四章参照。

第一〇章　知行地の年中行事

本章は知行地における給人と陪臣の関係、および給人・陪臣と領民つまり支配—被支配関係について、年中行事という儀礼的観点から考察することを課題とする。

年中行事の定義について、例えば民俗学の分野では、一年を単位とし同一地域・同一社会集団で周期的に繰り返される習俗・行事といわれる。(1) また文化人類学では集団の危機回避ないし統合・連帯を強化する儀礼のうち、一年の自然サイクルに対応する生産儀礼・行事とされる。(2) いずれの場合も一年単位の周期的な集団儀礼とする点で共通する。さらに法社会学の立場では、年中行事にみられる規範性を重視し、社会統制の一手段という性格が指摘される。(3)

ところで、本章で知行地の年中行事という場合、具体的には分析の対象とする給人領主の日記に(4)「如例年」「例年之通」「毎歳之通」「御嘉例之通」等の文言で示される事象を指す。もとより知行地とは給人領主の領域支配の単位であり、給人の日記に一年を単位として周期的に同一行事が記載されるということに、領主支配のメカニズムを読み取ることが可能であろう。したがって本章でいう知行地の年中行事とは、法社会学からの指摘に注目し、一年間を単位として周期的に繰り返される給人による陪臣・領民に対する編成・統制、つまり領主支配にかかわる行事・儀礼と捉えることにする。故に必ずしも知行地領民の習俗（民俗年中行事）の全面的な分析ではないことを予め御了承願いたい。

年中行事の研究法は、例えば民俗学の分野では重出立証法による比較研究が重要とされ、(5) しかも公家年中行事・武家年中行事・民俗年中行事という如く、社会身分集団を基礎に分類されることが一般的である。(6) このような研究史のなかで、右のような問題の立て方の有効性については甚だ心許ないが、近世領主支配の特質究明にとって重要な視角ではないかと思っている。(7)

第一節　年中行事の展開

分析の対象は佐賀藩神代鍋島氏の「日記」である。同氏について概述しておこう。家格は家老・大配分格で物成高二五〇五石、(8) 佐賀藩では上層家臣といえる。(9) 近世中期における家臣（陪臣）および知行地構成は表24・25の通りである。同氏の主たる知行地は肥前高来郡の東神代村《こうじろ》（現長崎県南高来郡国見町）・西神代村（同町）・伊古村《いこ》（同郡瑞穂町）・小部村《こべ》（同町）の四ケ村であり、肥前神埼郡（佐賀県神埼郡千代田町・神埼町）の知行地は延宝四年以降に加増されたものである。西神代村には領主の館と役所があり、(10) その周辺には陪臣の屋敷が形成されていた。役所には陪臣が役方編成され詰めている。一方、佐賀城下屋敷には給人とその家族が生活しさらに知行地陪臣が派遣され詰めていた。給人は年間数十日の割合で知行地下りが許可され、(11) その家族が知行地の館に滞在することもあった。このような状況のなかで給人（およびその家族）・陪臣および領民との間で知行地の年中行事が展開する。なお、神代鍋島氏の日記は知行地役所詰の陪臣が記した「巻」と佐賀城下屋敷詰陪臣が記したと思われる「第」という二タイプがある。「巻」は高来郡知行地（神代四ケ村）の記事が中心で、それに城下屋敷・神埼郡知行地との連絡記事が加わる。一方、「第」は城下屋敷における給人の動向が内容の中心である。したがって本章は、神代四ケ村の年中行事の分析がその中心をなす。これを一覧化したものが表26である。

表24　神代鍋島氏陪臣団

階　　層	人　数
家　老（年寄）	4人
同　格	2
着　座（中通）	77
先　侍	30
足　軽	104
船　手	20
計	237

註）「御家中配分寺社石高帳」（「神代鍋島家文書」所収、明和4年）より作成。（　）内は「神代鍋島家日記」での呼称

表25　神代鍋島氏の知行地

知　行　地	地来高
高来郡神代東神代村	840石598
同　西神代村	675石495
同　古部村	317石258
同　伊古村	216石735
神崎郡崎村郷下神代村	300石
同（上西郡）丁久米ヶ里	56石86
同（同）岩田村	55石211
同（尾崎郷）尾崎西分	43石617
計	2505石

註）「玄梁院様御代着到配分村付帳」（「鍋島文庫」所収）より作成。玄梁院・鍋島綱茂の藩主在位は元禄8年11月より宝永3年12月まで。

以下、神代鍋島氏の日記に記される年中行事を具体的にみていくことにしよう。なお分析時期は寛延期[12]以降寛政期までとする。この近世中期の段階は、ほぼ知行地年中行事の形式が確立した時期とみなせるであろう。

(1)　年頭祝儀と事始め

一年の循環について新年がいつから始まるかといった立ち入った議論はここではせず、[13]一月一日を年始としておく。日記の記載始めも一月一日が大半である。[14]

一月は年頭祝儀や事始め等、年中行事が集中する時期である。まず、一日には家中つまり知行地陪臣が全員、[15]「御館」すなわち給人領主の館へ年頭祝儀に集まる。その際「御嘉例之通、年頭之為御祝、御家中御館罷出、御目附存御帳ニ相付」[16]とあるように、目付管理の帳簿に祝儀の有無について各陪臣別に確認されたものと考えられる。また「長

表26　神代鍋島氏知行地の年中行事(1)

月・日	行事内容	分類 身分集団固有	「家」	祈願祭礼	礼意互礼	恒礼業務
1月1日	家中年頭祝儀	○				
2日	役所啓き					○
	御勝手方より弁財天へ酒供			○		
3日	御上様（給人領主の正妻）へ、年寄中•中通中の妻より年頭祝詞	○				
	知行地庄屋・百姓・町別当へ酒拝領				○	
	船祝			○		
	長栄寺年頭祝儀				○	
4日	寺社家年頭祝儀				○	
4日ごろ	年頭祝儀のため年寄・中通・侍各惣代、佐賀登	○				
4～7日ごろ	御山囲（野焼・山開）					○
7日ごろ	蘇民将来			○		
11日	蔵啓き					○
	鎧祝い	○				
	八幡宮にて的			○		
7～14日ごろ	給人領主夫妻、知行地の諸社参詣（代参）				○	
15日	寄合初め	○				
15日ごろ	御上様より年寄中・中通中および妻へ祝儀	○				
15日ごろ	他領の庄屋・銀主へ年礼				○	
16日	役所出勤なし					○
1～3月	知行地惣目安取立					○
2月初旬	初午			○		
初旬	家中・寺社家杉苗取	○				
15日	英彦山祭り			○		
下旬	他領庄屋初入				○	
3月3日	節句			○		
下旬	海神祭			○		
4月中旬	島原御用達商人年頭祝儀				○	
5月5日	節句			○		
5～6月	五穀成熟祈願			○		
22日ごろ	道政（鍋島茂興）正当		○			
下旬	麦歳入					○
6月上旬	雨乞祈願			○		
中旬	味噌糀用麦打初					○
23日	道威（鍋島茂直）正当		○			
6月ごろ	火災転除祈願			○		
6～7月	風虫転除祈願			○		
7月6日	先祖施餓鬼		○			
7日	節句			○		
8日	紹忠（鍋島茂昌）施餓鬼		○			
13～15日	盆		○			
24日	一雲（鍋島嵩就）正当		○			

表26　神代鍋島氏知行地の年中行事(2)

月・日	行事内容	分類 身分集団固有	「家」	祈願祭礼	礼意互礼	恒礼業務
29日	清誉正当		○			
下旬	武具屋置場虫干	○				
7月末～8月	江切					○
8月1日	八朔			○		
1日	五穀豊饒祈願			○		
15日	八幡祭			○		
中～下旬	役方決定（9月～翌年8月担当）					○
8～9月	検見					○
9月1日	諸役方発令					○
9日	節句			○		
9日	古部村熊野権現社祭礼			○		
19日	東村四面社祭礼			○		
	伊古村権現社祭礼			○		
29日	西村熊野権現社祭礼			○		
9月下旬～10月	物成名寄・御蔵入・廻俵検分					○
10月初旬	御馳走米賦課、農民へ申し渡し					○
10日	向町弁才天祭			○		
10月末～11月初	二番蔵入					○
11月15日	蔵納方皆納期限					○
15日	妙見祭			○		
20日の内 2番未の日	八天狗祭			○		
26日	月待			○		
下旬	蔵究					○
下旬	宗門改報告					○
11月末～12月	米立値					○
11月末～12月	酒直決定					○
11～12月	諸役払方勘定					○
12月中旬	門松船					○
中～下旬	蔵入					○
下旬	越年船					○
下旬	借銀返済のための蔵出し					○
下旬	領民への褒賞差し出し				○	
下旬	役中へ歳暮	○				
下旬	歳暮につき家中祝儀	○				
晦日	歳木・門松・歳縄餝、山方心遣にて整え餝つけ			○		

註）「神代鍋島家日記」より作成。なお、「分類」については、「第二節、年中行事の構造」および表30参照。

病不快」の陪臣は祝儀を書載した「帳簿」を差し出すことになっていた。[17] 文字通り全ての陪臣と給人との主従関係確認の意味がこの年頭祝儀にはあった。もちろん給人は通例佐賀城下屋敷に居住しているため、直接対面にて礼が述べられるのではない。給人も陪臣の主人であると同時に大名の家臣であり、大名に対する年頭祝儀をなす。[18] 陪臣全員による年頭祝儀＝主従の礼を確認した帳簿は「初船」[19]にて後日、給人へ披露される。給人領主家の家族が知行地に滞在している場合には、

（天明六年一月一日）
一御かか様、於岩様、於美那様、於三井様当時御在郷御嘉例之通、今朝御直禮、御雑費其外御手数之通御祝被差上候叓[20]

の如く、陪臣による直礼がなされる。給人との私的主従関係が給人不在の知行地でその家族を通じて確認されるのである。

なおこれと関連して、主従関係をめぐる年頭祝儀で注目されることは、三日に[21]「御上様江年寄・同格・中通中妻女より年頭之御礼申上候、尤銘々一類を以御目付方迠被申上候」[22]と、陪臣中の年寄・中通の妻が「御上様」＝給人の正妻へ年頭祝儀をなすことである。そして、一五日ごろには正妻より年寄およびその妻へ答礼の祝儀がなされる。武家社会における主人と家臣という主従関係が近世大名家臣―陪臣間の妻女関係にも投影していたといえようか。いずれにしても先にみた在郷中の給人領主家族に対する陪臣の年頭祝儀とあわせ、近世主従制における女性の地位ないし「家」の問題は今後に検討されるべき課題であろう。

二日には役所啓き[23]がある。役所は給人領主の管轄下、知行地支配業務が陪臣役人により遂行される場である。一日の家中年頭祝儀が御館で行われる主従関係確認の儀礼であったのに対し、これは業務組織の行事である。在地領主制とは相違する近世給人領主制の特質の一端が表れているといえよう。但し翌日実施される領民への酒拝領の用意以外

に具体的な行事内容を日記より明らかにすることは困難である。

三日には館において知行地四ケ村の庄屋・農民・別当に対し酒拝領がなされる（後に四日に変更）。この日、酒が三石三斗～四石、米一八俵、肴は鮪、ない場合には昆若（蒟蒻か）・大根等縁起物が用意される。参加人数は不詳であるが館の建物には収容できないため雨天以外は例年戸外で実施される。(24) 四ッ半ないし九ッ時に始まり八ッ時には終わるので昼間二～三時間（現行時計）程度の行事であるが、陪臣役人は心遣のため出仕せねばならず、この日陪臣役人と領民の立場は逆転しいわば後者の前者に対する無礼講的振舞がみられたとも考えられる。領民が帰ったあと心遣の役人にも酒拝領がなされている。(25)

三日から四日にかけては寺社家が年頭祝儀に館を訪れる。三日は神代鍋島氏の祈禱寺＝長栄寺(26)が祝儀を記した書状と祈禱礼（守礼）を館へ持参、(27)四日にはその他全ての寺社家(28)が祝儀に趣く。但し本来、寺社家は城下登りの上、祝儀をなすべき慣例であったことは、

一今日（宝暦三年一月一三日）二番船宝暦丸出船、此節例年之通、寺社家為年礼佐嘉登之事附、近年寺社家年礼佐嘉登之儀不埒ニ相成ニ付、去夏橋本喜兵衛下候節、先例之通、一向坊主迠被罷登候様被　仰出候ニ付、旧冬右寺社家へ触達有之、当年ゟ者何も相揃被罷登候也(29)

という記事から知られる。しかし毎年の城下登は寺社家・給人ともに負担であったようで、「当年（天明四年）ゟ午年（同六年）迠三ケ年、格外之御仕切、去秋被仰出、寺社罷登御祝儀不及申上候段相極居、明四日何茂　御館被罷出、御目付方迠年始御祝儀申上候様、寺社家々へ今日触出(30)」と、給人財政窮乏のなかで簡略化した館参礼の形式がとられ、寛政期にはこれが定着した。七日から一四日ごろ、給人領主夫婦が知行地寺社を参詣するが（但し代参）、これは寺社家年頭祝儀に対する答礼と位置づけられよう。その際、領主夫婦は寺社家に対し別々に祝儀を包んでいることは注意される（表27は宝暦

表27　神代鍋島氏の寺社に対する年頭祝儀（宝暦８年）

「檀　那　様」（給　人）		「御　上　様」（給人正妻）	
権現社、四面社、八幡宮 太神宮、稲荷社 伊古村・古部村両社権現	白麻科１包ツツ １包銭60文也	権現社、四面社 八幡宮、常春寺 長栄寺、光明寺	白麻科１包ツツ
彦山権現、妙見社、弁才天	月銭１包ツツ	伊古村・古部村両社権現 弁才天	歳銭１包ツツ
長栄寺観世音	歳銭１包		
常春寺・長栄寺・光明寺	白麻科１包ツツ	太神宮、稲荷社	月銭１包ツツ

註）「神代鍋島家日記」巻12、宝暦８年１月14日条より作成。

八年の事例）。

四日ごろ神代知行地から佐賀城下へ初船が出船、年寄・中通・侍等陪臣各層の代表者が年頭祝儀のため屋敷へ登る。この時、一日に参礼した陪臣の名簿帳、三日に祝儀の礼をとった年寄・中通の妻から給人正妻への祝詞、長栄寺の書状・祈禱礼等が披露される。なお、年頭祝儀としてはほかに一五日ごろ島原藩領庄屋および借銀主への年礼がなされる。

神代鍋島氏は四代嵩就の頃、積極的な植林政策を行ったといわれ、(31)日記にも山林関係の記事がしばしばみられる。このうち、一月四日〜七日に行われた山囲野焼は植林地域に接する原野に火入をし、適当に火災防備をなすことである。山開とも称され、この時期に山仕事初めをし山の神を祭る初山入りの習俗との関連が指摘できよう。(32)参加者は境目代官・山方・小給・下目付であり、知行地の東の方から東山（東神代村）、西山（西神代村）、古部村山の順で実施される。また二月初旬には陪臣・寺社家による杉苗取および植付＝植林がある。(33)

事始めとしては役所啓き・山囲野焼に続き、一一日に蔵啓きがある。武具蔵や東西陣内・勝手方・小物成方の各蔵が諸役人立会の上で啓かれ酒・肴が供される。本来、家産の増殖を祝うもので商家などでは土蔵の鏡餅を割り食するもので鏡開きともいわれ、江戸幕府・諸大名家にも同様の行事がみられる。(34)伊吉・古部両村蔵啓きは翌一二日である。

一五日は寄合（会）初めである。寄合は毎月一日と一五日、つまり朔望日、役所での陪臣による定例会合である。役所統括者の当役（頭人とも呼称）を初め年寄・中通が構成者であり、出席に際しては必ず判形がとられる。これは年頭祝儀同様朔望日の主従関係確認の意味があったと考えられる。この時知行地支配業務に関する諸案件の吟味がなされる場合もあった。[35] 一月一五日はこの寄合の事始めである。翌日は休み日で役所出勤は無しとされた。

民俗・公家年中行事の影響による行事が知行地でもなされている。一つはインドの説話に起源を有し疫除信仰として民俗に定着していた蘇民将来[36]の護符が、一月七日ごろ知行地の山伏玉林坊へ申乞われる。[37] また公家の射礼に因み年占の思考がみられるという的初は、享保年間江戸幕府で復活したが、[38] 神代知行地でも「当町八幡宮江例年正月十一日ニ者、嘉例之的有[39]」と、的行事があったことが知られる。

(2) 初午と農耕祈願

二月から六月にかけては一月に比べ年中行事の頻度は少なくなるが、特徴的なことは給人領主が主導する生産儀礼、とくに農耕祈願が繰り返されることである。

まず二月初旬に初午が行われる。初午は田の神が山から降りて来るという伝承と農耕としての稲荷信仰が結びついたものと考えられ、午の日の理由は、田の神が馬に乗って来臨するとも農耕に従事する馬に因むともいう。[40] いずれにしても予祝の農耕儀礼と捉えられる。神代鍋島領における初午行事で注目されることは、これを給人領主が稲荷宮を勧請、祭礼を開始しその実施にあたっては主導したことである。

一尾ノ上太神宮江稲荷御勧請之事

右者延享四年夘　御即位為御使者御上京之節、茂興（鍋島茂興）公御心願ニ付、京都東山稲荷大明神御私領神代江御勧請被遊度旨、其節之神主羽倉摂津守へ被　仰入候処、幸ニ相心得御祈念申上候處、別而神慮ニ相叶、首尾能御請可被遊旨ニ付、即御神躰被仰請、同年十二月朔日、佐嘉御下着之砌、御守下、佐嘉御屋敷江暫被成御座、明ル正月神代江御下リ被成候、右も長栄寺へ心遣被仰付候故、為御迎、代僧被差越、受取守下被申候、態と御向船被差越、帆足忠左衛門心遣仕、罷下候事

附り此節佐嘉稲荷社御神鏡御請、御寄進相成候由

一辰（延享五年）五月稲荷御宮殿、役所心遣ニ而相建、只今之所江御遷座有之、寛延三年午二月初午之日ゟ稲荷御祭礼相始候事（41）（後略）

すなわち右の日記記事によれば、①延宝四年、桃園天皇の即位儀礼の使者として神代鍋島家当主茂興が上洛した際、京都東山稲荷の勧請を依頼、許可された、②翌五年正月に神代鍋島氏祈願寺である長栄寺心遣にて神代へ守下り、役所心遣にて社殿建立、③寛延三年二月初午より祭礼が開始された経緯が知られる。領主茂興はその際、自筆の昇五本、額二枚、鈴等を、（42）また領主家家族や陪臣・村方・町方よりも燈籠などの寄進がなされた。（43）その後宝暦二年、仮拝殿では祭礼に支障をきたすため家臣の寄進により定拝殿が建てられている。（44）このように、本来は農耕儀礼としての性格を持つ初午はいわば給人領主の主導にて知行地の年中行事として定着していった。

祭礼の次第はおよそ次の通りである。①まず一月末から二月初旬にかけて祭方の心遣役人（神事方）が決定される、②四日程前から掃除・飾・浮立役者の酒食提供場所の設営等の準備がなされる、③昇が知行地四ケ村より寄進される、④前日は長栄寺出家衆および郡方・神事方役人による通夜があり、⑤当日には長栄寺の執行で神事がなされる、⑥供物は餅・酒・菓子・午房・大根・かぶ・小豆・栗・柿・みかん・鯛等、米加工品・畑作物・果実・魚である、⑦給人領主は代参をたて銀・燈明料を神納する、⑧なお「賑い」のため知行地村へ依頼されていた浮立（民俗芸能）が興行

される、⑨浮立興行後、館よりの仕出しで浮立衆へ酒食が振舞われる、⑩祭礼は八ッ半頃終了する。(45) この整理から窺えるように文字通り領主主導の祭礼といえる。しかし、(A)物忌（通夜）→(B)祭儀（神事）→(C)祝祭（浮立、酒食振舞）という祭の基本構造(46)を有していることは重要であり、近世領主と民衆と祭礼の関係を考える上で示唆的な事例といえよう。

苗代作り・田植の間にあたる五月の初旬頃、給人領主による五穀成熟祈願が行われる。熊野権現社（西神代村）で長栄寺住職を導師とし、伴僧・山状等一三名程で大般若経の三五部転読（宝暦四年以前は五部転読）が三ケ日間にわたり執行される。これに際し、詰役中（陪臣役人、具体的には郡方・蔵方・切地方・検者方・山方・武具方・船方等）および知行地四ケ村・町へ参詣の触達がなされる。この間、役所は休み日となり出勤が無く役人たちは交代で神社へ詰める。祈禱料を初めとする必要経費は領主側で負担(47)するが四ケ村領民よりも野菜料(48)が差し上げられる。結願後、祈願を執行した長栄寺および惣役中に役所仕出しにより酒食が振舞われる。(49) このように五穀成熟祈願は初午同様、領主主導による農耕儀礼＝年中行事であり、陪臣役人のみならず領民への参詣催促がなされるところに領主による祭礼の本質が顕在化している。

しかもさらに注目されることは、五穀成熟祈願が藩主―給人領主―農民という各階層において重層的に執行されていたことである。例えば延享四年五月には、「従御上御領中為五穀成熟御祈禱有之候、依之右御祈禱之御札御領中大庄屋中江壱枚ッツ於会所郷方役所被相渡候」(50) とあり、御上＝藩主が五穀成熟祈願をなし、その札が領内知行地にももたらされているが、一方で給人領主も「五月廿六日、毎歳之通、於権現社五穀成熟大般若御執行有之候事、御出家方長栄寺・文照房・文栄房・玄禱・玉林坊・覚円坊・清覚院、右之人数ニ而大般若五部転讀有之」(51) と執行している。また宝暦三年三月知行地四ケ村は「今日於長栄寺、四ケ村舫ニ而、五穀成熟之大般若五部執行有之ニ付、役中為惣代請役付壱人、御勝手方壱人、御目付壱人参詣仕候事(52)」と五穀成熟祈願をなし、陪臣役人がこれに参詣するとともに、同年六月には「今日熊野於権現、五穀成熟大般若有之ニ付、跡方之通り長栄寺江被相頼(53)」と給人領主側が実行している。以上のことは近世封建社会が農業生産物を経済的基盤とするなかで、藩主・給人領主・農民の各レベルにおいて、前二者はいわば収納者、後者は生産者という立場（階級）の相違を前提としつつも、ともに農耕祈願を行っていたこと、しかも当然のことながら収納者＝上位権力者は生産者にその祈願効力を期待し、ために札を下し祈禱参詣を催促していたと思われる。

領主主導による農耕祈願はこのほかにも田植付前後の雨乞祈願、風虫転除祈願が執行されるが、これら除災祈願はその実害が予測または発生した場合繰り返し執行されることは先に論じた通りである。(54)

なおこの時期、生産儀礼として三月下旬に海神祭が行われる。神代地方は島原半島の北端に位置し海に面していたために漁村習俗もみられるがこれはそのひとつである。「今日例年之通海神祭有之、春秋両度之内、秋ハ舸子中ゟ春ハ役者ゟ以前ゟ有来候ニ付、今度も弥其通仕候事(55)」と、春秋二度の祭礼のうち春は領主側、秋は舸子に分担される。これに先だち一月三日には漁民の仕事始と思われる船祝があり、酒・肴（鮪）などが船方役に渡されている。また、七月末から八月にかけては江切(56)(57)が行われ、漁獲物(58)が館より城下屋敷へ仕送られる。このように海の生産儀礼にも領主が関与するところであった。

先の稲荷神社と同様、給人領主の勧請による英彦山権現社の祭礼が二月一五日にある。同社は寛永期に領主鍋島茂顕が領地守護神として豊前英彦山権現社の分社を建立したものといわれる。(59)英彦山は近世初頭、修験道本山派配下にはいったが、元禄九年本山派から独立、天台修験別本山の位置を獲得、九州を中心に末端山伏を組み込んだ一山組織を形成していた。(60)鍋島氏の英彦山に対する信仰は特に篤ったといわれ、寛永一四年藩主勝茂は銅華表《かねのとりい》を奉納しており、神代鍋島氏の信仰も同様であったことは権現社勧請にも示されている。祭事は山伏玉林坊が執行し給人領主は白麻料を神納している。

以上のように二～六月にかけては、初午・五穀成熟祈願に代表される給人領主主導による農耕祈願を中心に年中行事が展開する。

(3) 先祖施餓鬼

五月下旬の麦蔵入、六月中旬には味噌糀用の麦打初があるが、六～七月にかけて麦に代表される畑作物を初穂として霊位にささげる収穫祭としての本質を有する先祖施餓鬼、七夕、盆等いわゆる祖霊迎え、供養の行事が続く。神代鍋島氏の場合、この時期に亡くなった一雲（鍋島嵩就、元禄一四年七月二四日死去）[61]、紹忠（同茂昌、宝永七年八月八日死去）[62]、道威（同茂直、安永三年六月二三日死去）[63]等、旧領主の施餓鬼も行われる。これら一連の行事の特徴は第一に知行地にある給人の菩提寺（常春寺）で執行されることである。[64]近世の給人知行地は藩主＝上級権力者から宛行われるものであり、自らは城下居住であるものの、知行地菩提寺を設け先祖施餓鬼・供養を執行しているところに、近世給人領主の知行地に対する観念を看取し得ると思われる。

第二に、給人領主のいわば「家」の行事であるにもかかわらず、「道威様御正当ニ付而、例年之通、日勤役中偖又切地方両人、常春寺被申請[65]」あるいは「例年之通、今晩於慈恩寺紹忠様御施餓鬼執行有之、常春寺隠居当住ニも被罷出、跡方之通当人・付役堂参有之[66]」と陪臣の行事参加がみられることである。盆における給人領主の廟前掃除、燈爐飾、燈爐番等の手当[67]はむしろ陪臣に義務づけられていた。もちろん実質的には城下居住給人の代行であるが、一連の先祖施餓鬼行事が給人領主「家」への陪臣の集合意識、つまり近世武家社会でいわれるところの「御家」構成者としての自覚を再生産する機能を果たしていたと評価することが可能ではなかろうか。あるいは陪臣の参加により知行地の寺院で執行される給人領主家の祖先祭祀は、「御家」観念を介した主従関係の再確認の場なのではなかろうか。

陪臣（家臣）団の本質はその主従関係により結集した軍事集団であり、これを近世中期という実質的には臨戦体制にない段階で象徴する武具屋置場の虫干が七月下旬頃行われる。(68)

六〜七月の先祖施餓鬼行事は一月の年頭祝儀にみられるような給人と陪臣の主従関係の再確認の意味を持つと同時に、知行地の年中行事はこれを軸に二つに分かれる。すなわち一年の前半期は予祝的な農耕祈願が中心をなしていたのに対し、先祖施餓鬼後は収穫祭とその収穫物の蔵納めの行事が展開する。

(4)　祭礼と蔵納め

八朔は農作事の協力者や牛・馬に感謝の意を込め農作物の収穫期の前に初穂を供することにより農作を願う行事(69)といわれ、その贈答慣行が武家社会、さらに公家社会に波及したとされる。(70)知行地では民俗での農耕儀礼という側面と武家の贈答儀礼という二つの性格が併存していたと思われる。「日記」には、

（寛政二年八月一日）
一例年之通、今日上古賀普賢江御家中村町ゟ五穀豊饒参籠有之事

一八朔ニ付寄会無之(71)

と記されている。米の収穫期をひかえた八朔日に知行地の陪臣・領民がともに五穀豊饒祈願をしていたことが知られ、普賢社は「上古賀五穀神(72)」といういわば機能神(73)であった。

収穫前の祈願が終わると「先日ゟ田方検見段々相願、御蔵方・切地方・御勝手方段々検見、今日も検見有之候事(74)」と検見が開始され、およそ九月まで続く。検見の実施手順は「西村ゟ検見帳面差出、田数四町六反弐拾壱歩、地米弐

拾七石弐升八合八夕七札出浮候ニ付而、明廿八日ゟ検分有之筈之事」(75)と、①村方で検見が実施され検見帳が作成される、②この検見帳に基づき村方より知行地役所へ検分が申請される、③役所役人（陪臣）はこの検見帳に従って検分を実施、その結果を検見目安として作成する。実際の検見は春落の問題ともからみ複雑であるが、大略は以上の如くである。(76)

この領主と農民たちの年貢高をめぐる応酬の間に神代町の八幡祭りがあり、領主夫婦は代参者をたて白麻料を神納、町方より昇が寄進、踊が奉納される。(77)

九月にはいり一日は、前月決定していた向う一ケ年（九月～翌年八月）の諸役方が発令され、(78)重陽の節句日である九日には古部村熊野権現社祭、一九日には東神代村四面社祭礼および伊古村権現社祭礼、二九日に西神代村熊野権現社祭礼というように神代四ケ村の祭礼が相次ぐ。いわゆる収穫祭としてのクンチでありこの三日間合わせミクニチ・サンクニチといわれることもあるという。(79)

（寛政六年九月九日）
一節句ニ付而出勤無シ、古部村祭礼ニ付而、例年之通御代参、代官両人峯勘左衛門、帆足松右衛門相勤被申候事
　附、御夫婦様ゟ白广料弐包被差上候事(80)

（寛政六年九月一九日）
一東村・伊古村祭礼ニ付而、例年之通御夫婦様より御代参ニ而、白麻料被差上、東村江者附役より、伊古村江者代官ゟ被相勤続候事(81)

（寛政六年九月二九日）
一毎歳之通祭礼ニ付而、（西神代村）熊野権現社へ　御婦夫様（ママ）ゟ御代参被仰付、白麻料御神納被成候事(82)

右は寛政六年の記事を列記したものであるが、ほかの年とも勘案すると、いずれの祭礼も①領主夫婦が代参者をたて白麻料を神納、②代参者として付役・代官等の陪臣役人をあて、③「今日祭礼ニ付、出勤無之」(83)と役所が休み日になったと考えられる。つまり、給人領主は農民の収穫祭であるクンチ祭礼に積極的に対応しようとしているのである。し

かし、これは農民とともに収穫を喜び感謝するというよりも、むしろ一〇月以降の年貢収納＝蔵納めを前提とした生産者農民に対する心意統治の一環であったと評価すべきであろう。

蔵納めの諸業務は、九月下旬から本格化する。まず、年貢上納者を確認する物成名寄が九月下旬から一〇月にかけて「西村御物成名寄、今日ゟ仕懸有之、庄屋村役相揃、役所出勤仕候事(84)」と、庄屋村役が役所出勤の上なされる(85)。なお「四ケ村名寄、去年(寛政三年)迠此御方(役所)ニ而仕候得共、当年之儀庄や〳〵ニ而仕度段相達候付而、其通被仰付候事(86)」と、村方での作成が申請され認められる場合もあった。蔵納めは一〇月初めの初入(一番蔵入)より始まる(87)。村ごとに斗手が決められ上納者単位に俵数、一俵当たりの分量と懸目(重量)が確認される(88)。さらに蔵入のうち廻俵分については「四ケ村初御蔵入之節、廻俵ニ相成居候を、今日四ケ村散使初召呼、会所於庭中、右俵懸〳〵ニ相斗候を何茂立会、被見届候(89)」と、後日再度検分されるという入念なものであり、農民にとっては厳格な俵拵が要求された(90)。廻俵とは御馳走米(上米)として藩に拠出する分で(一〇月初旬頃農民へその申し渡しがある)、これは本藩借銀返済分、あるいは換金用として大坂を初めとする市場へ廻送される。その際、悪い俵拵は米の品質低下をまねくことになる。廻俵分の検分が厳しいのはこのためである。

一〇月末から一一月初めにかけては二番蔵入、そして一一月一五日が蔵納方皆納期限である。給人領主による上納催促のなか、実際には一二月中〜下旬まで蔵入は続くが、一一月下旬には各村の蔵究がある。一一月末〜一二月に米立値、これを基準に酒値が決定される。なお最終的に各村の年貢上納状況が「例年之通、今日惣目安仕立有之、御目付・代官・地方役、扨又四ケ村庄屋共御館罷出候事(中略)目安為御披露、園田三郎兵衛、中山三郎右衛門罷登居、御披露相澄、今度罷下候事(91)」と、目付・代官等の陪臣役人および庄屋立会のもとでまとめられ城下の給人領主に披露されるのは翌年の一月から三月にかけてである(92)。

一方、物成名寄・蔵入・廻俵検分等の蔵納めをめぐって領主側と農民との懸引・上納がなされるなかで、一〇月一〇日には山伏玉林坊執行の弁財天祭、一一月一五日には神職亀川氏による妙見祭、さらに「廿日之内ニ番未之日」[93]には玉林坊執行の八天狗祭がある。このうち前二者は相撲が奉納され、勝手方より酒食が振舞われる。八天狗祭には領主夫婦より代参者がたてられ白麻料が神納される。なお、弁財天と八天狗はそれぞれ宝暦二年、同七年に領主鍋島茂興が勧請したものである。[94]このうち弁財天の建物の扉には、

奉彫刻大弁才天　石小社一字　以祈願

大檀那鍋島氏 茂興公 就弼公　武運長久

君臣和合　子孫繁昌　領内富饒也

□宝暦二龍壬申孟冬吉祥日

宮司玉林坊第五世良仙敬白[95]

とあり、給人領主による神社勧請の意図が主従の「和合」と「領内」＝知行地の「富饒」であったことが端的に示されており、これは知行地年中行事の性格とも符合する。

以上のように、領主が蔵納めを農民に催促する一方で、領主が勧請した神社での祭礼を、領主が保護・編成した山伏・神職に執行させ、領主対農民の本質的矛盾を回避しようとしたと捉えることができよう。

秋の祭礼は蔵納めを前提とした領主の生産者農民に対する心意統治の儀礼なのである。

(5)　褒賞と新年迎え

一二月は領主の陪臣役人・領民に対する褒賞と新年迎えが年中行事の中心となる。

まず、領主は「例年之通歳暮ニ付、役中江御目録被為拝領、御当人ゟ被相渡候㕝(96)」と歳暮につき、知行地の陪臣役人に対し金子・目録を渡す。例えば宝暦六年一二月の場合、その内訳は表28の如くである。一年間の役務に対する礼意の意味があるのであろう。一方領民に対しては例えば農作事についてその勤勉性を、

（宝暦五年一二月二七日）
一東里百姓金右衛門、兼而心入能、作方念を入、近年不作ニも此者作田ニ者一向検見方ニ者不差出珍敷者ニ付、当役聞届之上ニて為御褒美、鳥目壱貫文被下候㕝(97)

と褒賞の対象としている。また上銀（献銀）者に対しても褒賞が年末のこの時期になされ、例えば宝暦四年一二月の場合表29に示される通りである。横田・下村の如く陪臣と思われる階層や庄屋・計手役・村役・町役等の村役人より上銀されていたことが知り得、侍・小給取立あるいは金子・白銀・米・大麦が与えられている。かかる歳暮に際する一連の褒賞の目的は領主の礼意の表現であると同時に、特に領民＝生産者農民に対するいわば労働

表28　知行地陪臣役人への歳暮（宝暦６年）

対象者	歳暮内容
当役	金子 500疋
佐藤弾次兵衛	〃　300疋
附役両人	鳥目１貫文ツツ
御目付役両人	〃　２貫文ツツ
郡方	〃　600文
御蔵方頭人両人	〃　600文ツツ
御山方・切地方・御備方・検者方・御小物成方	〃　600文ツツ
上銀方ニ付下村次兵衛	〃　１貫文
御船方役	〃　400文

註）「神代鍋島家日記」巻９、宝暦６年12月22日条より作成。

倫理観の強化という効果を期待したものであったろう。

年末までに前年度（昨年九月より当年八月まで）の諸役払方勘定(98)がされるなか、新年迎えの門松船・越年船が出船する。前者で「門松船（蓑靏丸）明日出船之筈ニ而、例年之通諸色積越ニ相成候事(99)」と城下屋敷へ正月用品が届けられた。また後者は城下にて越年する船で「越年料銀米(100)」が運ばれ、屋敷詰役人の交代があった。そして晦日、「四ケ村御蔵方御年貢、昨日迠無滞取立相成候段、代官ゟ被申達候事(101)」と年貢完納の報告がなされるなか、役所へ歳木・門松・歳縄が山方の心遣にて整え飾りつけられ正月を迎える。「日記」の最後はしばしば「千秋萬歳」の文言で締め括られている。

表29　上銀に対する褒賞（宝暦4年）

対象者	褒賞内容
横田吉右衛門	侍ニ被召成御切米5石 中村喜右衛門次座
下村十次兵衛	小給取召成御切米3石 大工上座小給末座
別当五右衛門	別当定役ニ被仰付 八木拾俵拝領
永野次兵衛	金500疋拝領
西村庄屋兵部左衛門	金子100疋
伊古村庄屋才兵衛	白銀1枚
古部村庄屋徳兵衛	白米（ママ）2枚
計手役・村役・町役	鳥目代大麦拝領（1俵宛）

註）「神代鍋島家日記」巻8、宝暦4年12月28日条より作成。

第二節　年中行事の構造

もとより年中行事とは外国・諸民族、公家・武家・民衆等の諸身分、さらに都市と村落等の諸条件のなかで成立した多様な文化の交流により、歴史的に形成されたものである(102)。神代鍋島氏という給人領主の「日記」に展開する知行地の年中行事についても例外ではない。インドの説話に因むという蘇民将来は疫除信仰として民俗に定着したものが知行地行事とされていたし、農耕儀礼に由来する初午祭礼が、天皇代替儀式への使者として上洛した給人による稲荷神社の勧請を契機に創始されたこと等はその典型例といえる。ともかく近世知行地の年中行事は公家儀礼、幕府・大名等の武家儀礼、中世期の在地領主制、さらに民俗慣習等、諸身分の年中行事が歴史的に混成したものである。しかしこれを給人領主支配のメカニズムの解明という観点から体系化すれば表30の如き構造を呈しているといえよう。年中行事は個人的なものではなく一つの社会集団で実施されるものであり、[103] その社会集団とは知行地に関していえば身分集団、すなわち士身分で支配集団である領主・陪臣と生産者で被支配身分である領民を基本とすべきであろう。[104] したがって知行地の年中行事は領主・陪臣と領民の諸儀礼・行事から成り立っていると捉えられる。そしてこれらは身分集団固有の行事、「家」の行事、共有の行事および恒例業務から構成される。[105] 以下、表30および前掲表26の分類項目[106]を参照していただきたい。

まず身分集団固有の年中行事とは主従儀礼と生産儀礼である。このうち後者はいわゆる民俗の農耕儀礼であるが日記の性格からほとんど記されていない。[107] 主従儀礼は文字通り領主・陪臣の御恩と奉公の関係を確認するものであり、具体的には年頭祝儀（一月一日）および各月の朔・望日に定例化されている寄合がこれにあたる。[108] 主従関係とは本来個人的現象であるが、集団で行われるこの形式は近世期、将軍に対する大名の初登城、あるいは大名家における家臣の初登城と同様であり、これが近世中期の給人領主制下、集団儀礼＝年中行事として定着していたことは注目されよう。すなわち将軍―大名―家臣の間にみられる武家主従制の原理が、家臣―陪臣間にもみられるこ

表30　知行地年中行事の構造

分類＼身分集団	領主・陪臣（武家）	領民（生産者）
身分集団固有の年中行事	主従儀礼	生産儀礼
「家」の年中行事	祖先祭祀儀礼	祖先祭祀儀礼
共有の年中行事	祈願・祭礼	
	礼意・互礼	
恒例業務	年貢徴収・「役所」運営	

と、換言すれば近世武家主従制が将軍から給人陪臣に至るまで重層構造を呈していたことを示すものであろう。(109)

「家」の年中行事とは領主・陪臣・領民ともに祖先祭祀儀礼である。これは本来、麦に代表される畑作物の収穫祭としての性格を持ちその初穂を祖先の霊位に供するというものである。日記でもこの時期の回向料が「野菜料」とあるところに儀礼の本質が示されている。なお領民の祖先祭祀儀礼は日記に記されない。また陪臣についても記事がないが、むしろここで指摘しておきたいことは、給人領主家の祖先祭祀儀礼に役所を休み日とし陪臣が参加することである。これは給人領主の権力(陪臣に対する主人、領民に対する領主)の源泉を給人の「家」の祖先に求め、その祭祀儀礼を陪臣がともに執行することによっていわば「御家」意識を通じた主従関係を確認する意味があったと思われる。給人の「家」の行事は領主・陪臣集団の結合を触媒する機能を果していたのである。

ところで六〜七月に展開するこの祖先祭祀儀礼は家中年頭祝儀に対応し、ともに領主・陪臣集団結合の強化＝主従関係の確認の意味を有し知行地の年中行事を二分していた。すなわち、前半期は初午・五穀成熟祈願・雨乞・風虫等の除災祈願など概して予祝的な性格が強い農耕祈願がなされるのに対し、後半期は収穫祭的な祭礼が展開する。これらの祈願・祭礼に共通する性格は、いずれも給人領主が主導ないし参加するという点であり、領主層と領民層のいわば共有の儀礼と捉えられよう。いわゆる兵農分離が社会身分編成として定着する以前の中世期には、武士階層も農村の居住者であり、農耕に従事、生産者としての性格を併有していたわけで歴史的にみた場合、これら農耕に由来する祈願・祭礼を領民＝生産者とともに共有するということは当然ともいえる。しかしここで重要な点は、この共有の行事が領民の生産意欲の維持・向上という心意統治の儀礼としての本質を有していたことである。このことは、祈願・祭礼がどの時期に執行されたのかを考えれば明らかとなろう。

祭礼(初午)—苗代作り—祈願(五穀成熟祈願)—田植—祈願(雨乞・風虫除折願)—検見・収穫—祭礼(クンチ・収穫祭)—

蔵納め―祭礼（弁財天祭・八天狗祭）―蔵納め完了

すなわち、農作事や年貢収納業務（検見・蔵納め）の展開のなかで、領主が関わる農耕儀礼＝祈願・祭礼が繰り返し実行されるのである。

年貢収納が終わると歳暮に際し、農業生産に精励した農民に褒賞が与えられる。これは年貢上納のための生産労働に至上の価値をおく倫理観の強化が目的であった。正月、農民を初め領民が給人の館で酒を拝領する行事は一年間の労働・上納に対しての給人による慰労とも考えられる。いずれにしても生産者農民等領民への歳暮の褒賞と年始の酒拝領は年貢上納という行為に対する礼意の行事といえよう。さらに知行地での諸々の祈願・儀礼を司る寺社家の祝儀とこれに対する参詣（但し代参）つまり給人と寺社家との互礼行事も年頭に行われる。寺社家にとって給人領主は自らの宗教活動を保障してくれる保護者であり、[110]領主は「家」の儀礼・祭礼の執行を彼らに依頼していたのである。

以上のように知行地の年中行事は①正月と六～七月の主従儀礼と祖先祭祀儀礼により領主・陪臣集団の結合を強化する、②これを軸として前半期に、苗代・田植等の農作事の展開のなかで予祝的・除災的な農耕祈願・祭礼をなす、③後半期に収穫・蔵納め業務のなかで収穫祭としての祭礼が、年貢収納における生産者農民との矛盾関係をオブラートに包むかの如く給人領主が主導ないし参加するなかで催される、④歳暮から年始にかけ、年貢収納に対し領主は農民に礼意を尽くし、祈禱・祭礼を執行した宗教者との互礼がかわされる、という構造を有する。知行地の年中行事は、領主の領民に対する支配装置としての心意統治であり、その領主支配を在地で実現する陪臣・宗教者を編成する儀礼なのである。

給人の日記を素材に知行地に展開する年中行事について支配―被支配関係を儀礼的観点から解明するという立場よ

り分析を試みた。他の給人知行地との比較がなされていないため、本章の問題意識および分析事例がどこまで普遍的問題となり得るかは確信がない。しかし、今後の近世領主制研究において検討すべき課題はいくつか提示し得たと思う。最後にその点について整理しておこう。

第一に近世給人領主制と中世の在地領主制との連関である。在地領主制の統治行為の中核は、正月に領主と彼の支配領域の農民との間で確認・誓約されるいわゆる三ケ条吉書に示されるといわれる。(111) 具体的には神仏を祭祀してその威力を発揮させ、春の勧農により滞りなく農耕を開始させ、そして秋の勧農により年貢を完納させるという三条件である。前章で近世の給人領主制も基本的にこの三条件をみたしているという見通しを示したが、本章において年中行事としての祭礼が近世給人領主支配に果たした役割はさらに明確になったと思われる。しかし中世在地領主制は一旦、兵農分離という、いわば近世的洗礼を受ける。この歴史的過程はなお解明し得ていない。

第二に知行地の年中行事を考察する場合重要な機能を果していた寺・神社・山伏等、宗教者と給人領主との関係である。この点について高埜利彦氏は、兵農分離をとげた近世社会において武士と神社・山伏との関係が絶たれたとみるのが普遍的という見通しをたてられている。(112) これは的確な指摘と思われるが、しかし前章・本章でみた通り、給人領主にとって宗教者は重要な存在であった。神代鍋島氏の祈禱寺長栄寺の住職をめぐって「大切之御祈禱ニも差支」えるので「何分ニも当時長栄寺様子ニ而ハ、一刻も住職無之而ハ不相叶」(113) という認識は給人領主と宗教者との関係を象徴している。この点、そもそも近世領主支配にとって宗教がいかなる役割を果しているのかは、いま少し在地のデータを集積・分析し再考する余地が残されているであろう。

第三に給人領主にとって知行地とは何であったのかということである。私は給人の領主的性格を強調するものの、しかし知行地は大名から宛行われるものであり、所替、改易の可能性もあったし実際に行われた。政治的な権力集中のあり方からすれば給人の領主的性格は大名権力に収斂する。しかし、実際には給人にとって知行地は「家」の菩提寺・祈禱寺があり自らと主従の関係にある陪臣が居住する領域であった。年間数十日、藩主へ申請して知行地下りがなされ給人の家族が知行地館に長期滞在する場合もある（次章参照）。また、例えば城下にある給人の正妻が臨月になれば「先達而ゟ乳持年内罷登居候様申来候ニ付、四ヶ村庄屋共迠、乳持相撰差出候様触達ニ相成」[114]と知行地領民から世話役が選定される。このような事例は給人からみれば領民が、支配―被支配の関係にありながらも城下・蔵入地および他の家臣知行地の領民とは相違する特別な存在であったことを象徴しているといえよう。給人にとって知行地がいかなるものであったのかという問題は、大名にとって将軍から宛行われる領国がいかに観念されていたのかという問題と本質は同じであろう。いわゆる「国・天下・人民は『預かりもの』」という理解[115]は、近世武家社会において実態としていかに認識されていたのであろうか。大名の領国観とあわせ給人の知行地観を改めて問い直す必要はないであろうか。

第四に、給人ど陪臣の主従制のあり方である。従来、近世主従制は将軍―大名―家臣のレベルで論じられ、具体的には赤穂事件の問題などを通して議論されてきた[116]。しかし家臣＝給人も陪臣を抱え、彼らは年頭に集団で祝儀に訪れ主従の関係を確認した。また「壇那様御事、就御卮入、御家中一格〳〵相舫、御願文并御肴差上候處、御喜悦之御事候」[117]と給人の通過儀礼にまで関わった。しかし、一方では知行地運営の実務に携わりながら知行地の負担過重と判断される場合には給人領主を規制する発言・行為をもなした[118]。このような給人（家臣）とその陪臣の主従関係の性格をめぐっては、従来注意が払われてきたとは言い難いだろう。近世主従関係の問題はこの陪臣の問題まで含めて相互の関係を捉える必要がなかろうか。

第五に、給人の正妻の問題である。正妻（日記では「御上様」と呼称）は年頭にあたって陪臣の妻の祝儀をうけ、またその答礼をする。一方、神社へ給人領主夫妻が代参をたてる場合、通例、正妻も独自に代参者をたて白麻料を神納する。このような正妻＝女性の位置はどのように解釈すべきであろうか。従来、女性史に関しては労働・婚姻・相続等の研究はあるものの、本章でみたような主従制あるいは領地支配と女性の関係を専論したものはないようである。(119)しかしこの問題は武家社会における「家」、財産所有、主従制、そしてもとより近世女性の地位等の本質にかかわるものを内包しているように思われる。

いずれにしても近世給人領主の「日記」のなかに展開する年中行事は、我々に近世社会の多様な問題を投げかけてくれる。本章はその一側面について考察したにすぎない。

註

（1）和歌森太郎『年中行事』（至文堂、一九五七年）一頁、福田アジオ・宮田登編『日本民俗学概論』（吉川弘文館、一九八三年）七〇頁、平山敏治郎『歳時習俗考』（法政大学出版局、一九八四年）四頁、圭室文雄他編『民間信仰調査ハンドブック』上・理論編（雄山閣、一九八七年）八三頁等。

（2）蒲生正男他編『文化人類学を学ぶ』（有斐閣、一九七九年）九〇～一頁。

（3）千葉正士『祭りの法社会学』（弘文堂、一九七〇年）九九～一〇〇頁、一二一～四頁。

（4）「神代鍋島家日記」（「神代鍋島家文書」〔長崎県立長崎図書館蔵〕所収。なお本章利用の史料は特に注記する場合を除き、同文書所収である）。

（5）大島建彦「概説」（同編『年中行事』〔『講座日本の民俗』6〕有精堂、一九七八年）四頁。

（6）例えば西角井正慶編『年中行事辞典』（東京堂出版、一九五八年）付録では「公武年中行事」と「民俗行事暦」という分類がなされ、遠藤元男・山中裕編『年中行事と歴史学』（弘文堂、一九八一年）は年中行事の諸相として「宮廷と公家社会」「武家社会」「町人社会」「農民社会」等の節を設けている。

（7）なお本章を成すにあたり藤木久志氏の「在地領主の勧農と民俗」（『新潟史学』九、一九七六年、後に同『戦国の作法』〔平凡社、一九八七年〕再録）および「荘園の歳時記—山科家の代官日記を読む—」（大隅和雄編『年中行事と民俗』〔『朝日百科日本の歴史』の別冊『歴史の読み方』9〕朝日新聞社、一九八九年）に多くの示唆を得た。さらに、近年、近世領主制と年中行事という観点から、落合延孝「年中行事からみた領主と農民—新田岩松氏の事例を通して—」（『群馬大学教養部紀要』第二七巻、一九九三年。後に、同『猫絵の殿様—領主のフォークロア—』〔吉川弘文館、一九九六年〕に再録）、西田真樹「交代寄合美濃衆高木家の年中行事—春・夏・秋・冬—」（『宇都宮大学教育学部紀要』四一〜四四号、一九九一〜九四年）等の研究もでており、注目される。

（8）「天和元年御家中着到」（「鍋島文庫」〔佐賀県立図書館寄託〕所収）。

（9）第一部第三章表6〜8参照。

（10）図面が確認できないので明言し得ないが、日記の記述によれば同一建物が館部分と役所部分に分かれていたと思われる。長崎県南高来郡国見町神代小路の長屋門はその遺構である。

（11）第一一章参照。

（12）寛延期以前の「日記」は現存しない。作成されたか否かについても不詳である。なお、神代鍋島氏については第二部第五章註（7）も参照。

（13）年中行事を農耕儀礼を中心に据えて考える場合、一年の始まりは冬至とすべきであろうし、冬至・立春・春分などの日が重んじられるのはいずれも新年と関係があったからと判断される（福田他編前掲『日本民俗学概論』八二頁、平山前掲『歳時習俗考』一〇〜一一頁）。

（14）もっとも同じ佐賀藩の給人日記でも、いわば会計年度にあたる九月より翌年八月までを記載単位としているものもある。例えば「納富鍋島家日記」（「鍋島文庫」所収。着座、物成高六〇〇石）、「倉町鍋島家日記」（「同上」所収。倉町鍋島氏は家老、物成高二、三〇〇石）はともに明和期ぐらいまでそれに該当し、多久氏（親類同格、物成高八、六四〇〇石）の「御屋形日記」「役所日記」（「多久家文書」〔多久市立歴史民俗資料館蔵〕）は幕末期までその形態である。

（15）「神代鍋島家日記」（以下、「日記」と略称）巻四四、寛政二年一月一日条に「年頭之為御禮御家中不残御館罷出」とある。

(16)「日記」巻四三、天明九年一月一日条。
(17)「同右」巻四四、寛政二年一月一日、巻四七、寛政五年一月一日条。
(18)「同右」第三、寛政七年一月一日条他。
(19)南高来郡の神代知行地四ヶ村と城下佐賀との連絡は有明海をはさむため通常、船でなされる。
(20)「日記」巻四〇、天明六年一月一日条。
(21)寛政期以降は四日。
(22)「日記」巻三八、天明四年一月三日条。
(23)寛政元年以降、三日に変更。
(24)「日記」巻三九、天明五年一月三日条参照。
(25)「同右」巻三、延享三年一月三日、巻七、宝暦三年一月三日、巻三九、天明五年一月三日、巻四四、寛政二年一月四日各条。
(26)神代知行地の寺社家については前章表23参照。
(27)天明期以降四日に変更。
(28)「日記」巻三八、天明四年一月四日条参照。
(29)「同右」巻七、宝暦三年一月一三日条。
(30)「同右」巻三八、天明四年一月三日条。
(31)国見町編『国見町郷土誌』(長崎県国見町、一九八四年)二六七頁。
(32)柳田國男他編『分類山村語彙』(国書刊行会、一九七五年)九八頁、和歌森前掲『年中行事』六七頁。
(33)陪臣は階層別に本数が決められる。例えば寛政二年の場合、年寄二五〇本、同格二〇〇本、中通一五〇本、惣侍一〇〇本、先士八〇本、足軽五〇本および社家・三ヶ寺(長栄寺・常春寺〔神代鍋島氏菩提寺〕・光明寺)は各々一〇〇本宛の如くである。(「日記」巻四四、寛政二年二月九日条)。
(34)前掲『年中行事辞典』一七七頁、和歌森前掲『年中行事』七〇頁。

(35)　この点については、第二部第五章参照。
(36)　大間知篤三他編『民俗の事典』（岩崎美術社、一九七二年）二七四頁、大塚史学会編『日本民俗事典』（弘文堂、一九七二年）四〇四頁。
(37)　「日記」巻四五、寛政三年一月七日条。
(38)　二木謙一『中世武家儀礼の研究』（吉川弘文館、一九八五年）所収の「室町幕府の的始」参照。
(39)　「日記」巻九、一月一五日条。
(40)　和歌森前掲『年中行事』一二頁、八三頁、前掲『日本民俗事典』四六～七頁、五七三頁。
(41)(42)　「日記」巻四、寛延四年二月五日条。
(43)　「同右」巻四、寛延四年二月二日条。
(44)　「同右」巻六、宝暦二年一月二六日条。
(45)　「同右」巻四、寛延四年一月二三日、二月一～二日、二月五日、巻六、宝暦二年一月二六日、二月一～四日、巻七、宝暦三年一月一七日、二月四日、二月八日、巻一一、宝暦七年一月七～八日、巻一二、宝暦八年一月晦日、巻一八、宝暦一四年二月一二日、巻四三、寛政元年二月七日、巻四四、寛政二年二月二日、二月六日～七日、巻四七、寛政五年二月一日、二月六～七日、巻四八、寛政六年一月二九日各条。
(46)　宮家準『宗教民俗学』（東京大学出版会、一九八九年）一五六～七頁。
(47)　年により相違するがおよそ銭一〇貫文、米六斗～二石程度。
(48)　銭一貫文程度。
(49)　「日記」巻四、寛延二年六月一七日、巻六、宝暦二年六月一日、巻八、宝暦四年四月二七日、四月二九日、巻九、宝暦五年五月三～五日、巻一〇、宝暦六年三月二五～二七日、巻一二、宝暦八年四月一九～二〇日、巻四二、天明八年五月一九日、巻四四、寛政二年五月六日、五月八日、巻四六、寛政四年五月七～九日、巻五〇、寛政八年五月二四日、五月二六日各条。
(50)　「同右」巻三、延享四年五月二五日条。
(51)　「同右」巻三、延享四年五月二六日条。

(52)「同右」巻七、宝暦三年三月一三日条。
(53)「同右」巻七、宝暦三年六月五日条。
(54)前章。
(55)「日記」巻六、宝暦二年三月二五日条。
(56)もっとも神代知行地に漁業専業者は多くはなかったと思われる。
(57)満潮時に、河口で網を引き切り、海に還ろうとする魚を捕ること（柳田國男他編『分類漁村語彙』〔国書刊行会、一九七五年〕三六六頁参照）。
(58)鯔やその幼魚黒目。
(59)前掲『国見町郷土誌』四七六頁。
(60)宮家準『修験道―山伏の歴史と思想―』（教育社、一九七八年）六七～九頁、高埜利彦『近世日本の国家権力と宗教』（東京大学出版会、一九八九年）一〇五頁。
(61)～(63)長崎県南高来郡国見町神代常春寺の位牌による。
(64)但し紹忠の回向は慈恩寺にて行い常春寺が執行する。
(65)「日記」巻四九、寛政七年六月二三日条。
(66)「同右」巻四四、寛政二年七月八日条。
(67)「同右」巻三八、天明四年七月一五日、巻四四、寛政二年七月一三日各条参照。
(68)衣装・経典・書籍等の虫干慣行は公家社会では七八七年の正倉院の曝涼の記録が古いものであるという（前掲『年中行事辞典』八一四頁）。この慣行は中国から伝来したものといわれ、後に武家社会でも行われるようになった（和歌森前掲『年中行事』一五一頁）。
(69)和歌森太郎「八朔考」（同『日本民俗論』〔千代田書房、一九四七年〕所収）。
(70)二木謙一「室町幕府八朔」（前掲『中世武家儀礼の研究』所収）。
(71)「日記」巻四四、寛政二年八月一日条。

(72)「同右」巻四九、寛政七年八月一日条。
(73)福田他編前掲『日本民俗学概論』一六三～四頁。
(74)「日記」巻八、宝暦四年八月二五日条。
(75)「同右」巻四九、寛政七年八月二七日条。
(76)なお佐賀藩知行地における検見については第二部第四章の「検見と落米」の項参照。
(77)「日記」巻二二、明和四年八月一五日条。
(78)役方は大きくわけて佐賀屋敷詰（頭人〔当役〕・納戸・右筆・郡方取次・料理方・家具方等）、給人の部屋住子息側近、郡方、神代役割（頭人・目附・武具方・山方・四ケ村代官・切地方・地方・船方等）および勝手方がある（「日記」巻五一、寛政九年九月四日条参照）。
(79)前掲『民俗の事典』二六一～二頁。
(80)「日記」巻四八、寛政六年九月九日条。
(81)「同右」巻四八、寛政六年九月一九日条。
(82)「同右」巻四八、寛政六年九月二九日条。
(83)「同右」巻四九、寛政七年九月二九日条。
(84)「同右」巻四三、天明九年一〇月二八日条。
(85)その際、「御小物成名寄帳　東村」（弘化四年）、「御勝手方名寄帳」（年不詳）のような名寄帳が各役方管轄単位に作成されたと思われる。
(86)「日記」巻四六、寛政四年九月二八日条。
(87)「同右」巻四六、寛政四年一〇月一～四日、八～一〇日、一二日、一四日各条参照。
(88)「同右」巻四九、寛政七年九月二六～七日、一〇月二日、一二日、一九日各条参照。
(89)「同右」巻四九、寛政七年一〇月二〇日条。
(90)俵拵については第二部第四章第二節参照。

(91)「日記」巻二四、明和七年一月二七日条。
(92)その際、「四ケ村物成惣目安」(天保八年)の如く惣目安帳が作成されたと思われる。
(93)「日記」巻三七、天明三年一月二一日条。
(94)前掲『国見帳郷土誌』四八六頁、「日記」巻一一、宝暦七年二月二八日条。
(95)前掲『国見帳郷土誌』四八六頁。
(96)「日記」巻三九、天明五年一二月二七日条。
(97)「同右」巻九、宝暦五年一二月二七日条。
(98)役所・山方・船方・郡方・台所等の各役方単位に支出が整理され、これを都合払方目安としてまとめる。目安は知行地の当役の「中聞」(確認)のあと城下屋敷の給人へ年内を原則として披露される(「日記」巻九、宝暦五年一一月二～五日、七日、一六日、一八日、二六日、二九日、一二月五日、七日、一一～二日、二二日各条参照)。
(99)「日記」巻四六、寛政四年一二月一二日条。
(100)「同右」巻九、宝暦五年一二月二三日条。
(101)「同右」巻四三、天明九年一二月晦日条。
(102)平山前掲『歳時習俗考』二一～三頁。
(103)本章註(1)～(3)、(5)、(6)の諸文献参照。
(104)知行制を採る藩において知行地に給人陪臣が居住する形態は一般的にみられる(新見吉治「江戸時代陪臣団の形成と構造」〔『大倉山論集』七集、一九五八年〕)。
(105)前二者の区分については、民俗年中行事が生産儀礼と祖先祭祀の両者からなるという宮家準氏の指摘に示唆をうけた(前掲『宗教民俗学』一五七～九頁)。
(106)各年中行事が表30のどの位置に該当するかを示したもの。
(107)なお、九月各村で実施されるクンチ祭礼を初め、村町で実施される各祭礼は本来生産儀礼である。しかしこれら祭礼に給人領主が主導ないし代参をたて参加するという如く関わっており、年中行事の構造としてここでは、領主・陪臣と領民の共有の行事と捉える。
(108) 表26では一月一五日の寄合初め以外、寄合については省略している。しかし、年に複数回行われる寄合を年中行事と捉えることはなお検討の余地があろう。
(109) もちろんこの問題は旗本・御家人等、徳川氏直臣およびその陪臣関係を含めた近世武家主従制論として考察する必要があろう。
(110) 神代鍋島氏はしばしば神職の官位取得のための上洛の援助、また山伏後継者の入峯のための相対奉加の保証をしている（例えば、「日記」巻一一、宝暦七年五月一日条）
(111) 藤木前掲「在地領主の勧農と民俗」、中野豈任『祝儀・吉書・呪符―中世村落の祈りと呪術―』（吉川弘文館、一九八八年）の「第二、吉書と在地支配」。
(112) 高埜前掲『近世日本の国家権力と宗教』九四頁、一〇四頁。
(113) 「日記」巻四五、寛政三年六月一日、一三日条。
(114) 「同右」巻四九、寛政七年一二月一一日条。
(115) 田原嗣郎「近世中期の政治思想と国家意識」（『岩波講座・日本歴史』近世3、一九七六年）三〇一～三頁。
(116) 田原嗣郎『赤穂四十六士論―幕藩制の精神構造―』（吉川弘文館、一九七八年）参照。
(117) 「日記」巻四〇。天明六年六月六日条。
(118) 第二部第五章。
(119) 女性史総合研究会編『日本女性史文献目録』（東京大学出版会、一九八三年）、『同上』Ⅱ（一九八八年）、『同上』Ⅲ（一九九四年）参照。

第一一章　給人領主の知行地「御下」

幕藩制の権力編成をめぐっては、幕藩制における基本的な領主を土地所有の観点から大名とみなす説[1]あるいは大名の「家」を「国家」と捉え近世の国制を複合国家と考える立場等[2]があるものの、近世日本における国家および領主編成システムが、日本の中世期あるいはヨーロッパ封建制と比較して、相対的に集権的性格が強かったとみることは日本近世史研究者の一定の共通認識となっていよう[3]。将軍は大名にまた大名は家臣に各々の奉公に対して領地を宛行うのであり、大名領地およびその中に包含される家臣知行地は、主従関係を結ぶ上位権力者から与えられる拝領地である。またそれは石高知行制の原則により宛行われ、領地は改易・所替の可能性もあり得る。武士階級は基本的には城下集住を義務付けられ、近世中期、荻生徂徠は「武家御城下にあつまり居るは旅宿也。諸大名の家来も、その城下に居るを、江戸に対して在所とはいえども、これまた己が知行所にあらざれば旅宿也[4]」との認識を示している。さすれば近世期の大名ないしその家臣にとって拝領地である領国、知行地は「ただ百姓よりは年貢とる[5]」経済的基盤にすぎなかったのであろうか。確かに近世領主＝大名・家臣等は「公儀体系」の一部を形成するとはいえ[6]、徂徠の「旅宿」者との見解に対し、いささか当惑を覚える事実があったことを本章で紹介することにしたい。すなわち、大名より知行地を宛行われた家臣、ここでは給人領主と呼称することにするが[7]、この「旅宿」者である給人領主が自らの知行地へしばしば赴く「御下」という行為をすることである。いわば同時代人である徂徠も多少驚くかもしれない「遠国[8]」における武士の行為について暫くみてみることにしたい。

第一節　「御勤」・「御暇」・「御下」

その遠国とは肥前佐賀藩のことである。まずひとつのエピソードから紹介することにしよう。

享保七年一二月四日・五日・七日の三日間に亘る式日の参会に鍋島敬近[9]は「御登　城無御座ニ付而、御目付衆〇被申候ハ御暇ニ而御在所御越被遊候ニ而ハ無御座也と噂」された。登城の上での式日参会という、いわば「勤」を果さず在所＝知行地へ無届で赴いたと噂されたのである。これを知った敬近の陪臣太郎右衛門[10]は目付への事情説明のしようが無く、「内証ニ手紙を以」って知行地[11]にいた、自らの主君であり給人である敬近へ知らせた。敬近はやはり無届での式日参会欠勤であったようで、とりあえず藩庁へは「御暇内ニ而在所へ被成御座候段返達」すると同時に、嫡子恒廣（一学）へも「右ニ付而、一学様へ御手紙被遣候、其段太郎右衛門其噂仕呉（ママ）、御目付衆へハ太郎右衛門申達、何之事も無之事ニ而一学へ被仰越」と、いわば口裏を合わせる工作を行い「結局無事」と、一応、咎も無く文字通り事無きを得たのであった。[12]

敬近が無届にて知行地へ赴いた具体的理由は明らかではないが、このエピソードから次の三点が確認される。すなわち、①無届で式日参会を欠勤した、知行地を有する家臣＝給人に対して病気等不可抗力の事情ではなく、まず知行地へ赴いたのではと「噂」されたこと、②これに対して給人側が工作を講じながら嫌疑を晴らそうとしたこと、③従って少なくとも目付＝藩当局へ無届けにて知行地へ赴くことは、当時正当では無いとのコンセンサスがあったこと等である。自らの知行地であっても、給人は勝手に赴くことができないのであるが、一方で給人がそのような行為をなす存在とも認識されていたのである（だからこそ、無届の参会欠勤が「在所御越」と「噂」される）。

そもそも家臣は「我々儀弥致在佐嘉、連々　御城罷出、御家御為可然様第一心ニ懸、気遣可仕候、不依　公私、存寄之儀於有之ハ、無用捨可申上候事」[13]と、「御家」[14]の構成者であり、かつ藩主と主従関係にある家臣にとって、登城し「御家」のために「存寄之儀」を上申することが基本的な勤・奉公であり、そのためには城下（佐賀）に常在しておかねばならなかった。鍋島敬近は城下（佐賀）に常在しかつ登城しての勤（式日参会）を怠ったのである。知行地を有する家臣（給人）たりとも、もとより無届にて知行地へ赴くことはできなかった。

しかし、藩主の「御参勤以後、各様方御在所御暇之儀御頼入被置」[15]の如き藩主参勤以後の知行地への「御暇」申請に象徴されるように、「御家」ないし藩主への奉公・勤が解除されることを条件に知行地へ赴くことは許された。つまり、藩主へ「御暇」（奉公・勤の解除）を申請し認可されて初めて知行地「御下」が実現するのである。このため「御暇」を得た上での「御下」中であっても、勤の必要が生じると「佐嘉ゟ御飛脚参着、請役所ゟ被相達候ハ、急ニ御吟味事有之候条、担那様（給人）早速御帰被成候様申来」[16]と、藩庁（請役所）より帰還の指示がなされた。原則は城下常在での奉公・勤なのである。

ところが給人にしてみれば「御仕組方就御用、御相談被成度義御座候条、御帰り可被成候」と勤のための帰還の指示がなされても、「尤纔御暇日数之内、度々御往来之義、御面働」[17]と、限られた「御暇日数」故に、むしろその間の「御下」行為を優先させるという志向性を有していたことは留意しておく必要があろう。そしてこの知行地には「地面引替候儀者勿論、堀・塀其外、屋敷構等仕替候儀可為禁止」と藩庁から種々の規制をうけていたものの「在居之屋敷」と呼ばれる建物が設定されていた[18]。その呼称は館[19]・屋形[20]・屋敷[21]・茶屋[22]等給人知行地により相違したものの、いずれも知行地支配ないし給人領主の「家」にとって重要な機能を果たす場所であったと思われる。勿論給人は「御下」に際しこれら「在居之屋敷」に立ち寄り、宿泊し、ここを拠点に知行地での諸行為をなした（この点の具体相は第二節参照）。

以上みたような知行地への「御下」の論理は、将軍の居所＝江戸へ「勤」に参り、国元へは「暇」をもらい帰国する大名の参勤交代の論理と共通するものがあり[23]、特に佐賀藩については、丸山雍成氏が陪臣による給人屋敷への参勤も想定した上で参勤交代の「重層構造」について指摘され、「戦国期以来の外様大藩に共通してみられる参勤交代の重層的かつ複雑な構造は、その基盤をなす知行制のあり方に規定される」という見通しを示している[24]。なお丸山氏は当初武士層の在郷が禁示されていたものの、漸次「佐賀藩では武士の在郷は一般的となり」多久家や白石鍋島家等、上層家臣の各当主さえ知行地へ引っ越したという例証を挙げる[25]。この点、中・下層家臣や上層家臣の家臣（つまり陪臣）の在郷傾向は寛永期、享保期を画期として進行したと思われるが[26]、ここでいう給人領主、すなわち具体的には親類・親類同格・家老・着座等の上層家臣層は知行地を宛行われているものの城下常在を義務付けられており[27]、これまで検討してきた給人の「日記」を読んでも、城下屋敷居住が基本であったと思われる。しかし陪臣の多くは知行地居住であり[28]、また、これまでの種々の検討からも、給人領主の日常的な居住地（城下）にもかかわらず、経済的（年貢徴収の場）のみならず、精神的にも知行地はいわば「家」相続の基盤であった。したがって、給人領主が城下で「御勤」を果たし「御暇」を得て知行地へ「御下」する形態は、丸山氏の指摘の如く幕藩制の政治構造を規定していた参勤交代の概念で捉えられようが、本章では、その参勤交代の一要素である知行地への「御下」行為（大名による江戸からの国元帰国にあたる）に注目することにより、近世給人領主制の一端を考察してみたい。

以下、佐賀藩神代鍋島氏の「日記[29]」の分析を中心に検討することにしよう。

第二節 「御下」の形式

給人領主の「御下」に際する行動は多様であるものの、「日記」の記載（表31・32は参考のために宝暦六年と寛政二年の事例を示したもの）からは、いくつかの形式が認められる。これについて本章では⑴藩主の許可、⑵館入、⑶寺社家堂参、⑷狩、⑸宅入、⑹送り、⑺「御一家」としての「御下」という七パターンから構成されると捉え、以下具体的にその形式について述べてみたい。

⑴ 藩主の許可

前節で触れたように、給人領主は自らの知行地であっても勝手に赴くことは許されなかった。特に典型的な給人領主に想定される親類・家老（老中）層は、「御役」＝藩の役方を勤める時はもちろん、役方に就かない「休息」の場合でも、

（享保一七年九月一九日）
一御親類・御老中勤・休息共ニ在所被相越儀、請役所まで御暇被相願達　御耳候上被差免候事
附在所被相越候儀ハ假立帰たり共、時々可被達　御耳候事(30)

と藩主の許可を得ることが原則であった。従って例え一時的な「御下」と思われる「假立帰」に際しても、城下常在が義務付けられている給人領主は、藩主への申請とこれに対する許可が必要であったのである。暇願いは直接の奉公の対象である藩主が国元に不在の場合、すなわち江戸参勤中に「殿様江府御越御留守内　担那様御事日数三十日之御暇御願之通相澄、近々御下被成筈」(31)の如く申請される場合があった。しかし一般的には「担那様御事、当冬より明春

表31　宝暦6年2～3月「御下」一覧

月・日	内　容	形式分類
2.	◦御父子様「御下」仰出	(1)
2.25	◦御下につき、御館内外掃除	(2)
2.26	◦御父子様、下着。例の通り、袴・羽織にて出迎え	(2)
	◦御館にて着座の上、侍中残らず御機嫌伺	(2)
2.27	◦寺社家、御機嫌伺	(3)
3. 1	◦御猟	(4)
3. 2	◦長栄寺・常春寺堂参。常春寺にて料理差し出し	(3)
	◦稲荷社参詣。玉林坊へ成につき、菓子差上げ	(3)
3. 4	◦中尾六条山猪狩。家中残らず鉄砲持出し	(4)
	◦灰木山狩	(4)
3. 5	◦御父子様御一同、治郎左衛門・権左衛門所へ入る	(5)
3. 6	◦常春寺堂参	(3)
	◦昼より狩	(4)
3. 7	◦御父子様灰木山狩	(4)
3. 8	◦常春寺堂参。その後光明寺へ薬師参詣し、寺にて、茶・菓子・餅・吸物等召上がる	(3)
	◦寺からの帰りに、川崎市郎左衛門・橋本左馬允所へ入る。両所にて、茶請・菓子	(5)
3.13	◦昼間、常春寺堂参。その後長栄寺にて、晩の御膳	(3)
3.14	◦中尾六条山猪狩、その後、早木山狩	(4)
3.15	◦御狩	(4)
3.16	◦常春寺堂参	(3)
	◦その後、中通中宅々御側者所へ成	(5)
3.18	◦御父子様御一同、長栄寺・常春寺堂参。その後、教圓寺・覚圓坊へ入る	(3)
	◦その帰り、内蔵允所へ入る	(5)
3.19	◦壱岐様、灰木山・奥山御狩	(4)
3.20	◦佐嘉へ出船（但し、強風にて延期）	(6)

註）「神代鍋島家日記」（「神代鍋島家文書」〔長崎県立長崎図書館蔵〕）巻10、宝暦6年各条。形式分類は、「第二節『御下』の形式」の各項に準ずる。

表32　寛政２年２～３月「御下」一覧

月・日	内　　容	形式分類
1.	◦「御下」の通知。但し、騎射興業については陪臣の吟味により御断	(1)
2.18	◦旦那様、神代着。家中残らず出迎え。館にて御機嫌伺。もっとも、年寄中・同格へは面談、日勤役中へも目渡	(2)
2.19	◦旦那様社参	(3)
2.20	◦灰木山狩、初猟、猟祭	(4)
	◦谷八郎兵衛宅入	(5)
2.22	◦灰木山御狩	(4)
2.23	◦常春寺堂参、料理差上げ	(3)
2.24	◦常春寺堂参（名代）	(3)
	◦長栄寺入、晩御膳差上、その後、教圓寺へ入る	(3)
2.25	◦奥山狩。初猟、猟祭	(4)
2.26	◦古部村の山御狩、御家中何も今日飯後より出立	(4)
2.27	◦御狩。御狩供の家中へ館にて御目渡	(4)
	◦初猟祝につき、宅入	(5)
2.28	◦御狩	(4)
2.29	◦佐賀へ出船	(6)
3. 5	◦御下中御狩につき、川内山ノ神へ願懸していたので、今日成就につき家中参籠	(4)

註）「神代鍋島家日記」巻44、寛政２年各条。なお形式分類については、表31の「註」参照。

ニ懸、日数三十日御暇被相願」(32)というように、冬から翌春、すなわち一〇～一一月から翌年の二～三月の時期の三〇日間、しかも「担那様御在所御暇日数三十日之内、十五日御逗留被成」(33)、あるいは「担那様御事、御暇日数御願日数三拾日之内、当冬十五日神代御下被遊」(34)のように冬に一五日、また「担那様去冬三十日之御暇被相願候内、十五日ハ去冬相澄、今十五日相残居候付、為御休息今昼汐佐嘉御出船」(35)と翌春に一五日、つまり、冬と春、正月をはさみ前後二回にわけて「御下」がなされるのが通例であった。但しこの時期である理由は必ずしも判然としない。

知行地「御下」が藩主より許可されると、その予定が「旦那様御事弥来七日夜汐ゟ御乗船被遊御下之段申来候事」(36)と知行地へ通知される。

(2)　館　入

その通知をうけ、知行地では給人ないしその家族を迎えるための「御下之手数」(37)、すなわち館の修覆(38)、館内外の掃除が行われ、[39]その手数は道橋にまで及んだ。[40]その際、館の修覆等は大工がなすものの、[41]掃除は陪臣のみならず領民にも課されたと思われ、給人領主を迎えるための〝キヨメ〟の行為といえようか。[42]「御下」当日、「家中」・「足軽」・「被官」等の陪臣、さらに「庄屋」・「町別当」は「御船場」[43]まで出迎える。[44]このうち陪臣層は「御家中何茂上下着用」[45]、「袴羽織」[46]「御家中・足軽・御被官まで上下着用」[47]と正装＝上下着用が慣例化しており、さらにこれら陪臣層のなかでも年寄・侍等、給人との主従関係が強い階層は、「名着到」・「名披露」が側役・目附役より給人へなされた。[48]

この出迎えの後、給人領主は「御行列」にて知行地内各所の寺社（太神宮・稲荷社・長栄寺・観世音等）へ拝礼・社参を行った上で館へ入る。[49]行列には出迎えた陪臣・庄屋・町別当が加わったものと思われるが、その形態の詳細は必ずしも明らかにできない。しかし、例えば給人の正妻や娘（「御上様」・「御姫様」）が知行地へ「御下」した際は、駕籠・若党・挟箱・歩行・女中・陸尺・小姓・合羽籠・鑓持・供番等から構成されており、[50]いずれにしても本格的なものであったことは想像に難くなく、領民たちは知行地内を通過する行列をみたことであろう。知行地入の場（神代鍋島氏の場合、船付場）から掃除＝キヨメがなされた道・橋を通り、寺社家拝礼の上、修覆・掃除がなされた館へ入るという「御行列」は、距離的にも時間的にも短いものであったろうが、通常は在城下である給人領主ないしその家族が、陪臣や庄屋・町別当を初めとする領民等、知行地構成者に対して視覚化される一種の示威的行為としての効果を有するものであったろう。

「御行列」により館入した給人は、出迎え、行列に随行したと思われる陪臣・庄屋・町別当に対し、「御目渡」の上、下賜をなす。但し一律に行われるのではなく、格・階層差による作法があった。すなわち「御目渡」については年寄より小給までが独礼である。また年寄・中通には御前において吸物・肴・盃が下賜されるが、侍・手明鑓は樽（酒）・

肴のみで、足軽・船手に至っては一与より二〜三名ずつに下賜されるのみであった。但し一方で庄屋・別当・町役等、いわゆる村・町役人層も酒のみであるが館入に際して拝領をうけていることは注目される。

以上のような給人領主による下賜行為に対し、年寄・仲通・侍等の陪臣各階層より「一格〳〵相舫、軽キ御酒肴進上」がなされ、いわば館入に際して給人と陪臣団との間での酒食を中心とした互酬行為が展開された。(51) もっとも館入当日「御家中御帳ニ而御機嫌伺、但年寄中は御目見」と、一部上層家臣を除いて御目渡が無く「御帳」にて済され、後日御目渡と酒下賜儀礼がなされる場合(52)、あるいは「侍中不残御帳ニ而御機嫌伺」(53)と御目渡・下賜行為がみられない場合もあり、むしろこの様なパターンが天明・寛政期以降は一般的のようである。しかし、館入の基本パターンは「御下之手数」(迎える準備＝館・道・橋等、知行地の〝キヨメ〟)→出迎え→「御行列」にて館入→御目渡→下賜（主として酒食）→進上（酒）というものであったといえよう。

(3) 寺社家堂参

館入の際、行列にて知行地内の諸寺社への拝礼がなされたが、これにとどまらず「御下」期間中、寺・神社・山伏等の寺社家への堂参が繰り返し実施される。(54) その際、神代鍋島氏が成立・再興に関わった祈禱寺長栄寺、菩提寺常春寺および光明寺においては、「今昼間常春寺御堂参、其末、長栄寺御出、晩之御膳被差上候事」(55)あるいは「今日常春寺ゟ　御父子様御請持被申上、二汁三菜之御料理被差上、昼間者光明寺より御入被成候様被仕、暫時御滞座、御吸物二、御肴品々御銚子餅菓子等被差上」(56)等の如く、堂参した給人ないしその家族に対し酒食等の饗応がなされている。(57)

給人領主は「御下」期間中、天候さえ良好であればしばしば知行地内で狩をする。(58)佐賀藩の場合、親類・家老という上層家臣（「大配分」・「大配分格」と称する）の狩猟規定は次のようなものであった。

(4)　狩

（万治三年二月二日）
一親類家老ニ而も蔵入配分之内、山里ニよらす其身知行之外、私ニ諸猟仕候義可為禁止事

但親類家老知行内之儀者可為各別事

一親類家老知行内ニ而も我等用所ニ付而鉄砲を打せ締をささせ鷹をつかわせ候而刻（ママ）、直切手之義ハ不及申役者共手形たり共、其者ニ致て領主として呉義を申間敷事(59)

これは万治三年規定であるが元禄四年規定(60)も多少の字句の異同を除けば同一内容で、近世中期佐賀藩における狩猟規定の基本が示されているといえよう。すなわち、親類・家老の知行地内においても藩主のいわば〝狩猟権〟が優先したものの、これを侵害しない範囲で自らの知行地内に限り狩りができた。家老＝大配分格である神代鍋島氏による「御下」の間の狩は、かかる狩猟原則に基づいたものであろう。

ところで知行地の陪臣層は給人の「御下」に先立ち「御下中御狩有之無別条相済候様、川内山ノ神へ御家中参籠之願相掛置」(61)いたり、あるいは「無調法無之様」(62)「御供中怪我無之様」(63)を目的として「社人」（神職）(64)に依頼をなしたり、「例之通川内山神江立願」(65)と、自ら参籠また知行地の神職に依頼し、「山の神」へ狩＝入山の安全を祈願した。(66)また給人の狩とはいっても、「今朝未明ゟ中尾六条山猪狩、例之通御家中不残鉄砲持出相勤候」(67)「今朝奥山為御狩御越被成、例之通御家中何も御供仕候叓」(68)「今昼古部村之山御狩被遊候ニ付、御家中何も今日飯後ゟ出立、古部山罷越」(69)と、「家中」すなわち陪臣全員の「御供」が原則であったようで、鎌倉期に形成されたいわば武家社会の伝統としての「巻狩」

と共通する性格を、知行地「御下」中に給人が自らの陪臣を伴って繰り返し行う狩に認めることもできるかもしれない。[70] 武器は鉄砲・弓、獲物としては猪・鹿が中心で雉子・鴨・鶉等の鳥類に及ぶ場合もあったが、その対象から察するに、鳥獣害駆除[71]を領主自らが象徴的に行うという意味があったとも考えられようか。

狩の後、「猟祭」が行われたことが「日記」より窺われるが、その詳細については明らかにできない。但し、

一（安永七年三月二日）（前略）同夜御猟祭り有之、御供中其外侍中御館罷出、御猟之鹿御酒拝領之事
御猟祭り、嶋田喜惣左衛門江被　仰付、白麻拾帖拝領之事、年寄中川崎市郎左衛門・橋本幸一郎、於御前御覧
拝領之事、御供之足軽西村東村庄屋御酒拝領之事[72]

一（天明二年三月一日）今朝都合若手中江ハ山狩被仰付候ニ付、内蔵之助何茂罷登候処鹿弐頭取候事
付右之鹿壱頭ハ前田彦左衛門悴善次郎初矢ニ付、拝領被　仰付難有猟祭祝仕候事[73]

等の記述からすれば、狩に際し給人に供した陪臣（また庄屋等村役）への獲物・酒の拝領儀式であったと思われ、「初矢」を祝った「猟祝」に、実質的には戦闘行為が無い近世中期における、主従制の維持・再生産のひとつの典型が示されている。

このように給人が「御下」期間中、繰り返し行い、様々な意味を有したと考えられる狩は、給人が城下へ戻った後、「御下内御狩、先キ杯ニ而無調法等無之様、河内山之神江立願相懸居を、今日願成就、御家中・若手不残一日参籠有之候事」[74]「御下御狩中怪我なと無之様山ノ神へ社人亀山出羽ニ相頼立願相掛置、今日願成就として、御家中何茂川内山ノ神参詣一日籠り有之候事」[75]の如く、陪臣が「山ノ神」へ願成就につき参籠し、終えることができた。領主による狩ではあるものの、禁忌を伴う入山＝狩の安全は知行地陪臣による「山ノ神」への願懸により保障されていた。民俗におけるカミ秩序に領主階級も従っていたのである。

(5)　宅　入

寺社家堂参・狩の後、あるいはその間に給人（家族を伴う場合はその家族も）は陪臣ないし庄屋宅を訪問、いわば宅入をする。但し陪臣については、階層別になされたようで、宝暦六年の場合、

（宝暦六年三月五日）一今日間、御父子様御一同治部右衛門・権左衛門所へ被為入候事
　附御吸物御銚子被差上候事
（同年三月八日）一今朝飯後　御父子様常春寺御堂参、其末光明寺江薬師御参詣寺江も御入、御てうし（銚子）御茶菓子餅御吸物被召上候事
一右御帰之節、川崎市郎右衛門・橋本左馬允両所へ被為入候事
　附り此両所ニ而ハ御茶請御菓子計ニ而御帰館被成候事
（同年三月一五日）一今日御祝儀例之通御帳ニ相付、今朝未明ゟ為御猟、御出席御帰懸被渡　御目候事
（同年三月一六日）一今朝御飯後、御父子様常春寺御堂参、其末中通中宅々御側者所被為成候事(76)

の如くで、治部右衛門（帆足治部右衛門、物成五〇石、家老）(77)、権左衛門（深江権左衛門、物成四〇石、家老）(78)、川崎市郎右衛門（物成二三石、同格）(79)、橋本右馬允（孫四郎(80)御側、佐賀詰(81)）は家老ないし同格等、上層陪臣である。すなわちこの「御下」中の三回の宅入は最上層陪臣（家老・同格）→上層家臣（中通）のように、階層別に日程をわけて実施されており、これが原則とみられる。もっとも「御下」に際して毎回この原則にて「宅入」がなされた訳でもなく、「年寄中宅々入」(82)に限定されていた場合もあり、家老・同格・中通を除く侍・手明鑓・足軽等の中・下層陪臣への宅入は、「日記」からはその事実を検証できない。しかし、一方「担那様・八百吉様、今日古部村中野原大日尊参詣、古部村

庄屋江暫被為入御休、其末御帰懸伊古村定次兵衛宅被為入」(83)、あるいは「担那様今朝早天ゟ伊古村・古部村御越被成、方々御遊猟、古部村庄屋江暫御休其末御道ニ伊古村庄屋へ御立寄、九ツ時比御帰館被成候事」(84)のように、寺社家堂参・狩後の休息が当面の目的であるとはいえ、上層陪臣同様の宅入が、庄屋層においてもなされたことは、留意しておく必要があろう。

宅入に際して、陪臣側より饗応の食膳が出されることは先に引用した史料からも知られるところであるが、その内容はケース・バイ・ケースであるものの、飯・吸物・酒・肴・茶・菓子等が基本であり、簡略化された時には後者二つのみとなる。また、場合によっては、

一(寛延三年一月四日)年寄中宅々江何茂　御入被成候㕝、但御めし御吸物御取肴ニ而、御銚子指上、御菓子さし上候事

一右之節、年寄中夫婦へ軽キ御酒肴、被為拝領候㕝(85)

一(宝暦一〇年三月五日)御一家様、今日者内蔵允所へ被為入、亭主ゟも想應之御取持被申上、其上御台所ゟ御膳被取寄被召候、内蔵允・

権左衛門御相伴被仰付候事(86)

のように、給人側も食膳を供することがあった。

以上のように宅入は給人領主が「御下」中、寺社家堂参や狩の合間に上層陪臣や庄屋宅を訪れ、饗応をうけまた給人側から酒食拝領もあるというものであり、鎌倉期からみられ室町期に、将軍が毎年正月守護大名の邸へ赴き、諸氏の惣領が将軍に饗膳を献ずる形式で儀礼化し、「将軍と幕府の重臣家との間を親密化するところに意義」が認められるという「御成」(87)を想定させるものがある。(88) しかし、時代・形式・規模が相違しており、「宅入」の評価は給人領主の「御下」中になされる諸行為との連関のなかでする必要があり、この点については次節で改めて検討したい。

(6) 送り

藩主より許可されていた「御下」日数を満せば「担那様神代御暇日数相満候付、今昼汐御出船(89)」と城下へ戻ることになる。いわば給人領主の城下送りの詳細について「日記」では簡略に記述してあるが、「今日日和静ニ有之、御機嫌伺能御乗船被遊候事、付御家中不残御船場罷出候事(90)」「御船下之節、御家中何茂麻上下着、御船場罷出候事(91)」の如く、陪臣団は出迎え時同様、上下着用にて送る。その際、館入の如く賑々しい行列はみられないものの、「御船下り前、年寄中・僧衆御機嫌伺として御館罷出(92)」と、館でのいわば惜別行為がなされたようである。

(7) 「御一家」としての「御下」

ところで、知行地への「御下」行為は給人領主のみがなした訳ではない。城下屋敷詰の陪臣が随伴し、また給人が城下へ戻る時、城下詰交代の陪臣が給人に伴っていく。このように給人領主の「御下」は城下屋敷詰役人の交代の機会でもあった。しかし、ここでさらに重要なことは、これまでの講論でも明らかなように、給人領主が知行地へ「御一家」、すなわち給人の実母・正妻・子供等の家族を随伴し、また彼ら家族のみで知行地へ「御下」する場合さえあったことである。給人に随伴する時はもちろん、家族のみでの「御下」も「おかか様《実母》御下ニ付而、御家中何茂御船場罷出、御着之上御機嫌伺御帳ニ而申上り候叓(93)」あるいは「おかか様《実母》・於みね様御叓、昨夜本庄津御乗船、竹崎暫日御滞船、今夕汐御機嫌能御下被成候、御家中何茂御船場罷出、其末御館出仕、御帳ニ而御着、御機嫌相伺候事(94)」と、知行地へ入る際に陪臣層の出迎えをうけた。給人・家族が館入すると陪臣たちも、

(寛政一〇年一一月二七日)
一御着館之上、御家中御館罷出、御帳ニ而御祝儀候叓

一右同断之節、年寄中・同格迄、偖又日勤役中被渡　御目候事[95]

と、館で祝儀をなし、上層陪臣は給人・家族の御目渡をうけた。特に正妻がいる場合には「今日年寄中・同格迠妻々御機嫌伺として御館罷出、御皆々様於　御内座被渡　御目、御茶くわし（菓子）等被下候事[96]」と、家臣の妻からの機嫌伺もなされた。

「御下」中、家族は自らの当主である給人とともにあるいは独自に行動したが、その形式は前節で述べた如くであった。すなわち、例えば

「今朝御四方様[97]常春寺御堂参、朝御膳被差上[98]」

「今日　御夫婦様、御子様方[99]常春寺より御招請被申上、二汁五菜之御料理被差上、御供中江も手軽料理被差上[100]」

「今日上々様方[101]、長栄寺より御招請被申上、御吸物三ツ御重引（ママ）、御肴三種ニ而御酒被差上、二汁三菜之御料理被差上[102]」

「御父子様稲荷御社参[103]」

「今日御上様[104]・於連様・於章様御社参被遊、八幡社・熊野権現・大（太カ）神宮・稲荷社・英彦山社ニ御参詣被成、玉林坊江ハ叺（ママ）度被御立寄御茶くわし（菓子）等差上候事、附、御上様ゟハ白麻料御神納被成、御姫様方ゟ者、月銭なと社々御手元ゟ被差上候事[105]」

等と、寺社家堂参とそれに対する寺社家側の饗応をうけた。

狩については、「孫四郎様[106]為御猟御暇相願居候ニ付、近日御下被成候段[107]」と給人の嫡子がこのために「御下」することがある[108]。正妻・娘等の女性は直接参加しないものの、

一（寛政一〇年二月一七日）今日御家中江御用狩被仰付、御夫婦様、於連様、於章様、三岳辺迠御登、御覧被成、旦那様ニハ御立山なと方々

御巡見[109]
（同年二月二〇日）
一今日御家中江御用狩被　仰付、上々様方三岳本塚迠御越被遊、幕ニ而日覆なといたし、御勝手方役所より御堤
重なと差上、暫御遊覧[110]

と、狩場に幕を張り堤重の馳走を食しながら見物したりした。

また給人父子[111]、給人夫婦と子供[112]、正妻と娘等[113]、種々のパターンがあるものの、給人の家族も宅入をなしている。

このように、給人のみならず正妻・実母・子供等の「御一家」としての知行地「御下」があったことは、給人領主の「家」にとって知行地がいかなる存在であったかを考える上で重要な素材を提供するであろうが、この点は「御下」行為の全体的評価のなかで改めて論及することにしよう。

「御下」の直接的な目的について「日記」にはほとんど記されないが、例えば「担那様御事御社参旦与着到為相渡候旁叺与御下可被成旨被　仰出[114]」あるいは「御父子様御事為御猟神代御越被成候段者、先使ニも申来候[115]」と、社参・狩等の明示があったとしても、各々、館入・寺社家堂参・狩・宅入・送り等の諸行為が形式化しており、就中、堂参・狩・宅入は繰り返し実施されている。それでは、かかるパターン化された行為がなされる、給人領主による知行地への「御下」の意義ないし本質は如何なるところにあるのであろうか。

第三節　「御下」の意義

(1) 休息・遊興

給人領主ないしその家族による知行地「御下」は、表象的には「御遊」[116]「御遊興」[117]のための「御休息」[118]と捉えられる。「御下」期間中、繰り返される寺社家堂参・狩・宅入には自ずとその性格が認められる。例えば山伏玉林坊との「御咄」のため訪れた給人領主は酒・餅・菓子を饗せられ、碁などを楽しむ。翌日光明寺を訪れ、やはり酒・餅・菓子の持成をうけ「緩々滞座」する。[119]また権左衛門（深江権左衛門、家老）宅へ入った給人は、ここでも碁に興じ、茶・菓子を馳走される。[120]あるいは内蔵允（圓城寺内蔵允・家老）宅で飲食と碁を楽しんでいると長栄寺住職・山伏玉林坊がやって来る。[121]給人父子娘が忠左衛門（帆足忠左衛門・年寄）宅へ入り、酒・吸物の持成をうけ「緩々御遊、夜明方まで滞座」[122]することもあった。

狩も「御遊猟」[123]と呼ばれる如くで、時には

一山御狩猪壱ツ、鹿弐頭被申候事、（天明二年三月三日）

一御かか様ニも昼頃ゟ三岳御登被成、御狩相澄候末、於三岳御酒亭有之[124]

のように、給人の実母も交え、狩後、山で酒宴が催されもした。また給人の正妻・娘による狩見物もあった。[125]釣もするし、[126]時には「御上様御姫様方ニハ長濱辺より西郷塩屋あたり迄遊行、長瀬ニ而御昼食なと御遣被成、御緩々猟（漁）船なと御覧」[127]あるいは「御夫婦様御姫様方、今日昼過比ゟ伊尻濱辺江御出被成、暫御遊」[128]と、知行地内を給人・正妻・子供が文字通り遊行＝散策することもある。

このように、「御暇」による「御下」とは「御遊」・「御遊興」のため「担那様去冬三十日之御暇被相願候内、十五日ハ去冬相澄、今十五日相残居候付、為被休息今昼佐嘉御出船、同夜九ツ比爰元御着船」[129]という如く、休息をとることにあったともいえるのである。

給人が知行地で休息・遊興を行うということは知行地の性格を考える上で看過できぬ問題と思われる。しかし、給

人領主は「御暇」すなわち「御家」・藩主の勤・奉公の解除を得て知行地へ「御下」をなす訳であり、狭義の意味での休息・遊興が本来的目的であったと結論づけることは性急すぎるとも思われる。「御下」行為にはより本質的意義があったのではなかろうか。

(2)　対面と互酬

この点で示唆的なのは、給人領主やその正妻・子供による「初地入」（ないし「初入」）という儀礼である。以下にいくつかの事例を列記してみよう。

〔事例①　給人領主の初地入〕

（安永七年二月二九日）
一担那様七ッ時比御着船之事
一御家中・足軽・御被官まて上下着用仕、御船場罷出候事
（中略）
一御館御入被遊候上、御家中御帳ニ而御機嫌奉伺候事
但、年寄中河崎重郎左衛門・橋本幸一郎江者　御目渡候事
（中略）
（同年三月一日）
一今日　御初入御祝儀、御家中・御被官中迄酒拝領被　仰付候事、年寄中・中通迄者於　御前拝領、御吸物・御重壱ツ之事、其上盃被下候事
（中略）
一御初地入ニ付而、百姓・町人共江　御酒拝領被　仰付候事

但　一家壱人ツヽ罷出拝領仕候事
一御初入ニ付而、於御館御祈禱、長栄寺被仰付、伴僧両人、玉林坊父子罷出、大般若執行有之候事
（中略）
一御初入ニ而、千左衛門・忠左衛門・川崎市右衛門、右三家被為成候事
治部右衛門・権左衛門・橋本幸一郎右三家江六日ニ被成旨被仰出候也(130)
〔事例②　給人領主の正妻の初地入〕
（寛政一〇年一月一七日）
一担那様御事、久々在所御越不被成ニ付、来二月十日頃御上様同道ニ而御下り被遊度被思召候条、其前ニ御迎船参居候様今便懸合来候事
（中略）
（同年一月二〇日）
一御初地入有之ニ付而ハ、反的女中部屋新ニ相建候半而ハ不相叶、今日より材木なと伐レ方ニ相加候様手当有之事
（中略）
（同年一月二七日）
一今般　御上様御同道ニ而御下被遊候付、御初入之御手数跡方𛀁竟、尤此節格別御省略を以御仕組左之通ニ而可有御座哉、廉々書付奉伺候處、其通被　仰出候事
一御上様初而御下ニ付而ハ、御家中・先侍通迄、跡方ハ御館罷出、名披露ニ而被渡　御目候得共、此節御仕切ニ付而、御船場ニ而御目見相澄不及夫候事
一年寄中同格妻迄被渡　御目候事(131)
〔事例③　給人領主の嫡子の初地入〕
（寛政一〇年一一月一二日）
一御父子今朝未明御乗船被遊、今夕汐御機嫌能御下被遊、孫四郎様ニ者御初地入ニ付而御家中不残、足軽中・御

被官中・庄屋〳〵・別当麻上下ニ而御船場罷出、其末御館罷上、中通已下御帳ニ而御祝儀申上、旦御機嫌をも奉伺候、尤年寄衆・同格・日勤之役中被渡　御目候事

（中略）

（同年一一月一五日）
一孫四郎様御初地入被対御祝、今村七右衛門子七郎兵衛、帆足松右衛門実弟源之允、平方官五郎、東村百姓久米右衛門、同弟喜与蔵、御免被成候段被迎出候付、早速筋々相達候事

（同年一一月一八日）
一御初地入御祝、年寄中・同格・日勤役人中江御酒被為拝領候事(132)

〔事例④　給人領主の娘の初地入〕

（宝暦一四年三月一五日）
一御父子様　御在所御暇御願之通被仰出、来ル十八日ゟ爰元御下被遊候条、御迎船之義申来候事

（中略）

（同年三月二〇日）
一御父子様・おとめ様昨夜汐佐嘉御乗船、御船中無御滞、御機嫌能、今潮御着船、おとめ様御初地入ニ付而、御家中何茂麻上下着用御船場罷出候事

（中略）

（同年三月晦日）
一（略）附、おとめ様初而御入被成候付而、年寄中ハ申談ニ而、御菓子・御吸物二ツ御肴三ツニ而御酒被差上候、御供女中江ハ吸物一ツ肴三ツニ而酒被差出候事

（同年四月一日）
一おとめ様初而御下被成候付而、今日御家中・先侍通迠被渡　御目候事
但　御父子様・おとめ様御同座、御書院上段被成御座、御家中麻上下着ニ而、六人・七人ツヽ一同ニ御書院次ノ間江罷出、名披露ニ而御目見相澄候事(133)

以上、極めて長文の引用をしたが、要するに「初地入」とは、給人が家督相続後初めて知行地へ赴くこと〔事例①〕、

あるいは給人の正妻が婚姻後やはり初めて夫である給人の知行地へ赴くこと〔事例②〕と考えられる。さらにその子供が初めて知行地へ下ることも「初地入」として祝っている〔事例③、事例④〕。このように初地入とは給人のみならず給人領主の「家」構成者が初めて知行地へ入る、すなわち「御下」なのである。その際、陪臣およびその妻、寺社家、庄屋・町別当を初めとする領民等、いわば知行地構成者各階層との対面がなされ、その上で、給人領主から酒食の拝領があり、また知行地構成者から上進されるという互酬儀礼なのであり、明らかに休息・遊興が本来的目的ではない。(134)

初地入後、周期的に繰り返される「御下」行為にも同様に給人領主（ないしその家族）と知行地構成者との対面・互酬儀礼の性格が認められる。館入はその典型といえる。「御下之手数」、陪臣層や庄屋・別当による出迎え、行列、館での御目渡は、文字通り直接・間接の対面儀礼であり、同じく館での給人による酒食拝領、これに対する陪臣層からの酒食進上は、互酬儀礼と捉えられる。陪臣や庄屋の宅入もこれ自体が対面の場であり、そこでは、やはり酒、肴、飯、吸物等の上進と拝領＝互酬がなされるのである。

さらに、陪臣を伴う狩も先述の如く多面的な性格を有するものの一種の互酬儀礼とみることができる。すなわち、入山の禁忌に対し「山の神」へ安全を祈願し、狩に供した陪臣に狩猟祭にて獲物の下賜がある。特に「初猟」（初めて獲物を仕留める）の陪臣には、

（宝暦一〇年三月三日条）
一中村九郎右衛門儀、初猟仕、殊御狩之義ニ付、御祝被下候儀ニ而、今晩御父子様共ニ九郎右衛門宅被為　入、御酒拝領被　仰付、亭主ゟも御吸物御酒差上候事(135)

（寛政二年二月二〇日）
一今朝灰木山御狩被遊、東之口ニ而鹿二頭帆足弾馬倩又谷八郎兵衛・永松三郎左衛門・〆谷新五右衛門三人ニ而打留候、弾馬義ハ壱ニ而打留候、初猟ニ付而、於御山直ニ拝領ニ相成(136)（後略）

一今晩暮過比ゟ佐藤源之允所被為入、暫御滞座、夜更御帰館被成候、尤源之允義、去廿五日初猟鹿打当候ニ付、（寛政二年二月二七日）
右鹿を被下置候末、御内分今夜御祝被下候、思召ニ而被為入候趣ニ候事[137]

の如く、獲物が下賜、宅入の上で酒・祝物が拝領されるのである。

一方、陪臣・寺社家・庄屋・別当等のみではなく、一般領民に対しても給人領主の館入の行列、あるいは祭礼の見物に際し、領主の視覚化がなされ、大名、ましてや将軍を直接視することができなかった領民たちは、自らの直接的な領主として給人を認識したものと思われる。[139]

寺社家との関係、すなわち給人による堂参と寺社家による酒食振舞も広義の互酬といえよう。[138]

このように、給人領主の知行地への「御下」は休息・遊興という表象的側面を持つものの、その間になされる諸行為は知行地構成者との対面・互酬儀礼という本質を有していたといえるのである。では本来、大名と主従関係を結び、「我々儀弥致在佐嘉、連々　御城罷出、御家御為可然様第一心ニ懸、気遣可仕」[140]という如く、城下常在にて「御家」・藩主への奉公をすべき立場にある給人が「御暇」＝奉公・勤の解除を願い出て知行地へ下り、知行地構成者との間でなす諸行為＝対面・互酬儀礼は、如何なる機能や意味を有していたのであろうか。神代鍋島氏という限られた素材の分析に基づく、しかも未だ推測の域を出るものではないがおよそ整理すれば以下の三点のことが指摘できよう。

第一に、給人＝主君と陪臣との主従関係および給人＝領主と領民との支配・被支配関係の視覚化ということである。繰り返すまでもなく、城下常在を義務付けられていた給人領主は自らの知行地たりとも許可なく赴くことはできなかった。しかし、知行地は給人にとって知行地領民からの諸生産物収奪の場＝支配領域であり、その支配は実質的には知行地在住で在地の事情に精通した陪臣によって担われていた。[141]もちろん陪臣は、大名家臣として給人に賦課される軍役負担の基盤でもある。[142]これら陪臣や領民との対面は彼らにいわば自らの社会的地位を認識させることになる。もっとも無秩序に対面が行われるのではなく、陪臣であっても「御機嫌伺」「御目渡」は格によってその形式が定まっていたし、領民は領主の行列や祭礼見物の機会に認識できるに過ぎなかったであろう。しかし、城下常在である給人領主による知行地への「御下」が、陪臣・領民をして給人と自らの社会的関係を自己認識させる、いわば社会心理的効果は顕著なものがあったと思われる。

第二に、互酬行為の中心である給人の下賜行為は、給人が主君としてまた領主としての、陪臣・領民がこれまで各々の立場で役を遂行してきたことに対する礼意の表現であるということである。「御下」期間中、給人は様々な機会を通じて下賜行為（陪臣・領民の立場からは拝領行為）をする。具体的には酒・肴・吸物等の酒食や盃、狩の獲物などである。そしてこれは歳暮や年始での拝領行為(143)と対をなす礼意表現の行為と捉えられる。しかし、この礼意は一方的に謝意を表すというものではけしてなく、その本質は「贈与は威信の象徴であり、受け手の服従を含意する。（中略）受け手側に義理が生じ贈与は『社会コントロールの一方法として役立つ(144)』といわれる如く、あるいは「給付をうければ反対給付の《義務》をともなう(145)」の如く、下賜の対象である陪臣・領民が対面儀礼において視覚化された給人との社会的関係、すなわち、主従、支配・被支配関係の順守の上に引き続き各々の役遂行を期待したものに他ならない。

第三に、一方で陪臣・寺社家は給人に対して酒食を中心に進上し、ここに両者の間に互酬儀礼が展開していたと捉えられるが、この進上行為（庄屋等による酒食差出しもこの範疇(146)と考えられよう）は、時として「御家中其外ゟ不依何色進上物仕間敷候、年寄中ゟ役人之外御機嫌窺等ニ罷出間敷事」あるいは「右御書載之外、上々様方御家中ゟ何返ニ而も進上物堅仕間敷事(147)」のように制限されることがあり、これは〝倹約〟の発想が背景にあろうが(148)、給人側が規制せねばならない程に過分な進上行為がみられたとすれば、そこには自らの主君としてあるいは領主としての地位を認め、その権威へ志向する心性を読み取ることが可能であろう。そしてこの進上行為そのものが給人の主君・領主としての権威を再生産するものであったと捉えることができよう。

このように給人領主は陪臣・寺社家・領民との間に対面・互酬儀礼を展開し、主従ないし支配・被支配関係を視覚化した上で、給人に一定の権威を認めそれを志向する知行地構成者が、各々の立場で役を遂行したことに礼意を示し、幕藩領主層に編成された給人領主としての権力支配秩序の永続を期待する、そのような象徴的行為を、知行地への「御下」を通じて実現していたのである。

以上、佐賀藩神代鍋島氏による知行地への「御下」行為についてその形式の考察と若干の意義付けを試みた。そもそも、徂徠が「旅宿」者と認識する大名の家臣＝給人領主が赴く知行地は、基本的には一代ごとに主従関係を結ぶ上位権力者（大名）から恩給される拝領地である。従って自由に赴くこともできず城下常在を義務付けられた給人は、「御暇」＝「御家」・藩主への奉公の解除を前提として、初めて知行地入することができた。しかし、この「御下」はしばしば「御一家」として、すなわち給人の家族＝正妻・実母・子供等を随伴してなされる。この意味するところは重要であると思われる。事実、知行地は給人（の祖先）が勧請ないし再興した「家」の菩提寺・祈禱寺・神社等が存在し、(149)祖先祭祀、(150)厄入祈禱や(151)葬儀の(152)如き通過儀礼等、「家」の相続に関わる諸儀礼が執行されていたのである。

かかる観点に立つ時、給人およびその家族は「家」の相続ないし再生産の儀礼的立場（あるいは精神生活の場とでもいうべきか）でもある知行地への「御下」行為をなすとみなすことも可能ではなかろうか。もちろん、諸生産物収奪の場＝支配領域であるが故に、給人の「家」財政窮乏のなかで、家族が知行地へ緊急避難的に「御下」＝在郷(153)するという経済的側面でも、知行地は「家」の相続・再生産の場であったことは言うまでもない。

このように給人「御一家」は館・菩提寺・祈禱寺等があり、かつ陪臣・領民が居住する、いわば精神生活と経済生活の両面から「家」を支えていた知行地への「御下」をなしていたのである。知行地は一代限りの拝領地ではあるものの、それはいわば〝形式〟となり、近世中期においては事実上の世禄化が進行していたとも思われる。

一方、給人領主は武士である。中世、就中、鎌倉期の武士とは「根本私領や本領とよばれる所領を支配」する領主であり、「所領の中心部には『堀の内』などとよばれる先祖以来の居館・屋敷があり、付近にはその家を守護する氏神や氏寺が鎮座し、先祖代々の霊魂のやどる墓地があった」[154]といわれるが、「旅宿」者としての大名家臣であっても、「遠国」においては例えば神代鍋島氏のように武士ないし領主の伝統的形態を有した給人領主が存在していた。

徂徠からみれば、例外的とも思われるかかる領主は、「何国にも年々の苦労をかへりみざるのみならず、日でり雨ごひだに、給人より少のたすけありたることをきかず、扨かりをさむれば、しへたげしぼりとれり」[155]という熊沢蕃山の認識の枠からもはみ出す存在であった。すなわち第九・一〇章で明らかにした通り、給人領主（神代鍋島氏）は知行地において雨乞を中心とする除災祈願＝農耕祈願を積極的に執行し、[156]一方で種々の年中行事を通じて領民に対する支配措置としての心意統治を実現、自らの領主支配を在地で実現する陪臣・宗教者を編成する儀礼をもなしていた。[157]

このような「遠国」の「旅宿」者である「給人」＝神代鍋島氏は、経済的にもまた精神生活の面でも「家」の再生産の場である知行地において、農耕祈願と年中行事を執行・展開し、かつ城下常在の条件下、「御下」することによって知行地構成者である陪臣・宗教者・領民との対面・互酬儀礼を通じて礼意を示し、領主としての心意統治を実現しようとしていたのである。

我々は、ある意味で当該期の思想家（例えば本章で垣間見た荻生徂徠や熊沢蕃山）の言説により、歴史像をイメージし過ぎる傾向はないであろうか。「遠国」の「給人」が残した「日記」を読むにつけ、その思いを強くする。

註

(1) 藤井譲治「幕藩制領主論」(『日本史研究』一三九・一四〇合併号、一九七四年)。
(2) 水林　彪「近世の法と国制研究序説—紀州を素材として—」(二)(『国家学会雑誌』九〇巻五・六号、一九七七年)特に第一章第二節「国家」参照。
(3) 佐々木潤之介『幕藩制国家論』上・下(東京大学出版会、一九八四年)、朝尾直弘「将軍権力の創出」一・二・三(『歴史評論』二四一・二六六・二九三号、一九七〇、七二、七四年)、同「『公儀』と幕藩領主制」(歴史学研究会・日本史研究会編『講座日本歴史・5』〈東京大学出版会、一九八五年〉所収)、深谷克己「幕藩制国家の成立」(同他編『講座日本近世史』1〈有斐閣、一九八一年〉所収)等。
(4) 荻生徂徠『政談』(辻達也校注、岩波書店、一九八七年)六九頁。
(5) 『同右』七六頁。
(6) 佐々木潤之介「幕藩制国家論」(原秀三郎他編『大系・日本国家史・3』〈東京大学出版会、一九七五年〉所収。
(7) 本章でいう給人領主の捉え方をめぐっては序章・第四章および終章参照。
(8) 『政談』七四頁。
(9) 倉町鍋島氏、家老、物成二、三〇〇石。知行地は佐嘉郡千布村(現佐賀県佐賀市金立町千布)一、二七六石余(地米高)、神埼郡柳嶋村(神埼郡千代田町柳島)七三〇石余、三根郡向嶋村(同町向島)二三石余(「玄梁院様御代配分村付帳」〈「鍋島文庫」〈佐賀県立図書館寄託〉所収〉)。なお、同史料成立年次は明らかではないが玄梁院＝鍋島綱茂の藩主在位期間は元禄八年~宝永三年である。
(10) 本来ならば家臣と呼称すべきであるが、本書では名辞の混乱を避けるため一律に藩主を基準に考え、藩主の家臣の家臣、すなわち又家来を〝陪臣〟と呼称している。
(11) 最も規模が大きく「馬場屋敷」(「倉町鍋島家日記」〈「鍋島文庫」所収〉享保三年一一月一三日条)と呼ばれる知行地屋敷が所在した、千布村であったと思われる。倉町鍋島氏の陪臣が記載した、いわば公務記録である「倉町鍋島家日記」には、同氏の当主すなわち給人領主が自らの知行地千布村に赴いていた記事が散見される。

(12) 以上は「倉町鍋島家日記」享保七年一二月八日条。
(13) 「白石鍋島家文書」(『佐賀県史料集成』一五巻)三六号佐賀藩親類並ニ着座以下連署誓紙写。
(14) ここでいう「御家」とは「家に擬制化されることを基本とし、軍事的性格を持つ政治集団および武士の共同利害を保障する共同体としての帰属集団という二つの性格を併有する武士集団」(第一部第一章)を想定している。
(15) 「倉町鍋島家日記」享保七年九月一八日条。
(16) 「神代鍋島家日記」(「神代鍋島家文書」〔長崎県立長崎図書館蔵〕所収、以下「日記」と略称)巻一六、宝暦一二年三月二八日条。
(17) 「日記」宝暦一〇年三月九日条。この「御下」に際して給人(神代鍋島氏)は一度藩主の「官位祝儀」のため城下へ呼び戻され、再び知行地へ下っていた。
(18) 「條々」(「吉茂公御年譜」巻之二、宝永五年六月一五日〔「鍋島文庫」所収〕)。
(19) 神代鍋島氏(家老、物成二、五〇五石余)。
(20) 多久氏(親類同格、物成八、六九三石余)。
(21) 倉町鍋島氏。
(22) 白石鍋島氏(親類、物成八、一一〇石余)。なお(19)~(22)の物成高典拠史料は「玄梁院様御代着到配分村付帳」。同史料での石高は地米高表示。
(23) 渡辺浩「『御威光』と象徴—徳川政治体制の一側面—」(『思想』七四〇号、一九八六年)一四〇~三頁。
(24) 藤野保編『佐賀藩の総合研究』(吉川弘文館、一九八一年)一〇〇九~一六頁。
(25) 『同右』一〇一〇~一一頁。
(26) 第一部第三章および拙稿「幕末期における佐賀藩家臣団の構造」(『九州文化史研究所紀要』三一号、一九八六年)参照。
(27) 註(13)参照。
(28) 拙稿前掲表(11)参照。
(29) 神代鍋島氏については第二部第五章註(7)および前章第一節参照。同氏の日記には、神代知行地《こうじろ》に設置されていた役所詰の陪臣作成の「巻」、および佐賀城下屋敷詰の陪臣作成の「第」という二種がある。
(30)「(白石鍋島家)御記録」(『鍋島文庫』所収)享保一七年九月一九日条。
(31)「日記」巻三四、安永九年一〇月二四日条。
(32)「同右」巻三三、安永八年一〇月七日条。
(33)「同右」巻三四、安永九年一一月一五日条。
(34)「同右」巻四三、天明九年一〇月二九日条。
(35)「同右」巻三五、安永一〇年二月七日条。
(36)(37)「同右」巻二四、明和七年三月六日条。
(38)「同右」巻四、寛延三年一月四日条、巻四五、寛政三年二月八日条、巻五三、寛政一一年三月一六日各条。
(39)「同右」巻七、宝暦三年二月一二日、巻一〇、宝暦六年二月二三日条、巻五三、寛政一一年三月一八日各条。
(40)「同右」巻三六、二月二六日条。
(41)「同右」巻五三、三月一六日条。
(42)久留島浩「盛砂・蒔砂・飾り手桶・箒——近世における「馳走」の一つとして——」(『史学雑誌』九五編八号、一九八六年)参照。
(43)神代《こうじろ》地方の知行地は島原半島北部にあり、城下佐賀より知行地までは有明海経由で専ら船が利用される。
(44)「日記」巻四、寛延二年四月一七日、巻二四、明和七年三月六日、巻三一、安永七年二月二九日各条。
(45)「同右」巻四、寛延三年一月四日条。
(46)「同右」巻一〇、宝暦六年二月二六日条。
(47)「同右」巻三一、安永七年二月二九日条。
(48)「同右」巻四、寛延二年四月一七日、巻三一、安永七年二月二九日各条。
(49)「同右」巻四、寛延二年四月一七日、同三年一月四日各条。
(50)「同右」巻五一、寛政一〇年二月八日条。

(51) その典型的事例として「日記」寛延三年一月四日条参照。
(52)「日記」巻三二、安永七年二月二九日、三月一日、巻四三、一〇月二九日各条。
(53)「同右」巻一〇、宝暦六年二月二六日条。
(54) 例えば宝暦六年二月二六日～三月二〇日間に九回（「日記」巻一〇）、宝暦一三年二月一八日～三月七日間に八回（「日記」巻一七）、寛政二年二月一五日～二九日間に三回（「日記」巻四四）等。
(55)「日記」巻一〇、宝暦六年三月一三日条。
(56)「同右」巻一三、宝暦一三年一〇月六日条。
(57) なお神代鍋島領における給人領主と寺社家との関係については第九章第二節参照。
(58) 例えば宝暦六年二月二六日～三月二〇日間に五回（「日記」巻一〇）、宝暦九年一〇月一九日～一一月四日間に五回（「日記」巻一三）、宝暦一〇年二月一七日～三月一六日間に七回（「日記」巻一四）、明和七年三月六日～三月一七日間に七回（「日記」巻二四）等。
(59)「諸猟方御法度之遊出扣」（「鍋島文庫」所収）。
(60)「元禄四年光茂様諸猟方写」（「同右」所収）。
(61)「日記」巻四四、寛政二年三月五日条。
(62)「同右」巻三二、安永七年三月一九日条。
(63)「同右」巻四五、寛政三年一一月二五日条。
(64)「同右」巻五三、寛政一一年四月一一日条。
(65)「同右」巻五〇、寛政八年四月六日条。
(66) 入山の禁忌、山の神信仰をめぐっては、堀田吉雄『山の神信仰の研究』（伊勢民俗学会、一九六六年）特に一一三頁、桜井徳太郎「山の神信仰の諸問題」（同『日本民間信仰論増訂版』〔弘文堂、一九七〇年〕所収）特に一一三～九頁参照。
(67)「日記」巻一〇、宝暦六年二月二三日条。
(68)「同右」巻四三、天明九年一〇月二九日条。

(69)「同右」巻四四、寛政二年二月一五日条。
(70)直良信夫『狩猟』（法政大学出版局、一九六六年）二二五〜七頁参照。
(71)塚本学『生類をめぐる政治』（平凡社、一九八三年）二五九〜六五頁参照。
(72)「日記」巻三二、安永七年三月一一日条。
(73)「同右」巻三六、天明二年三月一一日条。
(74)「同右」巻三二、安永七年三月一九日条。
(75)「同右」巻五三、寛政一一年四月一一日条。
(76)以上、「日記」巻一〇、宝暦六年三月各条。
(77)〜(79)以上、「明和七年寅九月之写御家中配分寺社石高」（「神代鍋島家文書」所収）。
(80)のちの鍋島茂體、この当時の当主茂真の嫡子。
(81)「日記」巻九、宝暦五年五月二二日条。
(82)「同右」巻四、寛延三年一月四日条。
(83)「同右」巻三八、天明四年一一月九日条。
(84)「同右」巻四三、天明九年一一月一一日条。
(85)「同右」巻四、寛延三年一月四日条。
(86)「同右」巻一四、宝暦一〇年二月一七日条。
(87)二木謙一「室町時代歳首の御成と垸飯」（同『中世武家儀礼の研究』（吉川弘文館、一九八五年））特に一四〜六頁、一九〜二〇頁参照。
(88)事実、「日記」中で「御成」と称する場合もある（「日記」巻五二、寛政一〇月二月二八日条）。
(89)「日記」巻三五、安永一〇年二月七日条。
(90)「同右」巻三六、天明二年三月一三日条。
(91)(92)「同右」巻五二、寛政一〇年三月二日条。

(93)「同右」巻三六、天明二年一〇月五日条。
(94)「同右」巻三八、天明四年四月一八日条。
(95)「同右」巻五二、寛政一〇年一月二七日条。
(96)「同右」巻五二、寛政一〇年二月一三日条。
(97)給人領主＝担那である鍋島茂真および子供の孫四郎（茂體）、於長・長吉（「日記」巻一四、宝暦一〇年二月二八日条）。
(98)「日記」巻一四、宝暦一〇年二月二四日条。
(99)給人領主＝担那である鍋島茂體、正妻の於悦および子供の於連・於章（「日記」巻五二、寛政一〇年二月一一日条。）
(100)「日記」巻五二、寛政一〇年二月一三日条。
(101)給人領主を初め、註（99）の正妻・子供を指すと思われる。
(102)「日記」巻五二、寛政一〇年二月一八日条。
(103)「同右」巻一四、宝暦一〇年二月一七日条。
(104)鍋島茂體正妻於悦。
(105)「日記」巻五二、寛政一〇年二月一九日条。
(106)鍋島茂體。
(107)「日記」巻七、宝暦三年二月一四日条。
(108)その他に「日記」巻一二、宝暦八年一一月二二日条、巻一六、宝暦一二年一一月一三日各条。
(109)「日記」巻五二、寛政一〇年二月一七日条。
(110)「同右」巻五二、寛政一〇年三月二〇日条。
(111)例えば、「同右」巻一四、宝暦一〇年二月二四日条。
(112)例えば、「同右」巻五二、寛政一〇年二月一六日条。
(113)例えば、「同右」巻五二、寛政一〇年二月二二日条。
(114)「同右」巻一一、宝暦七年三月一日条。

(115)「同右」巻一三、宝暦九年一〇月一六日条。
(116)「同右」巻一四、宝暦一〇年三月一四日条。
(117)「同右」巻五三、寛政一一年三月二八日条。
(118)「同右」巻三五、安永一〇年二月七日条。
(119)「同右」巻一一、宝暦七年三月一七日条。
(120)「同右」巻一三、宝暦九年一〇月二四日条。
(121)「同右」巻一六、宝暦一二年三月一三日条。
(122)「同右」巻一四、宝暦一〇年三月一四日条。
(123)「同右」巻一一、宝暦七年三月一二日条。
(124)「同右」巻三六、天明二年三月三日条。
(125)「同右」巻五二、寛政一〇年二月一七日条。
(126)「同右」巻五三、寛政一一年三月二八日条。
(127)「同右」巻五二、寛政一〇年二月一四日条。
(128)「同右」巻五二、寛政一〇年三月一日条。
(129)「同右」巻三五、安永一〇年二月七日条。
(130)「同右」巻三二、安永七年各条。
(131)「同右」巻五二、寛政一〇年各条。
(132)「同右」巻五二、寛政一〇年各条。
(133)「同右」巻一八、宝暦一四年各条。
(134)なお給人領主やその正妻等による「初地入」儀礼は、例えば神代鍋島氏同様佐賀藩家老である倉町鍋島氏でもみられる（「倉町鍋島家日記」享保七年一一月二二日条以降、「同日記」享保一三年二月一日条以降等参照）。
(135)「日記」巻一四、宝暦一〇年三月三日条。

(136) 「同右」巻四四、寛政二年二月二〇日条。
(137) 「同右」巻四四、寛政二年二月二七日条。
(138) 例えば初午（「日記」巻一七、宝暦一三年二月六日条）、妙見祭（「日記」巻四三、天明九年一一月一五日条）、弁才天祭（「日記」巻四五、寛政三年二月一五日条）等、給人領主「御下」中の祭礼見物の事例は、「日記」より多数検出できる。
(139) 佐賀藩の大配分家臣であった須古鍋島氏（親類同格、物成三、三〇〇石）による城下と知行地との行列を、領民たちは「トンサン《（殿様）》の御行列」と呼んでいたという。
(140) 註（13）参照。
(141) 第二部第五章。
(142) 拙稿「佐賀藩家臣団の編成と構成」（藤野保編『九州近世史研究叢書』〈国書刊行会、一九八四年〉第二巻）。
(143) 前章。
(144) E・P・トムソン、近藤和彦訳「民俗学・人類学・社会史」（『思想』七五七号、一九八七年）一三七頁。但し、これはギャレス・ステッドマン・ジョウンズの『ロンドンの見捨てられた人々』所収の「贈与のゆがみ」の整理であり、トムスンはむしろジョウンズの見解には批判的であることを付言しておく。
(145) 伊藤幹治他『宴　ふぉるく叢書・6』（弘文堂、一九七五年）八四頁。
(146) 「日記」巻三六、天明二年一〇月一一日条。
(147) 「同右」巻四、寛延三年一月四日条。
(148) 例えば「日記」巻三六、天明二年一〇月一一日条の記述参照。
(149) 第九章。
(150) 前章。
(151) 次の給人正妻の厄入祈禱の事例参照。
一御上様去六月《（安永二年六月一日）》ゟ御厄入為御転除、爰許寺社へ長日御祈禱相頼置、右結願之御礼馬、近日之出船ゟ差上候筈之事（「日記」巻二七）。

(152) 第八章参照。

(153) 例えば、次の白石鍋島家の事例参照。

（未〔享保一二年カ〕五月一日）
今度在郷御断相澄、暫白石江引越被申候、依之、内々我等存入之趣、旦又此節ニ付、彼是左ニ申候事

一此節之儀、高家再興之類無キ御断被申上、願首尾能被　仰出候儀、偏　御厚恩之至極奉存候、此儀聊太形ニ不被奉存、對　御国家忠勤之覚悟弥忘却有之間敷候、第一勝手方之儀、當分仕切厳重ニ有之（後略）（「白石鍋島家文書」〔『佐賀県史料集成』第一五巻〕三四号、鍋島直堯覚書）。

(154) 石井進「中世イエ社会の成立」（竹村卓二編『日本民俗社会の形成と発展』〔山川出版、一九八六年〕所収）二四六頁。

(155) 後藤陽一他編『日本思想大系・30・熊沢蕃山』（岩波書店、一九七一年、）一六七頁。

(156) 第九章。

(157) 前章。

終　章

(1) 給人領主制と「家」観念

山本常朝が批判した「大分の知行を代々拝領」する家臣は、佐賀藩の家格でいえば三家（支藩）・親類・親類同格・家老・着座というような上層家臣層であった。とくに同藩は竜造寺氏から鍋島氏へ領主権力が移行するという歴史過程を経て大名権力・藩体制が成立するため、旧竜造寺系の一門家臣ないしそれへの対応措置として創出された家臣層が、「大配分」ないし「大配分格」として「小配分」の一般家臣と区別される独自の知行地支配を実現し、これらの階層が大名直属家臣団である「与私」を大与頭として統率し、あるいは自らの陪臣団を「与私」とは別に「備」として編成していた（第一〜三章）。

ここでは、序章において近世家臣の自律性の問題として検討する必要を指摘したこのような上層家臣の領主制・知行制の問題をめぐり、これまでの考察を踏まえながら私見を述べておきたい。

そもそも近世における封建的土地所有体系の頂点に立つのは徳川将軍で、大名の領地は将軍より宛行われるものであり、大名家臣の知行地はその領地の一部を大名よりさらに宛行われたものであった。つまり、領地・知行地は宛行われる者にとって主従関係を結ぶ上位権力者からの拝領地である。しかも、所替・改易の可能性があったし、実際に行われもした。もっとも大名の場合、「鉢植え」という認識がすでに当時からあったものの、基本的には刑罰（裁判）

権・行政権・徴収権などの独自の領地支配権を将軍＝幕府は認めていた（もちろん幕府法に反しない限りという大前提があったが）。これに対して、大名家臣の場合、大名権力の確立＝集権化政策のなかで、知行地に対する諸権限は漸次、廃止ないし削減・形骸化され（「自立性」の喪失。序章参照）、知行地との関係が実質的に保たれた場合でも、その権限は徴収権に限定されるというのが通説となっている。知行地を拝領した大名家臣、いわゆる給人の多くはそのような性格を有していたと考えられ、地方知行制に近世的意義を認める、例えばJ・F・モリス氏も近世の領主権の基本が徴収権であり、刑罰権や行政権等をあわせたいわば完全な支配権の所有が封建領主としての本質ではないと主張したのである（序章）。しかし、一方で行政権や刑罰権を保持・行使していた給人の事例も報告されつつあり、[1]従来、「給人」と一括呼称されてきたものについて、近世国家ないし領主制のなかでの位置づけを念頭におきながら改めて性格規定・分類整理をする必要があるように思われる。

私はこの点につき、これまで関説してきたように、徴収権のみを有する給人と行政権・刑罰権等のより広範な権限をも保持する給人に区別しておく必要があるのではと考えている。その上で近世の基本的な領主の有様は、後者であろうと思っている。その理由は、第一に徴収権のみならず行政権・刑罰権を有することで、そうでない給人よりも、将軍から独自の領地支配権を認められた大名に相似しており、文字どおり幕藩領主につながる原理を有していること（第五・六章）、第二に、かかる権限を知行地に有した給人は、祈禱寺・山伏等の宗教者による除災に関わる農耕祈願の知行地での実施等、勧農に関わる宗教儀礼を執行する場合があったが、これは古代の「令」に定められ中世には鎌倉・室町幕府や在地領主の三ケ条吉書に継承された神仏祭祀や春・秋の勧農という伝統的な統治行為に通じるものであること（第九・一〇章）等である。つまり近世の国家ないし領主編成に直接つながるという全体性および古代以来の勧農に関わる統治行為を受け継ぐという伝統性の二重の意味で後者のタイプの給人を私はとくに「給人領主」と呼んでいる。したがって徴収権を有する封建領主という意味で知行地を拝領している大名家臣＝給人を広義の領主概念で捉えることに異論をはさむつもりはないが、むしろ近世の国家・社会秩序が中世に広範に見られた在地領主制が止揚・集権化されることで形成される側面を有していたという観点に立てば、近世における領主概念は、ひとまずは先に指摘した全体性と伝統性を具有する階層に限定して用いるべきではと考えている。[2] このような意味で、笠谷和比古氏の「近世社会に入っても、家老クラスの上級家臣の地方知行がなお包括的な知行所支配権を維持している事例は数多く見いだすことが出来る。そこではいわば中世的意味での自律性が持ち越されてきている」[3] という捉え方に代表されるような大名上層家臣・家老層の知行形態を単純に中世的性格として捉える見方には肯首しがたい。近世家臣のいわば平均的性格とは必ずしもいえないため「現象」的には「例外的」「特殊的」にみえるが、むしろ幕藩領主制につながる領主概念でみたほうが、近世知行制・領主制の「本質」は見えてくるのではないかと考えている。[4]

そこで問題としたいのは、いわゆる給人知行権が削減・形骸化するなか、無限定的ではないにしても知行地に対して広範な権限を保持・行使した給人領主層がなぜ存在したのか（「自律性」の存在。序章参照）、またそのような知行地に対する給人の認識である。拝領地への権限は確かに上位権力よりその行使を認められたものであり、ある意味で国家支配の代執行とも考えられるが、そうであればいわば封建的官僚として拝領地に臨んだことになる。代官・郡奉行等の立場ではそのようなことが指摘できても、知行地に対してはどうであろうか。

かかる点を考える上でまず注目しておきたいことは上層家臣・給人領主が知行地に赴く「御下」をなすことである（第一一章）。知行地に対して広範な権限を有する給人であっても勝手に知行地に赴くことはできず、藩への届出が必要であった。知行地を拝領するものの給人は城下常在で藩主・「御家」への奉公・勤を果たすべき存在であったのである。したがって「御下」はその奉公・勤の解除、つまり「御暇」を得ることにより可能となる。「御下」に際し、給人領主は様々なことを行うが、まず、休息・遊興という側面があったようで、いわば給人が休みを願い出て知行地で休暇をとっている。そして、知行地に居住する陪臣を初め、祈禱寺・菩提寺・山伏等の宗教者、庄屋・町別当等と種々の機会に対面していた。一方、給人領主が館に入る「御行列」、あるいは祭礼見物等に際し、一般領民も給人領主を直接見たと思われ、大名、ましてや将軍を直接にみることがなかった領民たちは、日常的には城下にいる給人を自らの直接的領主として認識したものと思われる。このように給人領主の知行地への「御下」は休息・遊興の間に、陪臣・宗教者・庄屋や別当をはじめとする領民など知行地に居住する人々と直接対面する、そのような機会でもあった。ところで、この「御下」はしばしば給人の家族、つまり正妻や子供等を随伴して、あるいは家族のみでなされる場合さえあったが、この意味は重要であろう。知行地が年貢をとる経済的基盤、あるいは大名による支配の代執行としての管轄地であれば、このような事例はなかったろう。家族も狩猟をしたり、寺・神社に参ったりと、給人領主と似たような行動をとりながら陪臣や知行地領民と対面している。給人領主のみならず、その家族も知行地へ「御下」することは、給人領主の「家」の問題と知行地の存在が密接に関係していたことを想定させる。

事実、知行地には給人領主ないしその祖先が勧請・再興した給人の「家」の菩提寺・祈禱寺・神社が存在し、祖先祭祀、給人やその家族の厄入り祈禱や葬礼のような民俗学でいう通過儀礼など、給人領主の「家」の相続に関わるさまざまな儀礼が行われていた。このようなことを踏まえれば、給人およびその家族は「家」の相続ないし再生産の場あるいは精神生活の場とでもいうべきであろうか、そのような場である知行地へ「御下」していたとも考えられるであろう。いずれにしても、給人およびその家族は、館・菩提寺・祈禱寺等があり、かつ陪臣や領民が居住する、いわば精神生活と経済生活、そのような二つの側面から「家」を支えていた知行地へ「御下」していたということができるのではなかろうか。

このように考えると、給人領主が刑罰権を行使する論拠の一つに、「家」の名誉を損なう行為というものがあったことが想起されるし（第六章）、給人領主の知行地に対する指示・要求を、知行地領民の実状を考えながら陪臣たちが「吟味」・合議することにより受け入れなかったというような問題でも、知行地に対する恣意的ないし無理な要求・支配が結局、陪臣たちの事実上の帰属集団である給人領主の「家」、この場合は非血縁的・擬制的な「家」というように拡大解釈して考える必要があうが、恣意的支配が自らの帰属集団であるそのような給人領主の「家」を解体し兼ねないという認識があったものと想定される（第五章）。

給人領主の「家」の祖先祭祀儀礼がいわば知行地の年中行事として菩提寺で執行されることもこのような脈絡からみれば注目される。そしてそのような「家」の儀礼を陪臣が手当したのである。もちろん城下居住の給人領主の代行という事情もあったであろうが、一連の祭祀儀礼が給人領主「家」への陪臣の集合意識、いわば「家」構成者（近世大名家でいうところの「御家」観念）としての自覚を再生産させる機能を果たしていた、あるいは「家」観念を介した主従関係の再確認の場とでも評価できようか（第一〇章）。知行地における葬礼を含む給人領主家の「死」をめぐる儀礼についても同様のことが指摘できようが、さらに注目されることはこれが「家」の儀礼として、将軍・大名の論理が優先されつつも、それを相対化する「内輪」の論理をも同時に有していたことである。それは、大名の穏便とは別に給人自ら知行地に穏便をかけていたことに象徴される。この「御自分穏便」は将軍ないし大名等の慶事は避けなければならなかったが、給人側は表と裏の使い分けをし、知行地では「御自分穏便」を続行するというようなことさえあった（第八章）。

つまり給人領主がいわば「家」を判断基準のひとつの中心に据え、上位権力を相対化し得たとするならばこのことはどのように評価すべきであろうか。知行地が経済的にも精神的にも「家」の基盤であったとしても、繰り返しになるが知行地の本質は拝領地である。この点、有賀喜左衛門氏の次のような指摘は極めて示唆的である。上・中・下の階級が関連した主従関係を見れば、下層の主従関係において従者は主人（オオヤケ）に奉仕すること（奉公）を要求されたが、この主人（下）は、中層の主従関係においては、従者であったから、彼の主人（中のオオヤケ）に対して奉仕すること（奉公）を要求された。さらにこの主人（中）は、上層の主従関係においては彼の主人（上のオオヤケ）に対して奉仕すること（奉公）を要求された。それゆえ、下層のオオヤケであった主人は、中層の主従関係においてはワタクシであり、中層の主従関係においてオオヤケであった主人は、上層の主従関係においてはワタクシであった。すなわち、どの主従関係の集団においてもオオヤケとワタクシとがあった(5)。

給人領主の知行地支配は大名からみれば「私」的なものである。現に佐賀藩では知行地のことを「私領」といっている。山本常朝は『葉隠』のなかで「知行」を「私」と捉え、それへの執着を否定していた（第三章）。しかし、給人領主の知行地ないし「家」内部に即していえば、それはやはり上位権力からの規制が相対化される自律的空間・場なのではなかろうか。そこには大名と将軍との関係に通じた世界を想定すべきであろう。将軍から形式的には領地を宛行われた大名であったが、その領地には菩提寺があり、近世的政治秩序の枠内で比較的独自の裁量が認められていた。マックス・ウェーバーがいうところの「完全な統治権力」（序章）ではないにしても、給人領主の自律性は一般家臣よりもむしろ大名に近いもの、有賀の指摘にならえば同質の性格として認めることができるのではなかろうか。そしてそのような領地・知行地を場とした自律性は、武士つまり土地支配に対する領主的欲求を本来持っていた階層が政治権力を握っている限りにおいて、近世社会においても認知されていたということができようか。

もちろん知行地に対する支配は再説するまでもなく、近世国家支配の枠組みのなかでなすべきであったことは当然で恣意的な支配は許されなかった。給人刑罰権の行使はそれを物語るものであった（第六章）。幕府巡見使の通過に際し給人領主は細心の注意を払い、その迎接に当たらねばならなかった。知行地における「懈怠」は大名領そのものの存廃に関わることでもあったからである。知行地での巡見使迎接は給人の近世的「領主」としての資質が問われる場なのである（第七章）。給人領主は知行地支配の拠点（館・役所等）に陪臣を詰めさせ実際の支配業務を担当させた。もちろん陪臣たちは自らの帰属集団である給人領主の「家」の論理を行政的意思決定＝「吟味」の判断基準にしたのであるが、その実態はいわば官僚的ですらあり、恣意的支配は排除されていた（第五章）。勧農も給人領主にとって重要なことであった。近世中期、知行地に対する「切地」・「上支配」政策、これは実質的には相続米渡しによる蔵米知行であったといえようが、かかる政策が展開するものの結局、佐賀藩において地方知行は蔵米知行化するにいたらなかった（第四章）。その理由についてはいろいろな要因を想定すべきであろうが、そのうちの大きな問題は給人の勧農権を大名権力が吸収できなかった、あるいはしようとしなかったということではなかろうか。そこには個別給人に勧農の責務を強いるといおうか、押しつけようとする、大名権力の姿勢を窺うことができよう。あるいは、知行地を上位権力からの制約が一定度解除される自律的な場としようとすれば勧農の責務は給人側が果たさなくてはならないということでもあろうか。そこで注目されるのは経済的勧農のみならず給人領主が宗教儀礼的勧農、つまり雨乞・虫除等の災害除の農耕祈願をなしていたことである。その契機は農民からの依頼もあれば給人側が自発的に行う場合さえあったが、いずれにしても宗教儀礼的側面における勧農もその責務は給人領主にあることを給人・農民双方が認めていたということであろう。そしてかかる問題は領主がそもそもなすべき伝統的統治行為だったのである（第九章）。

以上のように給人領主にとって上位権力からの拝領地であるものの、「家」の経済的・精神的再生産基盤として知行地は、上位権力の制約を相対化し得る自律的空間・場ということができるのではなかろうか。したがって「下位の権力は上位の権力へひたすら従属して、上位権力が許容する範囲をこえた下位権力は存在する余地がないのである。

この場合、上位権力の許容範囲をこえる下位権力が『私』権力として否定されたということは注目に値する」という前提のもと、給人の個別知行地支配をめぐって「『知行所』が『公』的な権力の執行領域とされたことに対応して、『家』もまた『公』的な組織体と観念されていた」[6]とする見方は、近世における国家と社会を総体的に捉えようとする国制史からのすぐれた指摘であるものの、上位権力者の立場からみた近世社会像であり、近世武士の「家」相続と知行制の問題は今少し注意深く検討する必要があろう。例えば次のような給人領主の文言がある。

一家老中之儀、家之柱石に相成候職分ニ付而者、御国家相連、自家全令永久候所を目あてにいたし、公私御掟之旨ニ諸事無迦様相慎、抽忠節候格護可有儀専一候事[7]

給人領主多久氏が自らの「家」の家老（大名との関係からは陪臣）の職分について述べたものであるが、「家」は「御国家」つまり藩に連続し、その意味では完全に自律的存在では有り得ないのであるが、同時に「家」は「永久」させねばならなかったのであり（これには先祖への「孝」という観念が背景として想定されよう）、「家」の家老はそのために給人領主ないし「家」に対し忠節を尽くすべきとされた。「国家」（藩）と「家」（給人領主家）とは「公私」の関係として近世的秩序のなかに定位されている。ここには必ずしも「公」が「私」を圧倒、ないしそれを否定するという観念は稀薄であり、むしろ「家」相続が「私」として対置され「公」の許容範囲内で認知されていた、そのような武士階層の共通認識こそ看取すべきであろう。要するに、「武士の場合にも『家』の存続は、先祖から預かり、子孫にうけ伝えていくべきものとして上位権力を越える側面をもっていたはずである」[8]という観点を近世家臣の領主制・知行制研究に導入すべきなのではなかろうか。本書はそのようなささやかな試みでもある。

以上、本書の結論を要約すれば、近世武士・家臣の領主制・知行制に「自律」的展開を認めることができるとすればそれは「家」観念に支えられていたということであろう。

(2) 武士と知行

本書を締めくくるにあたり、これまでの実証成果と結論も踏まえつつ近世の国家と社会をめぐり若干の展望を述べておきたい。

まず、近世の武士と知行という問題である。本書では上層家臣の知行制、比較的支配権の強固な地方知行を分析対象としてきた。しかし、これは切米取、扶持米取、蔵米知行等を含めた多様な近世知行制の一部分にすぎないわけで、そもそも近世武士にとって「知行」とは何なのかということが明らかにされねばなるまい。この点、尾藤正英氏は「官僚に支給される俸給に近い性格」(9)とし、石井紫郎氏も「職分」遂行のために禄は与えられるとする。(10)つまり知行は「職分」遂行のための公的性格を有するとする。では、知行が土地で与えられる場合があることをどのように考えるか。両氏はこの点あまり明確ではないが、鈴木壽氏は土地を給与する地方知行と米を支給する蔵米知行の両者が物成渡形態で同質であるとし、「手取額として切米取の給付基準もまた、蔵米知行や地方知行と同様に、一定の物成免によって給付されている。つまり、切米取はその前身である蔵米知行ないし地方知行時代にもっていた（またはもっていたと見込まれる）知行高（草高）があり、これを元高（本高）という。切米取の蔵米給付はこの元高に対する物成免による物成渡という仕法によっておこなわれる」(11)という。つまり、「知行高」を前提とした「物成」渡しという点で、地方知行・蔵米知行・切米取は共通というのである。「知行高」は具体的な知行地＝土地が想定されているはずであり、所付がある蔵米知行を勘案すれば、知行地拝領の地方知行が基本で、蔵米知行さらに切米取はその展開形態ともみられよう。近世の知行の基本は、「現象」とは裏腹にその「本質」は領主制であったといえるのである。従って、地方知行権は制約をうけていたものの「下級領主権は最後まで持ちつづけていた」し、「蔵米取りの家臣について仔細に見てみると、かれらが支配すべきものとしての村と百姓を指定されている場合が少なくな」く、「いざというときは一個の領主として復活できるような、最後の拠り所を残していた」。つまり「近世の軍隊を支えていたのは、このような武装自弁の武士団であり、陣夫役の人馬等の夫役を賦課され、負担させられた民衆」[12]という評価も可能となる。武装自弁の武士・家臣に与えられるのが「知行」の基本であり、近世の武士は領主としての本質を有していたとすれば、本書でみてきた地方知行、とくに家老等の上層家臣の知行制・領主制は、近世では「例外的」にみえるものの、武士の領主としての本質がそこに立現れているともいえるのである。[13]しかし、それは「自立」的な領主ではない。いわば近世的統治理念である小農民保護・農業経営の再生産確保を保障しえない領主はその本来的立場を剥奪される。このため、収取の法定化、私的労働力徴発の禁止・制限、刑罰（裁判）権の制限等の諸原則が武士領主間（大名と給人）でいわば合意されると考える。[14]もちろん、様々な条件のなかで蔵米・切扶のような俸禄制へ移行する藩もあれば、本書でみた佐賀藩のように地方知行が幕末期まで存続する藩もある。それぞれが一つの歴史的帰結なのであり、地方知行から俸禄制への移行の傾向性は指摘できても、通説的にいわれたような近世日本が内包した歴史的必然とは認め難い。

すなわち、地方知行は全国諸藩一律に存在するのではなく、すでに元禄期には二四三藩のうち、この知行形態を採るのは三九藩に過ぎないという報告がある。[15]その比率（一六％）は必ずしも高いとはいえないが、家格別の内訳をみればいわゆる国持外様大名が多く、[16]さらに徳川御三家が全て地方知行を採用していることが注目される。御三家の一つ尾張藩の当主徳川吉通（在任元禄一二〜正徳三年）は「既に大名にも、国大名といふは、小身にても、公方の家来あいしらひにてなし、又御普代大名と云は、全く御家来也。三家之者は、全く公方の家来にてはなし」[17]という言葉を残したと伝えられるが、彼の主張に従えば、将軍徳川家に一定度の自立性を保持していた藩・大名家が、地方知行を採っていたということもできる。つまりこのような藩は将軍徳川家に対し自立的であると同時に、その内部においても、家臣の領主としての自律性を一定度認める地方知行制がみられるわけである。むしろこれら自立性と自律性は様々な条件のなかで（国持大名として本来同輩であったという徳川家に対する対抗意識、将軍徳川家＝本家に対する分家としての対抗意識等）、相即する構造（以上のような大名家・藩ではかかる意識を大名のみならず家臣たちも共有し、それは家臣の大名に対する知行制の面でのいわば権利意識につながるという如き）を有していたのではなかろうか。集権的編成をとりつつも、このような多層の自立（自律）性を内包する近世国家の政治構造を如何に理解するのか。地方知行制を採った藩の近世国家における位置づけを考える時、その分析はこの国家の集権性と分権性の構造的連関を解明する好個の素材を与えてくれるように思える。しかも地方知行制を採る諸藩に近世国家を解体することになるいわゆる西南雄藩が含まれていたことは、必ずしも偶然ではない様な気がする。佐賀藩は国持外様大名でしかも薩長土肥と称される西南雄藩の一角を占めたことはいうまでもない。

(3) 近世国家と地域論

本書では、知行（地）は武士・家臣・給人にとて「家」相続の基本であるとし、自律的な領主制展開の可能性があることを示したが、このような点を踏まえ、近世国家と領主制との関係を地域論の視点もいれながら試論的に述べておきたい。

第一に、近世国家は重層的転換の構造を有していたのではという見通しである。国家についてここでは、地域社会を基盤としながら集権的・公的論理を有し官僚制・税制・常備軍等の支配装置を独自に備えた権力体と捉えておく。近世国家を単一国家（将軍家・幕府を唯一の国家主権者とする）とみるのか複合国家（大名家・藩をも国家主権者とする）とみるのか、また、複合国家と見た場合に幕府と藩との関係をどのように考えるのか、必ずしも定説をみていないのが現状のようである。[20]この点、例えば深谷克己氏は、「同じ水準で幕藩の力の強弱を測るような視角には疑問を持つ」とし、「幕藩制国家が上下の身分制的重層国家」と規定した上で、「国家形態の中で、藩体制は下位国家である。それは領民・領地・預地機構・異見法度・主権人格を有することで国家性を保持している。その理由は統一権力（中央政権）の限界に求めるべきであるが、しかしその限界を克服して全国性を獲得する仕組みこそが、上位国家と下位国家との重層構成からなる幕藩制国家」[21]という理解を示す。私も単一国家と複合国家の二者択一ではなく両者の性格を統一的に捉えようとする深谷氏の考えに示唆をうけるものの、自律性の根拠と考えられる「家」観念に注目してみると、国家と「家」との関係とその主体とは可変的と思われる。政治的には上位国家と下位国家という固定した関係との捉え方は妥当であろうが、「家」の主体側の視点も取り入れたいのである。

すなわち、幕府の主体である徳川氏自身が「家」的存在であると同時に、幕府と大名はそれぞれの関係（あるいは「異国」「異域」との関係）で、前者が国家の主権者、後者が「御家」＝個別領主となる。ところが、大名自身は、領国支配の主権者として独自の支配装置を備えた国家的存在ともいえるのである。そして本書でみてきた給人領主層を念頭においた場合、これと同じような関係が、大名と給人との間にも成立するということができないだろうか。すなわち大名（藩）側からすれば、前者が「国家」[22]、後者は「私」的存在＝個別領主であるものの、むしろ「家」意識を基盤にした「御自分」観念を知行地内においては強化儀礼化、「上」的なものに転化し、様々な心意統治さえ展開していたのは見てきた通りである。[23]このように、近世の国家と領主制は固定的な関係とみるよりも、「場」、つまり外向きなのか（大名の場合でいえば幕府に対する、給人の場合では大名に対する）、内向きなのか（大名ならば対領内、給人ならば対知行地内）でその性格が転換すると考えた方が、より実態に即した現象の捉え方ができるのではなかろうか。

第二に、近世的国制と地域論に関わる問題である。例えば水本邦彦氏は、非領国地域（いわゆる支配国・国奉行支配、具体的には畿内・近国、関八州地域）のあり方を検討し、幕府の奉行（広域的・横断的行政）—領主権力の形式化（現実の運営面は農民が担う）—郷中・村中という構造に、近世的国制の本質が見いだせるとし、いわゆる領国地域も念頭におき近世大名の支配は奉行的要素と領主的要素を有するとされるが、近世の国制レベルでは〈行政と所有の分離〉という傾向を重視する。(24) ただ、両者の結合のあり方またはその変化に近世的国制の特徴を見いだすことも重要だろう。特に領国地域では大名家臣・給人が知行地に対し、領主であると同時に国家・「国家」（藩）支配の代執行的支配も行い、さらに郡奉行・代官等として直接、民政に関わる官僚的性格を併有する。給人知行地はこれら郡奉行等の支配もうけていた。領主的あり方が官僚制的性格を規定するのか、官僚制的性格が領主的あり方を規定するのか。おそらく前者の傾向から後者の傾向へ段階的にシフトしていくのであろう。

そこで第一と第二の問題を合わせ試論的に概念化したものが図8である。a枠は近世国家、b枠は領国地域の国持大名クラスの藩を想定している。c枠はこのような藩に多くみられた地方知行の給人支配を示している。b枠は、国家・公儀に対する時、私的存在であるが、b枠をはみ出た枠はない。これはb枠の大名・藩が独自の支配装置を有した権力体＝「国家」であること、公的存在たることを示す。c枠もb枠同様に上位権力（大名）に対しては私的存在だが、知行地に対しては、「上」として臨む、公的存在であり、その限りで自律性を有する。しかし、注意すべきは「村・町」や「家・家族」の枠が、c枠を一部はみ出していることである。これは、c枠＝給人支配が「自立」的ではないこと、郡奉行や代官支配を直接・間接うけることがあったことを示している。この意味で給人支配は独自の支

図8　近世における国家・「国家」・「家」の重層的転換構造の概念図

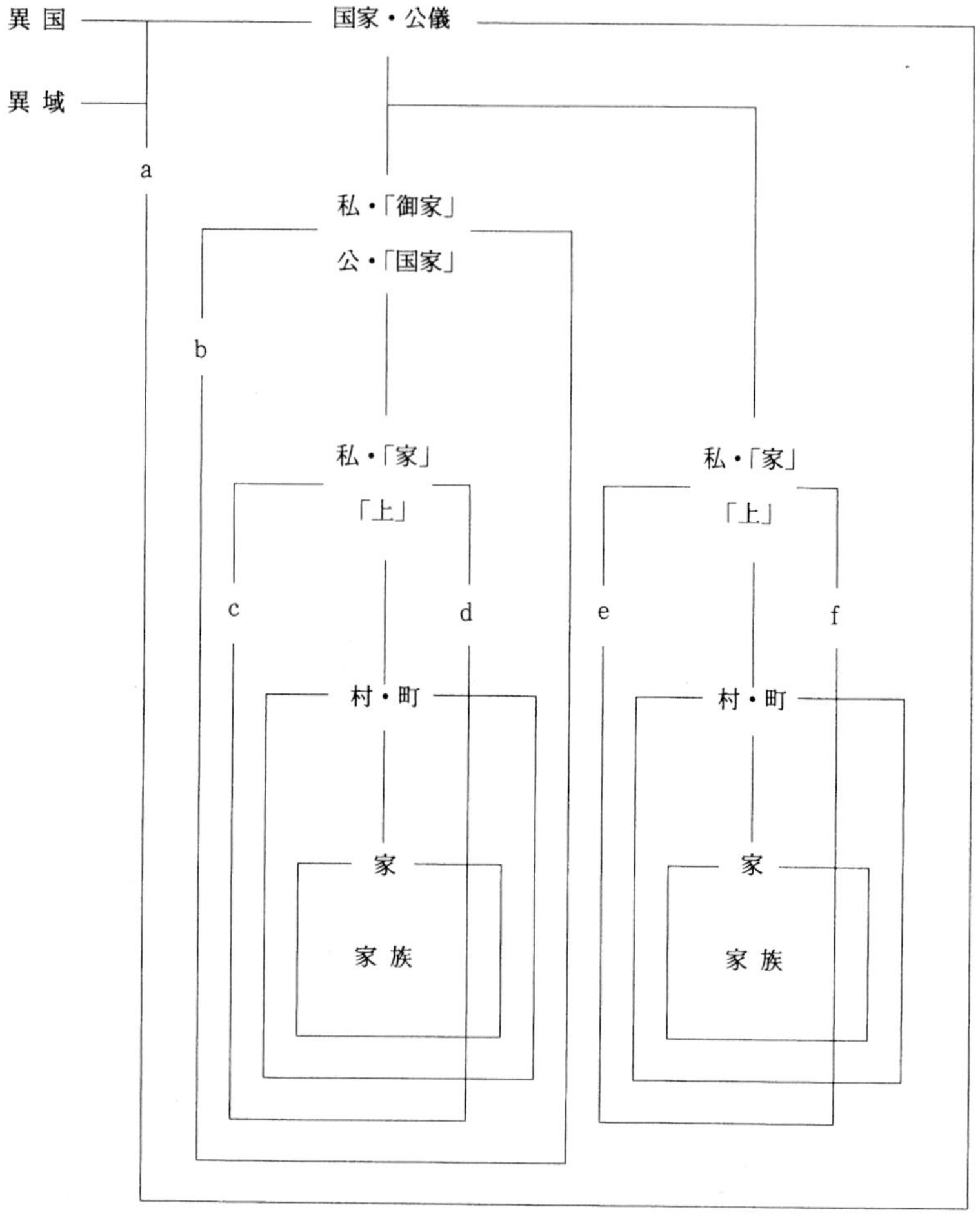

a 枠＝近世国家　b 枠＝藩（国持大名クラスを想定）
c 枠＝給人支配　d 線＝この線が右側に寄るほど給人の領主的性格が強い。
e 枠＝藩（分散領知の性格が強い小大名・譜代大名を想定）、旗本・御家人等
f 線＝この線が右側に寄るほど「家」の領主的性格が強い。

配装置を有し、「自立」的性格を有したb枠とは相違し、「国家」的性格を有しないのである。本書で分析の対象とした家老等の上層家臣（給人領主）はこの図でいえばc枠であり、d線がかなり右寄りといえる。その分、自律性の度合いも高い。しかし、それでも「村・町」や「家・家族」の枠を完全に包むことはない。給人領主でも藩による様々な規制（とくに恣意的支配の否定）をうけ、その支配をうけるからである。なお、c枠のd線が左によれば領主的性格は希薄になり、「村・町」や「家・家族」の枠と交差しなければ、所付がない蔵米知行や切米取ということになる。しかし、これとてd線は可変的であり、領主としての形式を蔵米知行や切米取が有していたこと、領主として実質的な復活も可能な存在であることを示している。

次にe枠は、非領国地域の藩・旗本領等を想定しており、領国地域に展開した「国家」たりえる国持大名クラスの藩領とは区別され、むしろc枠の給人支配に相当すると考える。将軍の直臣という点においては、b枠の国持大名クラスもe枠の大名・旗本クラスも同じである。但し、領地・知行所支配という点からみると、これらの階層は所領形態の分散性が強く、幕府奉行の広域支配の対象となり、「自立」的な「国家」たり得ないという意味でc枠と同様ということができると考えたい。e枠には大名も含むわけで、これをc枠の大名家臣・給人と同レベルと捉えることには異論もあろうが、国家と「家」と領主制の関係とその性格という観点からすれば、むしろ同質なのである。e枠はa枠という国家の直接支配をうけ、c枠はb枠という「国家」の直接支配をうけるのである。しかし、それぞれf線とd線は可変的で、右寄りの領主的性格が強い大名・旗本・給人も当然存在する。給人領主はその事例である。

ところでb枠は「自立」的な「国家」として位置づけられるとしたものの、これとてa枠、つまり幕府・公儀の支配の枠組みのなかに完全に包摂されている。それは近世国家が極めて集権的とされることを示している。そして、b枠がa枠をはみ出た時、近世国家の幕藩制的秩序が崩れ、幕府が解体することを意味する。しかしそれ以後の枠組みは本書の問題意識を大きく越えてしまう。かかる点については他日を期すこととし、本書の内容との関わりに限り近代への多少の見通しを述べておきたい。

(4) 近代への展望

地方知行制がみられる西南諸藩・雄藩が明治維新を主導したことは検討すべき問題であろう。給人領主クラスの特権的家臣による自律的知行地支配の存在が封建領主制の矛盾を中小家臣をして強烈に認識させたという観点も想定できよう。給人領主制は質的には大名領主制、さらにいえば幕藩領主制につながっていたのであり、つまりはこれらの近世領主制を根底から否定する論理をも生みだしたともいえようか。しかしながら、給人領主のような上層家臣が展開した「家」と領主支配の形態は、むしろ明治国家の支配の枠組みの中に組み込まれていったともいえる。例えば給人領主は心意統治の一環として領民の祭礼行事に参加し、知行地内の領民の祭礼は知行地で収穫された生産物が供えられるので全て給人の祭礼であるという認識すらみられた。明治国家は各地の神社を文字どおり国家的に編成し天皇の皇祖神とされる伊勢神宮を頂点に国家神道を作り上げ、国民の祖先神（氏神信仰）を国家神道の体系に組み込み、国民を天皇の「臣民」と位置づけた。いわば天皇を家長とする「家族国家」観が形成されたのである。[25] このような明治国家のいわばイデオロギー的枠組みが成立する歴史的環境を近世に見いだそうとする時、我々は本告宣長・賀茂真淵等を思想的ルーツとする国学、あるいは尊王論を核とした水戸学等をまず想起するが、例えば右にみたような領民の祭礼体系をも取り込もうとする給人領主制のもとで展開した「家」と領主支配の問題も看過できない素材を提供してくれるのではなかろうか。

また幕末期まで地方知行が存続したということは、強固な給人支配の展開とも評価もできよう。しかし、そこに地域民衆からの要求を日常的に受けとめなければ「支配」が実現しない、という認識も生まれていたのではなかろうか。いわば民意の汲み取りあるいは領主と領民＝地域民衆との合意である。それは、非領国地域で指摘されるような「代議制」「民費協議制」というレベルのものではなかったかもしれないが、例えば佐賀藩では中層家臣といえる小山氏（物成四二〇石）は、嘉永期に農民の要求に応え、知行地の一部をいわば抵当にいれて藩より村方救済のために借銀している。[26] 借銀返済が農民の年貢納入の遅滞ないし不納により滞れば知行地は没収である。いわば領主制の破棄まで想定されるぎりぎりの選択が、農民の要求によりなされねばならなかったともいえよう。庄屋たちも村方の〝総意〟を負って領主小山氏との交渉にあたったことであろう。ここで指摘したいことは、いささか強引な言い方が許されるとすれば、非領国地域と領国地域を対立的に捉え、前者を中心に「近代」的地域原理の萌芽を見いだす視角から、[27] 領主支配が比較的強かった領国地域においてもかかる原理を見いだす視角も重要であろうということである。「家」の論理を通じた支配のメカニズムと「民意」の汲み上げを通じた支配のメカニズムの二つを、とくに近世後期の地方知行＝領主制が有していたとすれば、それは近代国家の支配原理に連続する側面さえ内包していたのである。

註

（1）例えば尾張藩に関する伊藤孝幸「日本近世知行制の再検討」（『歴史の理論と教育』七八号、一九九〇年）、徳島藩に関する松下師一「近世村落社会における給人地方知行と藩権力」（『鳴門史学』六集、一九九二年）等。

（2）朝尾直弘氏は近世領主制を「領主集団」という観点から捉え（公儀領主制）、その中で給人も領主集団を構成するという認識より「給人領主」と規定された。その領主としての本質については必ずしも明確な根拠を示されていないが、「在地と切離された年貢収納者としての給人領主」という論述より、年貢収納者たるところにその本質を求められているようである

（同「公儀と幕藩領主制」〈歴史学研究会・日本史研究会編『講座日本歴史』近世1、東京大学出版会、一九八五年〉）。同じく「給人領主」という用語を使いながらも、私はより狭義に定義している。

（3）笠谷和比古『近世武家社会の政治構造』（吉川弘文館、一九九三年）一八三頁。

（4）近年公刊された落合延孝『猫絵の殿様』（吉川弘文館、一九九六年）は、交替寄合格で上野国新田郡下田嶋村の館に居住する新田岩松氏が記した二一四年間にわたる日記を分析し、領主と農民との諸関係を多角的に論じたものである。領地常住という意味では、私が分析対象とした佐賀藩の神代鍋島氏をはじめとする上層家臣たちと知行地との関係よりも、さらに「特殊な事例」（同書七頁）かもしれないが、「そのなかから見えてくるものを大切に考え」「領主と農民との関係を再考」しようとする視角は重要だと思う。私の問題意識も落合氏の視角と重なる部分もあると思うが、さらに、両者（領主と農民）の関係を幕末期にかけて動体的に捉えようとした点は、私に欠如していた見方であり教えられた。

（5）有賀喜左衛門『有賀喜左衛門著作集Ⅳ　封建遺制と近代化』（未来社、一九六七年）第三部「公私の観念と日本社会の構造」二三二頁。

（6）水林彪「近世の法と国制研究序説（二）」（『国家学会雑誌』九〇巻五・六号、一九七七年）二一七〜八頁。

（7）多久茂隣「條々」（「多久家文書」〈多久歴史民俗資料館蔵〉天明元年九月朔日）。

（8）本郷隆盛「近世思想論序説」（同他編『講座日本近世史　9　近世思想論』有斐閣、一九八一年）五八頁。

（9）尾藤正英「徳川時代の社会と政治思想の特質」（『思想』六八五号、一九八一年、同『江戸時代とは何か』〈岩波書店、一九九二年〉に再録）三頁。

（10）石井紫郎「近世の国制における『武家』と『武士』」（『近世武家思想』〈岩波書店、一九七四年〉、同『日本人の国家生活』〈東京大学出版会、一九八六年〉等に再録）五一九頁。

（11）鈴木壽『近世知行制の研究』（日本学術振興会、一九七一年）四七五頁。

（12）山口啓二『鎖国と開国』（岩波書店、一九九三年）一一五頁。また高木昭作氏も「実質的には蔵米取りになっても名目的には知行地が与えられている場合も多かった。所領とその住民を支配し、従者を率いて出陣するという中世武士のあり方は形式の上では注意深く保存されていた」（同『日本近世国家史の研究』〈岩波書店、一九九〇年〉二五頁）とする。

(13)　なお山本博文氏は、「封建的支配といっても、必ずしも地方知行のみをとりあげる必要もなく、弱小領主が切米取となったとしても（所付の有無にかかわらず）、その収入が保障されているとしたら、封建地代を完全に収取したという意味で、個別領主の封建的支配が貫徹されたことに他ならない。問題は搾取の形態ではなくその実現である」（山本博文『幕藩制の成立と近世の国制』〔校倉書房、一九九〇年〕三二八頁）とし、地方知行から切米取まで封建領主ということが重要で、「搾取形態」は問題としないとする。国家形態というレベルでいえば、封建地代搾取の実現が重要な指標となろうが、武士・家臣また民衆・共同体のレベルでは、その「搾取の形態」は日常性（支配と被支配、生活）および非日常性（支配秩序の揺れ、一揆）を大きく規定していることであろう。蔵米取・切米取は村落との関係が希薄であろうし、扶持取は在郷している場合を除き、その関係はほとんどないだろうからである。

(14)　拙稿「地方知行と近世的秩序」（山本博文編『新しい近世史①　国家と秩序』新人物往来社、一九九六年）。

(15)　金井圓「『土介寇讎記』における幕藩体制の一表現」（同『藩制成立期の研究』〔吉川弘文館、一九七五年〕所収。原論文は一九五一年初出）。

(16)　前田金沢・島津薩摩・伊達仙台・細川熊本・黒田福岡・浅野広島・毛利萩・鍋島佐賀・池田鳥取・佐竹秋田・山内高知・上杉米沢等。

(17)　「円覚院様御伝十五箇条」（名古屋市教育委員会編『名古屋叢書』一巻、一九六〇年）三三頁。

(18)(19)　自立性と自律性については序章参照。

(20)　近年では水林彪氏と山本博文氏との論争がある（水林「近世の法と国制研究序説」〔『国家学会雑誌』第九〇巻一・二号、第五・六号、第九一巻第五・六号、第九二巻十一・十二号、第九四巻九・十号、第九五巻一・二号、一九七七〜八二年〕、同「近世の法と国制研究序説補論」〔『人民の歴史学』七八、七九号、一九八四年〕、山本前掲『幕藩制の成立と近世の国制』の「第三部　日本近世の国制」、中小路純「水林彪『近世の法と国制研究序説』について　―水林・山本論争の基本性格―」〔『人民の歴史学』八二号、一九八四年〕等参照）。

(21)　深谷克己「明君創造と藩屏国家（一）」（『文学研究科本冊第四〇輯』哲学・史学編〔早稲田大学〕一九九四年）六六頁。

(22)　深谷氏がいう上位国家を国家、下位国家を「国家」と仮称する。

(23) 第八〜一一章。なお、有賀前掲「公私の観念と日本社会の構造」、清水昭俊『家・身体・社会』(弘文堂、一九八七年)参照。
(24) 水本邦彦『近世の郷村自治と行政』(東京大学出版会、一九九三年)第九章「畿内・近国社会と近世的国制」。
(25) 伊藤幹治『家族国家観の人類学』(ミネルヴァ書房、一九八二年)第一章「家族国家観の成立と展開」。
(26) 拙稿前掲「地方知行と近世的秩序」の「農民たちとの合意」の項。
(27) 例えば藪田貫『国訴と百姓一揆の研究』(校倉書房、一九九二年)前編第二章「国訴の構造」。

あとがき

私のそもそもの関心は近世の武士論であるが、本書をまとめ改めて思うのは「自分」「私」へのこだわりである。「国家」「公」の枠組の中のあるいはそれらを相対化する「自分」「私」、要するに「公」と「私」の関係。もちろん歴史性を有し様々なバリエーションがあり得ようが、近世の武士に視点を定め考えようとしているわけだ。ある人間集団、社会の中における「私」とは何なのか、その意識と権利保障は「公」との関係でどのような様相を呈するのか。これは現代にも通じるテーマであろう。一つのささやかな仕事に区切りをつけ、改めて自らの研究の課題がみえてきたような気もする。

ところで、本書は九州大学に提出した学位請求論文「近世大名家臣団の研究——鍋島佐賀藩を素材に——」をもとにまとめたものである。本書の構成と既発表論文との関係を整理すれば次の如くである（各章とも原論文は修正を加えている）。

序　章　「地方知行と近世的秩序」（山本博文編『新しい近世史　①国家と秩序』新人物往来社、一九九六年）の一部をもとにした新稿

第一章　「近世初期大名の『御家』について」（『九州文化史研究所紀要』三三号、一九八八年）

第二章　「『葉隠』に関する一考察」（『同右』四〇号、一九九六年）

第三章　「佐賀藩家臣団編成の諸段階」（『史淵』一二三輯、一九八六年）
第四章　「近世中期地方知行（給人知行）に関する一考察」（『同右』一二五輯、一九八八年）
第五章　「知行地陪臣の吟味について」（九州大学国史学研究室編『近世近代史論集』吉川弘文館、一九九〇年）
第六章　「給人刑罰権に関する一考察」（『日本歴史』五三五号、一九九二年）
第七章　「知行地における巡見使迎接をめぐる一考察」（藤野保先生還暦記念会編『近世日本の社会と流通』雄山閣、一九九三年）
第八章　「給人領主家の『死』をめぐる儀礼」（『歴史学研究』六六九号、一九九五年）
第九章　「給人領主と農耕祈願」（『九州文化史研究所紀要』三四号、一九八九年）
第一〇章　「知行地の年中行事」（『福岡工業大学研究論集』二三巻一号、一九九〇年）
第一一章　「給人領主の知行地『御下』について」（『同右』二四巻一号、一九九一年）
終　章　「三つの『御下』」（『九州歴史科学』二一号、一九九三年）および「近世日本における『国家』・『家』・領主制」（『歴史学研究』六七七号、一九九五年）の一部をもとにした新稿

もともと内向的な性格で対人関係が苦手な私が研究を続けられたのは、実は多くの人たちのお陰だと今さらながらに思っている。佐賀藩の総合研究へ参加させていただき、今でも学問的に導いて下さっている藤野保先生、社会学・民俗学等を視野にいれた学際的見地からの近世武士論・知行論という、私の現在の研究テーマ・方法論を示唆していただいた加藤章先生、いわゆる素朴実証主義におちいりがちな私を「研究は発明・発見だ」と励して下さった丸山雍成先生、逆に私の史料の読みの浅さと実証の厳しさを教えていただいた中村質先生。その学恩の深さに対して自らの

成果の乏しさを恥入るばかりである。川添昭二・有馬學・秀村選三・松下志朗・山口宗之・故野口喜久雄等の九大の諸先生方、杉谷昭・長野暹・木原溥幸・黒田安雄・故池田史郎・細川章・小宮睦之・木下喜作等の佐賀藩研究の諸先生方、楠本美智子・柴多一雄・池畑裕樹・吉田昌彦・公文新・真栄平房昭・宮崎克則・八百啓介・中野等・梶原良則等の九大近世史研究会の諸氏、これらの方々は日頃私のまわりにおられご指導・ご教示を賜わってきた。とくに柴多さんには公私にわたって色々相談にのっていただき、吉田さんには同じ職場で様々なご迷惑をおかけしてきたが、お二人の支えがなければ、足らざること大なりといえど成果をまとめることはできなかったと思う。

さらに引込思案の私をより広い世界に導いて下さった人たちがおられる。いつも民俗学方面のアドバイスをいただいている永松敦さん、神代領のことを一緒に歩きながらご教示願った故伊藤祐光さん、知行制研究会へお誘いいただいた白川部達夫さんやジョン・フランシス・モリスさん、幕藩関係論や近世武士論等でいつも刺激的な影響を与えて下さる吉村豊雄さんや山本博文さん、いわば「田舎者」の私にとって「東京」での指導者である小宮木代良さんや福田千鶴さん、また一九九五年度歴史学研究大会での報告の機会を与えて下さった大橋幸泰さんをはじめとする当時の近世史部会の委員の皆さん、そしてあつかましくも拙稿を送らせていただくと的確な助言・批判を下さる研究者の方々である。

これ以上のお名前は差し控えさせていただくが、佐賀県立図書館・長崎県立長崎図書館・多久市立歴史民俗資料館等の資料保存機関の方々も含め、多くの人たちのお陰でこれまで研究生活を続けてこられたこと、そして幸い小さいながらも仕事を上梓できたことを改めて感謝申し上げたい。

最後に私事で恐縮だが、妻節子に対する気持ちを書き記すことをお許し願いたい。私たちの子供の一人は知的障害者である。私たち夫婦はこのような子供を育てながら、多くの人々の善意に感謝しつつも、解消し難い社会的な不平等や不条理を実感させられているというのが偽らざる気持ちである。しかしそのことは暫く措くとしても、療育問題を含め日々の生活はいささか大変である。したがって健常児の父親以上に家庭のことを考えなくてはいけないのだが、節子は私の「わがまま」をおおらかに受けとめていてくれる。このような障害者たちが歴史的に「自分」「私」を、つまりは一人の人間として生きる権利をどのように主張してきたのか、それに対して国家・社会・共同体、すなわち「公」はどのような態度をとってきたのか、将来はそのようなことも考えたい。そしてそのことが障害者をもつ親としての私なりの責任のような気もするし、何よりも節子に対する感謝の念の表現とも思っている。しかし私の能力からしてできるかどうか心許ない。今のところは、日頃、物心両面で助けてくれる私たちの両親、そして節子に対し、このささやかな成果を捧げることで勘弁してもらいたい。

一九九六年一一月一日

高野信治

付記　本書は、平成八年度文部省科学研究費補助金（研究成果公開促進費）の交付をうけて刊行される。出版事情が厳しいなかお引き受けいただいた吉川弘文館の皆様に心より御礼を申し上げたい。

近世大名家臣団と領主制（オンデマンド版）

Digital Publishing

2017年10月1日　発行

著　者　高野信治《たかののぶはる》
発行者　吉川道郎
発行所　株式会社 吉川弘文館
〒113-0033 東京都文京区本郷7丁目2番8号
TEL 03(3813)9151(代表)
URL http://www.yoshikawa-k.co.jp/

印刷・製本　株式会社 デジタルパブリッシングサービス
URL http://www.d-pub.co.jp/

高野信治（1957～）
ISBN978-4-642-73333-5

著者略歴

一九五七年　佐賀市に生まれる

一九八五年　九州大学大学院文学研究科博士後期課程退学

同　年　九州大学九州文化史研究施設助手

一九八九年　福岡工業大学助教授

一九九一年　九州大学教養部助教授

現　在　九州大学大学院比較社会文化研究科助教授

近世大名家臣団と領主制

平成九年二月十日　第一刷発行

著　者　高《たか》野《の》信《のぶ》治《はる》

発行者　吉川圭三

発行所　株式会社 吉川弘文館

郵便番号一一三

東京都文京区本郷七丁目二番八号

電話〇三－三八一三－九一五一〈代〉

振替口座〇〇一〇〇－五－二四四

印刷＝大成印刷・製本＝誠製本

索　　引

1. 事項・人名・研究者別に作成し、地名索引等は省略した。
2. 事項索引では、用語群としてまとめた方がよいと判断されるものは一括掲載した。その際、――印は基本事項を示す。例えば「家（イエ）」事項中の「――共同体」とは、「家（イエ）共同体」という意味である。
3. 家臣・大名・藩等、本書の主題に関わる事項であっても、多数にのぼる場合は割愛した。
4. 人名索引では、政治史的文脈で記述した人名を中心に取り上げ、給人や農民・町人等は、これを割愛した。
5. 研究者索引では、参考文献の編者名等は含まない。

事　項　索　引

あ　行

赤　米 ……168, 180
明田（畠） …… 149, 157, 172
赤穂事件 ……348
足　軽 …… 69, 114, 125, 195, 216, 374
咾 ……187, 192, 199
雨　乞 ……175
家（イエ） …… 21, 29〜31, 82, 275, 284, 294, 337, 344〜5, 372, 380, 394〜5, 398, 402, 406
――共同体 …… 54
――権力 …… 15
――制度 ……122
――の儀礼 …… 278〜9, 285
一向宗 ……291
一国一城令 …… 48
位　付 ……179
稲荷信仰 ……333
氏　神 ……315, 381
――信仰 …… 312〜3, 317, 406
内　役 ……277
馬　廻 …… 97
御　家 … 21, 33〜5, 37, 41, 43〜4, 48, 52〜3, 87, 89, 287, 293, 337, 359, 402
――裁判 ……30, 96
御　暇 ……361, 363, 378, 380
追　腹 ……78, 79
大与頭 ……113, 123
大散使（おおさじ） ……192〜3, 199
大庄屋 ……163, 173, 199, 216, 304
オオヤケ ……396
御　下 …… 243, 249, 274, 280, 357, 361, 373, 381, 393
落　米 …… 165〜7, 175
御　成 ……369
穏　便 …… 265〜7, 269, 280, 294, 395

か　行

改　易 ……284, 357, 391
海神祭 ……336
家　訓 …… 54
家　職 …… 69
徒（歩行） …… 114, 125, 163, 291
家　督 ……21, 26, 31, 37, 45, 47
――交代 …… 22
家父長 ……15, 54
――制 ……293
上支配（御上御支配） …… 150, 154, 156〜7, 162, 163, 167〜8, 172, 180, 201, 311
狩（御狩） ……366〜7, 371, 377
家　老 …… 2, 7〜8, 73〜4, 361, 366
――加判 …… 74
諫　言 ……70, 73, 77〜9
勧　農 ……15, 171〜2, 175, 312, 317〜8, 320, 347, 392, 397

間　米 ……………………………………167, 172
官　僚 …………………………9, 397, 399, 403
——化 ……………………………………………3
——制 ………………………………63, 87, 401
——的な立場 ………………………………5
幕藩——制 ……………………………………14
封建的—— ……………………………………393
祈　願 ……………298, 301, 303, 308〜9, 319
回復—— ………………………………………262
共同—— ……………………………298, 311
五穀成熟—— ………………………………335
除災—— …………………297, 317, 321, 345
農耕—— ………297〜8, 301, 310, 312, 333, 336, 392, 397
舫—— ……………………………………………299
祈　禱 ……… 299, 301〜2, 305, 308〜12, 319
——寺 ……………………………348, 380, 392
厄入—— ………………………………………380
給　人 ………………… 15, 126, 129, 175, 402
——財政 …………14, 173, 202〜3, 237, 311 320, 331
——支配 ………………………………………147
——知行 ……………………8, 147, 173, 310
——領主（制） …… 14, 89, 175, 195, 246, 296〜7, 301, 308, 315, 317, 347, 357, 378, 380, 392, 402, 406〜7
——山 ………………………………200, 212, 216
行政権 ……………………………… 8〜9, 392
享保飢饉 ……………………………112, 148, 170
行列（御行列） ………………… 274, 364, 379
切　地 … 137, 150, 154〜5, 167, 172, 193, 311
——方 ……………………………………………156
——代官 ……………………………………154, 162
——床 ……………………………… 156, 158〜9
切　扶 ……………………………………………400
——取 ……………………………………… 10
切　米 ……………………………97, 116, 129
——高 ……………………………………………119
——帳 ……………………………… 123, 132〜3
——取 ……………… 119, 128, 399, 408〜9
与付——取 ……………………………114, 116
儀　礼 ……………261, 276, 286, 319, 325, 381
雨乞—— ………………………………………321
強化—— ……………………………………285, 402
公家—— ………………………………………344
公的—— ………………………………………314
祭祀—— ……………………………………297, 318
宗教—— …………………297, 312, 392, 397
生産—— …………………325, 336, 344, 355
通過—— ……………………………285, 348, 394
武家—— ………………………………………344
吟　味 ……186, 190〜2, 194〜5, 198〜9, 202, 214, 223〜4, 241, 308, 319, 359, 395, 397
組内—— ……………………………………188, 197
下—— ………………………………… 218〜20
月次寄合—— ……………………………186, 195
不時—— ……………………… 187, 196〜7
与（組）頭 ……………………………… 37, 113
与（組）着到 ……………………………101, 130
与　私 ………………… 97, 122, 132, 290, 391
蔵　入 … 113, 149, 166〜7, 212, 282, 340, 366
——代替制 ……………………………………112
——地化（並） …………………171〜2, 310
麦—— ……………………………………………335
蔵　米 ……………………………………113, 400
——取 ……………………17, 400, 408〜9
郡　代 ……………………………………………9
クンチ ……………………………………………339
軍　役 ……………………………… 36, 98〜9
——規定 …………………………………………99
——体系 ……………………………………35, 37
——負担 ……………………………15, 35〜6
——論 ……………………………………… 15
公儀—— ……………………………………40, 96
穢　れ ……………………………… 276〜7
経済外強制 ………………………………………9
刑罰権 ………………8, 211, 229, 275, 391, 395
給人—— ……………………225, 228, 396
検　見 ……………………………………165, 338
——帳 ……………………166, 183, 338
上—— ……………………………………165, 167
下—— ……………………………………………167
検　者 ……………………………………………166
検　地 ……………………………………3, 175
慶長—— ………………………………………… 97
元和偃武 ………………………………………… 15
献　米 ……………………………………………152
公 …………………………………………………398
——的支配 ………………………………9, 147
郷方役 ……………………………………160, 173
公　儀 ……………………………… 14, 34, 45
——権力 ………………………… 23, 38, 53
——体系 ………………………………………357
——普請 ……………………………………… 43

——領主制 ……3, 407
郷士制度 ……176
拷　問 ……217
郡奉行 ……9, 175, 393, 403
国　学 ……406
国　人 ……53, 96
国　制
——史 ……3, 398
近世的—— …… 8, 15
石高制 ……3
穀　留 ……193
互　酬 ……365, 377〜9
小　姓 ……74
御馳走米 ……152, 154, 156, 172, 181, 340
国　家
——史 ……3
——支配の代執行 ……229, 393, 403
——的視角 ……6
下位—— ……402
家族—— ……406
近世—— …… 1, 15, 392, 396, 401, 405
近代—— ……407
上位—— ……402
単一—— ……387
幕藩制—— ……402
複合—— ……357, 402
国家（御国家，藩の意味） … 21, 70, 73, 75, 88, 246〜7, 397
事始め ……327
小物成 ……9

さ 行

裁許（御裁許） …… 214, 219, 223
妻　女 ……330
裁判権 ……8〜9, 211
祭　礼 ……339
村方—— …… 314, 316〜7
境公事 ……170
散使（さじ） …… 212, 340
侍 …… 115〜6, 125, 332, 364
——着到 ……130
皿山会所地方詰 ……140
三ヶ条吉書 ……318, 347, 392
参勤（交代） …… 200, 359〜60
地方知行（制）……3〜4, 6〜7, 9, 15, 17, 147, 176, 297, 310, 392, 399〜401, 408
——形骸化論 ……148
擬制的—— ……4
寺社家 ……331, 346, 369, 371
死生観 ……280
地　頭 ……5
地　床 …… 158〜9, 170
支　配 ……4, 407
——権 …… 8〜9
——の自立性 ……1
階級—— ……147
恣意的—— ……397, 405
私的—— ……4
排他的—— ……2
領主—— ……2, 318
慈悲（御慈悲） …… 245, 247, 317
領主的—— ……312
自分（御自分） …… 172, 181, 194, 226, 402
——穏便 ……265, 269, 279〜80, 294, 395
——裁許 ……227
——仕置 ……225
——支配 ……167, 201, 310〜11, 317, 320
——所務 ……158
——取立 …… 9, 10
——引合 ……167
地米制 ……150
島原の乱 ……68, 99, 101
借　銀 ……155, 198
借　知 ……15〜6
赦　免 ……222, 226
宗門改 ……123
祝　祭 ……335
修験道 ……336
朱子学 ……293
主従
——関係 ……338, 344, 378, 380, 391, 396
——儀礼 ……344
——制 ……3, 14〜5, 330, 348
巡見使（御巡見之上使）……237〜48, 289, 396
諸国—— ……237, 251
将　軍 ……226, 246〜7, 252, 263, 276, 284, 301, 344, 348, 360, 391, 401
——権力 ……319
定免制 ……150
庄　屋 ……160〜3, 166〜8, 173, 187, 190〜2, 198, 212, 216, 223〜4, 240, 262, 275, 303, 312, 316, 340, 342, 369
職　人 ……114, 125
職　分 …… 398〜9

女性史 ……………………………………349
処罰権 ……………………………………9
所　領 ……………………………………5
私　領 ……98, 170, 221, 227, 240〜2, 265〜6, 273, 275, 282, 309, 319, 381, 396
心意統治 …………297, 309〜10, 313, 316〜7, 345, 381
神　職 …………………287, 304〜5, 307, 317
神　道 ……………………………………282
　国家—— ………………………………406
神仏習合 …………………………………308
親　類 ……………………48〜9, 54, 366
徒　罪 ……………………………………226
西南辺境領国 ……………………………176
施餓鬼 ……………………………………337
切　腹 ……………………………………77〜8
畝分（歩）帳 ……………………166, 183
世　禄
　——化 …………………………………381
　——制 …………………16, 121, 285, 293
葬　送 ……………………………………275
相続米 ……………………………168〜9, 310
贈　与 ……………………………………379
葬　礼 ……………………………272〜3, 279
備 ………………………97, 121, 132, 290, 391
蘇民将来 ……………………………333, 343
祖　霊 ……………………………………279
　——化 …………………………………275
　——迎え ………………………279, 337
村　落
　——共同体 ……………………………175
　相給—— ………………………………176

た 行

代　官 ……5, 163, 169, 203, 212, 340, 393, 403
大　名
　——権力 ……………319, 348, 391, 392, 397
　——蔵入 ……………………242〜3, 248
　——財政 ………………………14, 52, 237
　——領主 …………………4, 15, 237, 321
　——領地 ………………………………357
　国持—— ………………400〜1, 404〜5
　戦国—— ………………………………53
　外様—— ………………………………400
　譜代—— ………………………400, 404
　与力—— ………………………………35
対　面 ……………………………………377〜9
種　籾 ……………………………………172
俵　拵 ……………………………………153
談　合 ……………………………………48
　親類—— ………………………………49
反取法 ……………………………………150
知　行 ……… 4〜5, 8〜9, 38, 75, 88〜9, 129, 250, 285, 293, 366, 391, 399, 400
　——懸代官 ……………………162, 168
　——所 ………98, 157, 162, 168〜9, 172〜3, 357, 398
　——制 …………… 10, 15, 17, 357, 360, 399
　——高 ……………………… 99, 133, 399
　蔵米—— ………………… 10, 397, 399
　分散相給—— …………………………16
知行権 ……………………………8, 9, 14
　——制限 …………………………………4
　給人—— ……… 172〜3, 190, 193, 212, 237
知行地 ………3, 6, 168, 173, 295, 357, 360, 380
　——観 …………………………………348
　——共同体 ………… 173, 175, 312, 316〜7
　——経営 ………………………………310
　——支配 …… 7〜8, 173, 241, 391, 406, 408
　——拝領 …………………………1, 3, 6
知行付農民 …………………………………4
乳　持 ……………………………………348
着　座 ……………………………………69
着　到 ……………………………130, 372
　——状 …………………………………130
　——帳 ……………………………26, 133
　名—— …………………………………364
中　陰 ……………………………272, 274
徴収権 ……………………………………392
朝鮮侵略戦争 ……………………22, 35, 45
　第二次—— ……………………………40
打　擲 ……………………………………216
町　人 ……………………240, 269, 316, 374
手明鑓 ……………………69, 114, 125, 364
出　銀 ……………………………………152
出　米 ………137, 152, 167, 171, 187, 198, 311
天　下 ……………………………………88, 348
　——静謐 ………………………………294
　——之民 …………………………………2
天　道 ………………………………………67
天　皇 ……………………………………406
　——代替 ………………………………343
田　禄 ………………………………………5
当検見落（当落）……………………150〜1

頭人（頭役，当人）……… 187, 198, 218, 333
徳川御三家 ……………………………………400
所　替 ……………………………5, 357, 391
外様藩 ………………………………………360
年　寄 …… 187, 195, 218, 221, 308, 330, 332, 364, 374, 379
斗　代 ………………………………………179
土地所有 ……………………………………357
　封建的―― ………………………… 15, 391

な 行

長崎警備 …………116, 123, 142, 200, 274, 278
長崎代官 ………………………………… 33
長崎奉行 …………………………… 276〜7
　――所 ……………………………………227
中通（仲通）…… 187, 330, 332, 364, 368, 374
名寄帳 ………………………………………354
成　定 ……………………… 150〜1, 167, 172
鳴物停止令 …………… 264〜6, 280, 286, 294
年　貢 ………… 9, 16, 154, 203, 339〜40, 357
　――徴収権 ……………………………8, 196
　――率 ……………………………………150
年中行事…68, 279, 315, 325, 335, 346, 381, 395
　――の構造 …………………………343, 355
年頭祝儀 …………………………………307, 327
農民闘争 ……………………………………176
登セ米 ………………………………………153

は 行

陪　臣 ………17, 101, 115, 132, 173, 181, 269, 289, 296, 320, 326, 337, 348, 382
　――団 ……………………………… 97, 370
　――役人 … 190〜1, 194, 198〜200, 202, 204
配　分 …………………………………149, 366
　――地（所）…………………… 171, 212
　小―― ……………………… 98, 183, 391
　大―― …………………… 98, 121, 183, 391
拝領地 …………………282, 357, 380, 391, 396
葉　隠 ……………………………8, 36, 63, 286
博　奕 ……………………………… 216, 218〜9
幕　府 ……… 227〜8, 245, 252, 263〜4, 280, 332, 402
旗　本 ……… 4, 185, 228, 233, 281, 295, 356, 404〜5
初　午 ………………………………………333
八　朔 ………………………………………338
初地入（初入）…………………… 374〜7, 388
春　落 ………………150, 156, 166〜7, 172〜3
藩財政 ……………………………… 16, 170
藩　政 ……………………………………… 8, 17
　――史 ………………………………………3
　中期――改革 ……………………………133
藩領域市場 …………………………………193
被　官 ……………………81〜3, 290〜1, 374
英彦山権現 …………………………………336
百　姓 ……… 11, 172〜3, 202, 212, 240, 269, 311, 316, 374
　御―― ……………………………………174
　頭―― ……………………………………167
　小―― ……………………………………166
　惣―― …………………………… 163〜4
非領国地域 ……………………………403, 405
封　禄 ……………………16, 152, 285, 293
奉行職制 ………………………………… 14
服　喪 …………………………………263, 280
分限帳 ………………………………………114
武士道 ……………………………… 64, 84〜5
譜　代 ……………………………………… 75
　――意識 ……………………………80〜1
　――旧臣 ……………………………… 16
扶　持（米）…………………………… 116
　――方帳 …………………………………133
　――取 ……………………………119, 399, 409
服　忌 ………………… 263〜5, 267, 279, 286
　――令 ……………………………263, 288
船　手 …………………………………116, 125
武篇者 ……………………………………… 80
撫民思想 ………………………………312, 317
夫　役 ……………………………………9, 400
浮立（ふりゅう）……………… 301, 304, 334
分　過 ……………………………101, 112〜3
分家取立 ……………………………………121
分散領知 ……………………………………404
兵農分離 …3, 148, 160, 199, 308, 319, 345, 347
別　当 ……………………………191〜2, 316, 376
封　建
　――家臣団 ……………………………… 95
　――郡県論争 ………………………………5
　――地代 ……………………………………409
　――的契約 ……………………………… 15
　――的主従制 ……………………………172
　――的長上者 ………………………………5
　――的な支配 ……………………………4, 408
　――的分権 …………………………………4

——倫理 ……121
ヨーロッパ——制 ……357
奉　公
——人 ……63, 80, 82, 88
陰の—— ……84, 89
俸禄制 ……4, 15, 400
菩提寺（所）…272〜5, 279, 281, 295〜6, 337, 348, 380
本途物成 ……9

ま 行

町　役 ……342
ミニストリアーレン ……2
身　分 ……326, 344
民意の占有 ……297, 316
村請制 ……174
村　役 …… 160〜3, 166〜8, 192〜3, 198〜9, 275, 303, 312, 342
村横目 ……173
明治維新 ……406
物　忌 ……335
物　頭 ……127
物　成 ……116
——高 ……99, 119, 133, 201
——知行 ……99
——名寄 ……341
——率 ……102
——渡 ……237, 399

や 行

館（御館）…… 206, 304〜5, 326〜7, 331, 340, 359, 375
役　米 ……120
役　目 ……101, 113
柳河御陣 ……96
山ノ神 ……367, 385
山　伏 …287, 296, 302, 305, 307, 317, 347, 392

ら 行

ラント諸侯 ……2
領国地域 ……403, 405
領　主 ……9, 212, 298, 302〜3, 309, 366, 397, 400
——権 ……8, 14
——権力 ……11, 403
——集団 ……407
——制 ……4, 392, 402
——的性格 ……1, 5〜6
個別—— ……4
在地——(制) … 15, 53, 205, 318, 320, 344, 347, 392〜3
土地—— ……8, 9
幕藩—— ……4, 205, 301, 319, 380, 392
バン—— ……8, 9
封建—— ……4, 196, 392〜3, 406
領　地 ……3, 5
——支配権 ……392
猟祭り ……367
礼　意 ……342, 346, 379
レーエン階層 ……2
牢　人 ……88
牢　屋 ……220

わ 行

私（ワタクシ）…88〜9, 163, 278, 366, 396, 402
——権力 ……398
——知行所 ……172

人 名 索 引

あ 行

井伊　直政 ……41
池田　光政 ……2
諫早　直孝 ……47〜9
石田　一鼎 ……64, 89
江上　家種 ……29, 38
江藤　新平 ……92
円光寺元佶 ……41, 46
岡部　長盛 ……43
荻生　徂徠 ……5, 296, 357, 381
織田　信長 ……32

か 行

賀茂　真淵 ……406
吉川　広家 ……32

熊沢　蕃山 ……381
神代（くましろ）家良 ……35, 50
黒田　長政 ……41
慶　誾　尼 ……27, 33
後藤　家信 ……34
後藤　茂綱 ……41
小早川隆景 ……22, 34, 45

さ 行

沢辺平左衛門 ……76

た 行

多久　茂辰 ……68
多久　茂富 ……71
太宰　春台 ……5
田代　陣基 ……63
伊達　宗村 ……264
湛　　然 ……64
土井　利勝 ……65
土井　利重 ……70
徳川　家康 ……41〜2
徳川　秀忠 ……41
徳川　宗直 ……264
徳川　吉通 ……400
徳川　吉宗 ……264
戸田　勝豊 ……38
豊臣　秀吉 ……22, 32〜6, 38, 40, 45, 66
豊臣　秀頼 ……39〜40

な 行

中野　清明 ……64
中野　正包 ……77
鍋島　勝茂 ……22, 33, 35, 37〜41, 48, 50〜1, 66, 122, 336
鍋島　清房 ……27
鍋島　茂里 ……46, 49
鍋島（武雄）茂綱 ……47〜9
鍋島　重茂 ……264
鍋島　生三 ……46
鍋島　忠茂 ……41
鍋島　綱茂 ……69, 71
鍋島　直茂 ……22, 26〜37, 40〜5, 51, 66
鍋島　治茂 ……169
鍋島　光茂 ……52, 69〜70, 75
鍋島　元茂 ……50, 68
鍋島　吉茂 ……70

は 行

羽太　正養 ……257
本多　正信 ……44

ま 行

前田　家定 ……35
村田　安良 ……50〜1
毛利　輝元 ……49
本告　宣長 ……406
桃園天皇 ……334

や 行

山鹿　素行 ……21, 286
山本　重澄 ……64, 71
山本　常朝 ……63, 88, 391, 396
山本　常治 ……70, 76

ら 行

竜造寺家晴 ……32, 34〜5, 41, 46
竜造寺隆信 ……26, 32, 36
竜造寺高房 ……34〜7, 39〜40, 42〜6
竜造寺周家 ……27
竜造寺長信 ……34
竜造寺（須古）信昭 ……41, 46〜7, 49
竜造寺信周 ……34
竜造寺伯庵 ……47, 65
竜造寺政家 ……22, 26〜8, 30〜3, 35〜6, 45〜6, 66
竜造寺（多久）安順 ……41, 46〜9

研究者索引

あ 行

相田　二郎 ……143
我妻　　栄 ……230
秋本　典夫 ……54
浅井　　清 ……16
朝尾　直弘 ……14, 54, 175, 209, 382
安良城盛昭 ……3〜4

有賀喜左衛門 ……396, 409
井ヶ田良治 ……233
池田　史郎 ……90, 177, 235
石井　紫郎 ……16, 408
石井　　進 ……295, 390
石井　良一 ……56
石躍　胤央 ……230
板沢　武雄 ……251
伊藤　孝幸 ……407
伊藤　幹治 ……389, 410
井上　　攻 ……321
井之口章次 ……295
岩城　隆利 ……294
岩田浩太郎 ……177
M. ウェーバー ……2, 396
内田　銀蔵 ……5
大出由紀子 ……234
大島　建彦 ……349
大舘　右喜 ……252
大林　太良 ……323
大平　祐一 ……252
岡田　重精 ……287～8
奥田　真啓 ……295
小沢　栄一 ……16
落合　延孝 ……234, 350, 408
小野　武夫 ……234

か 行

笠谷和比呂 ……7, 17, 210, 393
梶原　良則 ……59
J. カズヌーブ ……286, 288
加藤　　章 ……56, 178
金井　　圓 ……177, 409
兼子　　順 ……295
神子　　侃 ……92
川村　　優 ……185
北島　万次 ……55
木原　溥幸 ……138, 178
木村　　礎 ……234
蔵並　省自 ……230
栗原　荒野 ……90
久留島　浩 ……384
黒田日出男 ……293
黒田　安雄 ……103, 178
小池　喜明 ……90
小泉　潤二 ……294
古賀　秀男 ……72
後藤　陽一 ……390
小宮木代良 ……252
小宮　睦之 ……92
近藤　　斉 ……62, 257
今野　　真 ……16, 177, 251

さ 行

相良　　亨 ……58, 69, 90, 93, 286
桜井徳太郎 ……385
佐々木潤之介 ……14, 382
佐々木宏幹 ……285～6
佐藤　正英 ……90
柴多　一雄 ……152, 178, 184
清水　昭俊 ……286, 296, 409
城島　正祥 ……59, 92, 137, 154, 170, 178
G. S. ジョウンズ ……389
しらが康義 ……251, 321
白川部達夫 ……177
新保　　博 ……208
鈴木　　壽 ……177, 185, 230, 320, 399
瀬野精一郎 ……143
薗田　　稔 ……320

た 行

高木　昭作 ……1, 87, 408
高谷　重夫 ……321
高埜　利彦 ……7, 287, 322, 347, 353
高柳　真三 ……233
瀧沢　武雄 ……251
竹田　聴洲 ……295, 322～3
谷口　澄夫 ……177, 230
多仁　照広 ……252
田原　嗣郎 ……356
千葉　正士 ……349
塚田　　孝 ……234
塚本　　学 ……386
津田左右吉 ……296
E. P. トムソン ……389

な 行

直良　信夫 ……386
中川　　学 ……286, 294
中小路　純 ……409
中野　豈任 ……324, 356
長野　　暹 ……176～7, 179, 210
中村　　質 ……137
中村　　元 ……291

奈良本辰也 ………………………………… 92
新見　吉治 …………………………………355
西田　真樹 …………………………………350

は 行

長谷川　彰 …………………………………208
馬場　憲一 …………………………………251
林　　薫一 …………………………………230
林　由紀子 …………………………………288
隼田　嘉彦 ……………………………… 17, 177
播磨　定男 …………………………………252
R. ハンティントン ……………………… 285
秀村　選三 ……………………………176, 251
尾藤　正英 ……………………………… 15, 399
平松　義郎 ……………………………228, 233
平山敏治郎 ……………………349〜50, 355
深谷　克己 ……………………………382, 402
福田アジオ ……………………………320, 349
藤井　譲治 …………………………………382
藤井　正雄 …………………………………289
藤木　久志 ……………………324, 350, 356
藤田　　覚 …………………………………294
藤野　　保 …………23, 28, 56, 60, 143, 177
二木　謙一 ……………………… 352〜3, 386
古川　哲史 ………………………………… 92
A. F. ヘネップ ………………………… 295
堀田　吉雄 …………………………………385
誉田　　宏 …………………………………252
本郷　隆盛 …………………………………90, 408

ま 行

前田　弘司 ………………………………… 14
前田　　卓 …………………………………293
前田　正治 …………………………………234
松下　師一 …………………………………407
松下　志朗 …………………………………179
松田　　修 ………………………………… 90
松永　義弘 ………………………………… 92
丸山　眞男 ………………………………… 90
丸山　雍成 ……………………60, 91, 176, 360
三鬼清一郎 ……………………………… 16, 147
三木　俊秋 …………………………………177, 179
水林　　彪 ………15, 54, 87, 230, 382, 408〜9
水本　邦彦 …………………………………234, 403
水戸　政満 …………………………………252
宮家　　準 …………………… 286, 352〜3, 355
登田　　登 …………………………………320, 349
三好不二雄 …………………………………23
P. メカトーフ ………………………………285
毛利　一憲 …………………………………228
森　　謙一 …………………………………295
J. F. モリス ……… 8, 10, 185, 209, 230, 251, 320, 392
森山　恒雄 …………………………………177

や 行

安岡　重明 …………………………………208
柳川　啓一 …………………………………286
柳田　國男 …………………………………293, 295
藪田　　貫 …………………………………296, 410
山口　啓二 ……………………………… 16, 408
山崎　　諭 …………………………………321
山崎真一郎 …………………………………251
山本　幸司 …………………………………285
山本　博文 ……………………………87, 408〜9
善積恵美子 …………………………………251
吉田　禎吾 …………………………………285

わ 行

和歌森太郎 ……………………… 349, 351〜3
若林　淳之 …………………………………185
渡辺　信夫 …………………………………177, 208
渡辺　　浩 …………………………………383